Rainer Smola
PfandBG

de Gruyter Kommentar

Rainer Smola

PfandBG

Pfandbriefgesetz mit Barwertverordnung, Beleihungswertermittlungsverordnungen, §§ 22a–22o KWG

Kommentar

De Gruyter

Rechtsanwalt *Rainer Smola*, Hameln

ISBN 978-3-11-024859-3
e-ISBN 978-3-11-024860-9

Bibliografische Information der Deutschen Nationalbibliothek

Die Deutsche Nationalbibliothek verzeichnet diese Publikation in der Deutschen Nationalbibliografie; detaillierte bibliografische Daten sind im Internet über http://dnb.d-nb.de abrufbar.

Datenkonvertierung/Satz: Werksatz Schmidt & Schulz GmbH, Gräfenhainichen
Druck: Hubert & Co. GmbH & Co. KG, Göttingen

♾ Gedruckt auf säurefreiem Papier

Printed in Germany

www.degruyter.com

Vorwort

Der Anlass zu diesem Kommentar liegt in der Einführung des Pfandbriefgesetzes im Juli 2005. Durch dieses Pfandbriefgesetz wurde das bislang geltende Hypothekenbankgesetz abgelöst. Das Spezialitätsprinzip für Pfandbriefbanken wurde aufgegeben, so dass heute alle Kreditinstitute das Pfandbriefgeschäft betreiben können, wenn sie denn die Voraussetzungen hierzu erfüllen und eine entsprechende Erlaubnis erhalten. Daneben wurden Entwicklungen im Bereich des für Kreditinstitute relevanten Rechts ebenso berücksichtigt wie Entwicklungen im Zusammenhang mit der europäischen Integration. All dies führte dazu, dass die bisherigen Kommentierungen zum Hypothekenbankgesetz heute weitgehend überholt sind. Darüber hinaus gibt es naturgemäß zum neuen Pfandbriefgesetz außer den Gesetzesbegründungen kaum Literatur. Aus diesen Gründen erschien es mir angezeigt, diesen Kommentar zu verfassen. Dabei habe ich mein besonderes Augenmerk darauf gerichtet, möglichst alle bis heute bekannten und praxisrelevanten Probleme zum neuen Pfandbriefgesetz zu erfassen und sachgerechte Lösungen anzubieten. Trotzdem bin ich sicher, dass ich nicht alle Problemstellungen erfassen konnte, was in einigen Fällen vielleicht auch daran liegt, dass verschiedene Probleme noch gar nicht offenbar geworden sind. Bereits aus diesem Grunde würde ich mich sehr darüber freuen, wenn solche unbehandelten Problemstellungen an mich herangetragen werden würden. Gerne werde ich diese aufgreifen und – sofern es mir möglich ist – sachgerechte Lösungen entwickeln.

Hameln, im September 2011

Rainer Smola

Dank

Ich möchte die Gelegenheit wahrnehmen, mich an dieser Stelle sehr herzlich bei einigen Personen zu bedanken, die mir – jeder auf seine Weise – bei der Verwirklichung dieser Kommentierung geholfen haben (in alphabetischer Reihenfolge).

Barlmeyer, Anita; Dörr, Lothar; Honerkamp, Jörg; Jansen, Peter

Meiner Frau, meiner Tochter

und

meinen Eltern

Inhaltsübersicht

Inhaltsverzeichnis

Teil 2
Gutachten und Gutachter

Teil 3
Wertermittlungsverfahren

Abschnitt 1
Ertragswertverfahren

Abschnitt 2
Sachwertverfahren

Abschnitt 3
Vergleichsverfahren

Abschnitt 4
Besonderheiten bei einzelnen Objekten

Abschnitt 5
Im Ausland belegene Objekte

Abschnitt 6
Überprüfung der Beleihungswertermittlung

Abkürzungsverzeichnis

a.A.	anderer Ansicht
a.a.O.	am angegebenen Ort
Abs.	Absatz
abzgl.	abzüglich
a.F.	alte Fassung
AGB	Allgemeine Geschäftsbedingungen
Alt.	Alternative
a.M.	anderer Meinung
Anh.	Anhang
Anl.	Anlage
Anm.	Anmerkung
Art.	Artikel
Aufl.	Auflage
BaFin	Bundesanstalt für Finanzdienstleistungsaufsicht
Bd.	Band
BelWertV	Beleihungswertermittlungsverordnung
Beleihungswertermittlungsverordnung	Verordnung über die Ermittlung der Beleihungswerte von Grundstücken nach § 16 Abs. 1 und 2 des Pfandbriefgesetzes
BGB	Bürgerliches Gesetzbuch
BGBl.	Bundesgesetzblatt
BGH	Bundesgerichtshof
BGHZ	Entscheidungen des Bundesgerichtshofs in Zivilsachen
BKR	Zeitschrift für Bank- und Kapitalmarktrecht
BT DS	Bundestagsdrucksache
Buchst.	Buchstabe
Bundesanstalt	Bundesanstalt für Finanzdienstleistungsaufsicht
BUZAV	Verordnung über die Bestätigung der Umstellungsrechnung und das Verfahren der Zuteilung und des Erwerbs von Ausgleichsforderungen
bzw.	beziehungsweise
DeckRegV	Deckungsregisterverordnung
Deckungsregisterverordnung	Verordnung über die Form und den Inhalt der Deckungsregister nach dem Pfandbriefgesetz und die Aufzeichnung der Eintragungen
EG	Europäische Gemeinschaft
EU	Europäische Union
FlugBelWertV	Flugzeugbeleihungswertermittlungsverordnung
f.	folgende
ff.	fortfolgende
Flugzeugbeleihungswertermittlungsverordnung	Verordnung über die Ermittlung der Beleihungswerte von Flugzeugen nach § 26d Abs. 1 und 2 des Pfandbriefgesetzes
Fn.	Fußnote
GBO	Grundbuchordnung
ggf.	gegebenenfalls
gem.	gemäß
HBG	Hypothekenbankgesetz
insb.	insbesondere
InsO	Insolvenzordnung
i.V.m.	in Verbindung mit

KfW	Kreditanstalt für Wiederaufbau
Kreditwesengesetz	Gesetz über das Kreditwesen
KredReorgG	Kreditinstitute-Reorganisationsgesetz
KSA	Kreditrisiko-Standardansatz
KWG	Kreditwesengesetz
LuftFzgG	Gesetz über Rechte an Luftfahrzeugen
LuftVG	Luftverkehrsgesetz
Mio.	Million
m.w.N.	mit weiteren Nachweisen
n.F.	neue Fassung, neue Folge
NJW	Neue Juristische Wochenschrift
Nr.	Nummer
PfandBG	Pfandbriefgesetz
PfandBarwertV	Pfandbrief-Barwertverordnung
Pfandbrief-Barwertverordnung	Verordnung über die Sicherstellung der jederzeitigen Deckung von Hypothekenpfandbriefen, öffentlichen Pfandbriefen, Schiffspfandbriefen und Flugzeugpfandbriefen nach dem Barwert und dessen Berechnung bei Pfandbriefbanken
Rdn.	Randnummer
RefE	Referentenentwurf
RefiRegV	Refinanzierungsregisterverordnung
Refinanzierungsregister-verordung	Verordnung über die Form des Refinanzierungsregisters nach dem Kreditwesengesetz sowie die Art und Weise der Aufzeichnung
RMBS	Residential Mortgage Backed Securities
s.	siehe
S.	Satz, Seite
s.a.	siehe auch
SchiffsBelWertV	Schiffsbeleihungswertermittlungsverordnung
Schiffsbeleihungswert-ermittlungsverordnung	Verordnung über die Ermittlung der Beleihungswerte von Schiffen und Schiffsbauwerken nach § 24 Abs. 1 bis 3 des Pfandbriefgesetzes
SchRegO	Schiffsregisterordnung
SchRG	Gesetz über Rechte an eingetragenen Schiffen und Schiffsbauwerken
s.o.	siehe oben
SPV	Special Purpose Vehicle
s.u.	siehe unten
u.a.	und andere; unter anderem
usw.	und so weiter
v.	von, vom
vgl.	vergleiche
VO	Verordnung
WTO	World Trade Organisation
z.T.	zum Teil
zust.	zustimmend
zzgl.	zuzüglich

Literatur- und Quellenverzeichnis

Bamberger/Roth	BGB, Kommentar zum Bürgerlichen Gesetzbuch, 2. Aufl. 2008
Bellinger/Kerl	Hypothekenbankgesetz, Kommentar, 4. Aufl. 1995
Boos/Fischer/Schulte/Mattler	Kreditwesengesetz, Kommentar, 3. Aufl. 2008, zit.: *Claus Tollmann* in: B/F/S/M
Braun	Insolvenzordnung, Kommentar, 4. Aufl. 2010
Fehling/Kastner	Verwaltungsrecht, Handkommentar, 2. Aufl. 2010
Gaberdiel/Gladenbeck	Kreditsicherung durch Grundschulden, 8. Aufl. 2007
Koppmann	Gedeckte Schuldverschreibungen in Deutschland und Großbritannien, Schriften zum Europäischen und Internationalen Privat-, Bank-, und Wirtschaftsrecht, Bd. 31, 2009
MünchKomm BGB	Münchner Kommentar, BGB, Allgemeiner Teil, Bd. 2, 5. Aufl. 2007
MünchKomm InsO	Münchener Kommentar, Insolvenzordnung, Bd. 1, 2. Aufl. 2007
Palandt	Bürgerliches Gesetzbuch, 70. Aufl. 2011
Rundschreiben des Verbandes Deutscher Pfandbriefbanken Nr. 64 vom 5. Juni 2007	
Schimansky/Bunte/Lwowski	Bankrechtshandbuch Bd. I, 3. Aufl. 2007
Schölermann/Schmid-Burgk	Flugzeuge als Kreditsicherheit, WM 1990, 1137
Schöner/Stöber	Handbuch der Rechtspraxis, Grundbuchrecht, 14. Aufl. 2008
Schreiben der Europäischen Kommission vom 27. März 2002 an die Bundesregierung C(2002) 1286, S. 4 – www.voeb.de/de/themen/foerdergeschaeft/eu_wettbewerbsrecht_artikel	
Schreiben der Europäischen Kommission vom 22. März 2006 an die Bundesregierung betreffend Staatliche Beihilfe N 339/2005 – Deutschland – K(2006) 815 endg. – Finanzierung des Baues des Müllheizkraftwerkes MHKW Rothensee	
Schwennicke/Auerbach	KWG, Kreditwesengesetz, Kommentar, 2009
Smola	Refinanzierung wohnungswirtschaftlicher Darlehen einer Bausparkasse über Pfandbriefe, die von einer Pfandbriefbank emittiert werden und unter Einbeziehung eines Refinanzierungsregisters, BKR, 6/2009, S. 241–244
Staudinger	Kommentar zum Bürgerlichen Gesetzbuch, Band III, §§ 1204–1296

Kommentar

Pfandbriefgesetz

vom 22. Mai 2005 (BGBl. I S. 1373), das zuletzt durch Artikel 12 des Gesetzes vom 9. Dezember 2010 (BGBl. I S. 1900) geändert worden ist. Das G wurde als Artikel 1 des G v. 22.5.2005 I 1373 vom Bundestag beschlossen. Es tritt gem. Art. 20 dieses G am 19.7.2005 in Kraft. § 4 Abs. 6, § 5 Abs. 3, § 16 Abs. 4, § 24 Abs. 5 und § 53 treten am 28.5.2005 in Kraft.

Abschnitt 1

Anwendungsbereich, Erlaubnis und Aufsicht

§ 1 Begriffsbestimmungen

(1) Pfandbriefbanken sind Kreditinstitute, deren Geschäftsbetrieb das Pfandbriefgeschäft umfasst. Pfandbriefgeschäft ist

1. die Ausgabe gedeckter Schuldverschreibungen auf Grund erworbener Hypotheken unter der Bezeichnung Pfandbriefe oder Hypothekenpfandbriefe (im Folgenden: Hypothekenpfandbriefe),

2. die Ausgabe gedeckter Schuldverschreibungen auf Grund erworbener Forderungen gegen staatliche Stellen unter der Bezeichnung Kommunalschuldverschreibungen, Kommunalobligationen oder Öffentliche Pfandbriefe (im Folgenden: Öffentliche Pfandbriefe),

3. die Ausgabe gedeckter Schuldverschreibungen auf Grund erworbener Schiffshypotheken unter der Bezeichnung Schiffspfandbriefe,

4. die Ausgabe gedeckter Schuldverschreibungen auf Grund erworbener Registerpfandrechte nach § 1 des Gesetzes über Rechte an Luftfahrzeugen oder ausländischer Flugzeughypotheken unter der Bezeichnung Flugzeugpfandbriefe.

(2) Dem Erwerb einer Hypothek steht gleich der Anspruch gegen ein geeignetes Kreditinstitut auf Abtretung oder Teilabtretung einer Hypothek, die von dem Kreditinstitut treuhänderisch zugunsten der Pfandbriefbank verwaltet wird, sofern im Falle der Insolvenz des Kreditinstituts die Pfandbriefbank die Aussonderung der Hypothek verlangen kann. Für Forderungen im Sinne des Absatzes 1 Satz 2 Nummer 2, für Schiffshypotheken und für Registerpfandrechte im Sinne des Absatzes 1 Satz 2 Nummer 4 oder ausländische Flugzeughypotheken gilt Satz 1 entsprechend. Bei Forderungen im Sinne des Absatzes 1 Satz 2 Nummer 2 gegen öffentliche Schuldner im Sinne des § 20 Absatz 1 können Gegenstand des Abtretungs- und Übertragungsanspruchs auch Ansprüche sein, die sich gegen geeignete andere Kreditinstitute richten und die Voraussetzungen des Satzes 1 erfüllen oder ihrerseits

gleiche Ansprüche gegen geeignete Kreditinstitute oder unter öffentlicher Aufsicht stehende Wertpapierverwahrer zum Gegenstand haben.

(3) Pfandbriefe im Sinne der folgenden Vorschriften sind Hypothekenpfandbriefe, Öffentliche Pfandbriefe, Schiffspfandbriefe und Flugzeugpfandbriefe.

Übersicht

1. Pfandbriefbank

1 Eine Pfandbriefbank ist ein **Kreditinstitut**, dessen **Geschäft das Pfandbriefgeschäft** ist. Der Begriff des Kreditinstitutes wird vom Gesetz über das Kreditwesen (KWG) festgelegt. Nach § 1 Abs. 1 Satz 1 KWG sind Kreditinstitute Unternehmen, die Bankgeschäfte geschäftsmäßig oder in einem Umfang betreiben, der einen in kaufmännischer eingerichteten Geschäftsbetrieb erfordert. Gemäß § 1 Abs. 1 Satz 2 Nr. 1a KWG sind Bankgeschäfte (unter anderem) die in § 1 Abs. 1 Satz 2 des Pfandbriefgesetzes bezeichneten Pfandbriefgeschäfte.

2. Pfandbriefgeschäft

2 Das Pfandbriefgeschäft besteht in der **Ausgabe von Schuldverschreibungen**, die durch bestimmte Werte gedeckt sind. Der Begriff der **Schuldverschreibung** richtet sich nach § 793 des Bürgerlichen Gesetzbuches. Der § 1 des Pfandbriefgesetzes differenziert nicht nach Arten von Schuldverschreibungen. Pfandbriefe können daher wahlweise entweder als Inhaberschuldverschreibungen, Namensschuldverschreibungen oder als Orderschuldverschreibungen ausgegeben werden. In der Praxis werden Pfandbriefe meist als Inhaberschuldverschreibungen ausgegeben. In diesen Fällen richtet sich das Leistungsversprechen des Ausstellers der Schuldverschreibung an den jeweiligen Inhaber der Schuldverschreibung der das Recht aus dem Wertpapier folgt sowohl bei Inhaber- als auch bei Namens- als auch bei Orderschuldverschreibungen dem Recht am Papier. Dies bedeutet, dass das in der Schuldverschreibung verbriefte Recht nicht ohne Innehabung dieser Schuldverschreibung geltend gemacht werden kann. Schuldverschreibungen sind daher **Wertpapiere**[1]. Von Schuldverschreibungen zu unterscheiden sind **Schuldscheindarlehen.** Bei letzteren bildet der Schuldschein in der Regel nicht den Schuldgrund für das Leistungsversprechen. Vielmehr ergibt sich das Leistungsversprechen in aller Regel ausschließlich aus einem Darlehensvertrag und die Funktion des Schuldscheines ist auf die Beweisfunktion beschränkt.

1 Vgl. Palandt, BGB, § 371, Anm. 1.

3. Ausgabe der Schuldverschreibungen

Die Schuldverschreibungen müssen ausgegeben sein. Inhaltlich umfasst der Begriff der Ausgabe den Verkauf der Schuldverschreibung im Rechtssinne sowie die Lieferung des Papiers an den Käufer. Dies ergibt sich aus dem Wortlaut des § 1 Abs. 1 Satz 2 Nr. 10 KWG. Diese Vorschrift definiert das Emissionsgeschäft mit der Übernahme von Finanzinstrumenten, also von der Aktivseite her. Dies, obwohl der lateinische Begriff Emission ebenso wie seine deutsche Übersetzung, nämlich die Ausgabe, eine Aktion auf der Passivseite beschreibt. Daraus ist zu entnehmen, dass der Begriff der Ausgabe respektive Emission den faktischen Übergang der Schuldverschreibung vom Emittenten, also von der Passivseite auf den Übernehmer, also die Aktivseite bedeutet. Dieser faktische Übergang wird durch die Übergabe des Papiers vollzogen und durch den Abschluss eines korrespondierenden Kaufvertrages rechtlich legitimiert. 3

4. Deckungswerte

Die Pfandbriefe müssen durch bestimmte Werte gedeckt sein. Für das Pfandbriefgeschäft kommen nur die in § 1 Abs. 1 Satz 2 Nr. 1 bis 4 genannten Werte in Betracht. Im Einzelnen: 4

Nr. 1: Hypotheken, und zwar sowohl Buch- als auch Briefhypotheken. Gemäß § 18 stehen Grundschulden den Hypotheken gleich[2]. 5

Nr. 2: Forderungen gegen staatliche Stellen unter der Bezeichnung Kommunalschuldverschreibungen, Kommunalobligationen oder öffentliche Pfandbriefe. 6

Nr. 3: Schiffshypotheken. 7

Nr. 4: Registerpfandrechte nach § 1 des Gesetzes über Rechte an Luftfahrzeugen oder ausländischer Flugzeughypotheken. 8

Die in den Nummern 1 bis 4 enthaltene Aufzählung der für das Pfandbriefgeschäft zugelassenen Werte ist abschließend. Weitere Werte kommen nicht in Betracht. Dies ergibt sich einerseits bereits aus dem Wortlaut, andererseits aber auch aus dem Ziel der Wahrung der hohen Qualität des Pfandbriefs[3]. 9

5. Erwerb

Gemäß Abs. 1 Nr. 1 muss die Pfandbriefbank die Werte **erworben** haben. Ein Erwerb liegt zweifelsfrei dann vor, wenn die Pfandbriefbank materiellrechtliche Inhaberin der Werte geworden ist. Bei **Buchrechten** ist dies dann der Fall, wenn Einigung und Eintragung erfolgt ist. Bei **Briefrechten** ist die Abtretung der Darlehensforderung und die Übergabe des Briefes erforderlich, wobei die Übergabe des Briefes durch die Vereinbarung eines Besitzkonstitutes im Sinne des § 930 BGB ersetzt werden kann. Ein Erwerb wird aber auch dann vorliegen, wenn die Pfandbriefbank eine Anwartschaft auf die Werte erworben hat. Denn eine Anwartschaft bedeutet die Innehabung einer unentziehbaren Rechtsposition, die zur Erstarkung in das Vollrecht führt[4]. Ein **Anspruch** auf Einräumung der Inhaberschaft reicht 10

---

2 Siehe auch § 12, „Hypotheken und Grundschulden".
3 Vgl. BT DS 15/4321, B, Lösung.
4 Vgl. Bellinger/Kerl, HBG, 4. Aufl. 1995, § 1 Rdn. 36.

für einen Erwerb nach Abs. 1 nicht aus. Allerdings wird in Abs. 2 bei Hypotheken der Anspruch auf Einräumung des Erwerbs dem Erwerb unter gewissen Umständen gleichgestellt (siehe unten). Es ist nicht erforderlich, dass das Grundpfandrecht auf Grund einer eigenen Darlehensgewährung der emittierenden Pfandbriefbank erworben wurde. Der Erwerb von Dritten reicht aus. Der Erwerb muss zur[5] Inhaberschaft des **Volleigentums** geführt haben. Der Erwerb von **Sicherungseigentum** reicht nicht aus. Denn Sicherungseigentum ist dadurch beschränkt, dass die Ausübung der Eigentümerstellung erst und nur dann zulässig ist, wenn der Sicherungszweck dies erlaubt, weil der Sicherungsgeber eine andere Verbindlichkeit, die er gegenüber der Pfandbriefbank hat, nicht erfüllt. Sicherungseigentum steht daher wirtschaftlich einem Pfandrecht näher als dem Eigentum (siehe auch unten).

6. Auf Grund

11 Es muss ein **Zusammenhang** zwischen der Ausgabe der gedeckten Schuldverschreibungen und den erworbenen Werten bestehen. Dieser Zusammenhang muss folgenden Inhalt haben: Das Pfandbriefgeschäft dient der Refinanzierung der Pfandbriefbank und betrifft somit die Passivseite. Diese Refinanzierung dient ihrerseits der Finanzierung der Darlehensvergabe, also der Aktivseite. Im Rahmen der Darlehensvergabe werden besonders werthaltige Sicherheiten erworben, die die Rückzahlung der Darlehen und damit die Rückzahlung der Pfandbriefe absichern.

7. Bezeichnung

12 § 1 Abs. 1 Satz 2 Nr. 1 bis 4 schreibt zwingend die Bezeichnung der gedeckten Schuldverschreibungen als Pfandbriefe oder Hypothekenpfandbriefe, Schiffspfandbriefe oder Flugzeugpfandbriefe vor. In Verbindung mit den im Pfandbriefgesetz festgelegten hohen Anforderungen, insbesondere an die Art der Deckungswerte, die Beleihungsgrenze und die Art der Wertermittlung wird durch die zwingend vorgeschriebenen Bezeichnungen die besondere Qualität des mit der Bezeichnung versehenen Wertpapiers zum Ausdruck gebracht. Diesem Zweck dient auch der in § 41 festgelegte Schutz der Bezeichnung einer Schuldverschreibung als Pfandbrief.

8. Anspruch auf Erwerb

13 Abs. 2 stellt in bestimmten Fällen den **Anspruch auf Erwerb** einer Hypothek dem Erwerb gleich. Anspruch meint einen gesetzlichen oder rechtsgeschäftlichen schuldrechtlichen Anspruch. Um den Anspruch dem Erwerb gleichstellen zu können, muss er eine möglichst sichere Position gewähren.

a) Aussonderungsfähigkeit

14 Aus diesem Grunde stellt Abs. 2 auch fest, von welchen Voraussetzungen die Gleichstellung abhängt. Die Hypothek muss im Falle der Insolvenz des Kreditinstituts, gegen welches der

5 Vgl. BT DS 15/4321, B. Besonderer Teil, zu § 1.

Anspruch auf Abtretung oder Teilabtretung der Hypothek besteht, **aussonderungsfähig** sein. Grundsätzlich gelten für die Aussonderungsfähigkeit die insolvenzrechtlichen Regelungen der Insolvenzordnung. Seit einigen Jahren gibt es jedoch das Instrument des **Refinanzierungsregisters.** Dieses Refinanzierungsregister ist in den §§ 22a bis o des Gesetzes über das Kreditwesen geregelt. § 22j Abs. 1 Satz 1 KWG ergänzt als Spezialregelung die betreffenden Regelungen der Insolvenzordnung insoweit, als Gegenstände, die ordnungsgemäß in das **Refinanzierungsregister** eingetragen sind, im Falle der Insolvenz des Refinanzierungsunternehmens als nicht der Insolvenzmasse zugehörig gelten und deshalb vom Übertragungsberechtigten nach § 47 InsO ausgesondert werden können. Diese Aussonderungsfähigkeit wird allein durch die Erfüllung des formalen Kriteriums der **ordnungsgemäßen Eintragung** der Gegenstände in das Refinanzierungsregisters erreicht.

Gemäß § 22j Abs. 1 Satz 2 umfasst die Aussonderungsfähigkeit auch diejenigen Gegenstände, die **an die Stelle** der ordnungsgemäß im Refinanzierungsregister eingetragenen Gegenstände treten. § 22j Abs. 1 Satz 2 verdängt als Spezialregelung § 48 Abs. 2 InsO. In Bezug auf diese **Surrogate** enthält die Begründung zu § 22i im Rahmen des Gesetzentwurfes der Bundesregierung zur Änderung der Insolvenzordnung, des Kreditwesengesetzes und anderer Gesetze in der Fassung vom September 2004 folgende Formulierung: **15**

> *„Diese Vorschrift ist in einem weiten Sinn zu verstehen. Insbesondere sind „an die Stelle" getreten: Ansprüche aus Versicherungsverträgen bei Untergang einer eingetragenen versicherten Sache oder Ansprüche gegen den Schädiger einer eingetragenen Sache; wenn es sich bei dem eingetragenen Gegenstand um einen Anspruch handelt: Gegenstände, die zur Erfüllung des Anspruches geleistet werden, ebenso Leistungen erfüllungshalber und an Erfüllung statt. Nicht erfasst werden dagegen Leistungen von Sicherungsgebern oder Erlöse aus der Verwertung von Sicherheiten. Diese treten nicht „an die Stelle" der im Refinanzierungsregister eingetragenen Gegenstände. Die Ansprüche gegen Sicherungsgeber oder die Sicherungsgegenstände können aber selbst ins Refinanzierungsregister eingetragen werden, weil sie „Gegenstände" im Sinne der … sind"* [6]

Mit „Dieser Vorschrift" meint die oben angegebene Gesetzesbegründung zwar den § 22i Abs. 1 Satz 2 der Gesetzesentwurfs vom September 2004. Dieser war wie folgt formuliert: *„Das gleiche gilt für Gegenstände, die an die Stelle der im Refinanzierungsregister eingetragenen Gegenstände treten"*. Der heutige § 22j Abs. 1 Satz 2 ist bis auf die zusätzliche Verwendung des Wortes „ordnungsgemäß" identisch. Dieser Begriff ändert in der Sache nichts. Die Begründung kann daher zur Auslegung des heutigen § 22j Abs. 1 Satz 2 herangezogen werden. **16**

Warum nach dieser Gesetzesbegründung **Erlöse aus der Verwertung** der Sicherheiten nicht **„an die Stelle"** der Sicherheiten treten sollen, erscheint nicht konsequent. Es erscheint widersprüchlich, die Formulierung des § 22j Abs. 1 Satz 2 zunächst sehr weit zu fassen und dann die durch diese weite Formulierung ermöglichte Erfassung aller Surrogate nachträglich einzuschränken und dafür anzubieten, die durch diese Einschränkung ausgeschlossenen Surrogate durch gesonderte Eintragung in das Register aussonderungsfähig zu machen. **17**

§ 22j Abs. 1 Satz 2 verlangt im Gegensatz zu § 48 Satz 1 nicht die **Unterscheidbarkeit.** Aus diesem Grunde gibt es bei der Ersatzaussonderung nach § 22j Abs. 1 Satz 2 auch nicht das verbriefungstypische **Vermischungsrisiko.** **18**

---

6 Vgl. Ref E v. Sept. 2004, zu § 22i, S. 50.

b) Gegenstände

19 Gegenstände im Sinne des § 22j Abs. 1 KWG sind gemäß § 22d Abs. 1 Nr. 1 KWG diejenigen Forderungen oder diejenigen Sicherheiten, auf deren Übertragung die im Register eingetragenen Zweckgesellschaften, Refinanzierungsvermittler oder Kreditinstitute mit Sitz in einem Staat des europäischen Wirtschaftsraumes oder in § 2 Abs. 1 Nr. 1 oder Nr. 3a KWG genannten Einrichtungen einen Anspruch haben. Aus der Formulierung „Forderungen oder Sicherheiten" geht hervor, dass zwischen den Forderungen und den Sicherheiten kein Zusammenhang bestehen muss. Es können daher Forderungen ohne eventuell zugehörende Sicherheiten und Sicherheiten ohne die aus dem Sicherungszweck hervorgehenden Forderungen eingetragen werden.

c) Volleigentum

20 Aus der ausdrücklichen Anforderung des § 1 Abs. 2, dass die Hypothek im Falle der Insolvenz des Kreditinstituts zugunsten der Pfandbriefbank ausgesondert wird, folgt, dass sich der Anspruch der Pfandbriefbank auf die Verschaffung des **Volleigentums** respektive der **vollen Inhaberschaft** an der Hypothek beziehen muss. Es ist nicht ausreichend, wenn sich der Anspruch auf die Verschaffung von **Sicherungseigentum** bezieht. Sicherungseigentum zeichnet sich dadurch aus, dass der Sicherungsnehmer seine Eigentümerstellung erst und nur dann geltend machen kann, wenn der Sicherungszweck eingetreten ist, weil der Sicherungsnehmer seine eigentlichen Pflichten dem Sicherungsgeber gegenüber nicht erfüllt. Dieses so beschränkte Sicherungseigentum steht wirtschaftlich gesehen aber einem Pfandrecht näher als dem Eigentum. Es ist daher im Konkurs des Sicherungsgebers nicht gemäß § 47 InsO aussonderungsfähig, sondern gemäß § 51 Nr. 1 InsO nur **absonderungsfähig**[7]. Die **Absonderung** hat aber eine völlig andere und in der Wirkung auch geringere Qualität als die **Aussonderung**. Bei der Aussonderung wird die Hypothek nicht zur Konkursmasse gerechnet, sondern als direkt dem Vermögen des Aussonderungsberechtigten zugehörend angesehen[8]. Bei der Absonderung ist die Hypothek Bestandteil der Konkursmasse und wird vom Konkursverwalter wie alle anderen Massegegenstände auch verwertet. Allerdings ist der Absonderungsberechtigte nicht auf die Konkursquote beschränkt, sondern kann den Erlös bis zur Höhe seines Anspruchs herausverlangen. Ein etwaiger Mehrerlös steht jedoch der Konkursmasse zu und nicht dem Absonderungsberechtigten[9]. Bereits daraus, dass ein Absonderungsrecht nicht zur Herauslösung eines Wertes (Darlehen plus Hypothek) aus der Konkursmasse und zur Einbeziehung in das Vermögen der Pfandbriefbank führt, sondern nur dazu, dass der Verwertungserlös bis zur Höhe des Anspruchs der Pfandbriefbank an die Pfandbriefbank ausgekehrt wird, folgt schon, dass sich eine Indeckungnahme durch die Pfandbriefbank verbietet. Hinzu kommt aber noch, dass nur selten klar ist, wie viele Absonderungsberechtigte es nun gibt. Daher besteht immer das Risiko, dass mehrere Absonderungsberechtigte da sind, die untereinander in einem Rangverhältnis stehen was wiederum bedeutet, dass die Pfandbriefbank im Extremfall trotz eines Absonderungsrechts leer ausgehen kann. Die in § 1 Abs. 2 ausdrücklich festgelegte Anforderung, dass Ansprüche auf Abtretung oder Teilabtretung von Hypotheken nur dann zur Ausgabe von Pfandbriefen herangezogen werden können, wenn diese Ansprüche dazu führen, dass

---

7 S.a. MünchKomm InsO, 2007, § 51 Anm. 1 und 9.
8 Vgl. MünchKomm InsO, § 47 Anm. 5 und 12.
9 Vgl. MünchKomm InsO, Vorbemerkung zu den §§ 49 bis 52, Anm. 1.

im Falle der Insolvenz des Veräußerers die Pfandbriefbank die **Aussonderung** der Hypothek (und nicht nur die Absonderung) verlangen kann, ist daher nur konsequent.

Aus vorgenanntem ergibt sich beispielsweise auch, dass es nicht den Anforderungen des § 1 Abs. 2 entspricht, wenn eine Pfandbriefbank einem Kreditinstitut eine **Kreditlinie** gewährt, sich diese Kreditlinie durch Ansprüche auf Abtretung eines Portfolios von hypothekenbesicherten Darlehen absichern lässt und diese Ansprüche in das Refinanzierungsregister eintragen lässt. Denn die Abtretung der Hypotheken dient nur der Absicherung der Rückzahlung der von der Pfandbriefbank eingeräumten Kreditlinie. Zwar können diese Abtretungsansprüche in ein Refinanzierungsregister eingetragen werden. Sie sind deshalb auch gemäß § 22j Absatz 1 KWG aussonderungsfähig. Die Eigentümerstellung der Pfandbriefbank kann aber nur und erst dann ausgeübt werden, wenn der Sicherungszweck dies erlaubt, weil das Kreditinstitut die Kreditlinie nicht bedient. Der Anspruch auf Abtretung der Hypothek hat daher nicht die Verschaffung von Volleigentum, sondern nur die Verschaffung von **Sicherungseigentum** zum Inhalt. Sicherungseigentum kann aber – wie oben gezeigt – nicht **ausgesondert,** sondern nur **abgesondert** werden. Mit anderen Worten: Der so erworbene Anspruch ist zwar durch Eintragung im Refinanzierungsregister aussonderungsfähig. Er richtet sich aber nicht auf den Erwerb von Volleigentum, sondern nur auf den Erwerb von Sicherungseigentum. Dieses wiederum kann im Insolvenzfalle nicht ausgesondert sondern nur abgesondert werden. Die **Indeckungnahme** dieses Anspruchs steht daher nicht im Einklang mit Abs. 2 und ist daher **rechtswidrig.** 21

d) Geeignetes Kreditinstitut

Der Anspruch muss sich gegen ein **geeignetes Kreditinstitut** richten. Der Begriff des **Kreditinstitutes** ist in § 1 Abs. 1 KWG festgelegt. Dieses Kreditinstitut muss **„geeignet"** sein. Der Begriff der Geeignetheit ist sehr weit und daher sehr interpretationsbedürftig. Wesentliches Ziel des Pfandbriefgesetzes ist es, den Pfandbriefgläubigern eine möglichst sichere Wertpapieranlage zu gewährleisten. Hieraus ergibt sich, dass für die Frage der Auslegung des Begriffs der Geeignetheit in erster Linie Qualitäts- und Sicherheitserwägungen heranzuziehen sind. Auf dieser Basis ergibt sich, dass das Kreditinstitut über die fachlichen und organisatorischen Fähigkeiten verfügen muss, um die Darlehen und Sicherheiten in banküblicher Weise angemessen zu verwalten. 22

Darüber hinaus muss das Kreditinstitut in der Lage sein, die Anforderungen des Pfandbriefrechts zu erfüllen. Hierzu gehören beispielsweise die laufende Übermittlung deckungsrelevanter Daten auf der Basis taggenauer Aktualität[10] oder die Ermittlung der Beleihungswerte nach § 16 in Verbindung mit der jeweils geltenden Beleihungswertverordnung. Schon um operationelle Risiken zu begrenzen, wird man verlangen müssen, dass bei Begründung des Anspruchs keine Unsicherheiten in Bezug auf die Liquidität des Kreditinstituts bestehen. 23

Aber auch außerhalb des Kreditinstituts liegende Umstände müssen für die Frage der Beurteilung der Geeignetheit herangezogen werden. Hierzu zählen beispielsweise die wirtschaftlichen und politischen Verhältnisse des Landes bzw. der Länder, die Einflüsse auf das Kreditinstitut haben, durch die die Darlehens- und Sicherheitenverwaltung einschließlich des Einzugs und der Weiterleitung des Kapital- und Zinsdienstes oder auch die Verwertung der Sicherheiten beeinträchtigt werden kann. Abstrakte Gefährdungen, wie das bloße Be- 24

10 S. hierzu § 4, „Jederzeitige Deckung".

stehen von entsprechenden Rechtsgrundlagen, dürften in der Regel unschädlich sein. Andererseits wird bei konkreten Gefährdungen die Schwelle zur Ungeeignetheit bereits weit überschritten sein. Richtigerweise wird die Schwelle zur Ungeeignetheit dann erreicht sein, wenn Umstände ersichtlich oder absehbar sind, durch die sich begründete Zweifel an der ordentlichen Darlehens- und Sicherheitenverwaltung einschließlich der Sicherheitenverwertung und dem Einzug der Forderungen sowie der Weiterleitung von Kapital und Zins oder Erlös ergeben. Ein Vergleich zwischen dem Land des Sitzes der Pfandbriefbank und dem Land des Kreditinstituts, gegen das der Anspruch auf Abtretung oder Teilabtretung einer Hypothek begründet werden soll, kann insoweit hilfreich sein. Sofern das betreffende Kreditinstitut seinen Sitz in der Schweiz, den USA, in Kanada oder Japan hat, wird man für die Geeignetheit des Kreditinstituts zusätzlich zu den oben dargelegten Kriterien fordern müssen, dass diesen Instituten ein der Bonitätsstufe 1 entsprechendes Risikogewicht nach Tabelle 3 des Anhanges VI der Richtlinie 2006/48/EG nach den nationalen Regelungen zugeordnet worden ist, die zur Umsetzung der Rahmenvereinbarung „Internationale Konvergenz der Kapitalmessung und Eigenkapitalanforderungen" des Baseler Ausschusses für Bankenaufsicht vom Juni 2004 gleichwertig zur Richtlinie 2006/48/EG erlassen worden sind[11].

e) Treuhandverhältnis

25 Gemäß § 1 Abs. 2 muss die Hypothek **treuhänderisch** von dem Kreditinstitut für die Pfandbriefbank verwaltet werden. An den Treuhandbegriff dürfen keine allzu großen Anforderungen gestellt werden. Es wird daher das Treuhandverhältnis ausreichen, das dadurch entsteht, dass das Kreditinstitut gegenüber der Pfandbriefbank die Verpflichtung zur Übertragung eingeht. Daneben wird in der Regel ein Treuhandverhältnis bestehen, das sich daraus ergibt, dass das verkaufende Kreditinstitut die Verwaltung der Darlehen auch nach dem Verkauf weiterführt, und zwar nicht mehr für sich, sondern für die Pfandbriefbank.

f) Anwendungsbereich

26 Durch die im Zuge der **Gesetzesnovelle 2010** erfolgte Neufassung des Abs. 2 Satz 2 wird die Gleichsetzung des Anspruchs auf Erwerb mit dem Erwerb selbst nicht mehr nur auf Hypotheken beschränkt, sondern auf öffentliche Deckungswerte im Sinne des Abs. 1 Satz 2 Nr. 2 in Verbindung mit § 20 Abs. 1, auf Schiffshypotheken sowie auf Registerpfandrechte an Luftfahrzeugen ausgedehnt. Abs. 2 Satz 3 ermöglicht die Nutzung von Verwahr- oder Verrechnungssystemen. Diese müssen jedoch insolvenzfest sein[12].

9. Aussetzung der Übertragung der Darlehensforderungen und Grundpfandrechte

27 Die Verbindung des § 1 Abs. 2 mit dem Einsatz eines Refinanzierungsregisters ermöglicht es, die Übertragung der Darlehensforderungen und Sicherheiten bis zum Ende der Darlehenslaufzeiten auszusetzen und es bei dem schuldrechtlichen Anspruch auf Übertragung

11 S. auch § 4, „geeignetes Kreditinstitut".
12 BT DS 17/1720, B, zu Nr. 2.

zu belassen. Dadurch können eine Vielzahl von Aufwendungen eingespart werden, die bei einer Übertragung angefallen wären, beispielsweise die Kosten für die Übertragung von Grundschulden respektive deren Rückübertragung im Falle des Vorliegens entsprechender Rückgewährsansprüche. Die schuldrechtlichen Ansprüche auf Übertragung respektive Rückübertragung dieser Grundschulden erlöschen dabei einfach von selbst in dem Maße, in dem sich die Sicherungszwecke erledigen[13].

10. Pfandbriefgattungen

In Abs. 3 werden die Gattungen der Pfandbriefe auf Hypothekenpfandbriefe, öffentliche Pfandbriefe, Schiffspfandbriefe und Flugzeugpfandbriefe beschränkt. Die Aufzählung ist abschließend. Dies geht bereits aus dem Wortlaut hervor, ergibt sich aber auch aus der enumerativen Aufzählung der Nummern 1 bis 4 des Abs. 1 Satz 2 in Verbindung mit dem Ziel der Wahrung einer hohen Qualität des Pfandbriefs. 28

§ 2 Erlaubnis

(1) Ein Kreditinstitut mit Sitz im Geltungsbereich dieses Gesetzes, das das Pfandbriefgeschäft betreiben will, bedarf der schriftlichen Erlaubnis der Bundesanstalt für Finanzdienstleistungsaufsicht (Bundesanstalt) nach § 32 des Kreditwesengesetzes. Zusätzlich muss das Kreditinstitut für eine Erlaubnis zum Betreiben des Pfandbriefgeschäfts folgende Voraussetzungen erfüllen:

1. Das Kreditinstitut muss über ein Kernkapital von mindestens 25 Millionen Euro verfügen.

2. Das Kreditinstitut muss eine Erlaubnis für das Kreditgeschäft im Sinne des § 1 Abs.1 Satz 2 Nr. 2 des Kreditwesengesetzes haben und dieses voraussichtlich betreiben.

3. Das Kreditinstitut muss über geeignete Regelungen und Instrumente im Sinne des § 27 zur Steuerung, Überwachung und Kontrolle der Risiken für die Deckungsmassen und das darauf gründende Emissionsgeschäft verfügen.

4. Aus dem der Bundesanstalt vorzulegenden Geschäftsplan des Kreditinstituts muss hervorgehen, dass das Kreditinstitut das Pfandbriefgeschäft regelmäßig und nachhaltig betreiben wird und dass ein dafür erforderlicher organisatorischer Aufbau vorhanden ist.

5. Der organisatorische Aufbau und die Ausstattung des Kreditinstituts müssen, abhängig von der Reichweite der Erlaubnis, künftigen Pfandbriefemissionen sowie dem Immobilienfinanzierungs-, Staatsfinanzierungs-, Schiffsfinanzierungs- oder Flugzeugfinanzierungsgeschäft angemessen Rechnung tragen.

Abweichend von § 33 Abs. 4 des Kreditwesengesetzes ist die nach Satz 1 erforderliche Erlaubnis auch dann zu versagen, wenn die Voraussetzungen des Satzes 2 Nr. 1 bis 5 nicht vorliegen. § 32 Abs. 2 Satz 2 des Kreditwesengesetzes ist mit der Maßgabe an-

---

13 *Smola*, BKR 2009, S. 241 ff.

zuwenden, dass die Erlaubnis für das Pfandbriefgeschäft auch auf einzelne der in § 1 Abs. 1 Satz 2 Nr. 1 bis 4 genannten Tätigkeiten beschränkt werden kann. Die nach § 33 Abs. 2 Satz 1 des Kreditwesengesetzes vorausgesetzten theoretischen und praktischen Kenntnisse sind im Pfandbriefgeschäft abhängig von der Reichweite der Erlaubnis regelmäßig anzunehmen, wenn die Geschäftsleiter über entsprechende Kenntnisse im Bereich des Hypothekarkreditgeschäfts, des Kommunalkreditgeschäfts, des Schiffskreditgeschäfts oder des Flugzeugfinanzierungsgeschäfts und dessen Refinanzierung verfügen.

(2) Die Bundesanstalt kann die Erlaubnis zum Betreiben des Pfandbriefgeschäfts außer in den Fällen des § 35 Abs. 2 des Kreditwesengesetzes auch aufheben, wenn

1. die Voraussetzungen des Absatzes 1 Satz 2 Nr. 1 bis 3 und 5 nicht mehr vorliegen oder

2. die Pfandbriefbank seit mehr als zwei Jahren keine Pfandbriefe begeben hat und nicht zu erwarten ist, dass das Pfandbriefgeschäft innerhalb der nächsten sechs Monate als regelmäßig und nachhaltig betriebenes Bankgeschäft wieder aufgenommen wird.

(3) Hebt die Bundesanstalt die Erlaubnis für das Pfandbriefgeschäft auf oder erlischt diese, so sind die Deckungsmassen abzuwickeln.

(4) Hebt die Bundesanstalt die Erlaubnis nach § 32 des Kreditwesengesetzes zum Betreiben von Bankgeschäften und zur Erbringung von Finanzdienstleistungen vollständig auf oder erlischt diese, besteht die bisherige Erlaubnis der Pfandbriefbank in Ansehung der Deckungsmassen und der durch diese gesicherten Verbindlichkeiten bis zur vollständigen und fristgerechten Erfüllung der Pfandbriefverbindlichkeiten fort, soweit nicht die Bundesanstalt die Erstreckung der Erlaubnisaufhebung ausdrücklich anordnet.

(5) In den Fällen der Absätze 3 und 4 ernennt das Gericht am Sitz der Pfandbriefbank auf Antrag der Bundesanstalt eine oder zwei geeignete natürliche Personen als Sachwalter, wenn dies für die vollständige und fristgerechte Erfüllung der Pfandbriefverbindlichkeiten erforderlich ist und nicht bereits nach § 30 Absatz 2 oder 5 ein Sachwalter ernannt worden ist. Die Ernennung kann auf Antrag der Bundesanstalt mit Zustimmung der Geschäftsleiter der Pfandbriefbank auch dann erfolgen, wenn die Ernennung eines Sachwalters dienlich erscheint. Für die Rechtsstellung dieses Sachwalters gelten die Vorschriften der §§ 30 bis 36 entsprechend.

Übersicht

1. Erlaubnispflicht

§ 2 Abs. 1 Satz 2 stellt klar, dass das Pfandbriefgeschäft der Erlaubnispflicht des § 32 KWG unterliegt. § 2 Abs. 1 Satz 2 legt fest, dass diese Erlaubnis nur dann gewährt wird, wenn neben den Voraussetzungen des § 2 Abs. 1 Satz 2 PfandBG zusätzlich die Voraussetzungen des § 32 KWG vorliegen[1]. Sind die Voraussetzungen der § 2 PfandBG und des § 32 KWG erfüllt und liegt kein Versagungsgrund vor, besteht ein Anspruch der Pfandbriefbank auf Erteilung der Erlaubnis[2]. 1

2. Kernkapital

§ 2 Abs. 1 Satz 2 Nr. 1 legt fest, dass das Kreditinstitut über ein Kernkapital von mindestens 25 Mio Euro verfügen muss. Hierdurch wird der Besonderheit Rechnung getragen, dass sich das Pfandbriefgeschäft durch die Langfristigkeit der Emissionen und Darlehensgewährungen auszeichnet. Die Anforderung an die Eigenmittel soll die erhöhten Risiken in Bezug auf Verluste und Liquiditätsengpässe kompensieren, das sich aus der Langfristigkeit des Pfandbriefgeschäfts ergibt[3]. 2

3. Kreditgeschäfte nach § 1 Absatz 1 Satz 2 Nr. 2 KWG

Die in § 2 Abs. 1 Satz 2 Nr. 2 PfandBG genannten Geschäfte gemäß § 1 Abs. 1 Satz 2 Nr. 2 KWG sind die **Gewährung von Gelddarlehen** gemäß § 488 BGB und die Gewährung von **Akzeptkrediten.** Unter Gelddarlehen fällt auch die Einräumung von Kreditlinien[4]. Ein Akzeptkredit liegt dann vor, wenn ein Kreditinstitut aufgrund einer bestehenden Vereinbarung einen vom Kunden ausgestellten Wechsel akzeptiert und der Kunde den akzeptierten Wechsel bei einem Dritten diskontiert[5]. 3

4. Geeignete Regelungen

§ 2 Abs. 1 Satz 2 Nr. 3 dient dem Vertrauensschutz der Pfandbriefgläubiger. Um den Pfandbrief zu einer besonders sicheren Anlage zu machen, wird die Aufstellung besonderer Regelungen und die Einrichtung besonderer Instrumente im Sinne des § 27 zur Steuerung, Überwachung und Kontrolle der Risiken für die Deckungsmasse und das darauf gründende Emissionsgeschäft festgelegt. Diese Regelungen und Instrumente müssen so angelegt sein, dass sie eine genaue Steuerung der Aktiv- und Passivgeschäfte ermöglichen sowie eine effiziente Kontrolle der mit den Pfandbriefgeschäften verbundenen Zinsänderungs-, Währungs- und sonstige Marktpreisrisiken gewährleisten[6]. Damit die Effizienz der Regelungen von der Aufsichtsbehörde angemessen überprüft werden kann und um eine optimale Umsetzung im Unternehmen zu ermöglichen, wird zu fordern sein, dass diese Regelungen vom Kreditinstitut schriftlich festgelegt werden, beispielsweise in Organisationshandbüchern. 4

---

1 Vgl. BT DS 15/4321, zu § 2 „Erlaubnis".
2 Vgl. Schwennicke/Auerbach, KWG, § 32, I Vorbemerkung Rdn. 3.
3 Vgl. BT DS 15/4321, zu § 2, „Erlaubnis".
4 Schwennicke/Auerbach, KWG § 1 Rdn. 34 m.w.N.
5 Schwennicke/Auerbach, KWG, § 1 Rdn. 38 m.w.N.
6 Vgl. BT DS 15/4321, zu § 2, „Erlaubnis".

5. Geschäftsplan

5 Gemäß § 2 Abs. 1 Satz 2 Nr. 4 muss das Kreditinstitut der Bundesanstalt einen Geschäftsplan vorlegen, aus dem hervorgeht, dass das Kreditinstitut das Pfandbriefgeschäft **regelmäßig** und **nachhaltig** betreibt und dass das Kreditinstitut hierfür den erforderlichen **organisatorischen Aufbau** vorhält (siehe unten).

6. Pfandbriefgeschäft

6 Wegen des Begriffs des **Pfandbriefgeschäfts** s. o. die entsprechenden Ausführungen zu § 1.

7. Regelmäßigkeit

7 Der Begriff der Regelmäßigkeit ist nicht zu eng zu sehen. Einerseits soll die personelle Qualifikation der mit dem Pfandbriefgeschäft befassten Mitarbeiter durch das regelmäßige Betreiben des Pfandbriefgeschäfts gewährleistet sein, andererseits müssen sich Emissionen an Marktgegebenheiten orientieren. Allerdings geht aus Abs. 2 Nr. 2 hervor, dass die Bundesanstalt die Erlaubnis zum Betreiben des Pfandbriefgeschäfts aufheben kann, wenn die Pfandbriefbank seit mehr als zwei Jahren keine Pfandbriefe begeben hat und nicht zu erwarten ist, dass das Pfandbriefgeschäft innerhalb der nächsten sechs Monate als regelmäßiges und nachhaltiges Bankgeschäft wieder aufgenommen. Für den Begriff der Regelmäßigkeit wird es daher ausreichen, wenn innerhalb dieser Grenzen ein Pfandbrief emittiert wird[7].

8. Nachhaltigkeit

8 Nachhaltigkeit liegt dann vor, wenn sich das Pfandbriefgeschäft selbst trägt. Die Ergebnisse aus diesen Geschäften müssen für sich genommen ausreichen, um die hohen Anforderungen des Pfandbriefgesetzes an die Qualität der Deckungsmassen – zum Beispiel durch Erwerb sicherer und Veräußerung unsicherer Deckungswerte – während der gesamten Laufzeit der ausstehenden Pfandbriefe sicherzustellen. Ein bestimmtes Emissionsvolumen ist hingegen nicht erforderlich[8].

9. Organisatorischer Aufbau

9 Zum qualitativ hochwertigen Betreiben des Pfandbriefgeschäfts verlangt § 2 Abs. 1 Satz 2 Nr. 4 in Verbindung mit Nr. 5 einen angemessenen organisatorischen Aufbau. Dieser ist notwendige Voraussetzung für das regelmäßige, nachhaltige und qualitativ hochwertige Betreiben des Pfandbriefgeschäfts.

10 § 2 Abs. 1 Satz 2 Nr. 3 und 5 steht im Zusammenhang mit § 27 Abs. 1. Beide Vorschriften ergänzen § 25a Abs. 1 KWG. Die Anforderungen des § 2 Abs. 1 müssen – sofern das Pfandbrief-

7 Vgl. BT DS 15/4321, zu § 2, „Erlaubnis".
8 Vgl. BT DS 15/4321, zu § 2, „Erlaubnis".

geschäft betroffen ist – zusätzlich zu den Anforderungen des § 25a Abs. 1 KWG erfüllt sein. Dies ergibt sich aus den im Vergleich zu anderen Bankgeschäften erhöhten Qualitätsanforderungen an das Pfandbriefgeschäft[9].

10. Verhältnis von § 2 PfandBG zu § 33Absatz4 KWG

Die Formulierung des § 2 Abs. 1 Satzes 3 PfandBG bringt zum Ausdruck, dass das neben 11 dem **Pfandbriefgesetz** auch das Gesetz über das Kreditwesen gilt, wobei das Pfandbriefgesetz als Spezialgesetz die Regeln des KWG ergänzt und bei Konkurrenz verdrängt. Gemäß § 33 Abs. 4 KWG darf die Erlaubnis zum Geschäftsbetrieb aus anderen als in den Absätzen 1 und 3 des § 33 KWG genannten Gründen nicht versagt werden. § 2 Abs. 1 Satz 3 PfandBG ergänzt § 33 Abs. 4 KWG und bestimmt, dass zusätzlich zu den in § 33 Abs. 4 KWG genannten Gründen auch das Nichtvorliegen der Anforderungen der Nummern 1 bis 5 des § 2 Abs. 1 Satz 2 PfandBG zu einer Versagung der Erlaubnis führen.

§ 2 Abs. 1 Satz 4 PfandBG normiert in Verbindung mit § 32 Abs. 2 Satz 2 KWG, dass die Er- 12 laubnis für das Betreiben des Pfandbriefgeschäfts auf einzelne der in den Nummern 1 bis 4 des § 1 Abs. 1 Satz 2 genannten Pfandbriefgeschäfte beschränkt werden kann. Konsequenterweise bestimmt § 2 Abs. 1 Satz 5, dass sich die fachliche Qualifikation der Geschäftsleiter an der Reichweite der Erlaubnis zu orientieren hat und sich nicht auf Geschäfte erstrecken muss, die von der Erlaubnis nicht erfasst werden.

11. Aufhebung der Erlaubnis zum Betreiben des Pfandbriefgeschäfts

§ 2 Abs. 2 Nr. 1 ergänzt die Gründe zur Aufhebung der Erlaubnis über die in § 35 Abs. 2 13 KWG genannten Gründe hinaus auf das Fehlen der Anforderungen des § 2 Abs. 1 Satz 2 Nr. 1 bis 5. § 2 Abs. 2 Nr. 2 ergänzt die Gründe zur Aufhebung der Erlaubnis über die in den §§ 2 Abs. 1 Satz 2 Nr. 1 bis 5 PfandBG und 35 Abs. 2 KWG genannten Gründe hinaus auch darauf, dass die Pfandbriefbank seit mehr als zwei Jahren keine Pfandbriefe begeben hat und nicht zu erwarten ist, dass das Pfandbriefgeschäft innerhalb der nächsten sechs Monate als regelmäßig und nachhaltig betriebenen Pfandbriefgeschäft wieder aufgenommen wird[10]. Für diese Erwartung dürfte es ausreichen, wenn eine Emission so konkret in Refinanzierungsplanung des Kreditinstituts einbezogen ist, dass mit der Durchführung zu rechnen ist[11].

§ 2 Abs, 2 Nr. 2 ersetzt nicht den § 35 Abs. 1 Satz 1 KWG. Letztere Vorschrift bestimmt, dass 14 die Erlaubnis erlischt, wenn nicht innerhalb eines Jahres seit ihrer Erteilung von ihr Gebrauch gemacht wird. Aus dieser Formulierung geht hervor, dass sich § 35 Abs. 1 Satz auf das erste Geschäft bezieht, welches das Kreditinstitut nach Erteilung der Erlaubnis durchführt. Demgegenüber meint § 2 Abs. 2 Nr. 2 den zeitlichen Abstand von zwei Geschäften, die nach dem Zeitpunkt des Erteilens der Erlaubnis liegen.

---

9 Vgl. BT DS 15/4321, „Lösung".
10 Vgl. oben.
11 Wegen der Definition des Begriffs der Emission s.o. zu § 1.

12. Abwicklung der Deckungsmassen bei Wegfall der Erlaubnis zum Betreiben des Pfandbriefgeschäfts

15 § 2 Abs. 3 bestimmt, dass die Deckungsmassen abzuwickeln sind, wenn die Erlaubnis zum Betreiben des Pfandbriefgeschäfts erlischt oder von der Bundesanstalt aufgehoben wird. Abs. 3 betrifft nur die Aufhebung zum Betreiben des Pfandbriefgeschäfts, nicht aber auch die Erlaubnis zum Betreiben sonstiger Bankgeschäfte. Letztere ist in Abs. 4 geregelt. Abwicklung im Sinne des Abs. 3 bedeutet dabei nicht, dass die Deckungswerte sofort fällig gestellt werden. Daraus, dass § 2 Abs. 3 nur von den Deckungsmassen spricht, nicht aber auch von den Pfandbriefen ergibt sich auch, dass die Pfandbriefe nicht sofort fällig gestellt werden. Die Abwicklung der Deckungsmassen im Sinne des § 2 Abs. 3 bedeutet vielmehr, dass die Pfandbriefe bis zu ihrer Fälligkeit vertragsgemäß weiterbedient werden, die Deckungsmasse bis zur Fälligkeit der korrespondierenden Pfandbriefe fortgeführt und die zur Deckungsmasse gehörenden Deckungswerte vertragsgemäß weiter bedient werden[12]. Sofern es zur sachgerechten Abwicklung erforderlich ist, kann gemäß § 2 Abs. 4 das Gericht am Sitz der Pfandbriefbank eine oder zwei natürliche Personen als Sachwalter bestellen. Für die Rechtsstellung dieser Sachwalter gelten die §§ 30 bis 36 entsprechend.

13. Schicksal der Deckungsmassen und Pfandbriefe bei Wegfall der Erlaubnis zum Betreiben sonstiger Bankgeschäfte

16 Durch die im Zuge der Pfandbriefnovelle 2010 erfolgte Neufassung des Abs. 4 wird klargestellt, dass der Wegfall der Erlaubnis zum Betreiben sonstiger Bankgeschäfte nicht automatisch zum Wegfall der Erlaubnis zum Betreiben des Pfandbriefgeschäftes führt. Allerdings wird die Erlaubnis zum Betreiben des Pfandbriefgeschäfts auf bereits umlaufende Pfandbriefe beschränkt. Die Ausgabe neuer Pfandbriefe wird dadurch unzulässig.

§ 3 Aufsicht

Die Bundesanstalt übt die Aufsicht über die Pfandbriefbanken nach den Vorschriften dieses Gesetzes und des Kreditwesengesetzes aus. Sie ist befugt, alle Anordnungen zu treffen, die geeignet und erforderlich sind, um das Geschäft der Pfandbriefbanken mit diesem Gesetz und den dazu erlassenen Rechtsverordnungen im Einklang zu erhalten. Sie hat zu von ihr bestimmten Zeitpunkten auf der Grundlage geeigneter Stichproben die Deckung der Pfandbriefe zu prüfen; hierbei kann sie sich anderer Personen und Einrichtungen bedienen. Die Prüfung soll in der Regel nach jeweils zwei Jahren erfolgen. Die von anderen staatlichen Stellen ausgeübte Aufsicht bleibt unberührt.

Übersicht

12 Vgl. BT DS 15/4321, zu § 2, „Erlaubnis“.

1. Prüfungspflicht

§ 3 PfandBG ergänzt § 44 Abs. 1 Satz 2 KWG. Während § 44 Abs. 1 Satz 2 KWG der Bundesanstalt lediglich die Befugnis einräumt, ohne besonderen Anlass Prüfungen vorzunehmen bzw. vornehmen zu lassen, begründet § 3 Satz 3 PfandBG im Hinblick auf das Pfandbriefgeschäft eine Pflicht der Bundesanstalt, Deckungsprüfungen vorzunehmen, wobei gemäß Satz 4 zusätzlich festgelegt wird, dass diese Deckungsprüfungen in der Regel alle zwei Jahre erfolgen sollen. Auch ohne besonderen Anlass kann die Bundesanstalt diesen Prüfungszeitraum verkürzen. Dabei sollte sie allerdings die berechtigten Interessen der Pfandbriefbank berücksichtigen[1]. Auf der Basis dieser Prüfungen ist die Bundesanstalt gemäß Satz 2 befugt, alle Anordnungen zu treffen, die geeignet und erforderlich sind, um die Rechtmäßigkeit der betriebenen Pfandbriefgeschäfte zu gewährleisten. 1

2. Rechte der Bundesanstalt

In Bezug auf Deckungsprüfung nach § 3 PfandBG stehen der Bundesanstalt sämtliche Möglichkeiten zur Verfügung, die § 44 KWG bietet, und zwar einschließlich des Rechts auf Veranlassung der Kreditinstitute zur Einberufung von Hauptversammlungen, Generalversammlungen, Gesellschafterversammlungen oder der Einberufung von Aufsichtsratssitzungen und einschließlich des Rechts an der Teilnahme an diesen Sitzungen. Dies ergibt sich indirekt aus der Begründung der Bundesregierung zum Entwurf eines Gesetzes zur Neuordnung des Pfandbriefrechts[2]. 2

1 Vgl. BT DS 15/4321, zu § 3, Aufsicht.
2 Vgl. BT DS 15/4321, zu § 3, Aufsicht.

Abschnitt 2

Allgemeine Vorschriften über die Pfandbriefemission

§ 4 Deckungskongruenz

(1) Die jederzeitige Deckung der umlaufenden Pfandbriefe nach dem Barwert, der die Zins- und Tilgungsverpflichtungen einbezieht, muss sichergestellt sein; der Barwert der eingetragenen Deckungswerte muss den Barwert der zu deckenden Verbindlichkeiten um 2 Prozent übersteigen (sichernde Überdeckung). Die sichernde Überdeckung muss bestehen in

1. Schuldverschreibungen, Schuldbuchforderungen, Schatzwechseln und Schatzanweisungen, deren Schuldner der Bund, ein Sondervermögen des Bundes, ein Land, die Europäischen Gemeinschaften, ein anderer Mitgliedstaat der Europäischen Union, ein anderer Vertragsstaat des Abkommens über den Europäischen Wirtschaftsraum, die Europäische Investitionsbank, die Internationale Bank für Wiederaufbau und Entwicklung, die Entwicklungsbank des Europarates oder die Europäische Bank für Wiederaufbau und Entwicklung ist; dies gilt auch für Schuldverschreibungen, Schuldbuchforderungen, Schatzwechsel und Schatzanweisungen, deren Schuldner die Schweiz, die Vereinigten Staaten von Amerika, Kanada oder Japan sind, sofern deren Risikogewicht entsprechend dem Rating einer anerkannten internationalen Ratingagentur der Bonitätsstufe 1 nach Tabelle 1 des Anhangs VI der Richtlinie 2006/48/EG des Europäischen Parlaments und des Rates vom 14. Juni 2006 über die Aufnahme und Ausübung der Tätigkeit der Kreditinstitute) in der jeweils geltenden Fassung zugeordnet worden ist.

2. Schuldverschreibungen, für deren Verzinsung und Rückzahlung eine der unter Nummer 1 bezeichneten Stellen die Gewährleistung übernommen hat,

3. Guthaben bei der Europäischen Zentralbank, bei Zentralbanken der Mitgliedstaaten der Europäischen Union oder bei geeigneten Kreditinstituten mit Sitz in einem der in Nummer 1 genannten Staaten, denen ein der Bonitätsstufe 1 entsprechendes Risikogewicht nach Tabelle 3 des Anhangs VI der Richtlinie 2006/48/ EG nach den nationalen Regelungen zugeordnet worden ist, die zur Umsetzung der Rahmenvereinbarung „Internationale Konvergenz der Kapitalmessung und Eigenkapitalanforderungen“ des Baseler Ausschusses für Bankenaufsicht vom Juni 2004 gleichwertig zur Richtlinie 2006/48/EG erlassen worden sind, deren Erfüllung nicht bedingt, befristet, anderen Forderungen rechtsgeschäftlich nachgeordnet oder in sonstiger Weise eingeschränkt ist, jedoch nur, sofern die Höhe der Forderungen der Pfandbriefbank bereits beim Erwerb bekannt ist; für die Zuordnung zur Bonitätsstufe 1 sind die Ratings anerkannter internationaler Ratingagenturen maßgeblich.

Die Begrenzungen des § 19 Abs. 1 Nr. 2 und 3, des § 20 Abs. 2 Nr. 2, des § 26 Abs. 1 Nr. 3 und 4 und des § 26f Abs. 1 Nr. 3 und 4 sind insoweit nicht anzuwenden.

(1a) Zusätzlich ist zur Sicherung der Liquidität für die nächsten 180 Tage ein taggenauer Abgleich der fällig werdenden Forderungen aus eingetragenen Deckungswerten und fällig werdenden Verbindlichkeiten aus ausstehenden Pfandbriefen und in Deckung befindlichen Derivategeschäften vorzunehmen. Für jeden Tag ist die Summe der bis zu diesem Tag anfallenden Tagesdifferenzen zu bilden. Die größte sich ergebende negative Summe in den nächsten 180 Tagen muss jederzeit durch die Summe aus den Deckungswerten nach Absatz 1 Satz 2 und den eingetragenen Deckungswerten, die vom Europäischen System der Zentralbanken als notenbankfähig eingestuft werden, gedeckt werden. Für Werte, die ausschließlich zur Sicherung der Liquidität ins Deckungsregister eingetragen werden, sind die Begrenzungen der §§ 19, 20, 26 und 26f nicht anzuwenden.

(2) Der jeweilige Gesamtbetrag der im Umlauf befindlichen Pfandbriefe einer Gattung muss auch in Höhe des Nennwertes jederzeit durch Werte von mindestens gleicher Höhe gedeckt sein. Wenn der zum Zeitpunkt der Pfandbriefausgabe bekannte maximale Einlösungswert höher als der Nennwert ist, tritt er an die Stelle des Nennwertes.

(3) Soweit aus als Deckung verwendeten Derivategeschäften Verbindlichkeiten der Pfandbriefbank begründet werden, müssen auch die Ansprüche der Vertragspartner der Pfandbriefbank gedeckt sein. Derivategeschäfte im Sinne dieses Gesetzes sind unter einem standardisierten Rahmenvertrag zusammengefasste Derivate nach § 1 Abs. 11 Satz 4 Nr. 1 des Kreditwesengesetzes einschließlich der unter dem Rahmenvertrag abgeschlossenen Besicherungsanhänge und weiteren Vereinbarungen.

(4) Die Pfandbriefbank hat fortlaufend durch geeignete Rechenwerke sicherzustellen und in nachvollziehbarer Weise zu dokumentieren, dass die vorschriftsmäßige Deckung jederzeit gegeben ist.

(5) Im Umlauf befindlich ist ein Pfandbrief, wenn der Treuhänder ihn gemäß § 8 Abs. 3 ausgefertigt und der Pfandbriefbank übergeben hat; soweit sichergestellt wird, dass eine Verfügung über einen von der Pfandbriefbank gehaltenen Pfandbrief ohne Zustimmung des Treuhänders nicht ausgeführt würde, scheidet der Pfandbrief für die Dauer der Sicherstellung aus dem Umlauf aus.

(6) Das Bundesministerium der Finanzen wird ermächtigt, im Einvernehmen mit dem Bundesministerium der Justiz durch Rechtsverordnung, die nicht der Zustimmung des Bundesrates bedarf, Einzelheiten der Methode für die Barwertrechnung nach Absatz 1 Satz 1 und § 19 Abs. 1 Nr. 4 Satz 3, auch in Verbindung mit § 20 Abs. 2 Nr. 3 und § 26 Abs. 1 Nr. 5 sowie § 26f Abs. 1 Nr. 5, sowie das Maß der Zins- und Währungskursveränderungen zu bestimmen, dem die Deckung nach Absatz 1 Satz 1 mindestens standhalten muss. Das Bundesministerium der Finanzen kann diese Ermächtigung durch Rechtsverordnung auf die Bundesanstalt für Finanzdienstleistungsaufsicht übertragen. Vor Erlass der Rechtsverordnung sind die Spitzenverbände der Kreditwirtschaft anzuhören.

(7) Es ist verboten, für eine Pfandbriefbank Pfandbriefe in den Verkehr zu bringen, wenn deren Betrag nicht durch die im jeweiligen Deckungsregister eingetragenen Werte vorschriftsmäßig gedeckt ist. Es ist auch verboten, für eine Pfandbriefbank über einen im Deckungsregister eingetragenen Wert durch Veräußerung oder Belastung zum Nachteil der Pfandbriefgläubiger oder der Gläubiger von Ansprüchen aus Derivategeschäften nach Absatz 3 zu verfügen, obwohl die übrigen im jeweiligen Register eingetragenen Werte zur vorschriftsmäßigen Deckung der entsprechenden Pfandbriefe und der Ansprüche aus Derivategeschäften nach Absatz 3 nicht genügen. Pfandbriefe dürfen nicht ohne die nach § 8 Abs. 3 Satz 1 erforderliche Bescheinigung in den Verkehr gebracht werden.

Übersicht

1. Allgemeines

§ 4 ist eine der wichtigsten Bestimmungen des Pfandbriefrechts zum Schutz der Pfandbriefgläubiger und zur Gewährleistung der Qualität des Pfandbriefs. Nach Satz 1 dieser Vorschrift muss die jederzeitige Deckung der umlaufenden Pfandbriefe sichergestellt sein. Es werden detaillierte Regelungen zur Deckung und Überdeckung der Pfandbriefe festgelegt und Handlungen verboten, die zu einer Unterdeckung der umlaufenden Pfandbriefe führen. Diese Handlungen sind gemäß den §§ 38 und 39 straf- bzw. bußgeldbewehrt. 1

2. Jederzeitige Deckung

Gemäß § 4 Abs. 1 Satz 1 bestimmt, dass die jederzeitige Deckung der umlaufenden Pfandbriefe nach dem Barwert, der die Zins- und Tilgungsverpflichtungen einbezieht, gesichert sein muss. Die Deckung muss **jederzeit gesichert** sein. Daraus geht hervor, dass auch kurzfristige und/oder geringfügige Unterdeckungen nicht zulässig sind. Die Anforderung der jederzeitigen Deckung gilt zunächst für Pfandbriefe, die sich **im Umlauf** befinden. Dies dann der Fall, wenn der Treuhänder sie ausgefertigt und der Pfandbriefbank übergeben hat[1]. Allerdings wird man den Anwendungsbereich des § 4 Abs. 1 Satz 1 über den Wortlaut hinaus auch auf sogenannte **Vorverkäufe** ausdehnen müssen. Ein Vorverkauf liegt dann vor, wenn sich die Pfandbriefbank einem anderen gegenüber verpflichtet, einen bestimmten Pfandbrief in der Zukunft zu übereignen obwohl der Pfandbrief zum Zeitpunkt des Verkaufs nicht im Umlauf ist. Wenn es der Pfandbriefbank nicht gelingt, innerhalb einer angemessenen Zeit die vorschriftsmäßige Deckung sicherzustellen, kann sie ihre vertragliche Verpflichtung zur Übereignung des Pfandbriefs nicht erfüllen. Die sich hieraus ergebenden Risiken kann die Pfandbriefbank nur ausschalten, wenn bereits zum Zeitpunkt des Vorverkaufs die vorschriftsmäßige Deckung sichergestellt ist. Die Zulässigkeit von Vorverkäufen dürfte heute kaum noch streitig sein. Dies jedenfalls dann, wenn der Ausgabe des Pfandbriefs nur noch rein technische Umstände entgegenstehen dürfen, beispielsweise die Ausfertigung des Pfandbriefs oder die Eintragung der Grundschuld im Grundbuch. Im letzteren Fall muss allerdings hinzukommen, dass der Antrag auf Eintragung beim Grundbuchamt eingegangen und sichergestellt ist, dass der rangrichtigen Eintragung nichts mehr im Wege steht. 2

1 S. hierzu die Ausführungen zu Abs. 5 unten.

3. Aufrechnung

3 Es entspricht der üblichen Praxis, dass Pfandbriefbanken die Verwaltung von Darlehen und Sicherheiten, die sie in Deckung genommen hat, an Dritte auslagern. Insbesondere dann, wenn sie Deckungswerte von Dritten erworben haben, ist es üblich, dass dieser Dritte die **Verwaltung der Darlehen und Sicherheiten** auch nach der Veräußerung wie bisher fortführt. Entsprechendes gilt, wenn die Darlehen und Sicherheiten von der Pfandbriefbank zwar nicht im Sinne des § 1 Abs. 1 Nummer 1 erworben wurden, wenn aber die Pfandbriefbank gemäß § 1 Abs. 2 Satz 1 Ansprüche auf Übertragung dieser Darlehen und Sicherheiten erworben hat, die im Insolvenzfall des Anspruchsverpflichteten zu einer Aussonderung der betreffenden Darlehen und Sicherheiten berechtigen. In diesen Fällen drängt sich der Gedanke auf, dass die Pfandbriefbank und der Dritte die **Vergütung** für die Darlehens- und Sicherheitenverwaltung in einer Zinsmarge ausdrücken und diese Zinsmarge von denjenigen Zinsen, die der Dritte im Rahmen der Darlehensverwaltung von den Darlehensnehmern einzieht, **verrechnen.** Diese Verrechnung kann jedoch dazu führen, dass die jederzeitige Deckung der umlaufenden Pfandbriefe unter Berücksichtigung der Zins- und Tilgungsverpflichtungen nicht (mehr) gewährleistet ist. Dies jedenfalls dann, wenn die Pfandbriefbank – wie üblich – die vollen Kundenzinssätze in die Deckung einbezogen werden und nicht nur die um die Verwaltungsvergütung gekürzten Zinsen. Sofern nach der Verrechnung die jederzeitige Deckung der umlaufenden Pfandbriefe nicht mehr gewährleistet ist, ist die Verrechnung schon aus diesem Grunde **unzulässig.** Außerdem widerspricht diese Aufrechnung dem **Aufrechnungsverbot** des § 29 Abs. 2 in Verbindung mit § 394 BGB. Sie ist daher auch deshalb **unzulässig**[2]. Die Pfandbriefbank und der Dritte haben daher darauf zu achten, dass die vom Dritten einzuziehenden Zinsen und Tilgungen in voller Höhe an die Pfandbriefbank weitergeleitet werden und die Vergütung für die Darlehensverwaltung gesondert entrichtet wird.

4. Inhaberschaft

4 Die Pfandbriefbank muss nicht in jedem Falle Inhaberin der Deckungswerte sein. Gemäß § 1 Abs. 2 wird bei Hypotheken der Anspruch gegen ein geeignetes Kreditinstitut auf Einräumung der Inhaberschaft dem Erwerb gleichgestellt, wenn ein insolvenzfester Anspruch der Pfandbriefbank begründet wird und das Kreditinstitut die Hypothek treuhänderisch für die Pfandbriefbank verwaltet. Wegen weiterer Einzelheiten siehe die Kommentierung zu § 1.

5. Deckungsumfang

5 Abgesehen von der Überdeckung gemäß § 4 Abs. 1 Satz 2 Nr. 1 bis 3 und den im Pfandbriefgesetz genannten Ausnahmen müssen Hypothekenpfandbriefe durch Hypotheken, öffentliche Pfandbriefe durch Forderungen gegen staatliche Stellen, Schiffspfandbriefe durch Schiffshypotheken und Flugzeugpfandbriefe durch Flugzeughypotheken gedeckt sein. Dies gilt sowohl hinsichtlich des Kapitals als auch der Zinsen. Es ist nicht ausreichend, wenn der Gesamtbetrag aller dieser Pfandbriefgattungen vom Gesamtbetrag aller

---

2 S. § 29 Abs. 2.

Deckungswerte gedeckt ist. Zwar differenziert § 4 Abs. 1 Satz 1 nicht nach diesen verschiedenen Pfandbriefgattungen, sondern verwendet stattdessen den allgemeinen Begriff „Pfandbriefe“. § 4 Abs. 1 Satz 1 ist jedoch im Zusammenhang mit § 4 Absatz 2 zu verstehen. Letztere Vorschrift ergänzt den Abs. 1 Satz 1 indem sie die Deckungskongruenz auch auf den Nennwert bezieht und unterscheidet in diesem Zusammenhang ausdrücklich zwischen den verschiedenen Pfandbriefgattungen. Außerdem wäre die in § 1 Abs. 1 Satz 2 Nr. 1 bis 4 getroffene Unterscheidung nach verschiedenen Pfandbriefgattungen weitgehend verwässert, wenn es nur auf das Verhältnis des Gesamtbetrages aller Pfandbriefgattungen zum Gesamtbetrag aller nach dem Pfandbriefgesetz zulässigen Deckungswerte ankommen würde. Grundstücke, staatliche Stellen, Schiffe und Flugzeuge sind hinsichtlich der Sicherheit, Verwertbarkeit und Entwicklung der Werthaltigkeit nun einmal nicht identisch. Demgegenüber ist es innerhalb der verschiedenen Pfandbriefgattungen nicht erforderlich, dass bestimmte Pfandrechte bestimmten Deckungswerten zugeordnet werden. Hier reicht es aus, dass der Gesamtbetrag einer Pfandbriefgattung, differenziert nach Kapital und Zins, dem Gesamtbetrag der dieser Pfandbriefgattung zugeordneten Deckungswerte, ebenfalls differenziert nach Kapital und Zins, entsprechen.

6. Barwert

Die jederzeitige Deckung muss sich auf der Basis einer Barwertberechnung ergeben. Diese Basis wurde mit der Gesetzesnovelle 2009 eingeführt und ersetzt das bis dahin geltende Nominalwertprinzip. Der Grund besteht darin, dass die Liquiditätssteuerung über Barwertberechnungen die Schwächen vermeidet, die sich ergeben, wenn die Deckungsrechnung auf der Grundlage der Nominalwerte erfolgt[3]. 6

Die Deckungsrechnung hat die Zins- und Tilgungsverpflichtungen einzubeziehen. Dadurch wird in Verbindung mit der Berechnungsweise nach dem Barwertprinzip eine genaue Deckungskongruenz gewährleistet[4]. 7

Der Barwert der eingetragenen Deckungswerte muss den Barwert der zu deckenden Verbindlichkeiten um 2 Prozent übersteigen. Diese Überdeckung stellt einen zusätzlichen Schutz der jederzeitigen Deckung dar. § 4 Abs. 1 Satz 2 listet diejenigen Werte auf, die zur Überdeckung verwandt werden dürfen. Bei diesen Werten handelt es sich um besonders sichere, aber auch relativ liquide Werte. Der Schutz der jederzeitigen Deckung soll nicht nur durch die Überdeckung an sich erfolgen sondern auch durch eine schnelle Veräußerbarkeit[5]. Aus dem Wortlaut des § 4 Abs. 1 Satz 2, nach dem die Überdeckung in den dort nachfolgend genannten Werten bestehen „muss“ und nicht „kann“, geht hervor, dass die Liste des Abs. 1 Satz 2 Nr. 1 bis 3 abschließend ist. In Bezug auf diese Nummern 1 und 3 formuliert die Begründung zur Gesetzesnovelle wie folgt: *„Mit der Ergänzung von § 4 Abs. 1 Satz 2 Nr. 1 und 3 werden der Gleichlauf zur neu gefassten Bankenrichtlinie 2006/48/EG vollzogen und die Deckungskongruenz von Forderungen gegen Drittstaaten außerhalb des EU-/EWR-Raumes gesichert. Für diese wird die Richtlinien-Konformität durch eine Anknüpfung an die Bonitätsstufe 1 sichergestellt. Anders als in der neu gefassten Bankenrichtlinie sollen nicht sämtliche Drittstaaten der Bonitätsstufe 1 erfasst werden sondern nur die bislang erfassten Länder – USA, Kanada, Schweiz sowie Japan. Damit werden nicht nur die Regelungen der neu gefassten Bankenrichtlinie nachvollzogen, sondern auch die Qualität des* 8

3 Vgl. BT DS 16/11130 v. 1.12.2008, B Besonderer Teil, zu Nr. 4aa.
4 Vgl. BT DS 16/11130 v. 1.12.2008, B Besonderer Teil, zu Nr. 4aa.
5 Vgl. BT DS 15/4321, B Besonderer Teil, zu § 4, Deckungskongruenz.

Pfandbriefs erhalten und erhöht. Für die Prüfung der Gleichwertigkeit des Aufsichtssystems des Drittstaates kann auf das Ergebnis der Prüfung durch die Bundesanstalt zurückgegriffen werden“[6].

7. Geeignetes Kreditinstitut

9 Die in § 4 Abs. 1 Satz 2 Nr. 3 festgelegte Anforderung der Zuordnung eines der Bonitätsstufe 1 entsprechenden Risikogewichtes ist lediglich als Voraussetzung anzusehen, ohne deren Vorliegen die Geeignetheit des Kreditinstitutes von vorne herein ausgeschlossen ist[7]. Auch bei Vorliegen dieses Kriteriums ist die Geeignetheit des Kreditinstitutes zu verneinen, wenn auf andere Weise Zweifel an der Liquidität auftreten. Entsprechendes gilt auch dann, wenn die wirtschaftlichen und politischen Verhältnissen eines in § 4 eigentlich zugelassenen Landes Zweifel daran aufkommen lassen, ob das Kreditinstitut noch auf absehbare Zeit in der Lage sein wird, die Guthaben an die Pfandbriefbank zu überweisen. Die Schwelle zur Ungeeignetheit wird wohl dann erreicht sein, wenn Umstände ersichtlich oder absehbar sind, aus denen sich begründete Zweifel ergeben, dass das Kreditinstitut – aus welchen Gründen auch immer – das Guthaben an die Pfandbriefbank zahlen kann.

10 Der in § 4 Abs. 1 Satz 2 Nr. 3 genannte Begriff des geeigneten Kreditinstitutes ist nicht identisch mit dem Begriff des geeigneten Kreditinstitutes, wie er in § 1 Abs. 2 Satz 1 verwandt wird. Der Unterschied ist darin begründet, dass es in § 1 Abs. 2 Satz 1 um den (insolvenzfesten) Anspruch gegen ein Kreditinstitut auf Erwerb einer Hypothek geht während es in § 4 Abs. 1 Satz 2 Nr. 3 um Guthaben bei einem Kreditinstitut handelt. Dieser Unterschied führt dazu, dass der in § 4 Abs. 1 Satz 2 Nr. 3 verwendete Begriff des geeigneten Kreditinstituts nach anderen Kriterien zu interpretieren ist als derselbe Begriff, wie er in § 1 Abs. 2 Satz 2 zum Gebrauch kommt. Allerdings wird man sowohl bei der Geeignetheitsprüfung nach § 4 als auch bei der Geeignetheitsprüfung nach § 2 verlangen müssen, dass keinerlei Zweifel an der Zahlungsfähigkeit des Kreditinstituts bestehen.

8. Begrenzungen

11 Der Wegfall der in § 4 Abs. 1 Satz 3 genannten Begrenzungen betrifft nur diejenigen Deckungswerte, die die Überdeckung sichern, nicht aber auch diejenigen Deckungswerte, die den darunter liegenden Deckungsteil betreffen. Andernfalls hätten diese Begrenzungen keinen Sinn.

9. Liquidität

12 Mit der Gesetzesnovelle vom 20. März 2009 wurde in § 4 der neue Absatz 1a eingefügt. Diese neue Vorschrift soll die Liquidität der Pfandbriefbank sicherstellen. Zu diesem Zweck legt Abs. 1a eine bestimmte Berechnungsweise fest, aufgrund derer der Bedarf an Deckungswerten ermittelt werden muss. Durch die Festlegung einer einheitlichen Berechnungsweise wird ein für alle Pfandbriefbanken gleichermaßen geltender Maßstab eingeführt, der eine Vergleichbarkeit aller Pfandbriefbanken ermöglicht. Die Berechnung ist **für die nächsten**

---

6 Vgl. BT DS 16/11130, B Besonderer Teil, zu Nr. 4bb.
7 Vgl. § 20 I Nr. 1d und e.

180 Tage vorzunehmen. Aus dieser Formulierung ergibt sich nicht nur, dass die Berechnung für die nächsten 180 Tage vorzunehmen ist, sondern auch, dass die Berechnung an jedem Tag durchgeführt werden muss. Denn bereits am ersten Tag nach der Berechnung gilt die Berechnung eben nicht mehr für 180 Tage sondern nur noch für 179 Tage. Gemäß Abs. 1a Satz 4 gelten die Begrenzungen der §§ 19, 20, 26 und 26f nicht für Werte, die ausschließlich zur Sicherung der Liquidität ins Deckungsregister eingetragen wurden. Diese Regelung verfolgt ebenso wie § 4 Abs. 1 Satz 3 den Zweck in Bezug auf Sicherheitspuffer die Anforderungen an die Deckungswerte zu erleichtern. Während § 4 Abs. 1 Satz 3 den Wegfall der in den §§ 19 Abs. 1 Nr. 2 und 3, 20 Abs. 2 Nr. 1, 26 Abs. 1 Nr. 3 und 26f Abs. 1 Nr. 3 und 4 genannten volumenmäßigen Begrenzungen in Bezug auf Werte bestimmt, die nicht der Deckung sondern der sichernden Überdeckung zuzurechnen sind, hebt § 4 Abs. 1a Satz 4 diese volumenmäßigen Begrenzungen auch für Werte auf, die ausschließlich zur Sicherung der Liquidität ins Deckungsregister eingetragen wurden und geht noch weiter, indem alle in den §§ 19, 20, 26 und 26f genannten Begrenzungen aufgehoben werden, also auch diejenigen Begrenzungen, die nicht rein volumenmäßiger Natur sind.

10. Bezug der Deckungskongruenz

Abs. 2 Satz 1 bringt zum Ausdruck, dass es nicht ausreicht, wenn sich die Deckungskongruenz auf die Gesamtheit aller umlaufenden Pfandbriefe bezieht. Die Deckungskongruenz muss vielmehr in Bezug auf jede einzelne Pfandbriefgattung bestehen. Mit dem Begriff der Gattung sind die in § 1 Abs. 1 Satz 2 Nr. 1 bis 4 abschließend aufgezählten Hypothekenpfandbriefe, öffentlichen Pfandbriefe, Schiffspfandbriefe und Flugzeugpfandbriefe gemeint. § 4 Abs. 2 trägt dem Umstand Rechnung, dass sich die der Deckungswerte der verschiedenen Gattungen sowohl in der Struktur ihrer Werthaltigkeit als auch bezüglich ihrer künftigen Wertentwicklung unterscheiden. **13**

11. Maximaler Einlösungswert

Wegen des in Abs. 2 Satz 2 verwandten Formulierung des „maximalen Einlösungswertes“ wird auf die Kommentierung zu § 6 Abs. 3 verwiesen. **14**

12. Derivategeschäfte

Während es bei § 19 Abs. 1 Nr. 4 um die **Forderungen** der Pfandbriefbank aus **Derivategeschäften** geht, geht es bei § 4 Abs. 3 um die **Verbindlichkeiten** der Pfandbriefbank aus diesen Geschäften. Die sich aus diesen Verbindlichkeiten der Pfandbriefbank spiegelbildlich ergebenden Forderungen der Vertragspartner müssen gemäß § 4 Abs. 3 Satz 1 gedeckt sein soweit die Forderungen der Pfandbriefbank aus denselben Derivategeschäften gemäß § 19 Abs. 1 Nr. 4 als Deckung verwandt werden. Dieser § 4 Abs. 3 Satz 1 ist eine Besonderheit, denn er dient nicht dem Schutz der Pfandbriefgläubiger, sondern dem Schutz der Derivatepartner. Dieser Schutz der Derivatepartner ist ein Ausgleich dafür, dass die Forderungen der Pfandbriefbank aus den Derivategeschäften in der Insolvenz der Pfandbriefbank ausschließlich den Pfandbriefgläubigern zur Verfügung gestellt werden. Außerdem sind die wechselseitigen Forderungen und Verbindlichkeiten aus deckungsfähigen Derivategeschäften nur eingeschränkt nettingfähig, weil für jede Pfandbriefgattung ein eigener Rahmen- **15** vertrag abgeschlossen werden muss[8]. Bei den in § 4 Abs. 3 genannten Derivategeschäften handelt es sich um Derivategeschäfte, die in § 1 Abs. 11 Satz 4 Nr. 1 des Kreditwesengesetzes näher bezeichnet sind. Im Einzelnen definiert diese Vorschrift **Derivategeschäfte** als **Festgeschäfte** oder **Optionsgeschäfte,** die als Kauf, Tausch oder auch anders ausgestaltet sind, die zeitlich verzögert zu erfüllen sind und deren Wert sich unmittelbar oder mittelbar vom Preis oder Maß eines der folgenden Basiswerte ableitet (Termingeschäfte): a) Wertpapiere oder Geldmarktinstrumente, b) Devisen oder Rechnungseinheiten, c) Zinssätze oder andere Erträge, d) Indices der Basiswerte der Buchstaben a, b oder c, andere Finanzindices oder Finanzmessgrößen oder d) Derivate. Festgeschäfte sind solche, bei denen für beide Vertragspartner Rechte und Pflichten begründet werden, die beiderseits noch nicht erfüllt sind. Demgegenüber handelt es sich bei Optionsgeschäften um solche, bei denen einer Partei das Recht (Option) eingeräumt wird, zu oder bis zu einem künftigen Zeitpunkt durch einseitige Willenserklärung (Ausübung) ein Geschäft zu im Voraus festgelegten Konditionen abzuschließen. Als Gegenleistung erhält der Vertragspartner des Optionsberechtigten eine Prämie, die im Regelfall im Voraus zu zahlen ist. Mit Abschluss des Optionsgeschäftes erhält der Optionskäufer zwar ein Optionsrecht. Daraus ergibt sich aber keine Pflicht zur Ausübung dieses Optionsrechtes. Festgeschäfte und Optionsgeschäfte können mit einander kombiniert werden[9]. Aus dem Umstand, dass § 4 Abs. 3 Satz 2 auf § 1 Abs. 11 Satz 4 Nr. 1 KWG verweist und diese Vorschrift des KWG nicht nur Festgeschäfte, sondern auch Optionen umfasst, darf allerdings nicht hergeleitet werden, dass auch Optionen uneingeschränkt deckungsfähig sind. Denn § 4 Abs. 3 bezieht sich ganz allgemein nur auf Derivategeschäfte, die in Deckung genommen wurden. Welche Derivategeschäfte in Deckung genommen werden dürfen, richtet sich nach § 19 Abs. 1 Nr. 4. Diese Vorschrift schließt aber in Satz 2 Optionen und optionsähnliche Geschäfte ausdrücklich vom Kreis der deckungsfähigen Derivategeschäfte aus, wenn diese Geschäfte eine offene Stillhalterposition der Pfandbriefbank begründen. Daraus folgt, dass sich sowohl § 4 Abs. 3 als auch § 19 Abs. 1 Nr. 4 nur auf solche Derivategeschäfte beziehen, die keine offene Stillhalterposition der Pfandbriefbank oder ein vergleichbares Risiko begründen.

16 Bei den von § 4 Abs. 3 angesprochenen, in Deckung genommenen Derivategeschäften wird es sich im Wesentlichen um Geschäfte handeln, die unterschiedliche Zinssätze oder/und unterschiedliche Laufzeiten und/oder unterschiedliche Währungen ausgleichen beziehungsweise absichern. Denn die Pfandbriefe sind mit anderen Zinsen und anderen Laufzeiten ausgestattet als die Deckungswerte. Die sich daraus ergebenden Divergenzen werden mit sogenannten Derivategeschäften kompensiert. Entsprechendes gilt für Währungen. Denn gemäß § 13 Abs. 1 können die Hypotheken unter anderem auch auf Grundstücken lasten, die in Kanada, den USA oder in Japan belegen sind. Daraus ergibt sich, dass Pfandbriefe und deren Deckungswerte auf unterschiedliche Währungen lauten können. Die sich hieraus ergebenden Risiken müssen ebenfalls eliminiert werden.

17 Bezüglich dieser Derivategeschäfte haben sich **standardisierte Rahmenverträge** herausgebildet, auf die Abs. 3 Satz 2 Bezug nimmt. Die auf der Grundlage dieser Rahmenverträge abzuschließenden Geschäfte werden durch **Einzelabschlüsse** vereinbart. Diese Einzelabreden bilden mit der Rahmenvereinbarung einen einheitlichen Vertrag. Die aufgrund der Rahmenvereinbarung in Verbindung mit der zugehörenden Einzelabrede begründeten Ansprüche aus Derivategeschäften werden üblicherweise durch die Stellung von Sicherheiten

---

8 S. § 19 Abs. 1 Nr. 4 „Derivate".
9 *Boos* KWG, § 1 Rdn. 225 f.

abgesichert. Diese Sicherheiten gehen üblicherweise im Wege der Vollrechtsübertragung in das Eigentum des Sicherungsnehmers über. Auch hinsichtlich dieser Verträge zur „Absicherung der Absicherungsgeschäfte" haben sich standardisierte Verträge herausgebildet, die als sogenannte **Besicherungsanhänge** ebenfalls Bestandteil der Rahmenverträge sind. Sobald die Ansprüche aus den eigentlichen Derivategeschäften erfüllt sind, sind die Sicherungszwecke erledigt und der Sicherungsnehmer ist verpflichtet, das Eigentum an den gestellten Sicherheiten auf den Sicherungsgeber zurück zu übertragen. Diese Systematik greift Abs. 3 Satz 2 auf und stellt ausdrücklich klar, dass Derivategeschäfte im Sinne dieses Gesetzes nicht nur alle Ansprüche umfassen, die auf der Grundlage eines standardisierten Rahmenvertrages in Verbindung mit den zugehörenden Einzelabreden begründet wurden, sondern auch solche Ansprüche hinzukommen, die im Rahmen von Besicherungsanhängen oder sonstigen korrespondierenden Vereinbarungen begründet wurden. Sofern die Derivategeschäfte in Deckung genommen werden, sind die sich daraus ergebenden Ansprüche Bestandteil der Deckungsmasse. Zum Ausgleich hierfür bestimmt Abs. 3, dass Ansprüche der Vertragspartner aus Derivategeschäften ebenfalls gedeckt sein müssen. Konsequenterweise legt § 30 Abs. 7 fest, dass Gläubiger von Ansprüchen aus Derivategeschäften im Sinne des § 4 Abs. 3 den Pfandbriefgläubigern gleichstehen.[10]

13. Umlauf

Gemäß Abs. 5 befindet sich ein Pfandbrief bereits dann im Umlauf, wenn der Treuhänder 18
ihn gemäß § 8 Abs. 3 ausgefertigt und der Pfandbriefbank übergeben hat. Wenn aber sichergestellt wird, dass über einen von der Pfandbriefbank gehaltenen Pfandbrief nicht ohne Zustimmung des Treuhänders verfügt werden darf, scheidet der Pfandbrief für die Dauer dieser Sicherstellung aus dem Umlauf aus. Dies ist zum Beispiel dann der Fall, wenn der Pfandbrief dem Treuhänder zurückgegeben wurde. Dies kann nicht nur zu dem Zwecke der Vernichtung geschehen sondern auch deshalb, weil aufgrund einer geänderten Marktlage die Weitergabe in den Markt untunlich ist und abgewartet werden soll, bis sich die Marktlage verbessert hat. Händigt der Treuhänder den Pfandbrief dann erneut aus, muss er erneut gemäß § 8 Abs. 1 prüfen, ob die erforderliche Deckung sichergestellt ist und dies auch erneut gemäß § 8 Abs. 3 bescheinigen[11]. Ein Pfandbrief scheidet daher nicht schon dann aus dem Umlauf aus, wenn er vom Markt an die Pfandbriefbank zurückgegangen ist.

14. Ermächtigung

Von der Ermächtigung gemäß Absatz 6 zum Erlass einer Rechtsverordnung hat das Bundes- 19
ministerium der Finanzen durch die Bundesanstalt für Finanzdienstleistungsaufsicht Gebrauch gemacht und am 14. Juli 2005 die „Verordnung über die Sicherstellung der jederzeitigen Deckung von Hypothekenpfandbriefen, Öffentlichen Pfandbriefen, Schiffspfandbriefen und Flugzeugpfandbriefen nach dem Barwert und dessen Berechnung bei Pfandbriefbanken" erlassen (Pfandbrief-Barwertverordnung).

10 Vgl. hierzu auch BT DS 16/11130, zu Nr. 4 sowie die Kommentierung zu § 19.
11 So im Ergebnis schon *Bellinger/Kerl*, HBG, § 6 Anm. 6.

15. Verbote

20 Die Verbotsbestimmungen des Abs. 7 sind gemäß § 38 Nr. 1 und 2. straf- und gemäß § 39 Abs. 1 bußgeldbewehrt. Das **„in den Verkehr bringen"** eines Pfandbriefs gemäß Abs. 7 Satz 1 ist nicht dasselbe wie in „Umlauf" bringen. Während ein Pfandbrief gemäß § 4 Abs. 5 bereits dann im Umlauf ist, wenn der Treuhänder ihn gemäß § 8 Abs. 3 ausgefertigt und der Pfandbriefbank übergeben hat, liegt ein „in den Verkehr bringen" erst dann vor, wenn der Pfandbrief veräußert oder verpfändet ist. Wird ein zurückgegebener Pfandbrief wieder veräußert oder verpfändet, liegt darin ein erneutes „in den Verkehr bringen"[12]. In diesem Zusammenhang stellt sich die Frage, ob der Tatbestand des „in den Verkehr Bringens" erst dann erfüllt ist, wenn der Pfandbrief einem Dritten übergeben wurde oder bereits dann, wenn der Pfandbrief verkauft wurde. Da der Verkauf nur das schuldrechtliche Grundgeschäft darstellt, mit dem sich die Bank verpflichtet, einen Pfandbrief zu übereignen, wird man ein „in den Verkehr bringen" nicht schon mit Abschluss des Kaufvertrages annehmen können. Außerdem bedeutet der Begriff des „in den Verkehr Bringens" nach allgemeinem Verständnis eine wissentliche faktische Handlung und stellt nicht auf einen Rechtsakt ab.

21 Gemäß § 4 Abs. 7 ist es verboten, einen Pfandbrief in den Verkehr zu bringen, wenn er nicht vorschriftsmäßig gedeckt ist. Die **Deckung** gemäß Abs. 7 Satz 1 kann sowohl betragsmäßig als auch hinsichtlich der Art der Deckungswerte **unvorschriftsmäßig** sein[13].

22 Gemäß Abs. 7 Satz 2 ist es auch verboten, über einen im Deckungsregister eingetragenen Deckungswert zu **verfügen,** wenn diese Verfügung zum Nachteil der Pfandbriefgläubiger oder der Gläubiger von Ansprüchen aus Derivategeschäften ist, weil die übrigen im jeweiligen Register eingetragenen Deckungswerte zur vorschriftsmäßigen Deckung nicht ausreichen. Der Gesetzgeber hat nicht etwa formuliert: „nicht mehr ausreichen" sondern: „nicht ausreichen". Daraus ist zu entnehmen, dass eine rechtswidrige Verfügung nicht nur dann vorliegt, wenn die Deckung vor der Verfügung vorschriftsmäßig war und erst durch die Verfügung unvorschriftsmäßig wurde sondern auch dann, wenn eine bereits vor der Verfügung unvorschriftsmäßige Deckung durch die Verfügung noch mehr zum Nachteil der Pfandbriefgläubiger verschlechtert wird.

23 Gemäß Abs. 7 Satz 3 darf ein Pfandbrief nicht in den Verkehr gebracht werden, wenn der Treuhänder den Pfandbrief nicht mit der Bescheinigung über das Vorhandensein der vorschriftsmäßigen Deckung und der Eintragung in das entsprechende Deckungsregister versehen hat. Es ist nicht ausreichend, dass die Bescheinigung existiert. Sie muss fest mit dem Pfandbrief verbunden sein. Üblicherweise wird der Pfandbrief mit dem Wortlaut der Bescheinigung bedruckt und nur noch vom Treuhänder unterschrieben, wobei gemäß § 8 Abs. 3 Satz 3 eine Faksimileunterschrift ausreicht. Derjenige, der einen Pfandbrief wissentlich ohne diese Bescheinigung in den Verkehr bringt handelt ordnungswidrig im Sinne des § 39 Abs. 1 und kann gemäß § 39 Abs. 2 mit einem Bußgeld bist zu einer Höhe von einhunderttausend Euro belegt werden.

---

12 Vgl. *Bellinger/Kerl* § 37 Anm. 11.

13 Wegen der Deckungskongruenz s. § 4, wegen der Deckungswerte s. die §§ 12 ff., 18 bis 20, 21, 26, 26a und § 26f.

§ 5 Deckungsregister

(1) Die zur Deckung der Pfandbriefe sowie der Ansprüche aus Derivategeschäften nach § 4 Abs. 3 verwendeten Deckungswerte sind von der Pfandbriefbank einzeln in das für die jeweilige Pfandbriefgattung geführte Register (Deckungsregister) einzutragen. Derivate dürfen nur mit Zustimmung des Treuhänders und des Vertragspartners der Pfandbriefbank eingetragen werden; eine Eintragung ohne die erforderliche Zustimmung gilt als nicht erfolgt. Wird ein zur Deckung benötigter Wert zurückgezahlt, so hat derjenige, der für die Eintragung der Deckungswerte verantwortlich ist, unverzüglich entsprechende Ersatzwerte in das Deckungsregister einzutragen. Zum jeweiligen Deckungsregister können mehrere Unterregister, die den Anforderungen des Deckungsregisters entsprechen, angelegt werden, wenn dadurch die Klarheit und die Funktion des Deckungsregisters nicht beeinträchtigt werden. Die Bundesanstalt kann anordnen, dass die Eintragungen aus einem Unterregister oder mehreren Unterregistern innerhalb einer angemessenen Frist in das Hauptregister zu übertragen sind.

(1a) Soweit eingetragene Werte nur teilweise zur Deckung der Pfandbriefe der Pfandbriefbank bestimmt sind, muss das Deckungsregister genaue Angaben über den Umfang des zur Deckung bestimmten Teils und seinen Rang gegenüber dem nicht zur Deckung bestimmten Teil enthalten; im Zweifel hat der zur Deckung bestimmte Teil Vorrang. Vorbehaltlich einer teilweisen Indeckungnahme in geringerer Höhe nach Satz 1 gelten Hypotheken stets nur bis zur Höhe der Beleihungsgrenze nach den §§ 14 und 22 Abs. 2 sowie § 26b Abs. 2 als zur Deckung bestimmt. Die Beleihungsgrenze errechnet sich anhand des eingetragenen Beleihungswertes; der zur Deckung bestimmte Teil hat im Zweifel Vorrang. Werden eingetragene Werte ganz oder teilweise von der Pfandbriefbank als Treuhänder verwaltet, muss das Deckungsregister genaue Angaben über den Gläubiger des Übertragungsanspruchs enthalten; bei teilweiser treuhänderischer Verwaltung gelten die Sätze 1 und 2 entsprechend. Eine treuhänderische Verwaltung nach Satz 4 liegt vor, wenn die verwalteten Werte im Verhältnis zwischen dem Treugeber und der Pfandbriefbank oder deren Gläubiger als Werte des Treugebers gelten, obwohl sie nicht übertragen sind, insbesondere im Falle der Verwaltung als Refinanzierungsunternehmen nach den §§ 22a bis 22o des Kreditwesengesetzes.

(1b) Die Übermittlung der im Deckungsregister einzutragenden personenbezogenen Daten an eine Pfandbriefbank, die zum Zwecke der Refinanzierung über Pfandbriefe nach der Deckungsregisterverordnung zur Eintragung der Daten in ihr Deckungsregister verpflichtet ist, ist zur Wahrnehmung berechtigter Interessen zulässig.

(2) Innerhalb des ersten Monats eines jeden Kalenderhalbjahres ist eine von dem nach § 7 bestellten Treuhänder bestätigte Aufzeichnung der Eintragungen, welche während des letzten Kalenderhalbjahres in den Deckungsregistern vorgenommen worden sind, der Bundesanstalt zu übermitteln. Ist ein Treuhänder erstmalig im Laufe des letzten Kalenderhalbjahres bestellt werden, so hat die bestätigte Aufzeichnung sämtliche in den Deckungsregistern vorgenommenen Eintragungen zu enthalten. In der nach Absatz 3 zu erlassenden Rechtsverordnung kann bestimmt werden, dass im Falle der Übermittlung der Aufzeichnung in elektronischer Form diese abweichend von Satz 1 sämtliche in den Deckungsregistern vorgenommenen Eintragungen zu enthalten hat.

(3) Das Bundesministerium der Finanzen hat im Einvernehmen mit dem Bundesministerium der Justiz durch Rechtsverordnung, die nicht der Zustimmung des Bundesrates bedarf, Einzelheiten über die Form und den notwendigen Inhalt des Deckungsregisters sowie der vorzunehmenden Eintragungen zu bestimmen. Die Rechtsverordnung muss auch Vorschriften über die Form der Aufzeichnung, über die Form der Bestätigung durch den Treuhänder sowie über die Art und Weise der Übermittlung der Aufzeichnung und deren Aufbewahrung durch die Bundesanstalt enthalten. Vor Erlass der Rechtsverordnung sind die Spitzenverbände der Kreditwirtschaft anzuhören. Das Bundesministerium der Finanzen kann diese Ermächtigung durch Rechtsverordnung auf die Bundesanstalt für Finanzdienstleistungsaufsicht übertragen.

Übersicht

1. Eintragung

1 Das Deckungsregister dient dazu, die Vermögensmasse „Deckungswert" vom sonstigen Vermögen der Pfandbriefbank **unterscheidbar** zu machen. Mit dem Deckungsregister wird sichergestellt, dass die in diesem Register eingetragenen Werte in der Insolvenz der Pfandbriefbank ausschließlich den Pfandbriefgläubigern zur Verfügung stehen[1]. Wegen dieser Zielsetzung sind die Werte auch **einzeln** einzutragen. Dadurch werden die Werte unterscheidbar. Dabei müssen die zur Deckung einer bestimmten Pfandbriefgattung (Hypothekenpfandbrief, öffentlicher Pfandbrief, Schiffspfandbrief oder Flugzeugpfandbrief) dienenden Deckungswerte in dasselbe Register eingetragen werden, das für die betreffende Gattung eingerichtet wurde. Gemäß § 4 Abs. 1 der Deckungsregisterverordung ist für jede Pfandbriefgattung ein gesondertes Deckungsregister zu führen. Eingetragen werden müssen alle Deckungswerte, also auch diejenigen Deckungswerte, die der Überdeckung, der Ersatzdeckung oder der Deckung der Verbindlichkeiten aus Derivategeschäften dienen. Die **Derivategeschäfte** selbst dürfen nur **mit Zustimmung des Treuhänders** und des Vertragspartners eingetragen werden. Liegt die Zustimmung des Treuhänders oder des Vertragspartners des Derivategeschäftes nicht vor, gilt die Eintragung des Derivats gemäß Abs. 1 Satz 2, als nicht erfolgt. Die Zustimmung des Treuhänders ist schon deshalb notwendig, da dieser prüfen muss, ob die Derivategeschäfte die Anforderungen des § 19 Abs. 1 Nr. 4 erfüllen, unter anderem, ob sichergestellt ist, dass die Ansprüche der Pfandbriefbank nach Maßgabe des Rahmenvertrages im Falle der Insolvenz der Pfandbriefbank oder der anderen Deckungsmassen nicht beeinträchtigt werden können. Ob die Vertragspartner der Pfandbriefbank Ihre Zustimmung zur Eintragung des Derivats in das Deckungsregister erteilen, dürfte davon abhängen, ob diese Vertragspartner die Durchsetzung ihrer Ansprüche durch

1 Vgl. § 30 Abs. 1 Satz 1.

die Eintragung als gefährdet einschätzen oder nicht. Die Eintragung anderer Deckungswerte als Derivate bedürfen dem Wortlaut des Abs. 1 nach nicht der Zustimmung des Treuhänders, um die Wirkungen der Eintragung in das Deckungsregister zu erzeugen. Es wird jedoch aus einem anderen Grund notwendig sein, dass der Treuhänder diese neu eingetragenen Deckungswerte wenigstens stichprobenartig kontrolliert. Denn gemäß § 8 Abs. 1 hat der Treuhänder darauf zu achten, dass die vorschriftsmäßige Deckung der Pfandbriefe und der Ansprüche aus Derivategeschäften im Sinne des § 4 Abs. 3 jederzeit vorhanden ist. Dieser Pflicht kann der Treuhänder nur dann nachkommen, wenn er die eingetragenen Deckungswerte überprüft[2].

2. Zeitpunkt der Eintragung

Eine **Hypothek oder Grundschuld** kann frühestens dann in das Deckungsregister eingetragen werden, wenn ein Notar schriftlich bestätigt, dass er sich durch Einsichtnahme in die entsprechenden Unterlagen des Grundbuchamts davon vergewissert hat, dass alle Voraussetzungen zur Eintragung in das Grundbuch vorliegen und dass die rangrichtige Eintragung sichergestellt ist. In Bezug auf **Deckungswerte für öffentliche Pfandbriefe** gemäß § 20 ist die Eintragung in das Deckungsregister dann möglich, wenn die Geldforderungen gegen die öffentliche Hand entstanden sind, beziehungsweise die öffentliche Hand diese entstandenen Geldforderungen rechtswirksam garantiert hat. **Deckungswerte für Schiffspfandbriefe** dürfen dann in das Deckungsregister eingetragen werden, wenn die betreffenden Schiffe in einem öffentlichen Register eingetragen sind[3] und ein Notar schriftlich bestätigt, dass er sich durch Einsichtnahme in die entsprechenden Unterlagen davon vergewissert hat, dass die rangrichtige Eintragung gesichert ist. Dasselbe gilt für die Eintragung von **Deckungswerte für Flugzeugpfandbriefe**[4]. 2

3. Wirkung der Eintragung

Die Eintragung in das Deckungsregister bewirkt, dass der eingetragene Wert im Falle der Insolvenz der Pfandbriefbank nicht in die Insolvenzmasse fällt. Dies gilt auch für eingetragene Deckungswerte, die ganz oder teilweise nicht zur Deckung bestimmt sind[5]. 3

4. Ersatzwert

Wird ein **zur Deckung benötigter Wert** zurückgezahlt, sind unverzüglich entsprechende **Ersatzwerte** in das Deckungsregister einzutragen. Zur Deckung benötigt wird ein Wert dann, wenn und soweit ohne ihn der korrespondierende Pfandbrief nicht mehr im Sinne des § 4 Abs. 1 gedeckt wäre. Ausreichend ist, dass die sichernde Überdeckung von 2 Prozent nicht mehr vorhanden wäre. Zur Deckung benötigt wird ein Wert auch dann, wenn die vorschriftsmäßige Pfandbriefdeckung auch ohne die Herausnahme dieses Wertes aus dem 4

---

2 Vgl. § 8, Umfang der Prüfung.
3 Vgl. §§ 21 und 22 Abs. 1.
4 Vgl. §§ 26a und 26b Abs. 1.
5 Vgl. § 30 Abs. 1.

Deckungsregister schon nicht gegeben war und sich die ohnehin schon vorhandene Unterdeckung durch die Herausnahme nur noch vergrößert hat. Ob der Wert aufgrund einer vorzeitigen Darlehensrückzahlung auf Wunsch des Darlehensnehmers, einer Kündigung des Darlehensgebers, einer Ablösung im Zuge einer Zwangsverwertung oder auf aus einem sonstigen Grunde erfolgt, ist unerheblich. Es kommt nur auf die Rückzahlung selbst an. Denn durch die Rückzahlung hat sich die Zweckbestimmung der in Deckung genommenen Sicherheit erledigt und die Sicherheit darf nicht mehr verwertet werden. Damit kann sie den Pfandbriefgläubigern auch nicht mehr zustehen. Der Ersatzwert, der an Stelle des zurückgezahlten Deckungswertes tritt, muss der Art nach nicht dem zurückgezahlten Wert entsprechen. Der vom Gesetzgeber verwendete Begriff des „Ersatzwertes" ist auch nicht identisch mit „weiteren Deckungswerten" der §§ 19, 20 Abs. 2, 26 und 26 f. Bei dem Ersatzwert muss sich aber um einen Deckungswert aus der Gruppe der für die betreffende Pfandbriefgattung zulässigen Deckungswerte handeln. Die Eintragung des Ersatzwertes hat unverzüglich zu erfolgen. Dies bedeutet aber nicht, dass der Ersatzwert analog zur Eintragung unverzüglich zu beschaffen ist. Der unverzüglich einzutragende Ersatzwert muss vielmehr bei der Rückzahlung des für die Deckung benötigten Wertes bereits im Bestand der Pfandbriefbank vorhanden sein. Andernfalls wäre die jederzeitige Deckung für den Zeitraum zwischen Rückzahlung des alten und Beschaffung des neuen Deckungswertes nicht gegeben und schon gar nicht im Sinne des § 4 Abs. 1 sichergestellt. Ein Verstoß gegen die Pflicht zur unverzüglichen Eintragung des Ersatzwertes kann gemäß § 38 Nr. 3 mit Freiheitsstrafe bis zu einem Jahr oder mit Geldstrafe bestraft werden.

5. Unterregister

5 Abs. 1 Satz 4 bestimmt, dass zu einem Deckungsregister ein oder mehrere Unterregister geführt werden dürfen. Dabei stellt Satz 4 klar, dass ein Unterregister inhaltlich genau so aufgebaut sein muss wie ein Hauptregister. Die Befugnis der Bundesanstalt zur Anordnung der Übertragung von Eintragungen eines Unterregisters in das dem Unterregister zugeordnete Hauptregister soll sicherstellen, dass die Übersichtlichkeit des Registers nicht beeinträchtigt wird. Ein Unterregister ist nicht etwa ein eigenständiges Deckungsregister sondern vielmehr eine Abteilung des Hauptregisters, zu dem das Unterregister angelegt wurde. Demgegenüber handelt es sich bei den Deckungsregistern (Hauptregister) die jeweils getrennt für die Pfandbriefgattungen des § 1 Abs. 2 Satz 2 Nr. 1 bis 4 (Hypothekenpfandbriefe, öffentliche Pfandbriefe, Schiffspfandbriefe, Flugzeugpfandbriefe) oder des § 51 (Pfandbriefe nach altem Recht) angelegt werden, um separate, voneinander verschiedene Deckungsregister[6]. Der Zweck eines Unterregisters besteht darin, bestimmte Werte des Hauptregisters im Unterregister zusammenzufassen und unterscheidbar zu machen. Diese Zusammenfassung bewirkt keine Abtrennung vom Hauptregister, ermöglicht aber eine Portfoliobildung innerhalb des Registers. Auf diese Weise können Ankäufe, Verkäufe sowie die Verwaltung von deckungsfähigen Portofolien erleichtert werden.

Beispiel 1: Die Pfandbriefbank hat eine Vielzahl von Darlehen gewährt, die nicht deckungsfähig sind. Sie strukturiert aus diesen Darlehen ein Portfolio und lässt dieses vom Staat garantieren. Mit dieser Garantie kann das Portfolio gemäß § 20 Abs. 1 Satz 1 Nr. 3 für einen öffentlichen Pfandbrief in Deckung genommen werden. Die Pfandbriefbank kann

6 Vgl. § 4 DeckRegV.

ein Unterregister zum Hauptregister „öffentlicher Pfandbrief" anlegen, das ausschließlich für dieses Portfolio bestimmt ist und die Werte des Portfolios dort einzeln eintragen. Auf diese Weise kann das Portfolio gesondert überwacht werden. Auch ein Reporting – beispielsweise für den Garantiegeber – kann relativ einfach dargestellt werden. Außerdem ist es für die Pfandbriefbank leichter, das Portfolio an eine andere Pfandbriefbank zu verkaufen.

Beispiel 2: Ein Kreditinstitut, welches keine Pfandbriefbank ist, fasst eine Vielzahl von Darlehen, die nicht deckungsfähig sind, in einem Portfolio zusammen und lässt es vom Staat garantieren. Wie in Beispiel 1 wird das Portfolio durch die Staatsgarantie gemäß § 20 Abs. 1 Nr. 3 für einen öffentlichen Pfandbrief deckungsfähig. Es kann von einer Pfandbriefbank angekauft werden und die Werte können einzeln in ein Unterregister zum Hauptregister „öffentlicher Pfandbrief" eingetragen werden.

Beispiel 3: Ein Kreditinstitut fasst eine Vielzahl deckungsfähiger Darlehen in einem Portfolio zusammen und strukturiert dieses so, dass es in eine Pfandbriefgattung passt. Dieses Portfolio verkauft es an eine Pfandbriefbank, die für dieses Portfolio ein Unterregister zu derjenigen Pfandbriefgattung anlegt, in die das Portfolio passt. Das Portfolio kann dann die ankaufende Pfandbriefbank entweder selbst in Deckung genommen oder an eine andere Pfandbriefbank weiter verkaufen, die dann ihrerseits das Portfolio in die eigene Deckung nimmt.

Beispiel 4: Die Beispiele 1 und 2 können mit einer **Verbriefung** kombiniert werden. Unter einer Verbriefung versteht man das Ausplazieren von Risiken durch die Emission von Schuldverschreibungen, wobei die Rückzahlung von Kapital und Zins aus diesen Schuldverschreibungen daran gekoppelt ist, dass aus einem Referenzportfolio ausreichend Kapital und Zins eingeht. Staatliche Garantiegeber leiten die im Rahmen der Gewährleistung übernommenen Risiken oft weiter. Diese Weiterleitung kann in der Weise geschehen, dass der Garantiegeber über ein sogenanntes Special Purpose Vehicle (SPV) Schuldverschreibungen emittiert. In den Anleihebedingungen dieser Schuldverschreibungen wird nicht nur festgelegt, wann das Kapital zurückgezahlt wird und in welcher Höhe und Intervallen Zinsen gezahlt werden, sondern auch, dass diese Zahlungen unter der Bedingung stehen, dass aus dem Darlehensportfolio, auf das referenziert wird, entsprechende Zahlungen von Kapital und Zins eingehen. Im Rahmen einer solchen Konstruktion ist es erforderlich, die Entwicklung des Referenzportfolios zu überwachen und zu reporten. Da das Referenzportfolio von der Pfandbriefbank in Deckung genommen wurde, ist es sinnvoll, die Deckungswerte dieses Referenzportfolios in einem eigens für dieses Portfolio angelegten Unterregister zu separieren.

Unterregister müssen gemäß Abs. 1 Satz 4 den Anforderungen des Deckungsregisters entsprechen. Dies bedeutet, dass Haupt- und Unterregister hinsichtlich der Inhalte und der Form gleich sind. Die Einzelheiten hierzu regelt die „Verordnung über den Inhalt und die Form der Deckungsregister nach dem Pfandbriefgesetz und die Aufzeichnung der Eintragungen", kurz „Deckungsregisterverordung" (DeckRegV). § 4 Abs. 2 Satz 1 der Deckungsregisterverordnung schreibt vor, dass für Ansprüche aus Derivategeschäften ein Unterregister geführt werden muss. 6

§ 5 Abs. 1a ist im Zusammenhang mit § 30 zu verstehen. § 5 Abs. 1a Satz 1 erlaubt es, Werte auch insoweit in das Deckungsregister einzutragen, als sie **nicht zur Pfandbriefdeckung bestimmt** sind. Hierunter fallen Werte, die die Pfandbriefbank treuhänderisch für Dritte hält. Diese Werte können zwar in das Deckungsregister eingetragen werden. Sie fallen durch diese Eintragung jedoch nicht in die Deckungsmasse und können nicht zur Befriedi- 7 gung der Pfandbriefgläubiger verwendet werden. Gemäß § 30 Abs. 3 unterliegen sie deshalb zwar der Verfügungsbefugnis des Sachwalters. Dieser hat die nicht zur Deckung bestimmten Teile daher im Einklang mit dem Gesetz und den vertraglichen Bestimmungen zu verwalten. Insbesondere hat er die Darlehensforderungen bei Fälligkeit einzuziehen und die Sicherheiten bei Verwertungsreife zu verwerten. Die Erlöse hieraus hat er jedoch an die Gläubiger der treuhänderisch gehaltenen und nicht zur Deckung bestimmten Teile respektive an die Insolvenzmasse der Pfandbriefbank herauszugeben. In diesem Zusammenhang stellt § 5 Abs. 1a Satz 2 klar, dass es nicht darauf ankommt, ob die Werte, die in das Deckungsregister eingetragen und nicht zur Deckung bestimmt sind, gleichwohl deckungsfähig sind und daher eigentlich zur Deckung bestimmt sein könnten oder ob diesen Werten die Deckungsfähigkeit fehlt weil die Beleihungsgrenzen überschritten sind. Gemäß § 30 Abs. 1 Satz 1 fallen im Fall der Insolvenz der Pfandbriefbank die nicht zur Deckung bestimmten Teile auch nicht in die Insolvenzmasse. Somit ist es möglich, diese nicht zur Deckung bestimmten Teile einer anderen Verwendung zuzuführen. Werden eingetragene Werte ganz oder zum Teil von der Pfandbriefbank treuhänderisch für Dritte verwaltet, hat der Sachwalter diese für andere Gläubiger treuhänderisch gehaltenen Teile nach Abzug der angemessenen Verwaltungskosten gemäß § 30 Abs. 3 Satz 3 abzuführen. Im Ergebnis stellt § 5 Abs. 1a Satz 4 in Verbindung mit § 30 Abs. 1 Satz 1 und § 30 Abs. 3 Satz 3 einen Gleichklang zwischen den Wirkungen des Deckungsregisters und den in § 22J des Kreditwesengesetzes festgelegten Wirkungen des **Refinanzierungsregisters** her. Werte, die in das Deckungsregister eingetragen sind und nicht zur Deckung bestimmt sind, fallen nicht in die Insolvenzmasse der Pfandbriefbank. Sofern sie im Refinanzierungsregister für Dritte ordnungsgemäß eingetragen sind, können sie gemäß § 22J Abs. 1 Satz 1 des Kreditwesengesetzes vom Übertragungsberechtigten nach § 47 der Insolvenzordnung ausgesondert werden, obwohl der Übertragungsberechtigte eventuell nicht der Inhaber dieser Werte ist, sondern nur einen Anspruch auf Übertragung hat. Dadurch wird unter anderem die **Konsortialfinanzierung** erleichtert. Wenn beispielsweise mehrere Banken ein Projekt finanzieren, kann eine Pfandbriefbank die Konsortialführerschaft übernehmen und die Werte in voller Höhe, also auch insoweit, als die Werte nicht zur Pfandbriefdeckung bestimmt sind, in ihr Deckungsregister eintragen. Daneben kann dieselbe konsortialführende Pfandbriefbank diejenigen Teile, die sie in ihr Deckungsregister eingetragen hat und die den verschiedenen Konsorten zustehen, in das bei ihr geführte Refinanzierungsregister zugunsten der jeweils übertragungsberechtigten Konsorten eintragen. In diesem Fall sind im Rahmen der Insolvenz der konsortialführenden Pfandbriefbank die den Konsorten zustehenden Werte aussonderungsfähig, obwohl sie im Deckungsregister eingetragen sind und obwohl die Konsorten unter Umständen nicht Inhaber dieser Werte sind sondern lediglich Übertragungsberechtigte. Die Werte fallen nicht in die Konkursmasse der Konsortialführerin und stehen auch nicht den Pfandbriefgläubigern der Konsortialführerin zur Verfügung. Zur Umsetzung dieser vorgenannten Wirkungen bestimmt § 5 Abs. 1a Satz 1, dass das Deckungsregister genaue Angaben über den Umfang und den des zur Deckung bestimmten Teils eines in das Deckungsregister eingetragenen Wertes enthalten muss und dass im Zweifel der zur Deckung bestimmte Teil Vorrang hat[7].

8 Die Werte, die nicht zur Pfandbriefdeckung bestimmt sind, sind von den sogenannten **Außerdeckungsteilen** zu unterscheiden. Als Außerdeckungsteile werden üblicherweise diejenigen Teile des Beleihungswertes bezeichnet, der die zulässige Beleihungsgrenze überschreitet.

---

7 BT/DS 16/11130, Besonderer Teil, zu Art. 1, zu Nr. 5, zu Buchstabe b.

6. Datenschutz

§ 5 Abs. 1b stellt sicher, dass die Übermittlung personenbezogener Daten an eine Pfandbriefbank zum Zwecke der Refinanzierung dann nicht gegen das Datenschutzgesetz verstößt, wenn diese Daten nach der Deckungsregisterverordnung in das Deckungsregister eingetragen werden müssen. In diesem Fall ist das Interesse der Pfandbriefbank an der Eintragung im Deckungsregister ein „berechtigtes Interesse“ gemäß § 28 Abs. 1 Nr. 2 des Bundesdatenschutzgesetzes[8]. **9**

7. Aufzeichnung der Eintragung

§ 5 Abs. 2 Satz 2 wird in den §§ 15 bis 17 der Deckungsregisterverordnung näher konkretisiert. Gleichwohl hat der Gesetzgeber im Rahmen dieser Konkretisierung von der in § 5 Abs. 2 Satz 2 normierten Ermächtigung keinen Gebrauch gemacht. Es ist daher nicht notwendig, dass bei der Übermittlung der Aufzeichnungen in elektronischer Form sämtliche Eintragungen des Deckungsregisters in der Aufzeichnung erfasst werden. Selbst wenn der Treuhänder der Bundesanstalt eine Aufzeichnung übermittelt, die Eintragungen erfasst, die über das letzte Halbjahr hinausgehen, bestimmt § 16 Abs. 2 Satz 2 der Deckungsregisterverordnung, dass sich die Bestätigung des Treuhänders nur auf diejenigen Eintragungen bezieht, die sich auf das letzte Halbjahr beziehen. **10**

8. Deckungsregisterverordnung

Das Bundesministerium der Finanzen hat von der Ermächtigungsgrundlage des § 5 Abs. 3 Gebrauch gemacht und die „Verordnung über die Form und den Inhalt der Deckungsregister nach dem Pfandbriefgesetz und die Aufzeichnung der Eintragungen“, kurz: Deckungsregisterverordnung – DeckRegV, erlassen. Diese Verordnung ist am 25. August 2006 in Kraft getreten. **11**

§ 6 Inhalt der Pfandbriefe

(1) In den Pfandbriefen sind die für das Rechtsverhältnis zwischen der Pfandbriefbank und den Pfandbriefgläubigern maßgebenden Bestimmungen, insbesondere bezüglich der Kündbarkeit der Pfandbriefe, ersichtlich zu machen.

(2) Den Pfandbriefgläubigern darf ein Kündigungsrecht nicht eingeräumt werden.

(3) Die Ausgabe von Pfandbriefen, deren maximaler Einlösungswert nicht bekannt ist, ist nicht gestattet.

Übersicht

8 BT/DS 16/11130, zu Art. 1, zu Nr. 5, zu Buchstabe b.

1. Maßgebliche Bestimmungen

1 Um was es sich bei den für das Rechtsverhältnis zwischen der Pfandbriefbank und den Pfandbriefgläubigern maßgebenden Bestimmungen handelt, ist unter Berücksichtigung der allgemeinen Regelungen und den §§ 793, 808 BGB zu beurteilen. In der Regel wird es sich um folgende Punkte handeln: Bezeichnung als Pfandbrief, Bezeichnung der Pfandbriefgattung, Klausel, ob es sich um ein Namens-, Inhaber- oder Orderpapier handelt, Bezeichnung des Ausstellers, Nominalbetrag, Angaben zu Rückzahlung des Kapitals, Angaben zur Verzinsung (fest, variabel, Referenzzinssätze, Zinsberechnungsmethode, Zinszahlungstage), Klausel zur Unkündbarkeit des Pfandbriefs durch die Pfandbriefgläubiger und zur Kündbarkeit oder Unkündbarkeit durch den Emittenten, Bestimmungen zur Abtretbarkeit, Verzicht des Emittenten auf die Geltendmachung von Aufrechnungs- oder Zurückbehaltungsrechten, solange und soweit die Forderungen des Pfandbriefgläubigers aus dem Pfandbrief zum gebundenen Vermögen im Sinne des § 45 des Versicherungsaufsichtsgesetzes oder zu einer aufgrund inländischer gesetzlicher Vorschriften gebildeten Deckungsmasse für Schuldverschreibungen gehören, Rechtswahl, Gerichtsstand, Bestätigung des Treuhänders der Pfandbriefbank, dass die vorgeschriebene Deckung vorhanden und in das Deckungsregister eingetragen ist. Bei einigen der oben genannten Punkte ergibt sich die Maßgeblichkeit für das Verhältnis zwischen Pfandbriefgläubiger und Emittent nicht nur aus der Sache heraus sondern auch daraus, dass die Dokumentation in der Pfandbriefurkunde gesetzlich vorgeschrieben ist. Gemäß § 1 Abs. 1 Satz 2 dürfen Schuldverschreibungen nur dann als Pfandbriefe ausgegeben werden, wenn die Pfandbriefeigenschaft als auch die Pfandbriefgattung ausdrücklich aus dem Pfandbrief hervorgeht. Gemäß § 8 hat der Treuhänder die Pfandbriefe vor der Ausgabe mit einer Bescheinigung über das Vorhandensein der vorschriftsmäßigen Deckung und über die Eintragung in das entsprechende Deckungsregister zu versehen. Hinsichtlich der Angaben zur Kündbarkeit ergibt sich die Pflicht zur Dokumentation bereits aus § 6 Abs. 1 selbst.

2. Ersichtlich machen

2 Hinsichtlich der oben genannten Punkte handelt es sich um Essenziale. Ein Verweis auf andere Quellen respektive Unterlagen reicht daher zum „ersichtlich machen" nicht aus.

3. Kündigungsrechte

3 Gemäß § 6 Abs. 2 darf den Pfandbriefgläubigern ein Kündigungsrecht nicht eingeräumt werden. Mit dieser Regelung wird dem Umstand Rechtung getragen, dass die Deckungswerte, die zur Rückführung der Pfandbriefe dienen, von der Pfandbriefbank auch nicht gekündigt werden können, schon gar nicht korrespondierend zu den Kündigungen der Pfandbriefe. Kündigungsrechten der Pfandbriefgläubiger stehen andere Auflösungsrechte gleich, da diese Kündigungsrechten in der Wirkung gleichkommen. Demgegenüber können Pfandbriefe verpensioniert werden. Bei Pensionsgeschäften bezieht sich die Rücknahmeverpflichtung auf den Pfandbrief als solchen und nicht auf dessen Auflösung. Es besteht also nicht das Risiko, dass nicht genügend Rückflüsse aus den Deckungswerten zur Verfügung stehen um den Pfandbrief zurückzuzahlen.

4. Maximaler Einlösungswert

4 Es muss sich um denjenigen maximalen Einlösungswert handeln, der **zum Zeitpunkt der Ausgabe** des Pfandbriefs bekannt ist. Daraus folgt, dass eventuelle Kursverluste, die die Pfandbriefbank bei Geltendmachung eines eigenen Kündigungsrechts eventuell realisiert, nicht berücksichtigt werden müssen. Denn zukünftige Kurse können bei der Ausgabe nicht bekannt sein. Gemeint sind vielmehr Fälle, in denen vereinbart wird, dass bei Fälligkeit des Pfandbriefs zusätzlich zum Nennwert Zuschläge gezahlt werden, die zum Zeitpunkt der Ausgabe der Höhe nach nicht bekannt sind, weil sie sich nach gewissen Parametern richten, die sich erst in der Zukunft entwickeln. Siehe hierzu auch § 4 Abs. 2 Satz 2. Ist der Wert dieser Zuschläge aber bei Ausgabe des Pfandbriefs bereits bekannt, ist dieser Wert dem Nennwert des Pfandbriefs hinzuzurechnen. Die Summe muss dann gedeckt werden[1].

§ 7 Treuhänder und Stellvertreter

(1) Bei jeder Pfandbriefbank ist ein Treuhänder sowie mindestens ein Stellvertreter zu bestellen.

(2) Treuhänder und Stellvertreter müssen die zur Erfüllung ihrer Aufgaben erforderlichen Kenntnisse und Erfahrungen besitzen. Die Qualifikation als Wirtschaftsprüfer oder vereidigter Buchprüfer lässt die erforderlichen Kenntnisse vermuten. Eine Bestellung als Treuhänder oder Stellvertreter ist ausgeschlossen, wenn Gründe vorliegen, nach denen die Besorgnis der Befangenheit besteht. Das ist insbesondere der Fall, wenn die Person in einem Beschäftigungs- oder Mandatsverhältnis mit der Pfandbriefbank steht oder innerhalb der vorausgegangen drei Jahre gestanden hat.

(3) Die Bestellung erfolgt durch die Bundesanstalt nach Anhörung der Pfandbriefbank; vor der erstmaligen Ausgabe von Pfandbriefen findet eine Bestellung nur auf Antrag der Pfandbriefbank statt. Die Bestellung kann befristet und jederzeit aus sachlichem Grund durch die Bundesanstalt widerrufen werden. Die Bestellung endet spätestens zum Ende des Monats, in dem das 75. Lebensjahr vollendet wird. Mit der Ernennung eines Sachwalters nach § 2 Absatz 5 oder § 30 Absatz 2 oder 5 ruht das Amt des Treuhänders bis zur Beendigung des Sachwalteramtes. Der Treuhänder bleibt verpflichtet, dem Sachwalter alle Informationen mitzuteilen, die für die Verwaltung der Deckungswerte von Bedeutung sein können.

(4) Der Treuhänder hat der Bundesanstalt Auskunft über die von ihm im Rahmen seiner Tätigkeit getroffenen Feststellungen und Beobachtungen zu erteilen. Der Treuhänder ist an Weisungen der Bundesanstalt nicht gebunden.

(5) Treuhänder und Stellvertreter haften der Pfandbriefbank sowie den Pfandbriefgläubigern und den Gläubigern von Ansprüchen aus Derivategeschäften nach § 4 Abs. 3 aus ihrer Tätigkeit nur im Falle von Vorsatz und grober Fahrlässigkeit. Die Ersatzpflicht des Treuhänders oder des Stellvertreters beschränkt sich im Falle grob fahrlässigen Handelns auf 1 Million Euro. Sie kann nicht durch Vertrag ausgeschlos-

1 BT DS 16/11130, zu Nr. 6.

sen oder beschränkt werden. Wird die Haftung des Treuhänders oder des Stellvertreters durch eine Versicherung abgedeckt, ist ein Selbstbehalt in Höhe des Eineinhalbfachen der nach § 11 Absatz 1 festgesetzten jährlichen Vergütung vorzusehen. Die Pfandbriefbank darf den Versicherungsvertrag zugunsten des Treuhänders und des Stellvertreters schließen und die Prämien zahlen.

Übersicht

1. Der Treuhänder

1 Die Einrichtung des Treuhänders dient dem **Schutz der Pfandbriefgläubiger.** Dies ergibt sich daraus, dass der Schwerpunkt des Aufgabenbereichs des Treuhänders darin liegt, darauf zu achten, dass die vorschriftsmäßige Deckung der Pfandbriefe und der Ansprüche aus Derivategeschäften jederzeit vorhanden ist (vgl. § 8 Abs. 1 Satz 1) und dass die zur Deckung der Pfandbriefe und der Ansprüche aus Derivategeschäften verwendeten Werte in das Deckungsregister eingetragen sind (vgl. § 8 Abs. 2 Satz 1). Beide Aufgaben dienen der Sicherstellung des Befriedigungsinteresses der Pfandbriefgläubiger und damit indirekt auch der Institution des Pfandbriefs als solcher. Alle anderen Aufgaben des Treuhänders sowie seine Befugnisse dienen entweder der Sicherstellung oder Dokumentation der Erledigung dieser beiden Aufgaben oder sie stehen zu diesen in einem nachgeordneten Zusammenhang. Der Treuhänder ist **kein öffentliches Organ.** Er ist ein nicht öffentlicher neutraler Dritter, der den Sicherungsinteressen der Pfandbriefgläubiger dient. Zwar wird er vom BaFin bestellt. Er ist auch verpflichtet, dem BaFin Auskunft zu erteilen. Er ist aber nicht an Weisungen des BaFin (oder der Pfandbriefbank oder der Pfandbriefgläubiger) gebunden (siehe unten).

2. Weisungsrecht

2 Weder Pfandbriefgläubiger noch Bank noch die Bundesanstalt haben gegenüber dem Treuhänder ein Weisungsrecht. Hinsichtlich der Bundesanstalt ergibt sich dies ausdrücklich aus § 7 Abs. 4 Satz 2. Hinsichtlich der Bank und der Pfandbriefgläubiger ergibt sich dies indirekt daraus, dass gemäß § 7 Abs. 2 Satz 3 Eine Bestellung als Treuhänder oder Stellvertreter ausgeschlossen ist, wenn Gründe vorliegen, nach denen die Besorgnis der Befangenheit besteht. Hinsichtlich der Bank kommt hinzu, dass § 7 Abs. 2 Satz 4 unterstellt, dass Befangenheitsgründe insbesondere dann vorliegen, wenn die Person zur Bank in einem Beschäftigungs- oder Mandatsverhältnis stehen oder innerhalb der letzten 3 Jahre gestanden hat. Ein solches Weisungsrecht wäre auch kontraproduktiv, da die Interessen dieser drei Parteien nicht deckungsgleich sind. Indem der Treuhänder dem Schutz der Pfandbriefgläu-

biger dient, dient er zwar auch indirekt dem Schutz des Pfandbriefs als solchem und damit indirekt auch dem Interesse der Pfandbriefbank. Interessenkonflikte können aber gleichwohl entstehen. Die Pfandbriefgläubiger interessieren sich ausschließlich für den von ihnen angekauften Pfandbrief. Die Pfandbriefbank interessiert sich darüber hinaus für ihr gesamtes übriges Geschäft. Die Institution des Pfandbriefs als solchem hat wiederum den gesamten Pfandbriefmarkt im Fokus.

3. Kontrolle

In seiner Funktion wird der Treuhänder **von der Bundesanstalt** kontrolliert. Diese Kontrolle wird dadurch ermöglicht, dass der Treuhänder der Bundesanstalt gegenüber gemäß § 7 Abs. 4 Satz 1 auskunftspflichtig ist. Außerdem hat er der Bundesanstalt gemäß § 5 Absatz 2 regelmäßig eine von ihm bestätigte Aufzeichnung der Eintragungen, welche innerhalb des letzten Kalenderhalbjahres in den Deckungsregistern vorgenommen wurden, zu übermitteln. Übt der Treuhänder seine Pflichten nicht ordnungsgemäß aus, so kann die Bundesanstalt die Bestellung des Treuhänders gemäß § 7 Abs. 3 Satz 2 widerrufen. 3

4. Der Treuhänder und seine Stellvertreter

Beide stehen zu einander nicht in einer **Hierarchie.** Sie können ihre Zusammenarbeit frei untereinander abstimmen. In der Praxis wird allerdings der Treuhänder ein gewisses Übergewicht im Verhältnis zu dem oder den Stellvertretern haben weil er die erste Anlaufstelle ist und durch Vorarbeiten bereits gewisse Richtungen vorgegeben hat. 4

5. Auswahl

Gemäß § 7 Abs. 2 Satz 1 müssen der Treuhänder und sein(e) Stellvertreter für ihre Aufgabe **qualifiziert** sein. Gemäß Satz 2 wird das Vorhandensein dieser Qualifikation unterstellt, wenn der Treuhänder beziehungsweise der Stellvertreter über die Qualifikation eines Wirtschaftsprüfers oder vereidigten Buchprüfers verfügen. Die notwendige Qualifikation kann sich aber auch aus anderen Umständen ergeben. Wichtig ist, dass sich die Qualifikation auf Grundpfandrechte, Grundbücher und das Vertragsrecht bezieht. In der Praxis ist es üblich, Personen auszuwählen, die einschlägige Berufserfahrung haben und aus dem Berufsleben ausgeschieden sind. Letzteres deshalb, damit Interessenkollisionen bereits im Ansatz vermieden werden. Dabei ist die Höchstaltersgrenze gemäß § 7 Abs. 3 Satz 3 von 75 Jahren zu beachten. Es ist nicht ausreichend, dass entweder der Treuhänder oder der Stellvertreter die erforderliche Qualifikation besitzt. Vielmehr müssen beide Personen über die erforderliche Qualifikation verfügen. Andernfalls ist eine eigenverantwortliche Tätigkeit entweder des Treuhänders oder seines Stellvertreters nicht möglich[1]. 5

1 Vgl. BT DS 15/4321, zu § 7.

6. Bestellung

6 Gemäß § 7 Abs. 3 erfolgt die Bestellung **durch die Bundesanstalt nach Anhörung der Pfandbriefbank.** Dieses Prozedere gilt sowohl hinsichtlich des Treuhänders als auch des Stellvertreters. Ein Zeitpunkt für die Bestellung ist weder in Abs. 3 noch an einer anderen Stelle des Pfandbriefgesetzes genannt. Allerdings ist gemäß § 8 Abs. 3 die Ausgabe eines Pfandbriefs nur dann zulässig, wenn der Treuhänder die den Pfandbrief vor der Ausgabe mit der Bescheinigung über das Vorhandensein der vorschriftsmäßigen Deckung und über die Eintragung in das entsprechende Deckungsregister versehen hat. Daraus ergibt sich, dass der Treuhänder spätestens dann zu bestellen ist, wenn die Pfandbriefbank die Ausgabe eines Pfandbriefs plant. Diese Bestellung muss so frühzeitig geschehen, dass der Treuhänder genug Zeit hat, die vorschriftsmäßige Deckung und die Eintragung dieser Deckung in das Deckungsregister zu prüfen. Wenn diese Prüfung auch formaler Natur ist, so ist sie doch sehr umfangreich. Denn in der Regel wird diese Prüfung beinhalten, dass der Treuhänder die formale Übereinstimmung der im Darlehensvertrag vereinbarten Darlehensforderung nebst Sicherheit mit der in der Grundschuldbestellungsurkunde erfassten Darlehensforderung nebst Sicherheit, den entsprechenden Grundbucheintragungen und den Inhalten des Grundschuldbriefs sicherstellt sowie feststellt, dass diese Werte Deckungswerte im Sinne des Pfandbriefgesetzes sind. Der Stellvertreter des Treuhänders wird spätestens zum Zeitpunkt der Ausgabe zu bestellen sein. Wegen des Begriffs der Ausgabe wird auf die entsprechenden Ausführungen zu § 8 Abs. 3 verwiesen. Die Bestellung kann gemäß § 7 Abs. 3 Satz 2 befristet sein. Sie kann von der Bundesanstalt jederzeit widerrufen werden, wenn ein sachlicher Grund vorliegt. Ausreichend wird in jedem Fall sein, wenn Zweifel bestehen, dass der Treuhänder oder ein Stellvertreter seine Funktion ordnungsgemäß ausübt. Gleiches gilt, wenn an der Unabhängigkeit oder Unbefangenheit Zweifel entstehen. Ausreichend ist auch, dass die Pfandbriefe zurückgegeben und die Deckungswerte im Register gelöscht sind. Es kommen auch weitere Fälle in Frage. Allgemein werden an den sachlichen Grund keine besonders hohen Anforderungen zu stellen sein.

7. Befangenheit

7 Gemäß § 7 Abs. 2 Satz 3 ist eine Bestellung als Treuhänder oder Stellvertreter ausgeschlossen, wenn Gründe vorliegen, nach denen die Besorgnis der Befangenheit besteht. Ob diese Befangenheit tatsächlich auch vorliegt oder nicht, ist unerheblich. Die begründete Besorgnis reicht bereits aus. An die Gründe, die diese Besorgnis rechtfertigen, sind keine besonderen Anforderungen zu stellen. Sie können auch rein formal sein. Dies geht aus Abs. 2 Satz 4 hervor. Danach wird ein Grund zur Besorgnis der Befangenheit bereits dann angenommen, wenn die Person in einem Beschäftigungs- oder Mandatsverhältnis mit der Pfandbriefbank steht oder innerhalb der letzten drei Jahre gestanden hat. Diese Aufzählung ist nicht abschließend. Es kommen auch andere Ursachen in Betracht. So wird die Möglichkeit einer Befangenheit auch dann vorliegen, wenn der Treuhänder neben seiner Treuhandtätigkeit für die Pfandbriefbank eine weitere Treuhandfunktion als Verwalter des Refinanzierungsregisters eines anderen Kreditinstituts ausübt und in diesem Refinanzierungsregister zugunsten der Pfandbriefbank Darlehensforderungen und Sicherheiten eingetragen werden, welche die Pfandbriefbank wiederum in das Deckungsregister einträgt.

8 Obwohl an die Gründe, die die Besorgnis der Befangenheit rechtfertigen, keine hohen Anforderungen zu stellen sind, wird man fordern müssen, dass diese Gründe über eine gewisse Plausibilität verfügen, und zwar unabhängig davon, ob diese Gründe inhaltlicher oder rein formaler Natur sind.

8. Auskunft

Gemäß Abs. 4 Satz 1 ist der Treuhänder verpflichtet, der Bundesanstalt Auskunft über die im Rahmen seiner Tätigkeit getroffenen Feststellungen und Beobachtungen zu erteilen. Diese Pflicht setzt ein entsprechendes Auskunftsersuchen voraus. Obwohl ein solches Auskunftsersuchen der Bundesanstalt einen Verwaltungsakt darstellt, ist an die Begründetheit eines solchen Begehrens keine besonderen Anforderungen zustellen. Eine Pflicht des Treuhänders, aus eigenem Antrieb auch ohne vorheriges Auskunftsersuchen Informationen an die Bundesanstalt zu geben, geht aus Abs. 4 Satz 1 demgegenüber nicht vor. Dies ergibt sich daraus, dass nach üblichem Sprachgebrauch Auskünfte im Gegensatz zu nur auf Anfrage erteilt werden. Anders ist des in Bezug auf Berichte. Diese werden nach allgemeinem Sprachgebrauch auch ohne vorherige Aufforderung gegeben. Hätte der Gesetzgeber gewollt, dass der Treuhänder von sich aus Informationen an die Bundesanstalt gibt, hätte er daher den Begriff „Berichtspflicht" gebraucht, nicht aber den Begriff „Auskunft". Etwas anderes ist es, wenn der Treuhänder im Rahmen seiner Aufgabenerledigung die Bank wiederholt auf Mängel hingewiesen hat und seine diesbezüglichen Hinweise keinen Erfolg gehabt haben. In diesem Falle ergibt es sich aus der Pflicht des Treuhänders zur Wahrung der Interessen der Pfandbriefgläubiger, die Bundesanstalt einzuschalten. Außerdem ist der Treuhänder selbstverständlich nicht gehindert, von sich aus der Bundesanstalt Informationen zu übermitteln, wenn er dies im Rahmen der Erledigung seiner Pflichten für sachgerecht hält[2]. Dem Wortlaut nach ist diese Auskunftspflicht sehr weit gefasst. Sie bezieht sich ausdrücklich auf die **im Rahmen** seiner Tätigkeit getroffenen Feststellungen und Beobachtungen. Dies schließt auch Feststellungen und Beobachtungen ein, die in einem entfernten Zusammenhang mit der Tätigkeit des Treuhänders stehen. 9

9. Verschwiegenheit

Auch wenn dies nicht ausdrücklich im Pfandbriefgesetz vorgeschrieben ist, ist der Treuhänder und selbstverständlich auch der Stellvertreter verpflichtet, über Umstände, die ihm im Rahmen seiner Tätigkeit zur Kenntnis gelangen, Stillschweigen zu bewahren. Diese Pflicht muss nicht besonders vereinbart werden. Sie ergibt sich bereits stillschweigend als Kehrseite zur Befugnis des Treuhänders gemäß § 10 Abs. 1, von der Bank Auskünfte zu verlangen und Einsicht in diejenigen Unterlagen der Bank zu nehmen, die sich auf die Pfandbriefe und die im Deckungsregister eingetragenen Werte beziehen. Sie ergibt sich darüber hinaus auch stillschweigend als die Kehrseite aus der Pflicht der Pfandbriefbank gemäß § 10 Abs. 2, dem Treuhänder bestimmte Auskünfte zu erteilen. Denn es kann nicht sein, dass der Gesetzgeber dem Treuhänder Einsichts- und Auskunftsrechte einräumt und es ihm dabei erlaubt, seine bei der Wahrnehmung seiner Rechte gewonnenen Erkenntnisse an Dritte weiterzugeben. Allerdings ist die Pfandbriefbank schon aus Gründen der Klarstellung nicht gehindert, den Treuhänder zusätzlich in Schriftform zur Verschwiegenheit zu verpflichten. Die Verschwiegenheitspflicht des Treuhänders besteht grundsätzlich allen Dritten gegenüber mit Ausnahme der Bundesanstalt. Obwohl der Treuhänder nicht für die Bundesanstalt tätig ist, ergibt sich diese Ausnahme aus seiner – weiten – Auskunftspflicht der Bundesanstalt gegenüber gemäß § 7 Abs. 4 Satz 1[3]. 10

---

2 Vgl. Bellinger/Kerl, HBG, 4. Aufl. 1995, § 30 Rdn. 41.

3 Vgl. Bellinger/Kerl, HBG, 4. Aufl. 1995, § 29 Anm. 44 Ausführungen zu § 8, Bankgeheimnis-Datenschutz.

10. Verhältnis zwischen Treuhänder und Sachwalter

11 Mit der im Zuge der Gesetzesnovelle 2010 erfolgten Einführung des Satzes 4 in den Abs. 3 wurden bislang bestehende Unklarheiten über das Verhältnis von Treuhänder und Sachwalter beseitigt.

11. Haftung

12 Eine Haftung des Treuhänders oder seines Stellvertreters besteht gemäß Absatz 5 gegenüber der Pfandbriefbank, den Pfandbriefgläubigern oder den Gläubigern von Ansprüchen aus Derivategeschäften. Der Haftungsmaßstab ist Vorsatz oder grobe Fahrlässigkeit. Beide Begriffe richten sich nach dem Bürgerlichen Recht. Danach ist Vorsatz das Wissen und Wollen des pflichtwidrigen Erfolgs[4]. Grobe Fahrlässigkeit liegt vor, wenn die verkehrserforderliche Sorgfalt in besonders schwerem Maße verletzt wird, schon einfachste, ganz naheliegende Überlegungen nicht angestellt werden und das nicht beachtet wird, was im gegebenen Fall jedem einleuchten müsste[5]. Die Haftung des Treuhänders beziehungsweise des Stellvertreters kann sich nur aus § 7 Abs. 5 ergeben. Neben dieser Rechtsgrundlage scheidet ein Amtshaftungsanspruch nach § 839 BGB aus, weil der Treuhänder beziehungsweise der Stellvertreter, obwohl beide von der Bundesanstalt bestellt werden, keine Beamten sind. Auch eine Staatshaftung gemäß Art. 34 GG scheidet aus, da es sich bei der Tätigkeit des Treuhänders beziehungsweise seines Stellvertreters nicht um die Erledigung öffentlicher Pflichten handelt, sondern um die Interessenwahrnehmung der Pfandbriefgläubiger.

§ 8 Aufgaben

(1) Der Treuhänder hat darauf zu achten, dass die vorschriftsmäßige Deckung für die Pfandbriefe und Ansprüche aus Derivategeschäften nach § 4 Abs. 3 jederzeit vorhanden ist; hierbei hat er darauf zu achten, dass der Wert der beliehenen Grundstücke nach der auf Grund des § 16 Abs. 4 erlassenen Rechtsverordnung, der Wert der beliehenen Schiffe und Schiffsbauwerke nach der auf Grund des § 24 Abs. 5 erlassenen Rechtsverordnung und der Wert der beliehenen Flugzeuge nach der auf Grund des § 26d Abs. 3 erlassenen Rechtsverordnung festgesetzt ist. Darüber hinaus ist er nicht verpflichtet zu untersuchen, ob der festgesetzte Wert dem wirklichen Wert entspricht.

(2) Der Treuhänder hat darauf zu achten, dass die zur Deckung der Pfandbriefe und der Ansprüche aus Derivategeschäften nach § 4 Abs. 3 verwendeten Werte gemäß § 5 Abs. 1 in das jeweilige Deckungsregister eingetragen werden. Er hat auch darauf zu achten, dass die Eintragung eines Derivats von der Pfandbriefbank unter Angabe des entsprechenden Deckungsregisters unverzüglich dem Vertragspartner des Derivategeschäfts mitgeteilt wird.

---

4 Vgl. Palandt, 2010, § 276 Rdn. 10 m.w.N.
5 Vgl. Palandt, 2010, § 277 Rdn. 5 m.w.N.

(3) Der Treuhänder hat die Pfandbriefe vor der Ausgabe mit einer Bescheinigung über das Vorhandensein der vorschriftsmäßigen Deckung und über die Eintragung in das entsprechende Deckungsregister zu versehen. Eine Nachbildung der eigenhändigen Unterschrift genügt.

(4) Im Deckungsregister eingetragene Werte können nur mit Zustimmung des Treuhänders in dem Register gelöscht werden. Die Zustimmung des Treuhänders bedarf der Schriftform; sie kann in der Weise erfolgen, dass der Treuhänder seine Namensunterschrift dem Löschungsvermerk im Deckungsregister beifügt. Für die Löschung eines eingetragenen Derivats, das noch nicht vollständig abgewickelt ist, ist ferner die Zustimmung des Vertragspartners der Pfandbriefbank erforderlich; eine Löschung ohne die erforderliche Zustimmung gilt als nicht erfolgt. Absatz 2 Satz 2 ist entsprechend anzuwenden.

Übersicht

1. Allgemeines

Der in § 8 geregelte Aufgabenbereich des Treuhänders hat sich durch die Ausdehnung der Pfandbriefe auf mehrere Pfandbriefgattungen und die daraus folgende Ausdehnung der möglichen Deckungswerte, die Zulassung von Ansprüchen aus Derivategeschäften als Deckungswerte sowie die im Zusammenhang mit den Deckungswerten erlassenen Verordnungen erheblich ausgeweitet. Hinzu kommt die Einbeziehung verschiedener ausländischer Deckungswerte. Aus diesem Grunde unterhalten einige Pfandbriefbanken gesonderte Abteilungen, die Indeckungnahmen und Löschungen von Deckungswerten aus dem Deckungsregister kontrollieren und ausführen sowie über die notwendigen Fachkenntnisse – auch in Bezug auf ausländische Deckungswerte – verfügen. Auf diese Weise wird dem Treuhänder seine Tätigkeit wesentlich erleichtert. Da diese Treuhandabteilung de facto wie ein Treuhänder handelt, wird man zur Vermeidung von Interessenkollisionen fordern müssen, dass das Treuhandabteilung direkt einem Vorstand untersteht, zu dessen Aufgabenbereich in keinem Falle die Emission von Pfandbriefen oder die Gewährung deckungsstockfähiger Darlehen gehören dürfen. Idealerweise sollte das Treuhandbüro dem Vorstandsvorsitzenden unterstellt werden. Dies würde nicht nur die Unbefangenheit des Treuhandbüros sicherstellen, sondern auch der Bedeutung des Treuhandbüros für die Pfandbriefbank Rechnung tragen. 1

Wenn nachfolgend von „dem Treuhänder“ gesprochen wird, ist damit immer auch der stellvertretende Treuhänder gemeint. 2

2. Art der Prüfung

3 Aus der oben genannten Ausweitung des Aufgabenspektrums des Treuhänders ergibt sich, dass er in der Regel wohl nicht die für die Beurteilung dieses weiten Aufgabenspektrums erforderliche Sachkenntnis haben wird. Man wird ihm daher wohl zubilligen müssen, dass er zur Erledigung seiner Aufgaben auf die Sachkenntnis Dritter oder die Sachkenntnis der betreffenden Einheiten der Pfandbriefbank zurückgreift. In jedem Falle, also auch dann, wenn dem Treuhänder die eigene Sachkenntnis ausreicht, wird sich seine Tätigkeit auf eine Prüfung der formalen Anforderungen und der inhaltlichen Plausibilität beschränken. Dabei ist zu unterscheiden zwischen den nach Pfandbriefrecht zulässigen Deckungswerten, den Feststellungen der Beleihungswerte sowie der Einhaltung der vorgeschriebenen Deckungsgrenzen und anderer Beschränkungen einschließlich Kontingentierungen.

3. Umfang der Prüfung

4 Angesichts des Umfanges der Gewährung deckungsstockfähiger Darlehen wird man bei Indeckungnahmen stichprobenartige Prüfungen des Treuhänders für ausreichend erachten müssen. Dies jedenfalls dann, wenn die Pfandbriefbank ein eigenes Treuhandbüro unterhält, das jeden einzelnen Zugang zur Deckungsmasse wie ein Treuhänder prüft. In diesem Zusammenhang wird man fordern müssen, dass der Einsatz des Treuhandbüros nicht etwa zur Ausdünnung der Stichproben des Treuhänders führt. Der Treuhänder muss seine Stichproben vielmehr in derselben Dichte durchführen, wie es ohne die Existenz eines Treuhandbüros der Fall wäre.

5 Hinsichtlich der Löschung eines Deckungswertes aus dem Deckungsregister bestimmt § 8 Abs. 4 Satz 1, dass im Deckungsregister eingetragene Werte nur mit Zustimmung des Treuhänders im Deckungsregister gelöscht werden können. Aus dem Gesetzeswortlaut geht hervor, dass stichprobenartige Prüfungen des Treuhänders nicht ausreichen, wenn es darum geht, einen Wert aus der Deckung zu nehmen. Dies gilt auch dann, wenn das Treuhandbüro jeden Einzelfall vorprüft. Es dürfte aber zulässig sein, wenn das Treuhandbüro im Rahmen von Löschungen gewisse Vorbereitungshandlungen erbringt und dem Treuhänder so seine Aufgaben erleichtert.

4. Ermessensspielraum

6 Der Treuhänder hat sowohl hinsichtlich der Art als auch des Umfangs seiner Prüfungsaufgaben gewisse Ermessensspielräume. Er wird sich jedoch bei der Ausübung dieses Ermessens in der Regel an folgenden Kriterien orientieren:

1. Handelt es sich bei dem eingetragenen Deckungswert um einen für die betreffende Pfandbriefgattung zulässigen Deckungswert?
2. Ist die Beleihungsgrenze nicht überschritten beziehungsweise sind sonstige vorgeschriebene Beschränkungen/Kontingentierungen beachtet worden?
3. Sind alle nach der Deckungsregisterverordnung notwendigen Daten eingetragen?
4. Stimmen die in dem Deckungsregister eingetragenen Daten mit den in den Kreditakten erfassten Daten überein?
5. Stimmen die in den verschiedenen Dokumenten der Kreditakte erfassten Daten bezogen auf die jeweiligen Dokumente überein?

Zur Überprüfung dieser Kriterien hat der Treuhänder die Befugnisse gemäß § 10. In der Regel wird er von der Bank die Kreditakte anfordern und mindestens die Unterlagen zur Ermittlung des Beleihungswertes, den Darlehensvertrag, die Grundschuldbestellungsurkunde, den Grundbuchauszug und bei Briefgrundschulden auch den Grundschuldbrief auf Einhaltung der Kriterien überprüfen. Fallen ihm dabei Unstimmigkeiten auf, etwa weil bestimmte in einem dieser Dokumente enthaltenen deckungsrelevanten Daten mit den korrespondierenden Daten eines anderen Dokumentes oder des Deckungsregisters nicht übereinstimmen, kann er weitere Unterlagen der Pfandbriefbank einsehen oder Auskünfte verlangen, um sich Klarheit zu verschaffen. Im Einzelfall kann er von der Pfandbriefbank die Behebung eines Mangels oder auch den Austausch des betreffenden Deckungswertes verlangen. Die Unterlagen zur Ermittlung des Beleihungswertes wird der Treuhänder darauf hin untersuchen, ob die aus den entsprechenden Verordnungen festgelegten formalen Kriterien eingehalten wurden (s.u., „Beleihungswert"). 7

5. Vorschriftsmäßige Deckung

Was die vorschriftsmäßige Deckung der Pfandbriefe beziehungsweise der Ansprüche aus Derivategeschäften ist, ergibt sich aus § 4 Abs. 1 bis 3 in Verbindung mit der auf der Grundlage des § 4 Abs. 6 erlassenen Pfandbrief-Barwertverordnung, den §§ 12 bis 14, § 16 in Verbindung mit der auf der Grundlage des § 16 Abs. 4 erlassenen Beleihungswertermittlungsverordnung, den §§ 18 bis 22, § 24 in Verbindung mit der zu § 24 Abs. 5 erlassenen Schiffsbeleihungswertermittlungsverordnung, den §§ 26 bis 26b, § 26d in Verbindung mit der auf der Grundlage des § 26d Abs. 3 erlassenen Flugzeugbeleihungswertermittlungsverordnung und § 26f. Die vorschriftsmäßige Deckung muss für jede einzelne Pfandbriefgattung getrennt vorliegen. Es ist nicht ausreichend, dass sich die Vorschriftsmäßigkeit der Deckung erst dann ergibt, wenn man alle Deckungswerte, über die die Pfandbriefbank insgesamt verfügt, zusammenfasst und als Gesamtheit betrachtet[1]. 8

6. Ansprüche aus Derivategeschäften

Es muss sich um Derivategeschäfte im Sinne des § 4 Abs. 3 handeln. Die Pfandbriefe unterscheiden sich von den Deckungswerten hinsichtlich der Zinssätze, der Währungen und den Laufzeiten. Um die sich aus diesen Unterschieden ergebenden Risiken auszuschließen, werden entsprechende Absicherungsgeschäfte geschlossen. Gemäß § 30 Abs. 7 werden die Gläubiger von Ansprüchen aus diesen Absicherungsgeschäften den Pfandbriefgläubigern gleichgestellt. Deshalb fallen die Ansprüche dieser Gläubiger gemäß § 30 Abs. 1 nicht in die Insolvenzmasse. Konsequenterweise bestimmt § 4 Abs. 3 Satz 1, dass auch die Ansprüche der Vertragspartner der Pfandbriefbank aus Derivategeschäften gedeckt sein müssen[2]. 9

1 Vgl. insoweit § 4, Bezug der Deckungskongruenz.
2 Siehe in diesem Zusammenhang auch die Ausführungen zu § 19 Abs. 1 Nr. 4, zu § 30 Abs. 7 PfandBG sowie § 4 Abs. 2 der Deckungsregisterverordnung.

7. Jederzeit vorhanden

10 Die vorschriftsmäßige Deckung der Pfandbriefe muss jederzeit vorhanden sein. Dies bedeutet, dass der Treuhänder nicht nur im Rahmen der Pfandbriefemission zu prüfen hat. Er muss die Deckung vielmehr fortlaufend prüfen. Sofern er bei einer solchen Prüfung feststellt, dass die vorhandenen Deckungswerte zu einer vorschriftsmäßigen Deckung der umlaufenden Pfandbriefe nicht ausreichen, muss er von der Bank verlangen, dass diese die Deckungswerte entsprechend ergänzt. Kommt die Bank dem Verlangen des Treuhänders nicht nach, so ist der Treuhänder verpflichtet, die Hilfe der Aufsichtsbehörde anzufordern[3]. Selbst kurzfristige oder geringfügige Unterdeckungen sind nicht zulässig. Es ist auch unzulässig, dass sich die Pfandbriefbank verpflichtet, künftig Pfandbriefe in Umlauf zu bringen, ohne dass bereits bei Eingehung dieser Verpflichtung die erforderliche Deckung vorhanden und in das Deckungsregister eingetragen ist[4].

8. Beleihungswert

11 Gemäß Abs. 1 hat der Treuhänder in Bezug auf Hypotheken-, Schiffs- oder Flugzeugpfandbriefe darauf zu achten, dass die Beleihungswerte nach den jeweils für diese Pfandbriefgattungen geltenden Rechtsverordnungen geprüft wurden. Dabei stellt Abs. 1 Satz 2 klar, dass es sich bei dieser Prüfung um eine formale Prüfung handelt. Der Treuhänder ist nicht verpflichtet, zu untersuchen, ob der wirkliche Beleihungswert dem tatsächlichen Beleihungswert entspricht. Aus dem Wortlaut des Abs. 1 Satz 2 geht aber nur hervor, dass der Treuhänder zur Untersuchung des wirklichen Beleihungswertes nicht verpflichtet ist. Diese Untersuchung ist dem Treuhänder andererseits aber auch nicht verboten. Es bleibt ihm daher unbenommen, die Übereinstimmung des angegebenen Beleihungswertes mit dem wirklichen Beleihungswert zu überprüfen.

9. Eintragung

12 Gemäß Abs. 2 ist der Treuhänder verpflichtet darauf zu achten, dass die Deckungswerte in das jeweilige Deckungsregister eingetragen werden. Art und Umfang der Eintragungen ergeben sich aus der „Verordnung über die Form und den Inhalt der Deckungsregister nach dem Pfandbriefgesetz und die Aufzeichnungen der Eintragungen", kurz: der Deckungsregisterverordnung – DeckRegV. Gemäß § 4 dieser Verordnung ist für jede Pfandbriefgattung, also Hypotheken-, Kommunal-, Schiffs- und Flugzeugpfandbriefe, ein eigenes Deckungsregister als Hauptregister zu führen. Sofern die Pfandbriefbank gemäß § 51 Pfandbriefe in Umlauf hat, die sie vor Inkrafttreten des Pfandbriefgesetzes, also vor dem 22. Mai 2005 begeben hat und deren Deckungswerte nicht dem Pfandbriefgesetz und den hierzu erlassenen Rechtsverordnungen entsprechen, hat die Bank für die korrespondierenden Deckungswerte ebenfalls ein gesondertes Deckungsregister als Hauptregister zu bilden. Zu diesen Hauptregistern können gemäß § 5 Abs. 1 Satz 4 zu den jeweiligen Hauptregistern Unterregister geführt werden, die den Anforderungen eines Deckungsregisters entsprechen müssen. Gemäß § 4 Abs. 2 der Deckungsregisterverordnung muss für in Bezug

3 So wohl auch Bellinger/Kerl, HBG, 4. Aufl. 1995, § 30 Anm. 7.
4 Vgl. § 4, „jederzeit vorhanden".

auf Ansprüche aus deckungsstockfähigen Derivategeschäften zwingend ein Unterregister zu demjenigen Hauptregister angelegt werden, in dem der Deckungswert, dessen Absicherung das betreffende Derivategeschäft dient, eingetragen ist. § 4 Abs. 2 zählt weitere Deckungswerte auf, bezüglich derer Unterregister angelegt werden können. Diese Aufzählung ist nicht abschließend. Dies geht aus § 5 Abs. 1 Satz 4 hervor, der ganz allgemein die Bildung von Unterregistern zulässt und als Verbotskriterien lediglich die Klarheit und Funktion des Deckungsregisters festlegt. Die Daten, die in ein Deckungsregister eingestellt werden müssen, ergeben sich aus den §§ 9 bis 14 der Deckungsregisterverordnung und den hierzu bestehenden Anlagen 1 bis 3.

10. Information

In Bezug auf Ansprüche aus Derivategeschäften, die in Deckung genommen wurden, ist der 13
Treuhänder gemäß Abs. 2 Satz 2 verpflichtet, darauf zu achten, dass die Eintragung dem Vertragspartner des Derivategeschäfts unverzüglich und unter Angabe des entsprechenden Deckungsregisters mitgeteilt wird. Auf welchem Wege diese Information zu erfolgen hat, sagt das Gesetz nicht. Die Pfandbriefbank ist daher in der Wahl des Informationsweges grundsätzlich frei. Allerdings wird man fordern müssen, dass die Information einschließlich des Datums so dokumentiert ist, dass sowohl die Information als auch ihre unverzügliche Übermittlung objektiv nachvollziehbar und glaubhaft ist. Hierfür wird die bloße mündliche oder schriftliche Aussage des zuständigen Sachbearbeiters, die er dem Treuhänder auf dessen Nachfrage macht, nicht ausreichen. Demgegenüber wird ein entsprechender schriftlicher Aktenvermerk genügen. Die Mitteilung muss unverzüglich nach der Indeckungnahme erfolgen. Nach allgemeiner Auffassung liegt das Merkmal der Unverzüglichkeit dann vor, wenn die Information unter Berücksichtigung des angemessenen und normalen Geschäftsganges der Bank ohne schuldhafte Verzögerung erfolgt.

11. Bescheinigung

Gemäß Abs. 3 hat der Treuhänder die Pfandbriefe vor der Ausgabe mit einer Bescheinigung 14
über das Vorhandensein der vorschriftsmäßigen Deckung zu versehen. In der Praxis geschieht dies dadurch, dass der Wortlaut dieser Bescheinigung bereits bei der Ausfertigung der Pfandbriefurkunde in diese Urkunde aufgenommen wird. Da gemäß Satz 2 eine Nachbildung der eigenhändigen Unterschrift ausreicht, kann auch diese bereits bei der Ausfertigung der Urkunde in diese Urkunde aufgenommen werden. Allerdings wird man bei dieser Praxis verlangen müssen, dass der Treuhänder vor der Ausgabe des Pfandbriefs über diesen Vorgang in nachvollziehbar dokumentierter Art und Weise in Kenntnis gesetzt wird und dass er der Ausgabe – ebenfalls in nachvollziehbar dokumentierter Art und Weise – schriftlich, das heißt auch mit handschriftlicher Unterschrift, zustimmt. Dies gilt auch für Fälle, in denen die Pfandbriefbank bereits ausgegebene Pfandbriefe zurücknimmt, dem Treuhänder zur Verwahrung übergibt und anschließend erneut ausgibt[5]. Bei der heute üblichen Verwendung von Globalurkunden wird es jedoch einfacher sein, wenn der Treuhänder vor der Ausgabe die auf den Pfandbrief aufgedruckte Bescheinigung eigenhändig unterschreibt. Der Treuhänder darf die Bescheinigung erst ausstellen, wenn er gemäß Abs. 1 geprüft hat,

5 Vgl. *Bellinger/Kerl* HBG 4. Aufl. 1995, § 30 Anm. 25.

dass der Pfandbrief vorschriftsmäßig gedeckt ist. Erteilt er die Bescheinigung, obwohl die vorschriftsmäßige Deckung nicht vorhanden ist, verstößt er gegen das Verbot gemäß § 4 Abs. 7 Satz 1 und macht sich eventuell gemäß § 38 strafbar.

12. Löschung

15 Gemäß Abs. 4 Satz 1 i.V.m. Satz 2 können im Deckungsregister eingetragene Werte nur mit schriftlicher Zustimmung des Treuhänders gelöscht werden. Gemäß Satz 3 zweiter Halbsatz gilt die Löschung als nicht erfolgt, wenn die erforderliche Zustimmung fehlt. Der Treuhänder darf seine Zustimmung nur erteilen, wenn er vorher gemäß Abs. 1 geprüft hat, dass die vorschriftsmäßige Deckung für die Pfandbriefe und Ansprüche aus Derivategeschäften im Sinne des § 4 Abs. 3 auch ohne den zu löschenden Wert vorhanden ist. Erteilt er seine Zustimmung und die vorschriftsmäßige Deckung ist ohne den betreffenden Deckungswert nicht (mehr) vorhanden, verstößt er gegen das Verbot des § 4 Abs. 7 Satz 2 und handelt eventuell ordnungswidrig im Sinne des § 39. Zur Löschung eines eingetragenen Derivates, das noch nicht vollständig abgewickelt ist, ist nach Abs. 4 Satz 3 außerdem erforderlich, dass der Gläubiger des zu löschenden Anspruchs aus einem Derivategeschäft der Löschung zustimmt. Ohne diese Zustimmung des Gläubigers gilt gemäß Satz 3 zweiter Halbsatz die Löschung als nicht erfolgt. Das Gesetz fordert hinsichtlich der Zustimmung des Gläubigers des zu löschenden Anspruches zwar nicht die Schriftform. Es ist daher möglich, dass der Treuhänder die erfolgte mündliche Zustimmung des Gläubigers aktenkundig macht. Schon aus Beweisgründen ist jedoch Schriftform gleichwohl anzuraten. Gemäß Abs. 4 Satz 4 ist der Treuhänder verpflichtet, darauf zu achten, dass der Gläubiger des gelöschten Anspruchs aus einem Derivategeschäft unverzüglich, das heißt ohne schuldhafte Verzögerung, über die Löschung in Kenntnis gesetzt wird.

§ 9 (aufgehoben)

§ 10 Befugnisse

(1) Der Treuhänder ist befugt, jederzeit die Unterlagen der Pfandbriefbank einzusehen und Auskünfte zu verlangen, soweit sie sich auf die Pfandbriefe und auf die in die Deckungsregister eingetragenen Werte beziehen.

(2) Die Pfandbriefbank ist verpflichtet, von den Kapitalrückzahlungen auf die in die Deckungsregister eingetragenen Werte sowie von sonstigen für die Pfandbriefgläubiger und die Gläubiger von Ansprüchen aus Derivategeschäften nach § 4 Abs. 3 erheblichen Änderungen, welche diese Werte betreffen, dem Treuhänder fortlaufende Mitteilung zu machen.

Übersicht

1. Einsichts- und Auskunftsrechte

Die Einsichts- und Auskunftsrechte des Treuhänders gemäß Abs. 1 beschränken sich schon dem Wortlaut nach nicht auf die Darlehensakten. Sie erstrecken sich vielmehr auf alle Unterlagen, die sich im Besitze der Pfandbriefbank befinden und die sich auf die im Deckungsregister eingetragenen Werte beziehen. Die Formulierung des Abs. 1 ist weit gefasst. Deshalb reicht jeder irgendwie geartete Bezug einer Unterlage zu einem eingetragenen Deckungswert aus. Beispielsweise liegt ein solcher Bezug schon dann vor, wenn eine Unterlage lediglich auf eine andere Unterlage verweist oder aber wenn sich eine deckungsrelevante Information erst dann ergibt, wenn mehrere Unterlagen eingesehen oder beauskunftet werden. 1

2. Auskunftsverpflichtungen

Während sich die **Einsichts- und Auskunftsrechte** entsprechende Ersuchen des Treuhänders voraussetzen, ist dies bei den **Mitteilungspflichten** gemäß Abs. 2 nicht der Fall. Die Pfandbriefbank hat den Treuhänder vielmehr von sich aus fortlaufend zu informieren. Die Auslegung führt zu dem Ergebnis, dass der Begriff „fortlaufend" nicht mit regelmäßigen periodischen Mitteilungen gleichgesetzt werden kann. Der Treuhänder kann seine Pflicht gemäß § 8 Abs. 1, nämlich darauf zu achten, dass die vorschriftsmäßige Deckung jederzeit vorhanden ist, nur dann erfüllen, wenn er die Mitteilungen unverzüglich erhält. Außerdem ist erforderlich, dass der Treuhänder bereits dann informiert wird, wenn sich die Hinweise auf eine erhebliche Veränderung so weit verdichten, dass mit dem Eintritt der Veränderung gerechnet werden muss. Die Mitteilungspflichten beziehen sich nur auf erhebliche Änderungen, die die eingetragenen Deckungswerte betreffen. Eine Änderung ist schon dann **erheblich**, wenn sie nicht nur ganz geringfügig ist. Die Änderung müssen die eingetragenen Deckungswerte betreffen. Die Art und Weise dieses Betreffens ist unerheblich. Es kommt daher jede Änderung in Betracht, die den Wert auf irgendeine Weise beeinflusst, beispielsweise in Bezug auf die Höhe des Wertes oder die Durchsetzungsfähigkeit. Kommt die Bank ihrer Mitteilungspflicht nicht nach, so kann dies eine Strafbarkeit nach § 38 oder eine Ordnungswidrigkeit nach § 39 zur Folge haben. 2

3. Bankgeheimnis/Datenschutz

Die weite Fassung des § 10 bringt nicht nur zum Ausdruck, dass der Treuhänder hinsichtlich der Ausübung seiner Pflichten Spielräume hat. Aus der weiten Fassung ergibt sich zwangsläufig auch, dass der Treuhänder im Rahmen seiner Tätigkeit neben den deckungsrelevanten Informationen auch andere Informationen bekommt. Diese Informationen können ohne weiteres auch datenschutzrechtliche Relevanz haben oder dem Bankgeheimnis unterfallen. Beides ist deshalb problematisch, weil der Treuhänder nicht Angestellter der Bank ist sondern Dritter, das heißt Außenstehender. Die Ausübung der nach § 10 gesetzlich vorgeschriebenen Rechte und Pflichte darf aber nicht automatisch dazu führen, dass gegen das Bankgeheimnis oder den Datenschutz verstoßen wird. Daher ist es gut vertretbar anzunehmen, dass die aus § 10 folgenden Rechtsbeziehungen zwischen Treuhänder und Pfandbriefbank auch hinsichtlich der Informationen, die sich nicht auf eingetragene Deckungswerte beziehen, sondern die dem Treuhänder gewissermaßen „bei Gelegenheit" übermittelt werden, dazu führen, dass der Treuhänder in demselben Maße zur Verschwiegenheit ver- 3 pflichtet ist, wie es die Pfandbriefbank ist. Es steht aber auch nichts entgegen, dass die Pfandbriefbank den Treuhänder gesondert zur Verschwiegenheit verpflichtet. Bejaht man eine Pflicht des Treuhänders zur Verschwiegenheit, ist es zudem gut vertretbar anzunehmen, dass die in § 10 gesetzlich festgelegten Rechte und Pflichten ein besonderes Interesse im Sinne des Datenschutzrechts darstellen, so dass die Ausübung dieser Rechte und Pflichten keine Verletzung datenschutzrechtlicher Bestimmungen nach sich zieht.

§ 11 Vergütung, Streitentscheidung

(1) Der Treuhänder und seine Stellvertreter erhalten von der Pfandbriefbank eine angemessene Vergütung; deren Höhe von der Bundesanstalt festgesetzt wird und Ersatz der notwendigen Auslagen. Darüber hinausgehende Leistungen der Pfandbriefbank sind unzulässig.

(2) Streitigkeiten zwischen dem Treuhänder und der Pfandbriefbank entscheidet die Bundesanstalt.

Übersicht

1. Vergütung

1 Die Höhe der Vergütung wird von der Bundesanstalt festgestellt. Über die Frage, was eine angemessene Vergütung im Sinne des Abs. 1 ist, kann es zum Streit kommen. Für diesen Streit ist der Rechtsweg über die Verwaltungsgerichte eröffnet.

2. Streitigkeiten

2 Gemäß Abs. 2 werden Streitigkeiten zwischen dem Treuhänder und der Pfandbriefbank von der Bundesanstalt entschieden. Auch gegen diese Entscheidung der Bundesanstalt ist der Rechtsweg zu den Verwaltungsgerichten grundsätzlich möglich. Die Anfechtungsklage setzt aber voraus, dass die Entscheidung der Aufsichtsbehörde für den Kläger einen Verwaltungsakt darstellt. Gemäß § 35 Satz 1 des Verwaltungsverfahrensgesetzes liegt ein Verwaltungsakt aber nur dann vor, wenn er gegenüber dem Betroffenen auf unmittelbare Rechtswirkungen gerichtet ist. Unproblematisch ist dies in Bezug auf die Pfandbriefbank, weil die Entscheidung der Bundesanstalt der Pfandbriefbank gegenüber unmittelbar verpflichtend wirkt. In Bezug auf den Treuhänder ist dies jedoch nicht der Fall. Denn gemäß § 7 Abs. 4 Satz 2 ist der Treuhänder an Weisungen der Bundesanstalt nicht gebunden. Daraus folgt eigentlich, dass der Treuhänder auch nicht an Entscheidungen der Bundesanstalt gebunden sein kann. Es besteht somit ein Spannungsverhältnis zwischen der Zuständigkeit der Bundesanstalt, Streitigkeiten zwischen dem Treuhänder und der Pfandbriefbank zu entscheiden und der Regelung des § 7 Abs. 4 Satz 2, nach der der Treuhänder an Weisungen der Bundesanstalt nicht gebunden ist. Dieses Spannungsverhältnis ist sachgerecht dahingehend

aufzulösen, dass zwischen der Art der Streitigkeiten zwischen Pfandbriefbank und Treuhänder zu unterscheiden ist. Geht es um eine Streitigkeit, die die allgemeine Art und Weise der Tätigkeit des Treuhänders betrifft und keine Rechtsfragen berührt, muss die Bundesanstalt wegen § 7 Abs. 4 Satz 2 die Entscheidung immer zugunsten des Treuhänders treffen, da dieser insoweit weisungsunabhängig ist. Geht es bei der Streitigkeit aber eine Rechtsfrage, so entscheidet die Bundesanstalt über diese Rechtsfrage mit Wirkung auch gegenüber dem Treuhänder. Sofern der Treuhänder aber durch die Entscheidung der Bundesanstalt über die Rechtsstreitigkeiten beschwert ist, stellt sie ihm gegenüber einen belastenden Verwaltungsakt dar. Gegen diesen Verwaltungsakt kann der Treuhänder Anfechtungsklage gemäß § 42 der Verwaltungsgerichtsordnung erheben.

In der Praxis dürfte das Spannungsverhältnis zwischen der Entscheidungszuständigkeit 3
der Bundesanstalt einerseits und der Weisungsunabhängigkeit des Treuhänders von Weisungen der Bundesanstalt aber rein akademischer Natur sein. Denn gemäß § 7 Abs. 3 Satz 2 kann die Bestellung des Treuhänders jederzeit durch die Bundesanstalt widerrufen werden, wenn ein sachlicher Grund vorliegt. Ein sachlicher Grund wird aber nicht erst dann vorliegen, wenn der Treuhänder sich nicht an Recht und Gesetz hält. Ein sachlicher Grund kann bereits dann vorliegen, wenn eine vertrauensvolle und reibungslose Zusammenarbeit nicht mehr gewährleistet ist. In diesem Zusammenhang ist zu berücksichtigen, dass es keinen Rechtsanspruch auf Bestellung als Treuhänder gibt. In diesem Zusammenhang ist zu beachten, dass die Pfandbriefbank vor der Bestellung gemäß § 7 Abs. 3 Satz 1 zwar angehört wird. Sie hat aber kein Vorschlagsrecht.

Abschnitt 3

Besondere Vorschriften über die Deckungswerte

Unterabschnitt 1

Hypothekenpfandbriefe

§ 12 Deckungswerte

(1) Zur Deckung für Hypothekenpfandbriefe nach § 1 Abs. 1 Satz 2 Nr. 1 dürfen nur Hypotheken benutzt werden, soweit sie den Erfordernissen der §§ 13 bis 17 entsprechen.

(2) Steht der Pfandbriefbank eine Hypothek an einem Grundstück zu, das sie zur Verhütung eines Verlustes an der Hypothek erworben hat, so darf sie die Hypothek nur auf Grund einer neuen Beleihungswertermittlung nach § 16 zur Deckung verwenden.

(3) Die eingetragenen Deckungswerte erstrecken sich auch auf alle Forderungen, deren Inhaber die Pfandbriefbank ist und die auf die wirtschaftliche Substanz des Grundstücks gerichtet sind, insbesondere Forderungen, auf die sich die Hypothek bei inländischen Grundstücken nach den §§ 1120, 1123, 1126, 1127 und 1128 des Bürgerlichen Gesetzbuchs erstrecken würde, auf die Übertragung des Grundstücks oder grundstücksgleiche oder vergleichbare Rechte und auf die Auskehr des Erlöses einer Verwertung.

Übersicht

1. Geltungsbereich

Die §§ 12 bis 19 bilden den ersten Unterabschnitt zu dem Abschnitt drei des Pfandbriefgesetzes, der die besonderen Regelungen über die Deckungswerte umfasst. Dieser erste Unterabschnitt gilt nur für Hypothekenpfandbriefe. Die Regelungen über öffentliche Pfandbriefe werden im Unterabschnitt zwei, die Regelungen über Schiffspfandbriefe im Unterabschnitt drei und die Regelungen über Flugzeugpfandbriefe im Unterabschnitt vier behandelt. 1

2. Hypotheken und Grundschulden

2 Gemäß § 18 Abs. 1 stehen Grundschulden den Hypotheken gleich. Die Hypothek muss rechtswirksam entstanden sein und während des gesamten Zeitraumes der Indeckungnahme noch rechtswirksam bestehen. Rechtsgeschäftlich entsteht sie ebenso wie die Grundschuld durch Einigung und Eintragung im Grundbuch. Übertragen wird sie durch Abtretung und Eintragung der Abtretung im Grundbuch. Anders ist es, wenn die Erteilung eines Hypothekenbriefes ausgeschlossen wurde. In diesem Falle wird die Eintragung der Abtretung ins Grundbuch durch die Übergabe des Hypothekenbriefes an den Erwerber ersetzt. Ob die Hypothek von der Pfandbriefbank selbst generiert wurde oder von Dritten ist unerheblich. Die Pfandbriefbank muss auch nicht Inhaberin der Hypothek sein. Gemäß § 1 Abs. 2 Satz 1 steht der Anspruch gegen ein geeignetes Kreditinstitut auf Abtretung beziehungsweise Teilabtretung dem Erwerb gleich, wenn dieser Anspruch im Konkurs der Abtretungsschuldnerin aussonderungsfähig ist und die Abtretungsschuldnerin die Hypothek treuhänderisch für die Pfandbriefbank verwaltet.

3. Erfordernisse der §§ 13 bis 17

3 Hypotheken dürfen nur **insoweit** zur Pfandbriefdeckung benutzt werden, als sie den Erfordernissen der §§ 13 bis 17 entsprechen. Die Verwendung des Begriffes „insoweit" ist dem Umstand geschuldet, dass Grundpfandrechte sehr oft nur zum Teil den Erfordernissen der §§ 13 bis 17 entsprechen. Dies kann zum Beispiel dann der Fall sein, wenn im Rahmen der Gebäudeversicherung ein erheblicher Selbstbehalt vereinbart wurde. In diesem Fall könnte der Deckungswert zwar zur Deckung verwandt werden, aber nur mit dem Wert, der sich nach **Abzug des Selbstbehaltes** ergibt[1]. Auch wenn die in Deckung genommene Hypothek nicht den Erfordernissen der §§ 13 bis 17 entspricht, so ist sie gleichwohl Teil der Deckungsmasse. Da sie den gesetzlichen Erfordernissen jedoch nicht entspricht, ist sie baldmöglichst aus der Deckung zu nehmen. Führt dies dazu, dass die vorschriftsmäßige Deckung nicht mehr besteht, muss sie zeitgleich durch einen rechtmäßigen Deckungswert ersetzt werden.

4. Sicherungshypotheken

4 Sicherungshypotheken können nicht zur Deckung verwendet werden. Gemäß § 1184 Abs. 1 BGB kann sich der Gläubiger zum Beweis der Forderung nicht auf die Eintragung berufen. Damit wird der Eigentümer gegen gutgläubigen Erwerb bei Forderungsmängeln geschützt[2].

5. Erworbenes Grundstück

5 Abs. 2 betrifft den Fall, dass der Pfandbriefbank selbst eine Hypothek an einem Grundstück zusteht, welches sie selbst zur Vermeidung eines Verlustes erworben hat. Eine Hypothek an einem solchen Grundstück kann bei Vorliegen der gesetzlichen Voraussetzungen wie jede andere Hypothek in Deckung genommen werden. Allerdings darf sich die Pfandbriefbank

1 Vgl. BT DS 17/1720, zu Nr. 7 (§ 12).
2 Palandt, § 1184 Anm. 1.

zur Indeckungnahme nicht auf eine bei Erwerb des Grundstückes bereits seit längerer Zeit bestehende **Beleihungswertermittlung** stützen. Die Indeckungnahme darf vielmehr nur aufgrund einer erneuten Ermittlung des Beleihungswertes erfolgen. Diese erneute Ermittlung muss nicht unbedingt nach dem Zeitpunkt des Erwerbs des Grundstücks durch die Pfandbriefbank erfolgen. Sie kann auch vor dem Zeitpunkt des Erwerbs erfolgen, wenn ein ausreichend enger zeitlicher Zusammenhang mit dem Erwerb besteht. Es wäre unsinnig, eine Beleihungswertermittlung auszuschließen, die die Pfandbriefbank im engen, auch zeitlich engen Zusammenhang mit dem Erwerb des Grundstücks durchgeführt hat, beispielsweise um einen akzeptablen Kaufpreis zu ermitteln[3]. Unabdingbar ist jedoch, dass die Wertermittlung den Anforderungen des Pfandbriefgesetzes und der Beleihungswertermittlungsverordnung entspricht.

6. Erstreckung der Deckungswerte

Der Wortlaut des Abs. 3 ist sehr weit gefasst. Im Ergebnis erstrecken sich die im Deckungs- 6
register eingetragenen Deckungswerte auf **alle Forderungen**, die mit dem Grundstück zusammenhängen und in irgendeiner Weise auf die **wirtschaftliche Substanz** des Grundstücks gerichtet sind, etwa weil sie wertsteigernd sind, zur Inhaberschaft führen oder den Verwertungserlös betreffen. Die Aufzählung bestimmter Forderungen in Abs. 3 ist nicht abschließend. Dies geht aus der Verwendung des Begriffes „insbesondere" hervor. Daneben stellt der beispielhafte Verweis auf die gesetzlichen Regelungen der §§ 1120, 1123, 1126, 1127 und 1128 BGB – Erstreckung der Hypothek auf Erzeugnisse, Bestandteile, Zubehör, Miet- oder Pachtforderungen, wiederkehrende Leistungen und Versicherungen – klar, dass neben rechtsgeschäftlichen Forderungen auch gesetzliche Forderungen erfasst werden. Abs. 3 trägt dem Umstand Rechnung, dass gemäß § 13 nicht nur inländische Hypotheken zur Pfandbriefdeckung herangezogen werden können, sondern auch bestimmte ausländische. Ausländische Hypotheken sind naturgemäß nicht identisch zu den inländischen Hypotheken geregelt. Das gleiche gilt für die nach ausländischem Recht geregelten Forderungen, die auf die wirtschaftliche Substanz des Grundstücks gerichtet sind. Die Erstreckung der eingetragenen Deckungswerte auf alle Forderungen, die auf die wirtschaftliche Substanz des Grundstücks gerichtet sind, hat zur Folge, dass alle diese Forderungen im Konkurs der Pfandbriefbank nicht in die Insolvenzmasse fallen, sondern ausschließlich den Pfandbriefgläubigern zur Verfügung stehen. Dies gilt auch, soweit die Forderungen nicht vom sonstigen Vermögen der Pfandbriefbank unterschieden werden können. Abs. 3 fordert nicht die Unterscheidbarkeit und verdrängt insoweit als Spezialvorschrift den § 48 Satz 2 der Insolvenzordnung.

§ 13 Belegenheit der Sicherheiten

(1) **Die Hypotheken müssen lasten auf Grundstücken, grundstücksgleichen Rechten oder solchen Rechten einer ausländischen Rechtsordnung, die den grundstücksgleichen Rechten deutschen Rechts vergleichbar sind. Die belasteten Grundstücke und die Grundstücke, an denen die belasteten Rechte bestehen, müssen in einem**

3 S. hierzu auch § 18 Abs. 3.

Mitgliedstaat der Europäischen Union oder einem anderen Vertragsstaat des Abkommens über den Europäischen Wirtschaftsraum, in der Schweiz, in den Vereinigten Staaten von Amerika, in Kanada oder in Japan belegen sein; der Gesamtbetrag der Beleihungen in Staaten, die nicht der Europäischen Union angehören, bei denen nicht sichergestellt ist, dass sich das Vorrecht der Pfandbriefgläubiger nach § 30 Abs. 1 auf die Forderungen der Pfandbriefbank aus diesen Beleihungen erstreckt, darf 10 Prozent des Gesamtbetrages der Beleihungen, bei denen das Vorrecht sichergestellt ist, nicht übersteigen.

(2) Die Beleihung befristeter Rechte ist nur zulässig, wenn die planmäßige Tilgung der Hypothek spätestens zehn Jahre vor Ablauf des Rechts endet und nicht länger dauert, als zur buchmäßigen Abschreibung des Bauwerks nach wirtschaftlichen Grundsätzen erforderlich ist.

Übersicht

1. Belegenheit im Ausland

1 § 13 Abs. 1 Satz 1 stellt ausländische Grundstücke beziehungsweise grundstücksgleiche Rechte deutschen Grundstücken beziehungsweise grundstücksgleichen Rechten gleich, sofern Vergleichbarkeit besteht. Satz 2 begrenzt abschließend den Kreis der Staaten, bei denen der Gesetzgeber die Vergleichbarkeit grundsätzlich für möglich hält. Abs. 1 trägt dem Umstand Rechnung, dass in den in § 13 aufgezählten Staaten teilweise Rechte an Grundstücken anerkannt und üblich sind, die zwar nicht mit dem Eigentumsrecht gleichzusetzen sind, die aber trotzdem gegenüber jedermann wirksam sind und mit Grundpfandrechten belastet werden können[1]. Die Belegenheit des Grundstücks in einem der in Abs. 1 Satz 2 abschließend genannten Staaten allein führt nicht automatisch zu Vergleichbarkeit. Diese Vergleichbarkeit muss vielmehr gesondert geprüft werden. Es ist durchaus möglich, dass in einem ausländischen Staat verschiedene Rechtsformen von Grundstücksrechten beziehungsweise grundstücksgleichen Rechten bestehen, von denen einige mit den deutschen Rechtsformen vergleichbar sind, andere aber nicht. Da in der Regel mangels der Kenntnis ausländischer Rechtsordnungen weder die Pfandbriefbank noch deren Treuhänder in der Lage sein werden, die Vergleichbarkeit zu prüfen, wird die Pfandbriefbank auf Rechtsgutachten international tätiger Rechtsanwaltskanzleien angewiesen sein. In diesem Zusammenhang ist es anzuraten, solche Rechtsgutachten mit der Bundesanstalt zu besprechen und entsprechendes Einvernehmen herzustellen. § 13 Abs. 1 bezieht sich nur auf Grundstücke und grundstücksgleiche Rechte, nicht aber auf Grundpfandrechte. Diese werden in § 18 behandelt.

1 Vgl. BT DS 15/4321, zu § 13.

2. Kontingentierung

Gemäß Abs. 1 Satz 2 zweiter Halbsatz wird der Gesamtbetrag aller Beleihungen in Staaten, die nicht der Europäischen Union angehören und bei denen nicht sichergestellt ist, dass sich das Vorrecht der Pfandbriefgläubiger nach § 30 Abs. 1 auf die Forderung der Pfandbriefbank aus diesen Beleihungen erstreckt, auf 10 % begrenzt. Im Gegensatz zu den in § 13 Abs. 1 genannten Ländern, die nicht der europäischen Union angehören, geht der Gesetzgeber bei Staaten, die der europäischen Union angehören, davon aus, dass das in diesen Ländern das Vorrecht der Pfandbriefgläubiger auf Aussonderung der eingetragenen Deckungswerte im Konkurs der Pfandbriefbank sichergestellt ist[2]. Die Zulassung von Beleihungen in Staaten, in denen das Vorrecht der Pfandbriefgläubiger nach § 30 Abs. 1 nicht sichergestellt ist, bedeutet eine Aufweichung des Prinzips des Schutzes der Pfandbriefgläubiger zugunsten der Globalisierung. Aus der Formulierung „nicht sichergestellt" geht hervor, dass das Vorrecht der Pfandbriefgläubiger nach § 30 Abs. 1 jedenfalls nicht ausgeschlossen sein darf. Es ist also eine Prüfung des betreffenden auswärtigen Rechts notwendig[3]. 2

3. Befristete Rechte

§ 13 Abs. 2 entspricht § 21 Abs. 1 in Verbindung mit § 20 Abs. 1 Nr. 3 und 4 des Erbbaurechtsgesetzes. 3

§ 14 Beleihungsgrenze

Hypotheken dürfen nur bis zur Höhe der ersten 60 Prozent des von der Pfandbriefbank auf Grund einer Wertermittlung nach § 16 festgesetzten Wertes des Grundstücks (Beleihungswert) zur Deckung benutzt werden.

Übersicht

1. Beleihungsgrenze

Hypotheken dürfen nur bis zur Höhe der ersten 60 % des Beleihungswertes zur Pfandbriefdeckung benutzt werden. Diese Beleihungsgrenze gilt gemäß § 22 Abs. 2 auch für Schiffspfandbriefe und gemäß § 26b Abs. 2 auch für Flugzeugpfandbriefe. Allerdings werden bei diesen Pfandbriefgattungen die Beleihungswerte anders ermittelt. Während die Ermittlung 1

2 Vgl. BT DS 15/4321, zu § 13.
3 Wegen der Kontingentierung siehe auch § 20 Abs. 1 Satz 2, zu § 22 Abs. 5 Satz 2 und § 26b Abs. 4 Satz 2.

der Beleihungswerte von Hypotheken auf der Grundlage der „Verordnung über die Ermittlung der Beleihungswerte von Grundstücken nach § 16 Abs. 1 und 2 des Pfandbriefgesetzes“ erfolgt, richtet sich die Ermittlung der Beleihungswerte von Schiffen nach der „Verordnung über die Ermittlung der Beleihungswerte von Schiffen und Schiffsbauwerken nach § 24 Abs. 1 bis 3 des Pfandbriefgesetzes“ und die Ermittlung der Beleihungswerte von Flugzeugen nach der „Verordnung über die Ermittlung der Beleihungswerte von Flugzeugen nach § 26d Abs. 1 und 2 des Pfandbriefgesetzes“. In Bezug auf öffentliche Pfandbriefe gibt es naturgemäß keine Verordnung zur Ermittlung von Beleihungswerten, da sich öffentliche Pfandbriefe auf bestimmte Geldforderungen beziehen. Der Wert von Geldforderungen ist aber immer der Nominalwert. Entsprechendes gilt für Ansprüche aus Derivategeschäften.

2. Vorrangige/nachrangige Deckungsteile

2 Der Gesetzeswortlaut verlangt nicht, dass die Pfandbriefbank unbedingt die erste Rangstelle belegen muss. Es reicht aus, wenn sich der der Pfandbriefbank zustehende Deckungsteil innerhalb der 60 % Grenze hält. Somit werden Konsortialfinanzierungen mit anderen Pfandbriefbanken und Kreditinstituten ermöglicht.

3. Außerdeckungsteile

3 Als Außerdeckungsteile werden üblicherweise diejenigen Teile des Beleihungswertes bezeichnet, der die zulässige **Beleihungsgrenze von 60 Prozent des Verkehrswertes überschreiten**. Der Beleihungswert errechnet sich dabei aus dem gesamten Deckungswert und nicht etwa nur aus dem zur Deckung bestimmten Teil eines Wertes im Sinne des § 5 Abs. 1a.

4. Nicht zur Pfandbriefdeckung bestimmte Teile

4 Werte können gemäß § 5 Abs. 1a auch insoweit in das Deckungsregister eingetragen werden, als sie nicht zur Pfandbriefdeckung bestimmt sind. Gemäß § 30 Abs. 1 Satz 1 fallen sie auch insoweit, als sie nicht zur Pfandbriefdeckung bestimmt sind, nicht in die Insolvenzmasse. Sie unterliegen in der Insolvenz der Pfandbriefbank gemäß § 30 Abs. 3 Satz 1 der Verfügungsbefugnis des Sachwalters und nicht der des Insolvenzverwalters. Allerdings sind nach § 30 Abs. 3 die Erlöse aus der Verwertung der Außerdeckungsteile an die Insolvenzmasse zu überweisen, sofern die Pfandbriefbank diese Außerdeckungsteile nicht treuhänderisch für Dritte hält. In letzterem Falle sind die Erlöse aus der Verwertung der Außerdeckungsteile an die Treugeber zu überweisen.

§ 15 Versicherungspflicht

(1) Auf dem Grundstück aufstehende Gebäude müssen während der gesamten Dauer der Beleihung zumindest in Höhe des Bauwertes gegen die nach Lage und Art des Objektes erheblichen Risiken versichert sein.

(2) Erstreckt sich die Hypothek nicht kraft Gesetzes auf die Versicherungsforderung, ist die Beleihung nur zulässig, wenn die Pfandbriefbank durch Vertrag eine entsprechende Sicherheit erhält.

Übersicht

1. Bauwert

Zwar sind Gebäude gemäß § 94 BGB wesentliche Bestandteile des Grundstückes, mit dem sie fest verbunden sind. Dies ändert aber nichts daran, dass Gebäude wesentlich leichter untergehen oder geschädigt werden können als das Grundstück, auf dem sie stehen. Das sich hieraus ergebende Risiko für die Deckungsmasse soll durch eine entsprechende Versicherung ausgeglichen werden. Der Begriff des Bauwertes ist im Pfandbriefgesetz nicht näher erläutert. Er dürfte aber nicht mit dem Begriff des Wertes der baulichen Anlage, wie er in § 16 der Beleihungswertermittlungsverordnung näher konkretisiert wird, gleichzusetzen sein. Vielmehr dürfte er dem zum Zeitpunkt der Wiederherstellung tatsächlichen Herstellungswert zuzüglich damit zusammenhängender Nebenkosten wie zum Beispiel Gutachterkosten, Genehmigungskosten oder Kosten für Abrissarbeiten oder die Wiederherstellung von Gartenanlagen entsprechen, wobei Abschläge jedweder Art nicht in Ansatz gebracht werden dürften. Dieses Ergebnis ergibt sich daraus, dass die Beschädigung eines Gebäudes durch Feuer, Unfall oder Naturgewalten plötzlich eintritt und die Werthaltigkeit des Grundstücks theoretisch schon am Tage der Abnahme innerhalb kurzer Zeit in großer Höhe mindern oder gar zunichte machen kann. In dieser kurzen Zeit wurde das der Hypothek zugrundeliegende Darlehen weder nominal ermäßigt, noch wurden bei tilgungsfreien Darlehen entsprechende Gegenwerte aufgebaut. Das sich daraus ergebende Risiko für die Deckungsmasse soll durch die Versicherung ausgeglichen werden. Die meisten Gebäudeschutzversicherungen genügen diesen Anforderungen, denn sie decken die Wiederherstellung des Gebäudes zu denjenigen Herstellungskosten ab, wie sie zum Zeitpunkt der Wiederherstellung anfallen. 1

2. Versicherungsnehmer

Üblich ist es, dass Versicherungsnehmer der Darlehensnehmer beziehungsweise der Grundstückseigentümer ist. Im Rahmen der Darlehensgewährung lässt sich die Pfandbriefbank das Bestehen einer adäquaten Gebäudeversicherung für den Darlehensnehmer beziehungsweise Grundstückseigentümer nachweisen, meldet sein Grundpfandrecht bei der Versicherung an und nimmt eine Bestätigung des Versicherers zu den Akten. Gemäß § 1127 Abs. 1 BGB erstreckt sich die Hypothek auf die Versicherungsforderung und mit der Anzeige des Grundpfandrechts beim Versicherer wird gemäß § 1128 Abs. 2 BGB sichergestellt, dass schuldbefreiende Zahlungen des Versicherers nur noch an die Pfandbriefbank erfolgen können (es sei denn, die Pfandbriefbank stimmt einer Zahlung an den Versicherten schriftlich zu). Die Problematik dieser Handhabung liegt darin, dass Störungen im Versicherungsverhältnis zwischen dem Versicherungsnehmer und der Versicherungsunternehmen dazu führen können, dass der Versicherungsschutz ausfällt. Da in diesem Falle wegen Abs. 1 die korrespondierende Hypothek aus der Deckung genommen werden muss, ist die Pfandbriefbank gezwungen, sich in regelmäßigen und kurzen Abständen über das Bestehen des Versicherungsschutzes zu vergewissern. Außerdem bleiben Restrisiken, da sich die Pfandbrief- 2 bank nicht jeden Tag Gewissheit verschaffen kann. Um die sich daraus ergebenden Risiken und Aufwendungen auszuschließen, bieten Versicherungen den Pfandbriefbanken Ausfallversicherungen an. Diese Versicherungen, hinsichtlich derer nicht der Darlehnsnehmer beziehungsweise Grundstückseigentümer sondern die Pfandbriefbank Versicherungsnehmer ist, sichern diese Risiken und Aufwendungen ab. Die Pfandbriefbank wird im Rahmen des Versicherungsvertrages lediglich verpflichtet, den Darlehensnehmer im Darlehensvertrag zu verpflichten, eine angemessene Versicherung abzuschließen oder abschließen zu lassen. Dafür wird in der Regel die Verpflichtung der Pfandbriefbank in Bezug auf den Nachweis des Bestehens und die Vergewisserung über den Fortbestand der Gebäudeversicherung sowie die Anzeige des Grundpfandrechts beim Versicherer abbedungen.

3. Erhebliche Risiken

3 Die Versicherung muss Risiken absichern, die nach Lage und Art des Objektes erheblich sind. Hierzu gehören in jedem Fall der Versicherungsschutz gegen Brand, Blitzschlag, und Explosion. Sofern das Grundstück in der Nähe eines Flugplatzes liegt, muss der Versicherungsschutz zusätzlich den Anprall oder Absturz eines bemannten Flugkörpers einschließlich seiner Teile oder seiner Ladung umfassen. Liegt das Gebäude in der Nähe eines Flusses, kann der Abschluss einer Elementarschadensversicherung, die entsprechende Wasserschäden absichert, notwendig sein.

4. Erstreckung der Hypothek auf die Versicherung

4 Hypotheken nach deutschem Recht erstrecken sich gemäß § 1127 Abs. 1 BGB kraft Gesetzes immer auch auf Gegenstände, die der Hypothek unterfallen und die für den Eigentümer oder Eigenbesitzer versichert wurden. Dies ist bei Hypotheken nach ausländischem Recht nicht immer der Fall. Abs. 2 verlangt daher, dass die Pfandbriefbank in diesen Fällen durch Vertrag eine entsprechende Sicherheit erhält.

§ 16 Beleihungswertermittlung

(1) Die als Grundlage für die Beleihungswertfestsetzung dienende Wertermittlung ist von einem von der Kreditentscheidung unabhängigen Gutachter vorzunehmen, der über die hierzu notwendige Berufserfahrung sowie über die notwendigen Fachkenntnisse für Beleihungswertermittlungen verfügen muss.

(2) Der Beleihungswert darf den Wert nicht überschreiten, der sich im Rahmen einer vorsichtigen Bewertung der zukünftigen Verkäuflichkeit einer Immobilie und unter Berücksichtigung der langfristigen, nachhaltigen Merkmale des Objektes, der normalen regionalen Marktgegebenheiten sowie der derzeitigen und möglichen anderweitigen Nutzungen ergibt. Spekulative Elemente dürfen dabei nicht berücksichtigt werden. Der Beleihungswert darf einen auf transparente Weise und nach einem anerkannten Bewertungsverfahren ermittelten Marktwert nicht übersteigen. Der Marktwert ist der geschätzte Betrag, für welchen ein Beleihungsobjekt am Bewertungsstichtag zwischen einem verkaufsbereiten Verkäufer und einem kaufberei-

ten Erwerber, nach angemessenem Vermarktungszeitraum, in einer Transaktion im gewöhnlichen Geschäftsverkehr verkauft werden könnte, wobei jede Partei mit Sachkenntnis, Umsicht und ohne Zwang handelt.

(3) Die zur Deckung verwendeten Hypotheken an Bauplätzen sowie an solchen Neubauten, die noch nicht fertig gestellt und ertragsfähig sind, dürfen zusammen 10 Prozent des Gesamtbetrages der zur Deckung der Hypothekenpfandbriefe benutzten Deckungswerte sowie das Doppelte des haftenden Eigenkapitals nicht überschreiten. Hypotheken an Bauplätzen dürfen 1 Prozent des Gesamtbetrages der zur Deckung der Hypothekenpfandbriefe benutzten Deckungswerte nicht überschreiten. Hypotheken an Grundstücken, die einen dauernden Ertrag nicht gewähren, insbesondere an Gruben und Brüchen, sind von der Verwendung zur Deckung ebenso ausgeschlossen wie Hypotheken an Bergwerken. Hypotheken an anderen Berechtigungen, für welche die sich auf Grundstücke beziehenden Vorschriften Anwendung finden, sind von der Verwendung zur Deckung von Hypothekenpfandbriefen ebenfalls ausgeschlossen, sofern die Berechtigungen einen dauernden Ertrag nicht gewähren.

(4) Das Bundesministerium der Finanzen wird ermächtigt, im Einvernehmen mit dem Bundesministerium der Justiz durch Rechtsverordnung, die nicht der Zustimmung des Bundesrates bedarf, Einzelheiten der Methodik und Form der Beleihungswertermittlung sowie die Mindestanforderungen an die Qualifikation des Gutachters zu bestimmen. Die Rechtsverordnung kann für die Bewertung von überwiegend zu Wohnzwecken genutzten Beleihungsobjekten Erleichterungen vorsehen. Vor Erlass der Rechtsverordnung sind die Spitzenverbände der Kreditwirtschaft anzuhören. Das Bundesministerium der Finanzen kann diese Ermächtigung durch Rechtsverordnung auf die Bundesanstalt für Finanzdienstleistungsaufsicht übertragen.

Übersicht

1. Unabhängiger Gutachter

Grundsätzlich kann die Pfandbriefbank frei darüber entscheiden, ob sie externe oder interne Gutachter einschaltet. Der Gutachter darf **nichts mit der Kreditentscheidung** zu tun haben. Personenverschiedenheit zwischen dem Gutachter und demjenigen Sachbearbeiter, der über die Kreditvergabe entscheidet, ist notwendig aber nicht ausreichend. Die berufliche Anerkennung und die beruflichen Perspektiven dürfen in keiner Weise von der konkreten Kreditvergabe oder dem Volumen der Kreditvergaben insgesamt und schon gar nicht von Provisionen beeinflusst werden können. Die **Objektivität** des Gutachtens darf auch nicht durch persönliche gruppendynamische Prozesse, wie sie in Abteilungen üblich sind, gefährdet werden. Aus diesen Gründen formuliert § 7 Abs. 1 der Beleihungswertermittlungsverordnung im Hinblick sowohl auf externe als auch in Bezug auf interne Gutachter wie folgt: *Der Gutachter muss sowohl vom Kreditaquisitions- und Kreditentscheidungsprozess* 1 *als auch von Objektvermittlung, -verkauf und -vermietung unabhängig sein. Er darf nicht in einem verwandtschaftlichen, einem sonstigen rechtlichen oder einem wirtschaftlichen Verhältnis zum Darlehensnehmer stehen und er darf auch kein eigenes Interesse am Ergebnis des Gutachtens haben. Der Gutachter darf auch nicht den Beleihungswert festsetzen oder den Kredit bearbeiten.* Für den Fall, dass die Pfandbriefbank das Gutachten durch interne Gutachter selbst erstellt, müssen neben den oben in § 7 Abs. 1 der Beleihungswertermittlungsverordnung dargestellten Anforderungen zusätzlich auch die in § 7 Abs. 2 dieser Verordnung festgelegten Anforderungen erfüllt sein. Diese Anforderungen bestehen darin, dass der bei der Pfandbriefbank angestellte Gutachter entweder direkt der Geschäftsleitung unterstellt ist oder einer Gutachtereinheit angehört, die direkt der Geschäftsleitung unterstellt ist. Dabei darf der Geschäftsbereich, für den der Geschäftsleiter verantwortlich ist, nichts mit der Anbahnung von Immobilienkreditgeschäften zu tun haben. Immobilienkreditgeschäfte dürfen in diesem Geschäftsbereich auch nicht zum Gegenstand des einzigen Votums gemacht werden.

2. Fachkenntnisse/Berufserfahrung

2 Der Gutachter muss über die notwendigen **Fachkenntnisse** sowie über die notwendige **Berufserfahrung** verfügen. Gemäß § 6 der Beleihungswertermittlungsverordnung muss sich die Pfandbriefbank vom Vorliegen dieser Qualifikationen überzeugen. Sie hat sich dabei an der Ausbildung und der bisherigen Tätigkeit des Gutachters zu orientieren. Diese bisherige Tätigkeit muss langjährig gewesen sein und sich auf die **Erstellung von Beleihungswertgutachten** erstreckt haben, die in Bezug auf denjenigen Immobilienmarkt und auf diejenige **Objektart** angefertigt wurden, auf welche sich die (künftige) Gutachtertätigkeit beziehen soll. Die Qualifikation wird dann unterstellt, wenn der Gutachter von einer der in § 6 der Beleihungswertermittlungsverordnung näher bezeichneten Stellen zum Sachverständigen oder Gutacher für die Wertermittlung von Immobilien bestellt oder zertifiziert wurde.

3. Beleihungswert/Marktwert

3 Abs. 2 hat die Bedeutung einer Generalklausel für die Grundstücksbeleihung. Es werden diejenigen Merkmale festgelegt, die bei der **Ermittlung des Beleihungswertes** Berücksichtigung finden dürfen. Die Einbeziehung **spekulativer Elemente** in die Bewertung wird in Satz 2 **ausgeschlossen.** Gemäß Satz 3 darf der Beleihungswert den **Markwert** nicht übersteigen. In Satz 4 wird festgelegt, was unter Marktwert zu verstehen ist[1]. Konkretisiert wird Abs. 2 durch die Beleihungswertermittlungsverordnung, die die Bundesanstalt auf der Grundlage des Abs. 4 verordnet hat.

4. Kontingentierungen

4 Abs. 3 soll Risiken für die Deckungsmasse minimieren, die sich daraus ergeben, dass **noch zu errichtende Gebäude** nicht errichtet beziehungsweise fertig gestellt werden Zwar ist gemäß § 4 Abs. 6 der Beleihungswertermittlungsverordnung bei im Bau befindlichen Objekten der Beleihungswert des Grundstück auf den Zustandswert, also die Summe des

1 Vgl. BT DS 15/4321, zu § 16.

Bodenwertes und des Wertes der baulichen Anlage, soweit sie bereits errichtet ist, beschränkt. Sollte die bereits teilweise errichtete bauliche Anlage jedoch nicht fertig gestellt werden, kann dies dazu führen, dass das der Marktwert in erheblichem Maße unter den Zustandswert fällt. Da gemäß Abs. 2 Satz 3 der Beleihungswert durch den Marktwert begrenzt wird, besteht das Risiko einer **unvorhergesehenen Unterdeckung.**

5. Dauernder Ertrag

Gemäß Abs. 3 Satz 3 sind Hypotheken an Bergwerken immer von der Indeckungnahme ausgeschlossen. Grundstücke, die einen dauernden Ertrag nicht gewähren, sind ebenfalls von der Indeckungnahme ausgeschlossen. Nach dem Wortlaut des Abs. 3 Satz 3 ist nicht ganz klar, ob der Gesetzgeber nicht nur bei Bergwerken, sondern auch bei Gruben und Brüchen davon ausgeht, dass ein dauernder Ertrag von vorneherein nicht gewährt wird oder ob er Gruben und Brüche nur in den besonderen Focus rückt. Der ersteren Ansicht dürfte aus folgender Überlegung der Vorzug zu geben sein: Es ist nicht ersichtlich, warum die Dauerhaftigkeit des Ertrags bei Gruben und Brüchen wesentlich anders zu qualifizieren sein soll als bei Bergwerken. Der Ertrag aus Gruben und Brüchen zeichnet sich ebenso wie der Ertrag aus Bergwerken dadurch aus, dass der Ertrag durch Abbau und Verwertung von Bodenschätzen realisiert wird, also durch Substanzabbau. Dabei ist dieser Substanzabbau endlich und führt in der Regel zu einer völligen Entwertung des Grundstücks. Die Intensität des Substanzabbaues kann in Abhängigkeit der wirtschaftlichen Gegebenheiten stark variieren, so dass es einen normalen künftigen Zeitablauf bis zum vollständigen Abbau der Bodenschätze nicht gibt. Außerdem sind die abbaufähigen Volumina oft nicht hinreichend genau bestimmbar. Bei Immobilien ist dies grundsätzlich anders. Der Bodenwert wird prinzipiell nicht erschöpft. Der Gebäudewert wird dann nicht erschöpft, wenn angemessene Erhaltungsmaßnahmen erfolgen. Bleiben diese aus, kann der Gebäudewert zwar erschöpft werden; dies spielt sich aber relativ gleichförmig und in einem sehr langen Zeitraum ab und ist deshalb wesentlich besser zu kalkulieren als der Abbau von Bodenschätzen. 5

Die Aufzählung des Abs. 3 Satz 3 ist nicht abschließend. Auch andere Grundstücke sind von einer Indeckungnahme ausgeschlossen, wenn sie einen dauernden Ertrag nicht gewähren. Dabei kommt es nicht darauf an, ob der Ertrag dieser anderer Grundstücke der Art nach dem Ertrag entspricht, den Gruben , Brüche und Bergwerke gewähren, nämlich der Verwertung substanzaufzehrenden Abbaues von Bodenschätzen. 6

Gemäß Abs. 3 Satz 4 dürfen auch Hypotheken an anderen Berechtigungen, für welche die Vorschriften des Grundstücksrechts Anwendung finden, nicht zur Pfandbriefdeckung verwandt werden, wenn sie einen dauernden Ertrag nicht gewähren. Hierzu zählen grundstücksgleiche Rechte. Nach Bundesrecht sind grundstücksgleiche Rechte das Erbbaurecht und das Bergwerkseigentum. Grundstücksgleiche Rechte können sich aber auch aus dem Landesrecht ergeben. Beispielsweise sind hier Fischereirechte, Kohlen- und Salzabbaugerechtigkeiten zu nennen[2]. Sofern es um **Salzabbaugerechtigkeiten** geht, ist deren dauernder Ertrag grundsätzlich nicht anders zu qualifizieren als bei Bergwerken, Brüchen oder Gruben. Denn der durch den Salzabbau bewirkte Substanzverlust führt letztlich zu einer völligen Entwertung des Salzstocks. Anders kann es aber sein, wenn Salzabbaugerechtig keiten als grundstücksgleiche Rechte ausgestaltet sind, welche ihrerseits mit einem Recht 7

2 Schöner/Stöber, Handbuch der Rechtspraxis, Grundbuchrecht, 14. Auflage 2008, C.H.Beck, München, Erster Teil, Anm. 5.

belastet ist, das darin besteht, die durch den Salzabbau entstandenen Hohlräume als Lagerstellen zu benutzen, beispielsweise für Öl, Gas oder Atommüll. In diesem Falle wird zwar kein Salz (mehr) abgebaut. Die Salzbaugerechtigkeit muss aber unter Umständen gleichwohl aufrecht erhalten werden, weil die durch Abbau in den Salzstöcken entstandenen Hohlräume aus verschiedenen Gründen regelmäßig ausgewaschen werden müssen und diese Auswaschungen der Natur nach einen Salzabbau darstellen. Der wirtschaftliche Wert des Salzstockes besteht in diesem Falle nicht mehr dem Salzabbau sondern ausschließlich in der Nutung der durch den Salzabbau entstandenen Hohlräume als Lagerstätte. Qualifiziert man das Recht auf Nutzung der Hohlräume gemäß § 96 BGB als ein Recht, welches mit dem Eigentum an einem fremden Grundstück respektive grundstücksgleichen Recht, nämlich der Salzabbaugerechtigkeit, verbunden ist, und erfüllt der konkrete Sachverhalt die Voraussetzungen des § 1018 BGB so kann das Recht auf Lagerung einen wegen des Nutungsentgelts, welches üblicher weise in regelmäßigen Zeitabständen wie eine Miete gezahlt wird, einen dauerhaften Ertrag im Sinne des Abs. 3 Satz 4 darstellen.

6. Ermächtigungsgrundlage

8 Das Bundesfinanzministerium hat die auf der Grundlage des § 16 Abs. 4 bestehende Ermächtigung auf die Bundesanstalt für Finanzdienstleistungsaufsicht übertragen. Die Bundesanstalt hat am 12. Mai 2006 die „Verordnung über die Ermittlung der Beleihungswerte von Grundstücken nach § 16 Abs. 1 und 2 des Pfandbriefgesetzes" (**Beleihungswertermittlungsverordnung** – BelWertV) erlassen. Diese Beleihungswertermittlungsverordnung konkretisiert die Absätze 1 und 2 des § 16. Dabei vereinheitlicht sie die Grundsätze der Beleihungswertermittlung für alle Pfandbriefbanken. Unter der Geltung des Hypothekenbankgesetzes war dies noch anders. Gemäß § 13 dieses Gesetzes waren die Hypothekenbanken verpflichtet, eigene Anweisungen über die Wertermittlung zu erlassen. Diese eigenen Anweisungen waren zwar mit der Aufsichtsbehörde abzustimmen. Die durch diese Abstimmung erreichte Harmonisierung war von dem Grad der Vereinheitlichung, den die Beleihungswertermittlungsverordnung bewirkt, aber noch relativ weit entfernt.

§ 17 (aufgehoben)

§ 18 Grundschulden und ausländische Sicherungsrechte

(1) Im Sinne dieses Gesetzes stehen den Hypotheken die Grundschulden und solche ausländische Sicherungsrechte gleich, die eine vergleichbare Sicherheit bieten und den Gläubiger berechtigen, seine Forderung auch durch Verwertung des belasteten Grundstücks oder Rechts im Sinne des § 13 Abs. 1 Satz 1 zu befriedigen.

(2) Auf Grundschulden, die auf Grund einer Zweckvereinbarung zwischen der Pfandbriefbank und dem jeweiligen Grundstückseigentümer der Sicherung einer Darlehensforderung dienen, ist § 12 Abs. 1 mit der Maßgabe anzuwenden, dass an die Stelle der Hypotheken die Grundschulden nebst den ihr zugrunde liegenden Darlehensforderungen treten.

(3) Hat die Pfandbriefbank ein Grundstück zur Verhütung von Verlusten an einer ihr an dem Grundstück zustehenden Hypothek oder Grundschuld bei der Zwangsver-

steigerung erworben und an Stelle der gelöschten Hypothek oder Grundschuld für sich eine Grundschuld eintragen lassen, so findet auf diese § 12 Abs. 2 entsprechende Anwendung.

Übersicht

1. Grundschulden

1 Gemäß Abs. 1 kommen neben Hypotheken auch Buchgrundschulden und/oder Briefgrundschulden als Deckungswerte in Betracht. Dabei werden die Buch- oder Briefgrundschulden den Hypotheken gleichgestellt. Aus dieser Gleichstellung ergibt sich, dass Hypotheken und Grundschulden in demselben Deckungsregister zu einer einheitlichen Deckungsmasse zusammengefasst werden können. Indem Abs. 1 die Grundschulden den Hypotheken gleichstellt, trägt er der Beleihungspraxis der überwiegenden Zahl der Kreditinstitute entgegen. Diese ziehen in der Regel Grundschulden vor, da diese im Gegensatz zu Hypotheken nicht akzessorisch zur Darlehensforderung oder den Darlehenszinsen sind. Dies hat mehrere Vorteile: Die Grundschulden sind nicht von der Hauptforderung abhängig. Sie können von der Hauptforderung getrennt werden. Dadurch werden Neuvalutierungen, Kreditaufstockungen und Forderungsauswechslungen ebenso erleichtert wie Sicherungen von Konsortialkrediten, Kreditlinien und Bauträgerfinanzierungen[1]. Die Grundschuld ist mit der Hauptforderung nur über eine Zweckbestimmungserklärung verbunden, die das Verhältnis zwischen Grundschuld und Darlehensforderung regelt. Diese Zweckbestimmungserklärung kann zwischen dem Sicherungsgeber und Sicherungsnehmer formlos und sogar konkludent vereinbart werden. Üblicherweise werden sie bei der Kreditvergabe durch Kreditinstitute jedoch ausdrücklich geregelt, meist im Rahmen der Grundschuldbestellungsurkunde. Ist der Sicherungszweck erledigt, geht die Grundschuld nicht unter. Es entsteht aber ein Anspruch des Sicherungsgebers gegen den Sicherungsnehmer auf Rückgewähr der Grundschuld[2].

2 Abs. 2 bestimmt, dass Grundschulden, die aufgrund einer Zweckvereinbarung zwischen der Bank und dem jeweiligen Grundstückseigentümer der Sicherung einer Darlehensforderung dienen, immer nur zusammen mit der betreffenden Darlehensforderung an die Stelle der Hypotheken treten und in Deckung genommen werden können. Der Deckungswert umfasst in diesem Falle immer sowohl die Grundschuld als auch die durch diese Grundschuld gesicherte Darlehensforderung. Abs. 2 ist Ausfluss des Umstandes, dass Grundschulden anders als Hypotheken nicht akzessorisch sind und daher nicht das rechtliche Schicksal der Hauptforderung teilen[3].

---

1 Vgl. Bellinger/Kerl, HBG, 4. Aufl. 1995, § 40 Anm. 4 ff.
2 Vgl. Gaberdiel/Gladenbeck, Kreditsicherung durch Grundschulden, 8. Auflage 2007, S. 148.
3 Vgl. BT DS 15/4321, zu § 18.

2. Ausländische Sicherungsrechte

3 Diese werden gemäß Abs. 1 Hypotheken und Grundschulden deutschen Rechts gleichgestellt, wenn sie eine vergleichbare Sicherheit bieten und dem Gläubiger berechtigen, seine Forderung auch durch Verwertung des belasteten Grundstücks oder Rechts im Sinne des § 13 Abs. 1 Satz 1 zu befriedigen. Die vergleichbare Sicherheit und die vergleichbare Verwertbarkeit müssen kumulativ vorliegen. Ob die Sicherheit und die Verwertbarkeit des ausländischen Sicherungsrechtes mit der Sicherheit und Verwertbarkeit eines deutschen Grundpfandrechts vergleichbar ist, ergibt sich nicht schon daraus, dass es sich um ein Sicherungsrecht handelt, welches der Rechtsordnung eines der in § 13 Abs. 1 genannten Länder unterworfen ist und sich auf ein Grundstück bezieht, welches in einem dieser Länder belegen ist. Vielmehr müssen sowohl die Sicherheit als auch die Verwertbarkeit gesondert geprüft werden. Hierzu werden in der Regel weder die Pfandbriefbank noch der Treuhänder in der Lage sein. Abhilfe können daher wohl nur Rechtsgutachten von internationalen Rechtsanwaltskanzleien schaffen, die sowohl in dem betreffenden Ausland als auch in Deutschland über Vertretungen verfügen. Es ist anzuraten, solche Rechtsgutachten mit der Bundesanstalt zu besprechen und entsprechendes Einvernehmen herbeizuführen[4]. Was den europäischen Raum betrifft, bleibt im übrigen nur zu hoffen, dass die seit geraumer Zeit im Gespräch befindliche Eurohypothek in absehbarer Zeit eingeführt wird.

3. Systematik des Absatzes 2

4 Der Abs. 2 beruht auf folgender Systematik: Sofern die Bank die Zwangsversteigerung betreibt, fällt die zu ihren Gunsten im Grundbuch eingetragene Hypothek gemäß § 44 Abs. 1 ZVG nicht in das geringste Gebot. Daher erlischt diese Hypothek gemäß § 52 Abs. 1 ZVG i.V.m. § 91 Abs. 1 ZVG durch den Zuschlag und ist gemäß § 130 Abs. 1 ZVG im Grundbuch zu löschen. Handelt es sich bei der Bank um eine Pfandbriefbank und will sie das durch Zuschlag erworbene Grundstück in Deckung nehmen, muss sie ein Grundpfandrecht im Grundbuch eintragen lassen. In diesem Zusammenhang stellt der Verweis auf § 12 Abs. 2 klar, dass die Indeckungnahme nur aufgrund einer neuen Beleihungswertermittlung erfolgen darf, die den Anforderungen des § 16 und der hierzu erlassenen Beleihungswertermittlungsverordnung entspricht[5].

§ 19 Weitere Deckungswerte

(1) Die in § 4 vorgeschriebene Deckung kann auch erfolgen

1. durch in Inhaberschuldverschreibungen umgewandelte Ausgleichsforderungen nach§ 8 Abs. 2 der Verordnung über die Bestätigung der Umstellungsrechnung und das Verfahren der Zuteilung und des Erwerbs von Ausgleichsforderungen in der Fassung der Bekanntmachung vom 7. Dezember 1994 (BGBl. I S. 3738), die durch die Verordnung vom 26. September 1995 (BGBl. I S. 1194) geändert worden ist,

4 Vgl. § 13 „Belegenheit im Ausland".
5 S. hierzu auch § 12 – „erworbenes Grundstück".

2. bis zu insgesamt 10 Prozent des Gesamtbetrages der im Umlauf befindlichen Hypothekenpfandbriefe durch Werte der in § 4 Abs. 1 Satz 2 Nr. 1 und 2 bezeichneten Art sowie durch Geldforderungen gegen die Europäische Zentralbank, gegen Zentralbanken der Mitgliedstaaten der Europäischen Union oder gegen geeignete Kreditinstitute im Sinne des § 4 Abs. 1 Satz 2 Nr. 3, sofern die Höhe der Forderungen der Pfandbriefbank bereits beim Erwerb bekannt ist; der Anteil an Geldforderungen gegen ein und dasselbe Kreditinstitut darf nicht höher sein als 2 Prozent des Gesamtbetrages der in Halbsatz 1 genannten Hypothekenpfandbriefe,

3. bis zu insgesamt 20 Prozent des Gesamtbetrages der im Umlauf befindlichen Hypothekenpfandbriefe durch Werte der in § 20 Abs. 1 bezeichneten Art, sofern es sich um Schuldverschreibungen handelt; die in Nummer 2 genannten Deckungswerte sind anzurechnen,

4. durch Ansprüche aus Derivategeschäften im Sinne des § 4 Abs. 3 Satz 2, die mit geeigneten Kreditinstituten, Kapitalanlagegesellschaften, Investmentaktiengesellschaften, Finanzdienstleistungsinstituten, Versicherungsunternehmen, einem zentralen Kontrahenten bei einer Börse, dem Bund oder den Ländern abgeschlossen werden, sofern sichergestellt ist, dass die Ansprüche der Pfandbriefbank nach Maßgabe des Rahmenvertrags im Falle der Insolvenz der Pfandbriefbank oder der anderen Deckungsmassen nicht beeinträchtigt werden können. Die Geschäfte dürfen nur Risiken beinhalten oder nachbilden, welche die Pfandbriefbank auch mit Geschäften über die übrigen nach diesem Gesetz zulässigen Deckungswerte eingehen kann; ausgeschlossen sind Optionen und andere Derivate, wenn sie eine offene Stillhalterposition der Pfandbriefbank begründen, sowie Geschäfte, die in vergleichbarer Weise ein einer offenen Stillhalterposition entsprechendes Risiko begründen. Der Anteil der Ansprüche der Pfandbriefbank aus den in Deckung genommenen Derivategeschäften am Gesamtbetrag der Deckungswerte sowie der Anteil der Verbindlichkeiten der Pfandbriefbank aus diesen Derivategeschäften am Gesamtbetrag der im Umlauf befindlichen Hypothekenpfandbriefe zuzüglich der Verbindlichkeiten aus Derivategeschäften dürfen jeweils 12 Prozent nicht überschreiten; die Berechnung hat auf der Grundlage der Barwerte der Derivategeschäfte zu erfolgen; auf die Grenzen nach Halbsatz 1 sind Ansprüche und Verbindlichkeiten der Pfandbriefbank aus solchen in Deckung genommenen Derivategeschäften nicht anzurechnen, die ausschließlich der Absicherung eines Währungsrisikos von Deckungswerten und Pfandbriefen dienen.

(2) **Im Falle des § 2 Abs. 3 kann die Bundesanstalt Ausnahmen von den Begrenzungen des Absatzes 1 Nr. 2 und 3 zulassen.**

Übersicht

1. Allgemeines

1 Die in § 19 abschließend aufgeführten weiteren Deckungswerte stehen den in § 12 Abs. 1 und § 18 Abs. 1 genannten Deckungswerten, also den Grundpfandrechten, vollkommen gleich. Sie können daher nicht nur als Ersatz für zurück gewährte Grundpfandrechte eingesetzt werden sondern auch im Zuge der Neuemission von Pfandbriefen[1]. Die Zulässigkeit der weiteren Deckungswerte verschafft der Pfandbriefbank eine größere Flexibilität, als sie bei der Beschränkung auf Grundpfandrechte hätte. Beispielsweise kann sich das Volumen der zur Deckung zur Verfügung stehenden Grundpfandrechte – meist durch Rückgewähr – anders entwickeln als das Volumen der umlaufenden Pfandbriefe. Diese divergierende Entwicklung kann schon im Rahmen der Kalkulation einer Pfandbriefemission beginnen. Sie führt möglicherweise dazu, dass die Pfandbriefbank auf die Beschaffung weiterer Grundpfandrechte angewiesen ist und diese Beschaffung aufgrund der Marktlage nicht in vollem Maße möglich ist. Es könnte auch der Fall eintreten, dass die Beschaffung weiterer Grundpfandrechte nur zu ungünstigen Konditionen möglich ist. Die Folge könnte wiederum eine Gefährdung der Deckungskongruenz sein. Die Begrenzungen der weiteren Deckungswerte in § 19 Abs. 1 Nr. 2, 3 und Nr. 4 auf die dort näher genannten Prozentsätze beziehen sich auf den Gesamtbetrag der im Umlauf befindlichen Hypothekenpfandbriefe.

2. In Inhaberschuldverschreibungen umgewandelte Ausgleichsforderungen

2 Hintergrund ist die Einführung der Deutschen Mark West in dem Gebiet der ehemaligen Deutschen Demokratischen Republik. Im Zuge dieser Währungsumstellung erstellten Geldinstitute, die vor dem ersten Juli 1990 im Währungsgebiet der Deutschen Mark Ost befugter Weise Bankgeschäfte betrieben haben, und Außenhandelsunternehmen, die vor dem ersten Juli 1990 im Wahrungsgebiet der Deutschen Mark Ost im Auftrag staatlicher Stellen bestimmte Geschäfte mit Unternehmen oder Ländern außerhalb des Währungsgebietes der Deutschen Mark Ost betrieben hatten, eine Schlussbilanz in der Währung der Deutschen Mark Ost und eine Eröffnungsbilanz in der Deutschen Mark West. Diese Bilanzen wurden von der Bundesanstalt (damals noch Bundesaufsichtsamt für das Kreditwesen) daraufhin überprüft, ob Vermögenswerte und Verbindlichkeiten nach dem D-Markbilanzgesetz umgestellt worden waren. Sofern die Umstellung korrekt war, wurde sie von der Bundesanstalt bestätigt. Die Bundesanstalt teilte den Geldinstituten beziehungsweise Außenhandelsbetrieben Forderungen in einer gegen den Ausgleichsfonds Währungsumstellung zu. Die Höhe dieser Forderungen richtete sich nach bestimmten Kriterien, die in § 4 der Verordnung über die Bestätigung der Umstellungsrechnung und das Verfahrend der Zuteilung und des Erwerbs von Ausgleichsforderungen (BUZAV) festgelegt sind. Diese Forderungen können gemäß § 8 Abs. 2 dieser Verordnung auf Antrag der Gläubiger in **Inhaberschuldverschreibungen** umgewandelt werden, deren Emittentin der Ausgleichsfonds Währungsumstellung ist. Gemäß § 1 des Gesetzes über die Errichtung der Ausgleichsfonds Währungsumstellung ist dieser Ausgleichsfonds eine Anstalt des öffentlichen Rechts mit eigener Rechtspersönlichkeit.

---

1 So bereits *Bellinger/Kerl*, HBG, 4. Aufl. 1995, § 6 Anm. 30.

3. Werte der in § 4 Abs. 1 Satz 2 Nr. 1 und 2 genannten Art

Bei den in § 4 Abs. 1 Satz 2 Nr. 1 und 2 genannten Werten handelt es sich um bestimmte, dort näher genannte Werte, aus denen auch die sichernde Überdeckung im Sinne des § 4 Abs. 1 Satz 2 bestehen kann. Diese Werte können auch als weitere Deckungswerte im Sinne des § 19 Abs. 1 verwandt werden. 3

4. Geldforderungen

Erfasst werden Geldforderungen gegen die Europäische Zentralbank, gegen Zentralbanken der Mitgliedsstaaten der Europäischen Union oder gegen geeignete Kreditinstitute im Sinne des § 4 Abs. 1 Satz 2 Nr. 3. Wegen des Begriffes der **Geeignetheit** des Kreditinstitutes wird auf die entsprechende Kommentierung zu § 4 Absatz 1 Satz 2 Nr. 3 verwiesen. Siehe auch unten. 4

5. Beschränkung

Werte gemäß § 19Abs. 1 Nr. 2 können nur bis zu einem Volumen von insgesamt 10 % des Gesamtbetrages sämtlicher im Umlauf befindlicher Hypothekenpfandbriefe als weitere Deckungswerte in Deckung genommen werden. Die Werte gemäß § 4 Abs. 1 Satz 2 Nr. 1 und 2 können auch zur **sichernden Überdeckung** von 2 % herangezogen werden. Daher liegt der Gedanke nahe, dass die Sätze von 10 % für die weitere Deckung und 2 % für die sichernde Überdeckung addiert werden können. Dies wird man jedoch im Ergebnis ablehnen müssen. Die Überschrift „Weitere Deckungswerte" des § 19 ist insoweit missverständlich. Der Wortlaut des § 19 Abs. 1 ist wie folgt formuliert: *„Die in § 4 vorgesehene Deckung kann auch erfolgen."* Dieser Wortlaut umfasst die gesamte in § 4 vorgesehene Deckung, also auch die dort vorgeschriebene sichernde Überdeckung. Außerdem orientiert sich der Satz von 10 Prozent ausschließlich am Gesamtbetrag der im Umlauf befindlichen Pfandbriefe und nicht zusätzlich auch an der sichernden Überdeckung. Aus diesen beiden Überlegungen folgt, dass der Satz der sichernden Überdeckung von 2 % in dem Satz von 10 % des Gesamtbetrages der im Umlauf befindlichen Hypothekenpfandbriefe enthalten ist[2]. Bei den in § 19 Abs. 1 Nr. 2 genannten **Geldforderungen** kommt zu der volumenmäßigen Beschränkung auf 10 % aller im Umlauf befindlicher Hypothekenpfandbriefe hinzu, dass die Höhe der Geldforderung bei deren Erwerb bereits bekannt sein muss. Darüber hinaus darf der Anteil der Geldforderungen gegen ein und dasselbe Kreditinstitut den Gesamtbetrag von 2 % aller im Umlauf befindlicher Hypothekenpfandbriefe nicht überschreiten. Wegen des Begriffes der **Geeignetheit** des Kreditinstitutes wird auf die entsprechende Kommentierung zu § 4 Abs. 1 Satz 2 Nr. 3 verwiesen. Siehe auch unten. 5

6. Deckungswerte für öffentliche Pfandbriefe

Abs. 1 Nr. 3 bezieht Deckungswerte für öffentliche Pfandbriefe in den Kreis der weiteren Deckungswerte mit ein, soweit es sich um Schuldverschreibungen handelt. In diesem Zusammenhang **beschränkt** sie das Volumen dieser weiteren Deckungswerte auf 20 % aller im 6

2 Wegen des Begriffes des Pfandbriefumlaufes siehe § 4 Abs. 5.

Umlauf befindlicher Hypothekenpfandbriefe, wobei die in Abs. 1 Nr. 2 genannten weiteren Deckungswerte anzurechnen sind. Im Ergebnis bedeutet dies, dass alle in Abs. 1 Nr. 2 und 3 genannten weiteren Deckungswerte 20 % aller im Umlauf befindlicher Hypothekenpfandbriefe nicht übersteigen dürfen, wobei die in Nr. 3 genannten Werte den maximalen Satz von 20 % erreichen dürfen, während die in Nr. 2 genannten Werte nur 10 % erreichen dürfen. Die restlichen 10 % können aber durch Werte der in Nr. 3 genannten Art aufgefüllt werden, so dass bei einer Mischung der Werte nach Nr. 2 und Nr. 3 insgesamt der Höchstsatz von 20 % erreicht wird. Hinsichtlich der in den Kreis der weiteren Deckungswerte einbezogenen Deckungswerte für öffentliche Pfandbriefe gilt neben der Beschränkung auf 20 % zusätzlich die Beschränkung des § 20 Abs. 1 Satz 2. Danach darf der Gesamtbetrag aller Forderungen gegen Schuldner in Staaten, die nicht der europäischen Union angehören und bei denen nicht sichergestellt ist, dass sich das Vorrecht der Gläubiger der öffentlichen Pfandbriefe nach § 30 Absatz 1 auf die Forderungen der Pfandbriefbank aus diesen Forderungen erstreckt, 10 % des Gesamtbetrages derjenigen Forderungen, bei denen das Vorrecht der Gläubiger der öffentlichen Pfandbriefe sichergestellt ist, nicht übersteigen. Siehe insoweit auch die Kommentierung zu § 13 Abs. 1 Satz 2.

7. Ansprüche aus Derivategeschäften

7 Während es bei § 4 Abs. 3 um die **Verbindlichkeiten** der Pfandbriefbank aus Derivategeschäften geht, geht es bei § 19 Abs. 1 Nr. 4 um die **Ansprüche** der Pfandbriefbank aus Derivategeschäften, also um die **Forderungen** aus diesen Geschäften. In diesem Sinne bilden § 19 Abs. 1 Nr. 4 und § 4 Abs. 3 Satz 1 gewissermaßen die beiden Seiten derselben Medaille ab.

8 § 19 Abs. 1 Nr. 4 Satz 1 umfasst Derivateansprüche im Sinne des § 4 Abs. 3 Satz 2. Diese Vorschrift verweist ihrerseits auf Derivate nach § 1 Abs. 11 Satz 4 Nr. 1 KWG. Letztere Vorschrift wiederum definiert Derivategeschäfte als **Festgeschäfte** oder **Optionsgeschäfte,** die als Kauf, Tausch oder auch anders ausgestaltet sind, die zeitlich verzögert zu erfüllen sind (Termingeschäfte) und deren Wert sich unmittelbar oder mittelbar vom Preis oder Maß eines der folgenden Basiswerte ableitet: a) Wertpapiere oder Geldmarktinstrumente, b) Devisen oder Rechnungseinheiten, c) Zinssätze oder andere Erträge, d) Indices der Basiswerte der Buchstaben a, b oder c, andere Finanzindices oder Finanzmessgrößen oder d) Derivate. Festgeschäfte sind solche, bei denen für beide Vertragspartner Rechte und Pflichten begründet werden, die beiderseits noch nicht erfüllt sind. Demgegenüber handelt es sich bei Optionsgeschäften um solche, bei denen einer Partei das Recht (Option) eingeräumt wird, zu oder bis zu einem künftigen Zeitpunkt durch einseitige Willenserklärung (Ausübung) ein Geschäft zu im Voraus festgelegten Konditionen abzuschließen. Als Gegenleistung erhält der Vertragspartner des Optionsberechtigten eine Prämie, die im Regelfall im Voraus zu zahlen ist. Mit Abschluss des Optionsgeschäftes erhält der Optionskäufer zwar ein Optionsrecht. Daraus ergibt sich aber keine Pflicht zur Ausübung dieses Optionsrechtes. Festgeschäfte und Optionsgeschäfte können miteinander kombiniert werden[3]. Aus dem Umstand, dass § 4 Abs. 3 Satz 2 auf § 1 Abs. 11 Satz 4 Nr. 1 KWG verweist und diese Vorschrift des KWG nicht nur Festgeschäfte, sondern auch Optionen umfasst, darf allerdings nicht hergeleitet werden, dass auch Optionen uneingeschränkt **deckungsfähig** sind (siehe insoweit auch unten, zu „Risiken").

3 Boos/Fischer/Schulte-Mattler, Kreditwesengesetz, 3. Aufl. 2008, § 1 Rdn. 225 f.

Durch den Verweis auf Derivategeschäfte im Sinne des § 4 Abs. 3 Satz 2 wird auch klargestellt, dass nicht nur die Verbindlichkeiten, sondern auch die Forderungen aus diesen Derivategeschäften alle Rechte umfasst, die unter demselben **Rahmenvertrag** abgeschlossen wurden, und zwar einschließlich der Rechte aus **Anhängen** und **sonstigen Abreden zum Rahmenvertrag.** Die Struktur ist dabei wie folgt: Derivategeschäfte werden üblicherweise aufgrund eines standardisierten Rahmenvertrags abgeschlossen. Dieser Rahmenvertrag gilt für alle mit einem bestimmten Partner abzuschließenden Derivategeschäfte. Der jeweilige Abschluss des konkreten Einzelgeschäftes erfolgt durch einen Einzelvertrag. Dieser Einzelvertrag bildet mit dem korrespondierenden Rahmenvertrag einen einheitlichen Vertrag. Zur Sicherung von Ansprüchen der Pfandbriefbank gegen den Derivatepartner aus dem Derivategeschäft, welches auf oben genannter Vertragskonstruktion abgeschlossen wurde, werden in der Regel Sicherheiten gestellt. Diese Sicherheitenstellung erfolgt – ebenfalls üblicherweise – auf der Grundlage eines ebenfalls standardisierten Besicherungsanhangs, der mit dem Rahmenvertrag ebenso wie der Einzelvertrag einen **einheitlichen Vertrag** bildet. Typischerweise erfolgt die Stellung der Sicherheit durch Vollrechtsübertragung des Sicherungsgegenstandes. Sofern das Derivategeschäft erfüllt wird, ist der Sicherungszweck erledigt, und es entsteht ein Rückgewährsanspruch des Sicherungsgebers auf Rückübertragung. Um alle diese Rechte zu erfassen, stellt § 4 Abs. 3 Satz 2 klar, dass zu den Derivategeschäften im Sinne dieses Gesetzes nicht nur die Ansprüche aus den Derivategeschäften im engeren Sinn gehören, sondern auch alle anderen Rechte, die im Zusammenhang mit Anhängen und weiteren zugehörenden Vereinbarungen begründet wurden, einschließlich der Ansprüche auf Rückübertragung des Eigentums an gestellten Sicherheiten. **9**

Die Pfandbriefbank kann ihre Forderungen aus den in § 4 Abs. 3 Satz 2 genannten Derivaten nur dann in Deckung nehmen, wenn der **Vertragspartner** der Pfandbriefbank in den Kreis der in § 19 Abs. 1 Nr. 4 Satz 1 festgelegten Vertragspartner fällt. Diesen Kreis wird man aus Gründen der Sicherheit der Deckungsmasse als abschließend ansehen müssen. Wegen des Begriffs der **Geeignetheit** des Kreditinstituts wird auf die Kommentierung zu§ 4 Abs. 1 Satz 2 Nr. 3 verwiesen. **10**

Gemäß § 19 Abs. 1 Nr. 4 Satz 1 muss darüber hinaus **sichergestellt** sein, dass die **Ansprüche der Pfandbriefbank** nach Maßgabe des Rahmenvertrages im Falle der Insolvenz der Pfandbriefbank oder der anderen Deckungsmassen **nicht beeinträchtigt** werden können. Hintergrund dieser Regelung ist folgender: Die standardisierten Rahmenverträge sehen in der Regel vor, dass sie in der Insolvenz als gekündigt gelten. Außerdem sehen die Rahmenverträge vor, dass im Falle einer Kündigung aus abgeschlossenen aber noch nicht erfüllten Derivategeschäften keine Zahlungen erfolgen. Es müssen daher Ersatzgeschäfte abgeschlossen werden, und die benachteiligte Partei erhält einen Anspruch auf Schadensersatz. Diese Konsequenz möchte § 19 Abs. 1 Nr. 4 Satz 1 vermeiden und verlangt, dass die Rahmenvereinbarungen Regelungen vorsehen, die diese Konsequenz ausschließen und sicherstellen, dass die Ansprüche der Pfandbriefbank im Falle der Insolvenz der Pfandbriefbank oder der anderen Deckungsmassen nicht beeinträchtigt werden können. Dies wird dadurch erreicht, dass in Bezug auf jede Pfandbriefgattung ein separater standardisierter Rahmenvertrag einschließlich zugehörender Anhänge und weiterer zugehörender Vereinbarungen abgeschlossen wird. Zu diesen Anhängen gehört ein u.a. ein Deckungsanhang. Dieser Deckungsanhang bezieht sich ebenfalls auf eine bestimmte Pfandbriefgattung und legt unter anderem fest, dass die Insolvenz der Pfandbriefbank für sich genommen kein wichtiger Grund zu einer Kündigung des Rahmenvertrags ist. Außerdem bestimmt der Deckungsanhang, dass im Falle der Insolvenz der Rahmenvertrag nur dann als beendet gilt, wenn sich diese Insolvenz nicht auf das allgemeine Vermögen der Pfandbriefbank oder auf **11** eine andere Deckungsmasse, welche mit einer anderen Pfandbriefart korrespondiert bezieht, sondern ausschließlich auf diejenige Deckungsmasse, auf die sich auch der Rahmenvertrag bezieht. Dadurch wird sichergestellt, dass die Insolvenz der Pfandbriefbank keinen Einfluss auf die einer bestimmten Pfandbriefgattung zugehörenden Deckungsmasse einschließlich Forderungen aus Derivategeschäften hat, solange diese Deckungsmasse nicht selbst insolvent wird. Dabei versteht es sich von selbst, dass der Deckungsanhang nur greift, wenn die Derivate auch in Deckung genommen wurden, das heißt im Deckungsregister eingetragen sind.

12 Die Derivategeschäfte selbst dürfen gemäß § 19 Abs. 1 Nr. 4 Satz 2 nur **Risiken** beinhalten, die die Pfandbriefbank auch mit Geschäften über die übrigen nach dem Pfandbriefgesetz zulässigen Deckungswerte eingehen kann. Vor diesem Hintergrund stellt sich die Frage, welche Ansprüche aus welchen Derivategeschäften denn nun konkret in Deckung genommen werden können. Zunächst einmal wird man nur solche Derivategeschäfte einbeziehen können, die in einem einheitlichen standardisierten Rahmenvertrag einschließlich zugehörender Einzelverträge und einschließlich zugehörender Anhänge, insbesondere eines Deckungsanhangs, abgeschlossen wurden. Dies ergibt sich einerseits aus dem Wortlaut des § 4 Abs. 3 Satz 2 und andererseits aus dem Umstand, dass nur Ansprüche aus Derivategeschäften nur dann nettingfähig sind, wenn sie unter einem einheitlichen Rahmenvertrag abgeschlossen wurden. Darüber hinaus wird man nur solche Derivategeschäfte einbeziehen können, bei denen sich dieser einheitliche Rahmenvertrag ausschließlich auf eine Pfandbriefgattung bezieht. Dies ergibt sich bereits daraus, dass gemäß § 4 Abs. 1 der Deckungsregisterverordnung für jede Pfandbriefbank ein gesondertes Deckungsregister zu führen ist und deshalb die verschiedenen Deckungsmassen entsprechend voneinander getrennt sein müssen. Außerdem besteht ein wesentlicher Grund der Einbeziehung von Ansprüchen aus Derivatengeschäften in die Deckung darin, den Pfandbriefgläubigern im Insolvenzfall der Pfandbriefbank nicht nur den Zugriff auf die einer Pfandbriefgattung zugeordneten Deckungswerte zu sichern, sondern auch die Ansprüche aus Derivategeschäften, die zur Absicherung von Risiken aus diesen Deckungswerten abgeschlossen wurden. Ob man auch solche Ansprüche aus Derivategeschäften in Deckung nehmen kann, die nicht zur Absicherung von Inkongruenzen aus dem Pfandbriefgeschäft abgeschlossen wurden, sondern zur Absicherung von Inkongruenzen aus dem sonstigen Geschäft der Pfandbriefbank, ist zweifelhaft. Dies wird man allenfalls dann bejahen können, wenn es sich bei diesem sonstigen Geschäft der Pfandbriefbank um Geschäfte handelt, aus denen Werte resultieren, die zwar nicht in Deckung genommen sind, die aber in Deckung genommen werden könnten. Andernfalls würden diese Geschäfte eben nicht nur solche Risiken beinhalten oder nachbilden, welche die Pfandbriefbank auch mit Geschäften über die übrigen nach diesem Gesetz zulässigen Deckungswerte eingehen kann, sondern auch andere Risiken. Jedenfalls wird man Ansprüche aus solchen Derivategeschäften ausschließen müssen, bei denen nicht der Absicherungscharakter im Vordergrund steht, sondern spekulative Erwägungen. Dies ergibt sich aus dem Postulat des Schutzes der Pfandbriefgläubiger. Ausdrücklich ausgeschlossen vom Kreis der deckungsfähigen Ansprüche aus Derivategeschäften sind Optionen, optionsähnliche und andere Derivategeschäfte, wenn diese Geschäfte eine offene Stillhalterposition der Pfandbriefbank begründen. Daraus folgt, dass solche Geschäfte nur dann deckungsrelevant sind, wenn ausschließlich die Pfandbriefbank das Recht auf Ausübung hat.

8. Begrenzung

Das Volumen der Ansprüche aus in Deckung genommenen Derivategeschäften ist gemäß § 19 Abs. Nr. 4 Satz 3 sowohl aktivseitig als auch passivseitig auf maximal 12 % begrenzt. Dabei orientiert sich dieser Prozentsatz, **aktivseitig** am **Gesamtbetrag aller Deckungswerte** und **passivseitig** am **Gesamtbetrag aller im Umlauf befindlicher Hypothekenpfandbriefe.** Durch diese unterschiedliche Orientierung des Prozentsatzes wird hinsichtlich der Aktivseite erreicht, dass ein erhebliches, vom Gesetzgeber wohl für unangemessen hoch gehaltenes Gewicht der Ansprüche aus Derivate an den gesamten Deckungswerten vermieden wird. Hinsichtlich der Passivseite wird das Interesse der Pfandbriefgläubiger geschützt, indem der Umfang von Verbindlichkeiten aus deckungsrelevanten Derivategeschäften und damit auch der Anteil der durch die Deckungsmasse gesicherten Gläubiger, die nicht Pfandbriefgläubiger sind, begrenzt wird. Gemäß § 19 Abs. 1 Nr. 4 Satz 3 Halbsatz 2 sind auf die Begrenzung solche Ansprüche und Verbindlichkeiten der Pfandbriefbank aus von in Deckung genommenen Derivategeschäften **nicht anzurechnen**, die ausschließlich der Absicherung eines Währungsrisikos von Deckungswerten und Pfandbriefen dienen. 13

9. Ausnahmen

Gemäß Abs. 2 kann die Bundesanstalt Ausnahmen von den Begrenzungen des Abs. 1 Nr. 2 und 3 zulassen, wenn die Erlaubnis zum Betreiben des Pfandbriefsgeschäftes erlischt oder wenn die Bundesanstalt diese Erlaubnis aufhebt. In beiden Fällen sind die Deckungsmassen abzuwickeln. Im Rahmen dieser Abwicklung kann es geboten sein, Ausnahmen zuzulassen[4]. 14

4 BT DS 15/4321 Zu § 19.

Unterabschnitt 2

Öffentliche Pfandbriefe

§ 20 Deckungswerte

(1) Zur Deckung Öffentlicher Pfandbriefe dürfen nur Geldforderungen aus der Vergabe von Darlehen, aus Schuldverschreibungen oder aus einem vergleichbaren Rechtsgeschäft oder andere, von den in Nummer 1 Buchstabe a bis f genannten Stellen schriftlich als einredefrei anerkannte Forderungen benutzt werden,

1. die sich unmittelbar richten gegen

a) inländische Gebietskörperschaften und solche Körperschaften und Anstalten des öffentlichen Rechts, für die eine Anstaltslast oder eine auf Gesetz beruhende Gewährträgerhaftung oder eine staatliche Refinanzierungsgarantie gilt oder die das gesetzliche Recht zur Erhebung von Gebühren, Umlagen oder anderen Abgaben innehaben,

b) andere Mitgliedstaaten der Europäischen Union oder Vertragsstaaten des Abkommens über den Europäischen Wirtschaftsraum sowie deren Zentralnotenbanken,

c) Regionalverwaltungen sowie Gebietskörperschaften der in Buchstabe b genannten Staaten,

d) die Vereinigten Staaten von Amerika, Japan, die Schweiz und Kanada sowie deren Zentralnotenbanken, sofern das Risikogewicht nach Tabelle 1 des Anhangs VI der Richtlinie 2006/48/EG entsprechend der von den zuständigen Behörden vorgenommenen Zuordnung des Ratings anerkannter internationaler Ratingagenturen der Bonitätsstufe 1 zugeordnet worden ist,

e) Regionalverwaltungen sowie Gebietskörperschaften der in Buchstabe d genannten Staaten, sofern sie von der jeweiligen nationalen Behörde dem Zentralstaat gleichgestellt worden sind oder sofern ihnen ein der Bonitätsstufe 1 entsprechendes Risikogewicht nach Tabelle 3 des Anhangs VI der Richtlinie 2006/48/EG nach den nationalen Regelungen zugeordnet worden ist, die zur Umsetzung der Rahmenvereinbarung „Internationale Konvergenz der Kapitalmessung und Eigenkapitalanforderungen“ des Baseler Ausschusses für Bankenaufsicht vom Juni 2004 gleichwertig zur Richtlinie 2006/48/EG erlassen worden sind; für die Zuordnung zur Bonitätsstufe 1 sind die Ratings anerkannter internationaler Ratingagenturen maßgeblich,

f) die Europäische Zentralbank sowie multilaterale Entwicklungsbanken und internationale Organisationen im Sinne des Anhangs VI Nr. 1, 4 und 5 der Richtlinie 2006/48/EG,

g) öffentliche Stellen eines Mitgliedstaats der Europäischen Union oder eines anderen Vertragsstaats des Abkommens über den Europäischen Wirtschaftsraum,

h) öffentliche Stellen im Sinne des Artikels 4 Nr. 18 der Richtlinie 2006/48/EG der unter Buchstabe d genannten Staaten, sofern sie die in Buchstabe e aufgeführten Anforderungen erfüllen, oder

2. für die eine der in Nummer 1 Buchstabe a bis f genannten Stellen oder ein Exportkreditversicherer nach Artikel 2 der Richtlinie 98/29/EG des Rates vom 7. Mai 1998 zur Harmonisierung der wichtigsten Bestimmungen über die Exportkreditversicherung zur Deckung mittel- und langfristiger Geschäfte (ABl. EG Nr. L 148 S. 22), der die Anforderungen an eine öffentliche Stelle nach Nummer 1 Buchstabe g erfüllt, die Gewährleistung übernommen hat. Eine Gewährleistung liegt insoweit vor, als auf Grund eines Gesetzes, einer Verordnung, einer Satzung oder eines Rechtsgeschäfts der Forderungsinhaber einen Anspruch gegen den Gewährleistenden hat, dass dieser im Falle der Nichtzahlung des Schuldners die für die Erfüllung der Verpflichtung erforderlichen Mittel zur Verfügung stellt. Der Gewährleistende darf gegenüber der Pfandbriefbank nicht das Recht haben, Einwendungen aus dem Rechtsverhältnis mit Dritten geltend zu machen oder sich einseitig von seinen Verpflichtungen zu lösen, oder

3. die von einer

a) Zentralregierung, Zentralnotenbank, Regionalverwaltung oder örtlichen Gebietskörperschaft eines in Nummer 1 Buchstabe d aufgeführten Staates, b) von einer öffentlichen Stelle eines in Nummer 1 Buchstabe d aufgeführten Staates,

c) von einer multilateralen Entwicklungsbank oder

d) von einer internationalen Organisation

geschuldet oder von den in Buchstabe a, c oder d genannten Einrichtungen gewährleistet werden, sofern der Schuldner oder Gewährleistungsgeber der Bonitätsstufe 2 zugeordnet ist und zum Zeitpunkt der Eintragung der konkreten Forderung in das Deckungsregister der Bonitätsstufe 1 zugeordnet war und diese Forderungen insgesamt 20 Prozent des Gesamtbetrages der ausstehenden Öffentlichen Pfandbriefe der Pfandbriefbank nicht übersteigen.

Der Gesamtbetrag der Forderungen gegen Schuldner in Staaten, die nicht der Europäischen Union angehören, bei denen nicht sichergestellt ist, dass sich das Vorrecht der Gläubiger der Öffentlichen Pfandbriefe nach § 30 Abs. 1 auf die Forderungen der Pfandbriefbank aus diesen Forderungen erstreckt, darf 10 Prozent des Gesamtbetrages der Forderungen, bei denen das Vorrecht sichergestellt ist, nicht übersteigen.

(2) Die Deckung kann auch erfolgen

1. durch die in § 19 Abs. 1 Nr. 1 genannten Werte;

2. bis zu 10 Prozent des Gesamtbetrages der im Umlauf befindlichen Öffentlichen Pfandbriefe durch Geldforderungen gegen geeignete Kreditinstitute im Sinne des § 4 Abs. 1 Satz 2 Nr. 3, sofern die Höhe der Forderungen der Pfandbriefbank bereits beim Erwerb bekannt ist; der Anteil an Geldforderungen gegen ein und dasselbe geeignete Kreditinstitut darf nicht höher als 2 Prozent des Gesamtbetrages der im Umlauf befindlichen Öffentlichen Pfandbriefe sein;

3. durch die in § 19 Abs. 1 Nr. 4 genannten Werte unter den dort genannten Voraussetzungen und Begrenzungen mit der Maßgabe, dass an die Stelle des Gesamtbetra-

ges der im Umlauf befindlichen Hypothekenpfandbriefe der Gesamtbetrag der im Umlauf befindlichen Öffentlichen Pfandbriefe tritt.

(3) Im Falle des § 2 Abs. 3 kann die Bundesanstalt Ausnahmen von den Begrenzungen des Absatzes 2 zulassen.

(4) Die eingetragenen Deckungswerte erstrecken sich auch auf alle Forderungen, deren Inhaber die Pfandbriefbank ist und die auf die wirtschaftliche Substanz des Deckungswertes gerichtet sind, im Falle einer nach Absatz 1 Satz 1 Nr. 2 gewährleisteten Hypothek insbesondere auch auf die in § 12 Abs. 3 genannten Forderungen.

Übersicht

1. Öffentliche Pfandbriefe

1 Gemeint ist die Pfandbriefgattung im Sinne des § 1 Abs. 1 Nr. 2.

2. Forderungen

Es muss sich um eine **Geldforderung** handeln. Dem Wortlaut nach ergibt sich dies zwar nur in Bezug auf Forderungen aus der Vergabe von Darlehen, aus Schuldverschreibungen und aus vergleichbaren Rechtsgeschäften. Man wird aber auch bei den ebenfalls in Abs. 1 genannten **„anderen" Forderungen** verlangen müssen, dass es sich um Geldforderungen handelt. Denn Forderungen, die nicht unmittelbar auf Geldzahlung gerichtet sind, müssen letztlich durch Verwertung in eine Geldforderung transformiert werden und unterliegen deshalb nicht nur dem Emittentenrisiko „öffentliche Hand" sondern darüber hinaus auch dem Marktpreisrisiko. Damit wäre die Realisierung der Forderungen nicht mehr ausschließlich von der Bonität der öffentlichen Hand abhängig. Ob die Geldforderung direkt zwischen Bank und öffentlicher Hand entstanden ist oder ob sie zwischen einem Dritten und der öffentlichen Hand zur Entstehung gelangt sind und von dem Dritten an die Pfandbriefbank übertragen wurde, ist unerheblich. 2

Beispiele für Forderungen im Sinne des Abs. 1 erste Alternative: 3
a) Die Pfandbriefbank gewährt der öffentlichen Hand ein Darlehen oder kauft von der öffentlichen Hand eine Schuldverschreibung oder einen Schuldschein. b) Ein privater Dritter gewährt der öffentlichen Hand ein Darlehen oder kauft von ihr eine Schuldverschreibung oder einen Schuldschein. Die Ansprüche auf Zahlung von Kapital und Zins aus diesen Rechtsverhältnissen verkauft der private Dritte an die Pfandbriefbank und tritt sie an die Pfandbriefbank ab.

Beispiel für „andere" Forderungen im Sinne des Abs. 1 zweite Alternative: 4
Ein privater Dritter errichtet und/oder betreibt im Interesse der öffentlichen Hand eine Einrichtung, die der Erledigung eigentlich öffentlicher Aufgaben dient. Dieses geschieht im Rahmen eines Rechtsverhältnisses zwischen dem privaten Dritten und der öffentlichen Hand. Bestandteil dieses Rechtsverhältnisses ist es, dass der private Dritte die Einrichtung irgendwann einmal gegen Zahlung eines Kaufpreises an die öffentliche Hand überträgt. Den Anspruch auf Kaufpreiszahlung verkauft der private Dritte an die Pfandbriefbank und tritt ihn – beispielsweise im Rahmen einer Forfaitierung – an diese ab.[1]

3. Rechtswirksamkeit der Forderung

Das Rechtsgeschäft, auf dem die Forderung beruht, muss **rechtswirksam** sein. Andernfalls würde der Pfandbriefbank gegen die öffentliche Hand allenfalls ein schuldrechtlicher Bereicherungsanspruch zustehen. Dieser ist zwar ebenfalls eine Geldforderung, aber eine, die sofort fällig ist und daher unverzüglich zurückgezahlt werden kann. Damit ist sie für den Deckungsstock vom Grundsatz her ungeeignet, weil mit dem Deckungsstock langfristig laufende Pfandbriefe abgesichert werden sollen. Unter anderem muss das Rechtsgeschäft, welches die Grundlage für die Forderung dient, vom Wirkungskreis der öffentlichen Stelle erfasst sein. Denn eine juristische Person des öffentlichen Rechts ist nur zu Rechtshandlungen befugt, die im Rahmen des ihr durch Gesetz oder Satzung zugewiesenen Wirkungskreises liegen. Außerhalb dieses Wirkungskreises liegende Rechtshandlungen entbehren der Rechtswirksamkeit[2]. Entsprechendes gilt für Rechtshandlungen auf dem Gebiete des 5

1 Public-Private-Partnership. Vgl. BT DS 15/4321, zu § 20.
2 BGHZ 20, S. 124 f.

Privatrechts, die die juristische Person des öffentlichen Rechts zwar vornehmen darf, die aber der **Genehmigung der Aufsichtsbehörde** unterliegen. Bis zur Erteilung dieser Genehmigung ist die betreffende Rechtshandlung schwebend unwirksam. Wird die Genehmigung verweigert, war die Rechtshandlung von Anfang an unwirksam, wird sie erteilt, wird die Rechtshandlung ex ante wirksam[3]. Allerdings kann die juristische Körperschaft des öffentlichen Rechts wegen Verschuldens bei Vertragsschluss haften, wenn sie nicht darauf hinweist, dass ein von ihr abgeschlossener Vertrag einer aufsichtlichen Genehmigung bedarf oder sich nicht in angemessener Weise um die Erteilung der aufsichtlichen Mitwirkungshandlung bemüht[4]. Um die sich aus dieser Situation ergebenden Risiken zu minimieren ist anzuraten, dass die Pfandbriefbank bei der Aufsicht beziehungsweise der übergeordneten Behörde nachfragt, ob der öffentlich rechtliche Forderungsschuldner das betreffende Rechtsgeschäft abschließen durfte und ob eventuell erforderliche Mitwirkungshandlungen der Aufsicht vorgenommen wurden. Alternativ kann der öffentlich rechtliche Forderungsschuldner auch eine entsprechende Bescheinigung der Aufsichtsbehörde vorlegen.

4. Schuldverschreibungen

6 Infrage kommen **Inhaber**- oder **Namenschuldverschreibungen** im Sinne der §§ 793 bis 806 BGB. Es muss sich aber um klassische Schuldverschreibungen handeln. Dies bedeutet, dass die Rückzahlungen von Zins und Tilgung aus den Schuldverschreibungen nur dem Emittentenrisiko „öffentliche Hand" ausgesetzt sein dürfen. Keinesfalls darf die Rückzahlung von Zins und Tilgung von anderen Risikofaktoren abhängen. Daher fallen **strukturierte Schuldverschreibungen**, deren Rückzahlung von Zins oder Tilgung an die Wertentwicklung von Warenkörben, Wertpapierportofolien oder ähnlichem gekoppelt sind, ebenso wenig in den Kreis der nach § 20 deckungsfähigen Schuldverschreibungen wie solche, bei denen die Rückzahlung von Zins oder Tilgung daran gekoppelt ist, dass Zins oder Tilgung aus Darlehensverhältnissen gezahlt werden, wobei diese Darlehensverhältnisse in Referenzportofolien zusammengefasst sind (sogenannte **Credit linked Notes**).

5. Vergleichbare Rechtsgeschäfte

7 Beispielsweise kommen **Schuldscheindarlehen** nach deutschem Recht in Betracht. In Frage kommen aber auch Geldforderungen aus solchen ausländischen Rechtsverhältnissen, die mit Darlehensverhältnissen, Schuldverschreibungen oder Schuldscheindarlehen nach deutschem Recht vergleichbar sind.

6. Schriftliches Anerkenntnis der Einredefreiheit

8 Die Anforderung, dass eine der in Nummer 1 Buchstabe a bis f genannten Stellen die Forderung schriftlich als einredefrei anerkannt haben muss, bezieht sich nach dem grammatikalischen Satzaufbau nicht auf die **Geldforderungen im Sinne des Abs. 1 Satz 1 erste Alternative** sondern **nur** auf die **anderen Forderungen** im Sinne der **zweiten Alternative** des Abs. 1 Satz 1. Die Forderungen aus Darlehen, Schuldverschreibungen oder vergleichbaren

3 Palandt, BGB, 70. Aufl. 2011, § 184 Rdn. 2.
4 BGH NJW 1999, S. 3335 ff.

Rechtsgeschäften (erste Alternative) zwischen Bank und öffentlicher Hand sind nicht an eine Rechtsbeziehung gekoppelt, welche sich außerhalb der Korrelation „Geldvergabe auf Zeit gegen Zins" bewegt. Da die Forderung der Pfandbriefbank auf Zahlung von Kapital und Zins regelmäßig erst nach Auszahlung des Kapitals bzw. des Kaufpreises für die Schuldverschreibung entsteht und die diesen Forderungen zugrundeliegenden Rechtsakte in aller Regel rechtswirksam sind, gibt es bei den Geldforderungen der ersten Alternative keine Umstände, aus denen Einwendungen entstehen könnten, die die öffentliche Hand der Pfandbriefbank entgegenhalten kann (siehe jedoch unten, „Rechtswirksamkeit der Forderung"). Bei den anderen Forderungen (zweite Alternative) ist dies jedoch anders. So korreliert der Anspruch eines Dritten gegen die öffentliche Hand auf Kaufpreiszahlung mit dem Anspruch auf Lieferung einer mangelfreien Sache. Der Anspruch eines Dritten gegen die öffentliche Hand auf Zahlung eines Preises für das Betreiben einer Einrichtung korreliert mit der mangelfreien und richtigen Dienstleistung des Betreibens der Einrichtung. Werden der Anspruch eines Dritten gegen die öffentliche Hand auf Kaufpreiszahlung oder Zahlung eines Entgeltes für das Betreiben einer Einrichtung (zum Zwecke einer vergleichsweise günstigen Refinanzierung über den Pfandbriefmarkt) auf eine Pfandbriefbank übertragen, wäre es möglich, dass die öffentliche Hand der Pfandbriefbank Einwendungen aus den Grundgeschäften entgegenhält. Dies würde zu Lasten der Werthaltigkeit des Deckungsstockes der Pfandbriefbank und damit zu Lasten der Pfandbriefgläubiger gehen. Wohl um diese Wirkung zu vermeiden, verlangt § 1 Abs. 1 Satz 1 zweite Alternative ausdrücklich, dass die dort genannten anderen Forderungen von den in Nummer 1 Buchstaben a bis f genannten Stellen schriftlich als einredefrei anerkannt wurden. Auf diese Weise werden die anderen Forderungen der zweiten Alternative den in der ersten Alternative genannten Forderungen hinsichtlich der Einredefreiheit gleichgestellt. Allerdings schadet es nichts, wenn auch die in der ersten Alternative angesprochenen Forderungen von einer der in Nummer 1a bis f genannten Stellen schriftlich als einredefrei anerkannt werden[5].

7. Einredeverzicht als staatliche Beihilfe

Unter Umständen kann der Einredeverzicht eine **staatliche Beihilfe** im Sinne des Art. 87 9 Abs. 1 des EG-Vertrags darstellen. Eine staatliche Beihilfe ist gemäß § 87 Abs. 1 des EG-Vertrages grundsätzlich **mit dem gemeinsamen Markt unvereinbar**, wenn sie den **Handel zwischen den Mitgliedstaaten beeinträchtigen** und den **Wettbewerb** verfälschen oder zu verfälschen drohen. Ausnahmen werden in Art. 87 Abs. 2 aufgezählt. In Art. 87 Abs. 3 werden bestimmte Fälle aufgeführt, bei denen eine Vereinbarkeit mit dem Gemeinsamen Markt angenommen werden kann. Liegen die Ausnahmen des Art. 87 Abs. 2 nicht vor beziehungsweise liegt keine Zertifizierung der staatlichen Beihilfe durch die Kommission im Sinne des Art 87 Abs. 3 in Verbindung mit Art. 88 Abs. 2 vor, so entscheidet die Kommission, dass die Beihilfe umzugestalten oder aufzuheben ist. Die Folge dieser Entscheidung wäre, dass die betreffende Forderung von der Pfandbriefbank **aus der Deckung genommen** werden müsste, wenn die Kommission die Unvereinbarkeit mit dem Gemeinsamen Markt feststellt. Die sich hieraus ergebenden Risiken können dadurch ausgeschaltet werden, dass sich die Pfandbriefbank von der staatlichen Stelle, die die Einredefreiheit schriftlich anerkannt hat, die ebenfalls schriftlichen Zertifizierung der Kommission vorlegen lässt und eine Kopie davon zu den Akten nimmt. Die Vorlage einer schriftlichen Erklärung der

5 Vgl. BT DS 15/4321, zu § 20.

staatlichen Stelle, dass die Zertifizierung der Kommission vorliegt, beinhaltet Restrisiken. Sollte diese Erklärung nicht den Tatsachen entsprechen, würden die oben genannten Wirkungen ebenfalls eintreten und die staatliche Beihilfe in Form des Einredeverzichts wäre ebenfalls aufzuheben oder abzuändern. Als Folge hiervon müsste die Forderung auch in diesem Falle aus der Deckung genommen werden. Allenfalls käme eine Haftung der Stelle, die wahrheitswidrig das Vorliegen einer positiven Zertifizierung der Kommission bestätigt hat, in Betracht. Diese Haftung wäre zudem wohl auf den Ersatz des Vertrauensschadens begrenzt.

10 Der Einredeverzicht stellt aber dann **keine unzulässige staatliche Beihilfe** dar, wenn der Forderungsgläubiger für diesen einen angemessenen wirtschaftlichen Ausgleich leistet[6].

8. Unmittelbarkeit

11 Die Forderung muss sich unmittelbar gegen eine der in Abs. 1 Nr. 1 genannten Stellen richten. Der Begriff der Unmittelbarkeit wird üblicherweise definiert als **„ohne Zwischenschritt"**. Das bedeutet, dass zwischen dem Forderungsgläubiger und dem Forderungsschuldner kein Intermediär zwischengeschaltet sein darf.

9. Körperschaften des öffentlichen Rechts

12 Körperschaften sind mitgliedschaftlich organisierte Einheiten, die Aufgaben der öffentlichen Verwaltung wahrnehmen und denen Selbstverwaltung im Rahmen einer staatlichen Aufsicht gewährt ist. Sie werden durch Gesetz oder aufgrund eines Gesetzes errichtet und sind stets rechtsfähig. Die Mitgliedschaft kann dabei an unterschiedliche Kriterien anknüpfen, nämlich an räumliche Gebiete, persönliche Merkmale oder reale Merkmale oder an die Zugehörigkeit zu einem Verband (s.u.).

a) Gebietskörperschaften

13 Gebietskörperschaften sind Körperschaften des öffentlichen Rechts, bei denen die Mitgliedschaft an räumliche Gebiete anknüpft. In der Bundesrepublik Deutschland bilden der Bund, die einzelnen Länder sowie die einzelnen Gemeinden beziehungsweise Gemeindeverbände jeweils eine Gebietskörperschaft.

b) Personalkörperschaften

14 Personalkörperschaften sind solche Körperschaften des öffentlichen Rechts, bei denen die Mitgliedschaft auf persönlichen Merkmalen oder einem Aufnahmeakt beruht. Hierzu gehören beispielsweise Universitäten oder Kammern.

---

6 Vgl. Schreiben der Europäischen Kommission vom 22. März 2006 an die Bundesregierung betreffend Staatliche Beihilfe N 339/2005 – Deutschland – K(2006) 815 endg. – Finanzierung des Baues des Müllheizkraftwerkes MHKW Rothensee.

c) Realkörperschaften

Bei Realkörperschaften des öffentlichen Rechts knüpft die Mitgliedschaft an ein qualifiziertes Nutzungsrecht oder an das Eigentum an. Hierzu zählen beispielsweise Jagdgenossenschaften. 15

d) Verbandskörperschaften

Gemeint sind solche Verbandskörperschaften, die aus juristischen Personen bestehen. **Beispiele:** Die „Deutsche Rentenversicherung Bund“, die „Deutsche Rentenversicherung Knappschaft-Bahn-See“, die Bundesrechtsanwaltskammer, kommunale Zweckverbände. 16

10. Anstalten des öffentlichen Rechts

Diese zeichnen sich dadurch aus, dass sie von einem Träger öffentlicher Gewalt (Anstaltsträger) errichtet werden und der Erledigung von Aufgaben dieses Trägers dienen. Die Anstalten können rechtsfähig sein oder auch nur ein verselbstständigter Teil des Anstaltsträgers. **Beispiele:** Die Bundesbank, die Bundesanstalt für Finanzdienstleistungsaufsicht, die Bundesagentur für Arbeit. 17

11. Unterschriftenprüfung

Üblicherweise wird im Geschäftsverkehr die Richtigkeit der Unterschriften anhand von Unterschriftenverzeichnissen geprüft. Dies dürfte auch dann erforderlich sein, wenn die Körperschaft des öffentlichen Rechts ein offizielles Dienstsiegel verwendet. Zwar wird durch die Verwendung eines Dienstsiegels das Risiko minimiert, dass das Dokument nicht von der Körperschaft des öffentlichen Rechts ausgestellt wurde. Doch kann durch die Verwendung eines Dienstsiegels weder die Echtheit der Unterschrift noch die Zuständigkeit des Unterzeichners ermittelt werden. 18

12. Gewährleistung

Die Gewährleistung kann wahlweise durch eine **Anstaltslast**, eine auf **Gesetz beruhende Gewährtragerhaftung** oder einer **staatlichen Refinanzierungsgarantie** beruhen. 19

a) Anstaltslast

Unter einer **Anstaltslast** versteht man die auf ungeschriebenem Rechtsgrundsatz beruhende Verpflichtung des Trägers einer Anstalt, diese Anstalt mit denjenigen Mitteln auszustatten, die sie zur Aufrechterhaltung der ordnungsgemäßen Funktion benötigt. Die Anstaltslast ist kein festgeschriebenes Gesetz, sondern ein allgemeiner Rechtsgrundsatz[7]. Sie gilt nur im Innenverhältnis zwischen dem Anstaltsträger und der Anstalt. Der Gläubiger hat somit **kein eigenes Recht**, den Anstaltsträger entsprechend zu verklagen. Er kann aber 20

7 Schreiben der Kommission an die Bundesregierung vom 27.3.02 C(2002) 1286, S. 4 – www.voeb.de/de/themen/foerdergeschaeft/eu_wettbewerbsrecht_artikel/.

die Anstalt selbst auf Zahlung verklagen, wodurch im Falle der Zahlungsunfähigkeit der Anstalt eine Pflicht des Anstaltsträgers ausgelöst wird, die den Inhalt hat, die Anstalt freizustellen. Da man bei inländischen Anstalten des öffentlichen Rechts davon ausgehen kann, dass sie sich rechtstreu verhalten, dürfte die Anstaltslast auch für eine Pfandbriefbank ein akzeptables Sicherungsmittel darstellen. Die Anstalt entrichtet für die Anstaltslast **keine Vergütung**

b) Gewährträgerhaftung

21 **Gewährträgerhaftung** ist die unbeschränkte subsidiäre Haftung einer Körperschaft des öffentlichen Rechts für die Verbindlichkeiten von öffentlich rechtlichen Kreditinstituten. Rechtsgrundlage ist ein Gesetz oder eine Satzung. Die Gewährträgerhaftung wirkt im Gegensatz zur Anstaltslast im Außenverhältnis. Der Forderungsgläubiger erwirbt mit der Gewährträgerhaftung somit ein **eigenes Recht** gegen den Anstaltsträger auf Freistellung. Dieses Recht ist auch einklagbar. Die Gewährträgerhaftung wird von der Körperschaft **nicht vergütet.**

c) Staatliche Refinanzierungsgarantie

22 Eine **staatliche Refinanzierungsgarantie** bezieht sich auf einzelne Forderungen oder Forderungsgruppen, beispielsweise aus der Ausgabe von Schuldverschreibungen, der Gewährung von Krediten, aus Gewährleistungen für Kredite Dritter. Auch für diese Absicherung wird in der Regel **keine Vergütung** gezahlt.

d) Vereinbarkeit von Anstaltslast, Gewährträgerhaftung und staatlicher Refinanzierungsgarantie mit Europäischem Beihilferecht

23 Im Rahmen einer Beschwerde der Bankenvereinigung der Europäischen Union hat die Europäische Kommission die Anstaltslast, die Gewährträgerhaftung und der Sache nach auch die staatliche Refinanzierungsgarantie sowie jede andere unmittelbare oder mittelbare staatliche Beihilfe für **unvereinbar** mit den Beihilferegeln der Artikel 87 und 88 des EG-Vertrages (EG) erklärt[8]. Ein Verstoß gegen Art. 87 EG liegt dann vor, wenn 1) die Anstalt oder Körperschaft des öffentlichen Rechts keinen marktgerechten wirtschaftlichen Ausgleich für die Absicherung zahlt[9], 2) die Möglichkeit einer Wettbewerbsverfälschung entsteht[10] und 3) die Möglichkeit einer Handelsbeeinträchtigung zwischen den Mitgliedsstaaten entsteht. Ein Verstoß gegen die Artikel 87 und 88 des EG-Vertrages führt dazu, dass der innerstaatliche Rechtsakt ungültig ist. Bereits gewährte Beihilfen müssen zurückgefordert werden[11]. Gemäß Art. 88 Abs. 3 EG hat die öffentliche Hand die Europäische Kommission von jeder beabsichtigten Einführung oder Umgestaltung von Beihilfen zu unterrichten. Bis zu einer abschließenden Entscheidung der Kommission darf der Mitgliedstaat die beabsich-

---

8 Vgl. Schreiben der Europäischen Kommission vom 27.3.2002, Az C(2002) 1286 an den Bundesminister des Auswärtigen.

9 Schreiben der Europäischen Kommission vom 22. März 2006 an die Bundesregierung betreffend Staatliche Beihilfe N 339/2005 – Deutschland – K(2006) 815 endg. – Finanzierung des Baues des Müllheizkraftwerkes MHKW Rothensee – Rundschreiben des Verbandes Deutscher Pfandbriefbanken Nr. 64 vom 5. Juni 2007, AZ 11.265/7.823/WH/RH – Schimansky/Bunte/Lwowski, Bankrechtshandbuch Band I, 3. Aufl. 2007, § 89, Rdn. 19.

10 Schimansky/Bunte/Lwowski, Bankrechtshandbuch Band I, 3. Aufl. 2007, § 89 Rdn. 19.

11 Schimansky/Bunte/Lwowski, Bankrechtshandbuch Band I, 3. Aufl. 2007, § 89 Anm. 19, 20.

tigte Maßnahme nicht durchführen. Daneben haben sich die betreffenden Behörden der Bundesrepublik Deutschland mit Schreiben vom März 2002 schriftlich verpflichtet, die Kommission über jede zukünftige Zurverfügungstellung finanzieller Mittel an **Sparkassen oder Landesbanken,** die Beihilfeelemente enthält, zu informieren[12]. Aufgrund dieser Notifizierung prüft die Kommission, ob eine staatliche Beihilfe im Sinne der Artikel 87 und 88 des EG Vertrages vorliegt. Ist dies der Fall, prüft die Kommission weiter, ob diese Beihilfe mit dem gemeinsamen Markt vereinbar ist oder nicht. Gesetzessystematisch sind grundsätzlich alle staatlichen Beihilfen mit dem gemeinsamen Markt unvereinbar. Art. 87 Abs. 2 erklärt jedoch folgende Ausnahmen als mit dem gemeinsamen Markt vereinbar: **a: Beihilfen sozialer Art** an einzelne Verbraucher, wenn sie ohne Diskriminierung nach der Herkunft der Waren gewährt werden. b: **Beihilfen zur Beseitigung von Schäden,** die durch Naturkatastrophen oder sonstige außergewöhnliche Ereignisse entstanden sind. **c: Beihilfen für die Wirtschaft** bestimmter, durch die Teilung betroffener Gebiete der Bundesrepublik Deutschland, soweit sie zum Ausgleich der durch die Teilung verursachten wirtschaftlichen Nachteile erforderlich sind. Neben diesen Ausnahmen nennt Art. 87 Abs. 3 Fälle, in denen die Kommission Beihilfen als mit dem gemeinsamen Mark ansehen kann. Im Einzelnen handelt es sich um folgende Fälle: **a: Beihilfen zur Förderung der wirtschaftlichen Entwicklung von Gebieten,** in denen die Lebenshaltung außergewöhnlich niedrig ist oder in denen eine erhebliche Unterbeschäftigung herrscht. b: **Beihilfen zur Förderung wichtiger Vorhaben von gemeinsamem europäischem Interesse** oder zur Behebung einer beträchtlichen Störung im Wirtschaftsleben eines Mitgliedslandes. **c: Beihilfen zur Förderung gewisser Wirtschaftszweige** oder Wirtschaftsgebiete, soweit sie die Handelsbedingungen nicht in einer Weise verändern, die dem gemeinsamen Interesse zuwiderläuft. d: **Beihilfen zur Förderung der Kultur** und der Erhaltung des kulturellen Erbes, soweit sie die Handels- und Wirtschaftsbeziehungen in der Gemeinschaft nicht in einem Maße beeinträchtigen, dass sie dem gemeinsamen Interesse zuwiderläuft. **e) Sonstige Arten von Beihilfen,** die der Rat durch eine Entscheidung mit qualifizierter Mehrheit auf Vorschlag der Kommission bestimmt.

Auf der Basis der Ausnahmeregelungen des Art. 87 EG hat die **Europäische Kommission** **24**
im Rahmen ihres **Schreibens vom 27. März 2002** an den Außenminister der Bundesrepublik Deutschland in Bezug auf **Förderinstitute** folgende Ausnahme konkretisiert:

Die staatlichen Haftungsinstitute **Anstaltslast und/oder Gewährträgerhaftung und** **25**
oder Refinanzierungsgarantie dürfen bei Förderinstituten eingesetzt werden, wenn die Förderinstitute nach ihrem Förderauftrag auf die Unterstützung der Struktur- und Wirtschaftspolitik sowie der Sozialpolitik und der öffentlichen Aufgaben ihrer staatlichen Träger ausgerichtet sind. Unter dieser Voraussetzung dürfen die oben genannten drei Haftungsinstitute **in folgenden Bereichen** angewandt werden:

a: **Der Durchführung von öffentlichen Förderaufgaben.** Diese Förderaufgaben, z.B. **26**
die Aufbringung und/oder Durchleitung von öffentlichen Fördermitteln, bestehen in der Durchführung und Verwaltung von Fördermaßnahmen im staatlichen Auftrag in präzise zu benennenden Förderbereichen, insbesondere Mittelstandsfinanzierung, Finanzierungen im Rahmen von Risikokapital, Finanzierung von Umweltschutzinvestitionen, Technologie/Innovationsfinanzierung, Infrastrukturfinanzierung, Wohnungswirtschaft sowie international vereinbarte Förderprogramme und Zusammenarbeit mit Entwicklungsländern. Die Förderprogramme sind in einschlägigen Regelwerken konkret zu beschreiben. Zur

---

12 Vgl. Schreiben der Europäischen Kommission vom 27.3.2002, AZ C(2002) 1286, S. 8.

Durchführung ihrer öffentlichen Förderaufgaben können sich die Förderinstitute aller ihnen zur Verfügung stehenden Instrumente bedienen, insb. des Durchleitungsprinzips und der Konsortialfinanzierung. Adressaten ihrer Fördermaßnahmen können alle natürlichen und juristischen Personen des privaten und öffentlichen Rechts sein.

27 **b: Beteiligung an Projekten im Gemeinschaftsinteresse,** die von der Europäischen Investitionsbank oder ähnlichen europäischen Finanzierungseinrichtungen mitfinanziert werden.

28 **c: Gewährung von Darlehen und anderen Finanzierungsformen** an Gebietskörperschaften und öffentlich rechtliche Zweckverbände.

29 **d: Maßnahmen rein sozialer Art,** beispielsweise: Gewährung von Darlehen an Mitarbeiter und Mitglieder der gesetzlich vorgeschriebenen Organe der Förderinstitute, Gewährung von Darlehen als Finanzierungsbeiträge im Rahmen der staatlichen sozialen Wohnraumförderung für Haushalte, die – insbesondere unter Berücksichtigung ihres Einkommens – die finanziellen Belastungen für einen angemessenen Wohnraum nicht tragen können. Die sozialen Kriterien für den begünstigten Personenkreis sind vom Beihilfegeber präzise zu definieren. Finanzierung von sozialen Einrichtungen, welche Leistungen im Sozialbereich für Personen erbringen, die die vom Gesetzgeber festgelegten Voraussetzungen erfüllen (z.B. Rehabilitation und Teilhabe behinderter Menschen, Kinder- und Jugendhilfe, soziale Pflege). Finanzierungen, die das Förderinstitut im staatlichen Auftrag aufgrund eines Gesetzes oder einer staatlichen Richtlinie an Personen gewährt, die die in diesen sozialrechtlichen Vorschriften festgelegten Voraussetzungen erfüllen (z.B. Ausbildungssituation, Arbeitslosigkeit, geringe Einkommens-/Vermögensverhältnisse, Behinderung).

30 **e: Exportfinanzierungen** außerhalb der Europäischen Union, des Europäischen Wirtschaftsraumes und von Ländern mit offiziellem Status als EU-Beitrittskandidat, soweit diese im Einklang mit den für die Gemeinschaft bindenden internationalen Handelsabkommen, insb. den WTO-Abkommen stehen.

31 Dabei gelten im Einzelnen **folgende Grundsätze:**

a: Beteiligungen von Förderinstituten an Konsortialfinanzierungen auf Aufforderung und unter Führung eines oder mehrerer Kreditinstitute/Finanzierungsinstitutionen dürfen nicht zu Konditionen erfolgen, die für das Unternehmen günstiger oder für das Förderinstitut ungünstiger als die Konditionen sind, die dem Unternehmen von den anderen am Konsortium beteiligten Kreditinstituten/Finanzierungsinstitutionen eingeräumt werden. Diese Bedingung ist nicht erfüllt, wenn die Aufforderung und/oder Führung durch ein Förderinstitut oder ein Finanzierungsinstitut erfolgt, die im Verhältnis zu dem sich beteiligenden Förderinstitut folgende Merkmale aufweist, indem dieses direkt oder indirekt: a) die Mehrheit des gezeichneten Kapitals besitzt; oder b) über die Mehrheit der mit den Anteilen des Unternehmens verbundenen Stimmrechte verfügt; oder c) mehr als die Hälfte der Mitglieder des Verwaltungs- Leitungs- oder Aufsichtsorgans des Unternehmens bestellen kann. Der Finanzierungsanteil von Förderinstituten darf nicht über 50 % hinausgehen, es sei denn, die beteiligten Konsorten gestehen den Förderinstituten im Einzelfall übereinstimmend einen höheren Anteil zu, der jedoch nicht über 75 % hinausgehen darf.

b: Bei Beteiligungen von Förderinstituten an Konsortialfinanzierungen in eigener Initiative und/oder bei eigener Führung des Förderinstituts müssen folgende Voraussetzungen erfüllt sein:

- Zusammenarbeit mit mindestens einem Co Lead Arranger, der kein Förderinstitut und auch keine Finanzierungsinstitution ist, an bzw. bei der das Förderinstitut direkt oder indirekt a) die Mehrheit des gezeichneten Kapitals besitzt; oder b) über die Mehrheit der mit den Anteilen des Unternehmens verbundenen Stimmrechte verfügt; oder c) mehr als die Hälfte der Mitglieder des Verwaltungs-,Leitungs-, oder Aufsichtsorgans des Unternehmens bestellen kann.

- Dem Begünstigten werden keine günstigeren Konditionen als von anderen am Konsortium beteiligten Kreditinstitute/Finanzierungsinstitute eingeräumt, und das Förderinstitut akzeptiert keine Konditionen, die schlechter sind als diejenigen, die von den anderen Kreditinstituten/Finanzierungsinstituten angeboten werden.
- Bereitschaft des Förderinstituts, mit allen in der EU niedergelassenen Kreditinstituten konsortial zusammenzuarbeiten.

Alleine kann ein Förderinstitut nur tätig werden, wenn: 32

- ein Land aus der OECD Länderrisikokategorie 7 betroffen ist; oder
- ein Land aus den OECD Länderrisikokategorien 5 oder 6 betroffen ist, das zugleich in Teil 1 der DAC Liste aufgeführt ist und die Finanzierungssumme unter 50 Mio Euro und die Laufzeit der Finanzierung über 4 Jahren liegt[13].

e) Zusammenfassung

Grundsätzlich sind alle staatlichen Beihilfen, für die kein marktgerechter Ausgleich geleistet wird, unvereinbar mit den Beihilferegeln der Artikel 87 Abs. 1 EG und 88 EG. Art. 87 Abs. 2 EG legt einige Ausnahmen fest, und Art. 87 Abs. 3 a bis d EG zählt einige Fälle auf, in denen die Europäische Kommission die Vereinbarkeit mit dem Gemeinsamen Markt anerkennen kann. Gemäß Art. 87 Abs. 3 e EG kann der Rat auf Vorschlag der Kommission sonstige Arten von Beihilfen mit qualifizierter Mehrheit als vereinbar mit dem Gemeinsamen Markt und damit mit Art. 87 Abs. 1 EG ansehen. 33

Gemäß Art. 88 Abs. 3 EG muss die Kommission von jeder beabsichtigten Einführung oder Umgestaltung von Beihilfen unterrichten. Die Kommission prüft die betreffende Regelung. Bis zu einer abschließenden Entscheidung darf diese gemäß Art. 88 EG nicht umgesetzt werden. Kommt die Kommission zu dem Ergebnis, dass die Beihilfe mit dem Gemeinsamen Markt unvereinbar ist, entscheidet sie entsprechend. Die Folge dieser Entscheidung ist die Ungültigkeit des innerstaatlichen Rechtsaktes. Ist die betreffende Beihilfe bereits gewährt, muss sie zurückgefordert werden[14]. 34

Auf der Grundlage der Regelungen der Artikel 87 und 88 hat die Europäische Kommission entschieden, dass Anstaltslasten und Gewährträgerhaftungen, die öffentlichen Kreditinstituten sowie Landesbanken und Sparkassen (ohne marktgerechten Ausgleich) gewährt werden, mit dem Gemeinsamen Markt unvereinbar sind. Diese Entscheidung, die die Kommission mit Schreiben vom 27.03.2002 Az.: C(2002) 1286 mitgeteilt hat, bezieht sich der Sache nach auch auf staatliche Refinanzierungsgarantien, soweit für diese kein marktgerechter Ausgleich geleistet wird. Eine Ausnahme macht die Kommission in ihrer Entscheidung nur für Institute, die öffentliche Förderaufgaben wahrnehmen. Allerdings knüpft sie diese Ausnahmen an Voraussetzungen, die sie in ihrem Schreiben vom 27.03.2002 ebenfalls ausführt. 35

---

13 Vgl. Schreiben der EU Kommission vom 27.3.2002, Az: C(2002) 1286.
14 Schimansky/Bunte/Lwowski, Bankrechtshandbuch, Bd I, 3. Aufl. 2007, § 89 Anm. 20.

36 In der **Konsequenz** heißt dies, dass die Pfandbriefbank sich vor Indeckungnahme einer im Rahmen einer Anstaltslast, Gewährträgerhaftung oder staatlichen Refinanzierungsgarantie abgesicherten Geldforderung vergewissern muss, ob diese staatliche Absicherung vereinbar mit dem Gemeinsamen Markt ist. Aus obigen Darlegungen wird klar, dass die Pfandbriefbank die zur Vergewisserung erforderliche Prüfung in der Praxis schon deshalb nicht vornehmen kann, weil die Entscheidungskompetenz bei der Europäischen Kommission liegt und diese über einen gewissen Beurteilungsspielraum verfügt. Daraus folgt, dass die Pfandbriefbank vor Indeckungnahme eine Bestätigung der Kommission einholen muss, dass die Anstaltslast, Gewährträgerhaftung oder staatliche Refinanzierungsgarantie mit dem Gemeinsamen Markt vereinbar ist, beziehungsweise keinen Beihilfetatbestand im Sinne des Gemeinschaftsrechts darstellt. Da die Vereinbarkeit einer Beihilfe mit der Europäischen Gemeinschaft von der EU-Kommission zertifiziert werden muss, dürfte die öffentliche Stelle, die die Beihilfe gewährt, in aller Regel im Besitz einer entsprechenden Zertifizierung sein.

37 Bei **Förderinstituten** dürfte es ausreichend sein, wenn die Pfandbriefbank die Rechtsgrundlage (Gesetz, Satzung) der Beihilfe (Anstaltslast, Gewährträgerhaftung oder Gewährleistungsgarantie) nachvollzieht und sich von dem Förderinstitut schriftlich bestätigen lässt, dass diese Rechtsgrundlage der Kommission zur Kenntnis gebracht und von ihr bis zum Ablauf einer angemessenen Frist nicht beanstandet wurde. In Bezug auf die **Kreditanstalt für Wiederaufbau (KfW)** ergibt sich aus § 1 Abs. 1 des Gesetzes über die KfW, Stand: 31. Oktober 2006, dass die Kreditanstalt eine Anstalt des öffentlichen Rechts ist. In § 1a des Gesetzes über die KfW ist die Haftung des Bundes für die KfW festgelegt. § 1a hat folgenden Wortlaut: „Der Bund haftet für die von der Anstalt aufgenommenen Darlehen und begebenen Schuldverschreibungen, die als Festgeschäfte ausgestalteten Termingeschäfte, die Rechte aus Optionen und andere Kredite an die Anstalt, sowie für Kredite an Dritte, soweit sie von der Anstalt ausdrücklich gewährleistet werden".

38 **Übergangsfristen.** Verbindlichkeiten, die am 18.07.2001 bestehen, sind bis zum Ende ihrer Laufzeit von der Gewährträgerhaftung gedeckt. Bis zum 18.07.2005 konnte das in Deutschland bestehende System von Anstaltslast und Gewährträgerhaftung in der gegenwärtigen Form aufrechterhalten werden. Ab dem 18.07.2005 wird jede bis dahin bestehende und nach dem 18.07.2001 begründete Verbindlichkeit weiterhin von der Gewährträgerhaftung gedeckt sein unter der Bedingung, dass ihre Laufzeit nicht über den 31.12.2015 hinausgeht[15].

13. Das gesetzliche Recht zur Erhebung von Gebühren, Umlagen oder anderen Abgaben

a) Gesetzliches Recht

39 Auch Satzungen, die eine juristische Person des öffentlichen Rechts im Rahmen ihrer Satzungsautonomie erlässt, fallen unter den Begriff des gesetzlichen Rechts[16]. In Bezug auf Gemeinden ergeben sich die Satzungshoheit und deren Ausgestaltung aus den Gemeindeordnungen der jeweiligen Länder. Die Befugnis zum Erlass von Gemeindeordnungen ergibt sich wiederum aus den Verfassungen der jeweiligen Bundesländer. Auch in Bezug auf Kör-

15 Vgl. Schreiben der Europäischen Kommission vom 27.3.2002, AZ C(2002) 1286, S. 9.
16 Fehling,/Kastner, Verwaltungsrecht, Handkommentar, 2. Aufl. 2010 § 47 VwGO Rdn. 46.

perschaften und Anstalten des öffentlichen Rechts, die keine Gebietskörperschaften sind, kann sich die Rechtsgrundlage aus einer Satzung ergeben, die der Träger der Körperschaft oder Anstalt des öffentlichen Rechts erlassen hat.

b) Abgaben

Abgaben sind Forderungen auf Geldleistungen, die hoheitlich geltend gemacht werden und zumindest auch der Deckung des Finanzbedarfs eines Hoheitsträgers zu dienen bestimmt sind. Gebühren, Beiträge oder Umlagen sind Unterfälle von Abgaben. 40

14. Mitgliedstaaten der Europäischen Union

Die Europäische Union umfasst derzeit 27 Mitgliedsstaaten: Belgien, Bulgarien, Dänemark, Deutschland, Estland, Finnland, Frankreich, Griechenland, Irland, Italien, Lettland, Litauen, Luxemburg, Malta, Niederlande, Österreich, Polen, Portugal, Rumänien, Schweden, Slowakei, Slowenien, Spanien, Tschechien, Ungarn, Vereinigtes Königreich, Zypern. 41

15. Vertragsstaaten des Abkommens über den Europäischen Wirtschaftsraum

Es gibt 30 Vertragsstaaten des Europäischen Wirtschaftsraumes: Belgien, Bulgarien, Dänemark, Deutschland, Estland, Finnland, Frankreich, Griechenland, Irland, Island, Italien, Lettland, Liechtenstein, Litauen, Luxemburg, Malta, Niederlande, Norwegen, Österreich, Polen, Portugal, Rumänien, Schweden, Slowakei, Slowenien, Spanien, Tschechien, Ungarn, Vereinigtes Königreich, Zypern. 42

16. Die Vereinigten Staaten von Amerika, Japan, die Schweiz und Kanada sowie deren Zentralnotenbanken

Im Gegensatz zu den Mitgliedstaaten der Europäischen Union und den Vertragsstaaten über den Europäischen Wirtschaftsraum sind Forderungen gegen die USA, Japan, die Schweiz und Kanada nur dann deckungsfähig, wenn deren **Risikogewicht** nach Tabelle 1 des Anhanges VI der Richtlinie 2006/48/EG[17] (entsprechend der von den zuständigen Behörden vorgenommenen Zuordnung des Ratings anerkannter internationaler Ratingagenturen) der **Bonitätsstufe 1** zugeordnet worden ist. Mit dieser Regelung stellt der Gesetzgeber den Gleichklang der Staatsfinanzierung nach dem Pfandbriefgesetz mit der Bankenrichtlinie 2006/48/EG her. Diese Bankenrichtlinie regelt zwar nicht die Deckungsfähigkeit von Forderungen gegenüber Staaten, sie wirkt aber gleichwohl auf das Pfandbriefgesetz ein. Gemäß Anhang VI Rdn. 68 der Bankenrichtlinie sind gedeckte Schuldverschreibungen solche Schuldverschreibungen im Sinne des Art. 22 Abs. 4 der Richtlinie 85/611/EWG, die unter anderem besichert sind durch Forderungen gegenüber Nicht-EU-Ländern, deren Zentralbanken und multilateralen Entwicklungsbanken, wobei diese Forderungen der **Bonitätsstufe 1** zugeordnet sein müssen. Dabei bezieht sich diese Bonitätsstufe 1 auf 43

17 S. www.bundesbank.de/download/bankenaufsicht/pdf/2006_48_eg.pdf.

die **Tabelle 1 des Anhanges VI der Richtlinie 2006/48/EG**[18]. Diese Tabelle 1 führt 6 Bonitätsstufen auf und ordnet diesen Bonitätsstufen bestimmte Risikogewichte zu. Gemäß § 20 Abs. 1 Nr. 1d müssen diese Bonitätsstufen von der zuständigen Behörde – in Deutschland ist dies die Bundesanstalt für Finanzdienstleistungsaufsicht (BaFin) – den Ratings anerkannter internationaler Ratingagenturen zugeordnet werden. Diese Zuordnung hat das BaFin vorgenommen und im Internet veröffentlicht[19].

44 Für die Beurteilung der Deckungsfähigkeit von Forderungen gegenüber den Vereinigten Staaten von Amerika, Japan, der Schweiz und Kanada ergibt sich somit folgendes **Prüfungsschema**: a): Feststellung des Ratings der anerkannten internationalen Ratingagenturen. Bei unterschiedlichen Ratings der verschiedenen Ratingagenturen ist zu empfehlen, das zweitbeste zu wählen. Diese Vorgehensweise entspricht der in § 44 der Solvabilitätsverordnung (SolvV) festgelegten Vorgehensweise für die Zuordnung von Ratings an Risikogewichte. b): Zuordnung des nach a) ermittelten Ratings an eine Bonitätsstufe gemäß der neuesten im Internet veröffentlichten Zuordnung des Bafin[20]. c): Als Ergebnis der Zuordnung muss sich die Bonitätsstufe 1 ergeben.

17. Regionalverwaltungen und Gebietskörperschaften der Vereinigten Staaten von Amerika, Japan, der Schweiz und Kanada

45 § 20 Abs. 1 Nr. 1e räumt den Zentralstaaten USA, Japan, Schweiz und Kanada ein Wahlrecht ein. Sofern die in diesen Staaten zuständigen nationalen Behörden die Regionalverwaltungen und Gebietskörperschaften ihren jeweiligen Zentralstaaten gleichgestellt haben, ist die Ermittlung der **Bonitätsstufe 1** der Gebietskörperschaften und Regionalverwaltungen identisch mit der Ermittlung der **Bonitätsstufe 1** ihrer Zentralstaaten. Alternativ dazu haben die in den USA, Japan, der Schweiz und Japan die Möglichkeit, ihren Regionalverwaltungen oder Gebietskörperschaften nach eigenen nationalen Regelungen ein Risikogewicht zuzuordnen. Sofern dieses **Risikogewicht** nach Tabelle 3 des Anhanges VI der Richtlinie 2006/48/EG der Bonitätsstufe 1 entspricht,[21] sind Geldforderungen gegen die betreffenden Regionalverwaltungen und Gebietskörperschaften deckungsfähig. Ob die Bonitätsstufe 1 gegeben ist, bestimmt sich wiederum nach den Ratings anerkannter internationaler Ratingagenturen sowie der Zuordnung dieser Ratings zu einer der sechs Bonitätsstufen.

18. Mulitlaterale Entwicklungsbanken:

46 Hierzu gehören folgende Institutionen: Internationale Bank für Wiederaufbau und Entwicklung, Internationale Finanzcorporation, Interamerikanische Entwicklungsbank, Asiatische Entwicklungsbank, Afrikanische Entwicklungsbank, Rat der Europäischen Entwicklungsbank, Nordische Entwicklungsbank, Karibische Entwicklungsbank, Europäische Bank für Wiederaufbau und Entwicklung, Europäische Investitionsbank, Europäischer In-

18 S. Anlage 2 zu § 20.
19 S. Anlage 1 zu § 20.
20 S. Anlage 1 zu § 20 – Fundort im Internet: Startseite BaFin < Veröffentlichungssuche < Als Suchtext eingeben: „Mapping“ < Liste der für die bankaufsichtsrechtliche Risikogewichtung anerkannten Ratinagenturen samt mapping.
21 Vgl. Anlage 3 zu § 20.

vestitionsfonds, Multilaterale Investitions-Garantieagentur, Internationale Finanzierungsfazilität für Impfungen, Islamische Entwicklungsbank[22].

19. Internationale Organisationen

Internationale Organisationen im Sinne des § 20 Abs. 1 Nr. 1f sind: Die Europäische Gemeinschaft, der Internationale Währungsfonds und die Bank für internationalen Zahlungsausgleich[23]. 47

20. Öffentliche Stellen

Für diesen Begriff gibt es im deutschen Recht keine einheitliche Definition. Aus diesem Grunde muss dieser Begriff nicht nur in Bezug auf die USA; Japan, die Schweiz oder Kanada im Sinne des Art. 4 Nr. 18 der Richtlinie 2006/48/EG definiert werden, sondern auch in Bezug auf die Mitgliedstaaten der Europäischen Union oder eines anderen Vertragsstaats des Abkommens über den europäischen Wirtschaftsraum[24]. Nach diesem Art. 4 Nr. 18 sind öffentliche Stellen wie folgt definiert: Nicht-gewerbliche Verwaltungseinrichtungen, die von Zentralstaaten, Gebietskörperschaften oder von Behörden, die in den Augen der zuständigen Behörden die gleichen Aufgaben wie regionale und lokale Behörden wahrnehmen, getragen werden, oder im Besitz von Zentralstaaten befindliche Unternehmen ohne Erwerbszweck, für die eine einer ausdrücklichen Garantie gleichstehende Haftung gilt, einschließlich selbst verwalteter Einrichtungen des öffentlichen Rechts, die einer öffentlichen Beaufsichtigung unterliegen[25]: 48

21. Gewährleistungsübernahme gemäß Abs. 1 Satz 1 Nummer 2

a) Exportkreditversicherer

Durch die Bezugnahme auf Art. 2 der Richtlinie 98/29EG wird der Kreis der Exportkreditversicherer ausgeweitet. Bereits bislang schon waren Exportkreditversicherer taugliche Gewährsleistungsgeber nach § 20, wenn sie entweder **unmittelbar dem Staat zuzuordnen** waren oder wenn sie als **juristische Personen des Privatrechts im Auftrag und auf Rechnung des Staates** tätig waren. Nunmehr fallen in diesen Kreis auch solche Exportkreditversicherer, **die öffentliche Stellen** im Sinne des § 20 Abs. 1 Nr. 1g sind. Darüber hinaus erfolgt durch diese Bezugnahme eine Begrenzung auf Exportkreditversicherer aus einem Mitgliedstaat der europäischen Union oder eines anderen Vertragsstaats des Abkommens über den europäischen Wirtschaftsraum[26]. 49

---

22 Vgl. Richtlinie 2006/48/EG, Anhang VI Nr. 4 vom 7.12.2009.
23 S. Richtlinie 2006/48/EG, Anhang VI Nr. 5 vom 7.12.2009.
24 S. BT DS 16/11130 S. 35 f.
25 S. www.bundesbank.de/download/bankenaufsicht/pdf/2006_48_eg.pdf; Richtlinie 2006/48/EG vom 7.12.2009, Art. 4 Rdn. 18.
26 Vgl. BT DS 16/11130 zu Nr. 17.

b) Gewährleistung

50 Als Gewährleistung kommen eine Bürgschaft, eine Garantie, eine Mischform von Bürgschaft und Garantie oder eine Gewährleistung sui generis in Betracht. Die Wirksamkeit einer **Bürgschaft** ist nach deutschem Recht vom Bestand einer Hauptforderung abhängig. Aus diesem Grunde kann der Bürge dem Gläubiger gemäß § 768 Abs. 1 BGB auch die Einreden entgegenhalten, die dem Hauptschuldner gegen den Gläubiger zustehen. Bei einer **Garantie** ist dies vom Grundsatz her nicht der Fall. Zwar ist die Garantie im deutschen Recht nicht definiert, doch haben sich international gewisse Standards herausgebildet. Danach ist eine Garantie **nicht vom Bestand der Hauptforderung** abhängig, und Einreden und Einwendungen aus dem Grundgeschäft können dem Garantiebegünstigten vom Garanten nicht entgegengehalten werden. Aus diesem Grunde enthalten Garantien in der Regel Abreden, dass Zahlungen entweder auf erstes Anfordern oder allenfalls gegen Vorlage einer schriftlichen Bestätigung, dass die Hauptforderung nicht gezahlt wurde, zu erfolgen haben. Außerdem sind Garantien nur werthaltig, wenn sie unbedingt und unwiderruflich sind. Alle diese Standards sind zwar üblich. Sie haben auch Eingang in die §§ 162 und 164 der Solvabilitätsverordnung gefunden, weswegen diese Vorschriften für die Ausgestaltung einer deckungsfähigen Gewährleistung auch gute Hinweise bieten. Sie sind aber nicht im Bürgerlichen Gesetzbuch festgeschrieben und müssen daher ausdrücklich im Garantievertrag vereinbart werden. Neben Bürgschaften und Garantien sind wegen des Grundsatzes der Vertragsfreiheit auch **Mischformen zwischen Bürgschaften und Garantien** möglich. Konsequenter Weise verlangt § 20 Abs. 1 Nr. 2 ausdrücklich, dass der Gewährleistende gegenüber der Pfandbriefbank **nicht das Recht haben darf, Einwendungen des Gläubigers gegenüber dem Schuldner dem Grundgeschäft geltend zu machen.** Bei einer Bürgschaft nach deutschem Recht muss die Geltendmachung dieser Rechte im Bürgschaftsvertrag ausdrücklich ausgeschlossen werden, weil diese Rechte wegen § 768 Abs. 1 BGB per Gesetz automatisch auf den Bürgen übergehen. Bei einer Garantie ist ein ausdrücklicher Ausschluss der Geltendmachung von Einwendungen aus dem der Garantie zugrundeliegenden Grundgeschäft mit Dritten demgegenüber nicht erforderlich, weil Garantien im Gegensatz zu Bürgschaften nicht vom Bestand der Hauptforderung abhängen und § 768 Abs. 1 BGB daher auf Garantien nicht – auch nicht analog – anwendbar ist. Es reicht daher, wenn in dem Garantievertrag kein Bezug zum Grundgeschäft vereinbart ist, der eine analoge Anwendung des § 768 Abs. 1 BGB nahelegt. Dass die Gewährleistung (Bürgschaft, Garantie oder Gewährleistung sui generis) **werthaltig** sein muss, versteht sich von selbst. Zusätzlich verlangt § 20 Abs. 1 Nr. 2 zur Sicherstellung dieser Werthaltigkeit ausdrücklich, dass der Gewährleistende **nicht das Recht haben darf, sich einseitig aus seinen Verpflichtungen zu lösen.** Er darf somit nicht das Recht haben, den Gewährleistungsvertrag ganz oder teilweise zu **kündigen**, zu **widerrufen**, hinsichtlich der **Laufzeit zu verkürzen** oder hinsichtlich der **Höhe zu reduzieren.** Darüber hinaus ist erforderlich, dass die Gewährleistung die Geldforderung in voller Höhe abdeckt[27]. Eine **schriftliche Fixierung** dieser Eigenschaften im Garantievertrag ist aus dem Gesetzeswortlaut nicht ableitbar und im deutschen Rechtskreis auch nicht erforderlich, weil ein abstrakter Garantievertrag nach deutschem Recht zum einen nicht nachträglich einseitig geändert werden kann und zum anderen auch nicht einseitig vom Gewährleistungsgeber gekündigt, widerrufen oder hinsichtlich der Laufzeit oder der Höhe verändert werden kann. Anders ist es aber, wenn ein Garantievertrag nach ausländischem Recht in Rede steht. Bei solchen Garantieverträgen nach ausländischem Recht ist eine exakte schriftliche Fixierungen der oben genannten

---

27 Vgl. BT DS 16/11130 zu Nr. 17.

Eigenschaften im Garantievertrag allein schon wegen der Vielzahl der in Frage kommenden Rechtsordnungen unabdingbar. Ob die Gewährleistung von einer **Bedingung** abhängen darf, hängt vom Sachverhalt ab. Im Falle einer **aufschiebenden Bedingung** ist die Bedingung dann unschädlich, wenn sie spätestens zum Zeitpunkt der Indeckungnahme eingetreten ist, weil der Garantievertrag mit dem Eintritt der Bedingung wirksam wird und sich die Bedingung erledigt hat. Steht der Gewährleistungsvertrag aber unter einer **auflösenden Bedingung**, so liegt zwar zunächst ein wirksamer Garantievertrag vor. Diese Wirksamkeit kann aber jederzeit durch den Eintritt der auflösenden Bedingung entfallen. Eine auflösende Bedingung ist daher vom Grundsatz her immer schädlich und führt deshalb dazu, dass die Gewährleistung keine taugliche Gewährleistung im Sinne des § 20 Abs. 1 Nr. 2 darstellt. Eine schriftliche Fixierung, dass die Gewährleistung nicht unter einer schädlichen Bedingung steht, ist nicht erforderlich, solange nur der deutsche Rechtskreis betroffen ist.

Man wird nicht fordern müssen, dass die Laufzeit der Gewährleistung mit der Laufzeit der **51** korrespondierenden Geldforderung übereinstimmt oder über sie hinausgeht. Die Laufzeit der Gewährleistung kann wohl kürzer sein als die Laufzeit der Geldforderung, aber nur unter der Voraussetzung, dass die mit der kürzeren Laufzeit selbstverständlich einhergehende kürzere Deckungsfähigkeit bei der Steuerung der Deckungskongruenz berücksichtigt wird. Denn es kann insoweit nicht auf die Laufzeit des Deckungswertes ankommen, sondern nur auf die Laufzeit der Gewährleistung.

c) Rechtsanspruch

Aus der Gewährleistung muss ein **eigener, von der Pfandbriefbank einklagbarer** **52** **Rechtsanspruch** der Pfandbriefbank gegen den Gewährleistenden hervorgehen, dass dieser entweder die Pfandbriefbank direkt befriedigt oder aber dass der Gewährleistende den Schuldner in die Lage versetzt, seine Schuld gegenüber der Pfandbriefbank zu begleichen[28].

d) Verhältnis des schriftlichen Anerkenntnisses der Einredefreiheit der anderen Forderungen gemäß Abs. 1 Satz 1 zu der Anforderung gemäß Abs. 1 Satz 1 Nr. 2 Satz 3, dass der Gewährleistende gegenüber der Pfandbriefbank nicht das Recht haben darf, Einwendungen aus dem Rechtsverhältnis mit Dritten geltend zu machen.

Das Erfordernis des **schriftlichen Anerkenntnisses der Einredefreiheit** gemäß Abs. 1 **53** Satz 1 gilt, wie oben dargelegt, **nur** in Bezug auf die **anderen Forderungen** im Sinne der **zweiten Alternative** des Abs. 1, nicht aber auch auf die **Forderungen aus Darlehen, Schuldverschreibungen und vergleichbaren Geschäften** im Sinne der **ersten Alternative** des Abs. 1 Satz 1. Die in Abs. 1 Satz 1 Nr. 2 Satz 3 festgelegte Anforderung, dass der **Gewährleistende gegenüber der Pfandbriefbank nicht das Recht haben darf, Einwendungen aus dem Rechtsverhältnis mit Dritten geltend zu machen**, gilt demgegenüber sowohl in Bezug auf die Forderungen der ersten als auch der „anderen Forderungen" im Sinne der zweiten Alternative des Abs. 1 Satz 1. Damit stellt sich die Frage, in welchem **Verhältnis** die in der Überschrift genannten beiden Anforderungen zueinander stehen. Der Abs. 1 umfasst unter anderem auch die Nummern 1 bis 3. Aus diesem grammatikalischen Zusammenhang könnte man schließen, dass das schriftliche Anerkenntnis der Einredefreiheit sowohl für die „anderen Forderungen" der Nummer 1 als auch für die

28 BT DS 16/11130 zu § 17.

„anderen Forderungen der Nummern 2 und 3 des Abs. 1 vorliegen muss. Dieser auf den ersten Blick naheliegenden Auslegung kann jedoch in Bezug auf die Nummer 2 nicht gefolgt werden. Vielmehr ist Abs. 1 Satz 1 dahingehend einschränkend zu interpretieren, dass in Bezug auf die Nummer 2 das Erfordernis des schriftlichen Anerkenntnisses der Einredefreiheit nur in Bezug auf Einwendungen gilt, die der Gewährleistungsgeber gegenüber der Pfandbriefbank aus der direkten Rechtsbeziehung zwischen Gewährleistungsgeber und Pfandbriefbank hat. Dagegen kann das Erfordernis des schriftlichen Anerkenntnisses der Einredefreiheit nicht auch in Bezug auf Einwendungen gelten, die dem Gewährleistungsgeber gegenüber der Pfandbriefbank aus dem Rechtsverhältnis mit Dritten zustehen. Denn die in Nummer 2 Satz 3 ausdrücklich festgelegte Bestimmung, dass der Gewährleistungsgeber nicht das Recht haben darf, gegenüber der Pfandbriefbank Einwendungen aus dem Rechtsverhältnis mit Dritten geltend zu machen, wäre überflüssig, wenn sich das Erfordernis des Vorliegens eines schriftlichen Anerkenntnisses der Einredefreiheit auch auf die in Nr. 2 des Abs. 1 geregelten Einwendungen gegenüber der Pfandbriefbank aus dem Rechtsverhältnis mit Dritten beziehen würde. Sie wäre darüber hinaus auch falsch, weil es ja gerade nicht ausreichen würde, dass der Gewährleistende der Pfandbriefbank gegenüber kein Recht hat, Einwendungen aus dem Rechtsverhältnis mit Dritten geltend zu machen. Vielmehr müsste der Gewährleistende darüber hinaus die Einredefreiheit vielmehr schriftlich anerkannt haben.

22. Bestandsschutz

54 § 20 Abs. 1 Nr. 3 gewährt einen gewissen Bestandschutz. Wenn ein in Nummer 3 genannter Forderungsschuldner oder Gewährleistungsgeber von der Bonitätsstufe 1 in die Bonitätsstufe 2 herabgestuft wird, bleibt die betreffende Forderung deckungsfähig. Voraussetzung ist aber, dass der herabgestufte Forderungsschuldner oder Gewährleistungsgeber zum Zeitpunkt der Indeckungnahme der Forderung der Bonitätsstufe 1 zugeordnet war. Außerdem darf der Anteil der von der nachträglichen Herabstufung betroffenen Forderungen 20 % des Gesamtbetrages der ausstehenden öffentlichen Pfandbriefe nicht übersteigen.

55 Wegen der in Abs. 1 Satz 2 festgelegten **Kontingentierung** des Gesamtbetrages der Forderungen gegen Schuldner in Staaten, die nicht der Europäischen Union angehören und bei denen nicht sichergestellt ist, dass sich das Vorrecht der Gläubiger gemäß § 30 Abs. 1 auf diese Forderung erstreckt, wird auf die Kommentierung zu § 13 – Kontingentierung – verwiesen.

23. Weiterte Deckungswerte

a) Die in § 19 Abs. 1 Nr. 1 genannten Werte

56 Bei diesen Werten handelt es sich um **Inhaberschuldverschreibungen,** die aus der **Umwandlung von Ausgleichsforderungen entstanden sind.** Hintergrund ist die Einführung der Deutschen Mark West in dem ehemaligen Gebiet der Deutschen Demokratischen Republik. Im Zuge dieser Währungsumstellung erstellten Geldinstitute, die vor dem ersten Juli 1990 im Währungsgebiet der Deutschen Mark Ost befugt Bankgeschäfte betrieben haben, und Außenhandelsunternehmen, die vor dem ersten Juli 1990 im Wahrungsgebiet der Deutschen Mark Ost im Auftrag staatlicher Stellen bestimmte Geschäfte mit Unternehmen oder Ländern außerhalb des Währungsgebietes der Deutschen Mark Ost betrieben

hatten, eine Schlussbilanz in der Währung der Deutschen Mark Ost und eine Eröffnungsbilanz in der Deutschen Mark West erstellt. Diese Bilanzen wurden von der Bundesanstalt (damals noch Bundesaufsichtsamt für das Kreditwesen) daraufhin überprüft, ob Vermögenswerte und Verbindlichkeiten nach dem D-Markbilanzgesetz umgestellt worden waren. Sofern die Umstellung korrekt war, wurde sie von der Bundesanstalt bestätigt. Die Bundesanstalt teilte den Geldinstituten beziehungsweise Außenhandelsbetrieben Forderungen in einer gegen den Ausgleichsfonds Währungsumstellung zu. Die Höhe dieser Forderungen richtete sich nach bestimmten Kriterien, die in § 4 der Verordnung über die Bestätigung der Umstellungsrechnung und das Verfahrend der Zuteilung und des Erwerbs von Ausgleichsforderungen (BUZAV) festgelegt sind. Diese Forderungen können gemäß § 8 Abs. 2 dieser Verordnung auf Antrag der Gläubiger in **Inhaberschuldverschreibungen** umgewandelt werden, deren Emittentin der Ausgleichsfonds Währungsumstellung ist. Der Ausgleichsfonds Währungsumstellung ist eine Anstalt des öffentlichen Rechts mit eigener Rechtspersönlichkeit.

b) Geldforderungen gegen geeignete Kreditinstitute

Die in § 4 Abs. 1 Satz 2 Nr. 3 festgelegte Anforderung der Zuordnung eines der **Bonitätsstufe 1** entsprechenden **Risikogewichtes** ist lediglich als Voraussetzung anzusehen, ohne deren Vorliegen die **Geeignetheit** des Kreditinstitutes von vorne herein ausgeschlossen ist[29]. Auch bei Vorliegen dieses Kriteriums ist die Geeignetheit des Kreditinstitutes zu verneinen, wenn auf andere Weise Zweifel an der Liquidität auftreten. Entsprechendes gilt auch dann, wenn die wirtschaftlichen und politischen Verhältnissen eines in § 4 eigentlich zugelassenen Institutes Zweifel daran aufkommen lassen, ob das Kreditinstitut noch auf absehbare Zeit in der Lage sein wird, die Guthaben an die Pfandbriefbank zu überweisen. Die Schwelle zur Ungeeignetheit wird wohl dann erreicht sein, wenn Umstände ersichtlich oder absehbar sind, aus denen sich begründete Zweifel ergeben, dass das Kreditinstitut – aus welchen Gründen auch immer – das Guthaben an die Pfandbriefbank zahlen kann. 57

Der in § 4 Abs. 1 Satz 2 Nr. 3 genannte Begriff des **geeigneten Kreditinstitutes** ist nicht identisch mit dem Begriff des geeigneten Kreditinstitutes, wie er in § 1 Abs. 2 Satz 1 verwandt wird. Der Unterschied ist darin begründet, dass es in § 1 Abs. 2 Satz 1 um den (insolvenzfesten) Anspruch gegen ein Kreditinstitut auf Erwerb einer Hypothek geht, während es sich in § 4 Abs. 1 Satz 2 Nr. 3 um Guthaben bei einem Kreditinstitut handelt. Dieser Unterschied führt dazu, dass der in § 4 Abs. 1 Satz 2 Nr. 3 verwendete Begriff des geeigneten Kreditinstituts nach weniger Kriterien zu interpretieren ist als derselbe Begriff, wie er in § 1 Abs. 2 Satz 2 zum Gebrauch kommt. Allerdings wird man auch im Rahmen des § 4 verlangen müssen, dass keinerlei Zweifel an der Zahlungsfähigkeit des Kreditinstituts bestehen. 58

Der Anteil der Geldforderungen gegen geeignete Kreditinstitute ist auf maximal 10 Prozent des Gesamtbetrages der im Umlauf befindlichen Öffentlichen Pfandbriefe begrenzt. Dabei muss der Pfandbriefbank die Höhe dieser Forderungen bereits bei dem Erwerb bekannt sein. Der Anteil der Geldforderungen gegen ein und dasselbe geeignete Kreditinstitut darf 2 Prozent des Gesamtbetrages der im Umlauf befindlichen Öffentlichen Pfandbriefe nicht übersteigen. Diese Regelung dient der **Minimierung von Risiken** einschließlich sogenannter Klumpenrisiken. 59

29 Vgl. zu oben § 20 I Nr. 1d und e.

c) Die in § 19 Abs. 1 Nr. 4 genannten Werte

60 Es wird auf den Gesetzestext zu § 19 Abs. 1 Nummer 4 sowie die Kommentierung zu den Ansprüchen aus Derivategeschäften verwiesen. Es ist zu beachten, dass an die Stelle des Gesamtbetrages der im Umlauf befindlichen Hypothekenpfandbriefe der Gesamtbetrag der im Umlauf befindlichen Öffentlichen Pfandbriefe tritt.

d) Ausnahmen

61 Gemäß Abs. 3 kann die Bundesanstalt Ausnahmen von den Begrenzungen des Abs. 2 zulassen, wenn die Erlaubnis zum Betreiben des Pfandbriefsgeschäftes erlischt oder wenn die Bundesanstalt diese Erlaubnis aufhebt. In beiden Fällen sind die Deckungsmassen abzuwickeln. Im Rahmen dieser Abwicklung kann es geboten sein, Ausnahmen zuzulassen[30].

24. Erstreckung der Deckungswerte

62 Der Wortlaut des Abs. 4 ist sehr weit gefasst. Im Ergebnis erstrecken sich die im Deckungsregister eingetragenen Deckungswerte auf alle Forderungen, die mit dem Grundstück zusammenhängen und in irgendeiner Weise auf die wirtschaftliche Substanz des Deckungswertes gerichtet sind, etwa weil sie wertsteigernd sind, zur Inhaberschaft führen oder den Verwertungserlös betreffen. Die Aufzählung bestimmter Forderungen in Abs. 4 ist nicht abschließend. Dies geht aus der Verwendung des Begriffes „insbesondere" hervor. Daneben stellt der beispielhafte Verweis auf die gesetzlichen Regelungen der §§ 1120, 1123, 1126, 1127 und 1128 BGB – Erstreckung der Hypothek auf Erzeugnisse, Bestandteile, Zubehör, Miet- oder Pachtforderungen, wiederkehrende Leistungen und Versicherungen – klar, dass neben rechtsgeschäftlichen Forderungen auch gesetzliche Forderungen erfasst werden. Abs. 4 trägt dem Umstand Rechnung, dass gemäß § 13 nicht nur inländische Hypotheken zur Pfandbriefdeckung herangezogen werden können, sondern auch bestimmte ausländische. Ausländische Hypotheken sind naturgemäß nicht identisch zu den inländischen Hypotheken geregelt. Das gleiche gilt für die nach ausländischem Recht geregelten Forderungen, die auf die wirtschaftliche Substanz des Grundstücks gerichtet sind. Die Erstreckung der eingetragenen Deckungswerte auf alle Forderungen, die auf die wirtschaftliche Substanz des Grundstücks gerichtet sind, hat zur Folge, dass alle diese Forderungen im Konkurs der Pfandbriefbank nicht in die Insolvenzmasse fallen, sondern für die Pfandbriefgläubiger ausgesondert werden können. Dies gilt auch, soweit die Forderungen nicht vom sonstigen Vermögen der Pfandbriefbank unterschieden werden können. Abs. 4 ergänzt insoweit als Spezialvorschrift den § 48 Satz 2 der Insolvenzordnung.

---

30 BT DS 15/4321 zu § 19 und zu § 20.

Anlage 1 zu § 20 PfandBG

Zuordnung der Bonitätsbeurteilungskategorien zu aufsichtlichen Bonitätsstufen nach § 54 SolvV

Kreditrisiko-Standardansatz (KSA) ohne Verbriefungen

Nicht kurzfristige Bonitätsbeurteilungen

**Bonitätsbeurteilungskategorie
(Stand: 6. September 2010)**

CRAG	DBRS	Fitch	JCRA	Moody's	S&P	Bonitätsstufe
AAA	AAA bis AA (low)	AAA bis AA-	AAA bis AA-	Aaa bis Aa3	AAA bis AA-	1
AA+ bis A–	A (high) bis A (low)	A+ bis A-	A+ bis A-	A1 bis A3	A+ bis A-	2
BBB+ bis BBB–	BBB (high) bis BBB (low)	BBB+ bis BBB–	BBB+ bis BBB–	Baa1 bis Baa3	BBB+ bis BBB–	3
BB+ bis BB–	BB (high) bis BB (low)	BB+ bis BB–	BB+ bis BB–	Ba1 bis Ba3	BB+ bis BB–	4
B+ bis B–	B (high) bis B (low)	B+ bis B–	B+ bis B–	B1 bis B3	B+ bis B–	5
CCC und darunter	CCC (high) und darunter	CCC+ und darunter	CCC+ und darunter	Caa1 und darunter	CCC+ und darunter	6

Fundort im Internet:

Startseite Bafin > Veröffentlichungssuche > als Suchtext eingeben. „Mapping“ > Liste der für die bankaufsichtsrechtliche Risikogewichtung anerkannten Ratingagenturen samt mapping.

Anlage 2 zu § 20 PfandBG

Richtlinie 2006/48/EG – Anhang VI

Standardansatz

Teil I

Risikogewichte

1. Forderungen an Zentralstaaten oder Zentralbanken

1.1.2 Vorbehaltlich Nr. 3 (Forderungen an Verwaltungseinrichtungen und Unternehmen ohne Erwerbscharakter) werden Forderungen an Zentral staaten und Zentralbanken, für die ein Rating einer anerkannten Ratingagentur vorliegt, ein Risikogewicht nach Tabelle 1 entsprechend der von den zuständigen Behörden vorgenommenen Zuordnung der Ratings anerkannter Ratingagenturen zu den 6 Bonitätsstufen zugewiesen.

Tabelle 1

Bonitätsstufe:	1	2	3	4	5	6
Risikogewicht:	0 %	20 %	50 %	100 %	100 %	150 %

Anlage 3 zu § 20 PfandBG

Richtlinie 2006/48/EG – Anhang VI

Standardansatz

Teil I

Risikogewichte

6. Forderungen an Institute

6.3 Auf dem Risikogewicht des Sitzstaates basierende Methode

Forderungen an Institute wird ein Risikogewicht entsprechend der Bonitätsstufe zugewiesen, die Forderungen an ihrem Sitzstaat gemäß Tabelle 3 zugewiesen sind.

Tabelle 3

Bonitätsstufe:	1	2	3	4	5	6
Risikogewicht:	20 %	50 %	100 %	100 %	100 %	150 %

Unterabschnitt 3

Schiffspfandbriefe

§ 21 Deckungswerte

Zur Deckung für Schiffspfandbriefe dürfen nur durch Schiffshypotheken gesicherte Darlehensforderungen verwendet werden, soweit sie den Erfordernissen der § 22 bis 24 entsprechen. Im Falle einer teilweisen Verwendung einer Darlehensforderung zur Deckung hat die Pfandbriefbank den Vorgang nachvollziehbar zu dokumentieren.

Übersicht

1. Schiffshypotheken

Schiffshypotheken können an **Schiffen** und **Schiffsbauwerken** bestellt werden. Die Bestellung einer Hypothek an einem Schiff richtet sich im deutschen Recht nach § 8 Abs. 1 SchiffsRG in Verbindung mit § 3 SchiffsRG[1]. Danach kann eine Schiffshypothek nur an einem Schiff bestellt werden, das in einem Schiffsregister eines deutschen Gerichts eingetragen ist. Die Bestellung einer Hypothek an einem Schiffsbauwerk richtet sich nach den §§ 76 ff SchiffsRG, wobei gemäß der §§ 77 und 78 SchiffsRG unter anderem die §§ 3 bis 8 unter bestimmten Voraussetzungen Anwendung finden. Aus diesen Vorschriften ergibt sich, dass Schiffsbauwerke und Schiffsbauhypotheken nicht das Schiffsregister eingetragen werden, sondern in ein gesondertes Register für Schiffsbauwerke. Nach dieser Eintragung gelten die §§ 3 bis 7 auch für Schiffsbauwerke. Eine Schiffshypothek **entsteht durch Einigung** über das Entstehen der Schiffshypothek **und Eintragung** in das Schiffsregister. **Eintragungsfähig** sind die Eigentumsverhältnisse sowie die Rechtsverhältnisse an den Schiffen oder Schiffsbauwerken. Art und Umfang dieser Eintragung wird sowohl in Bezug auf Schiffe als auch in Bezug auf Schiffsbauwerke in den §§ 24 ff SchiffsRG geregelt. Gemäß § 24 müssen bei der Eintragung der Hypothek für ein Schiff der Gläubiger, der Geldbetrag der Forderung, und – sofern vereinbart – der Zinssatz sowie der Gesamtbetrag sonstiger Nebenleistungen eingetragen werden. Dabei kann auf die Eintragungsbewilligung Bezug genommen werden. Sofern der Hypothekengläubiger eine Kreditanstalt ist, deren Satzung von der zuständigen Behörde bekannt gemacht worden ist, kann wegen der satzungsgemäß zu entrichtenden Nebenleistungen (mit Ausnahme der Zinsen) auf die Satzung Bezug genommen werden. Bei Schiffsbauwerken gelten neben den §§ 24 ff SchiffsRG zusätzlich 1

1 Gesetz über Rechte an eingetragenen Schiffen und Schiffsbauwerken.

die §§ 76 ff SchiffsRG. Aus § 76 Abs. 1 geht hervor, dass eine Schiffshypothek auch an einem in einer Schiffswerft im Bau befindlichen Schiff bestellt werden kann. Abs. 2 schränkt dies jedoch ein, indem er festlegt, dass die Hypothekenbestellung an dem Schiffsbauwerk nur dann zulässig ist, sobald entweder der Kiel gelegt ist oder aber das Schiffsbauwerk durch Namen oder Nummern an einer bis zum Stapellauf des Schiffes sichtbar bleibenden Stelle dauernd gekennzeichnet ist. Außerdem muss das Schiffsbauwerk nach seiner Fertigstellung entweder als Seeschiff mehr als 50 Kubikmeter Bruttoraum haben oder als Binnenschiff zur Eintragung in das Binnenschiffsregister geeignet sein.

2 Wegen der Einzelheiten zu Schiffen, Schiffsbauwerken und Registern wird auf die Kommentierung zu § 22 verwiesen.

2. Schiffsurkunden

3 Die Registergerichte müssen gemäß § 60 Abs. 1 der Schiffsregisterordnung (SchRegO) über Schiffe Urkunden ausstellen, die den vollen Inhalt des Registers beinhalten. Bei Seeschiffen wird diese Urkunde als Schiffszertifikat bezeichnet, bei Binnenschiffen als Schiffsbrief.

3. Indeckungnahme eines Darlehensteils

4 § 21 Satz 2 erlaubt es, eine Darlehensforderung nur in dem Umfang in Deckung zu nehmen, wie die Beleihungsvorschriften erfüllt sind[2]. Dieser Vorgang muss nachvollziehbar dokumentiert werden, um sowohl dem Treuhänder als auch der Bundesanstalt eine Kontrolle zu ermöglichen[3].

§ 22 Beleihungsgrenze

(1) Die Beleihung ist auf Schiffe und Schiffbauwerke beschränkt, die in einem öffentlichen Register eingetragen sind.

(2) Die Beleihung darf die ersten 60 Prozent des von der Pfandbriefbank auf Grund einer Wertermittlung nach § 24 festgesetzten Wertes des Schiffes (Schiffsbeleihungswert) oder Schiffsbauwerkes nicht übersteigen. Sie darf nur durch Gewährung von Abzahlungsdarlehen erfolgen, wobei die Abzahlung des Darlehens in der Regel gleichmäßig auf die einzelnen Jahre zu verteilen ist; die Vereinbarung sich ermäßigender Tilgungsraten ist unschädlich. Wird für ein Darlehen vereinbart, dass dieses bis zum Ende der Darlehenslaufzeit nicht vollständig durch Abzahlungsraten gemäß Satz 2 sondern zusätzlich durch eine am Ende der Darlehenszeit zu erbringende Schlussrate zu tilgen ist, gilt dies nicht als Fall ungleichmäßiger Abzahlung, wenn die Schlussrate den Betrag nicht übersteigt, der bei Zugrundelegung der für das Darlehen vereinbarten gleichmäßigen Abzahlung bis zum Ende des 20. Lebens-

2 Vgl. § 14 und § 5 Abs. 1a.
3 BT DS 16/11130 S. 36.

jahres des Schiffes zurückgezahlt werden könnte. Die Bundesanstalt kann in Einzelfällen weitere Ausnahmen von den Vorschriften der Sätze 1 und 2 zulassen, wenn die Eigenart des zu beleihenden Schiffes oder Schiffsbauwerkes, die wirtschaftlichen Verhältnisse des Darlehensschuldners oder zusätzliche Sicherheiten sie gerechtfertigt erscheinen lassen.

(3) (aufgehoben)

(4) Die Beleihung darf höchstens bis zu Ende des 20. Lebensjahres des Schiffes reichen, es sei denn, dass eine geringere Lebensdauer zu erwarten ist. Die Bundesanstalt kann darüber hinaus unter den Voraussetzungen des Abs. 2 Satz 4 weitere Ausnahmen zulassen. Eine dem Darlehensnehmer gewährte Stundung, die zur Folge haben würde, dass die zulässige Höchstdauer des Beleihungszeitraumes überschritten wird, ist nur mit Zustimmung des Treuhändlers zulässig. Werden mehrere Schiffe oder Schiffsbauwerke durch eine durch Schiffshypotheken gesicherte Darlehensforderung beliehen, ist die Darlehensforderung nur dann zur Deckung geeignet, wenn bei deren Aufteilung auf die einzelnen Schiffe und Schiffsbauwerke die einzelnen Darlehensforderungen zur Deckung geeignet wären.

(5) Die Beleihung von Schiffen und Schiffsbauwerken, die im Ausland registriert sind, ist zulässig, wenn nach dem Recht des Staates, in dessen Register das Schiff oder das Schiffsbauwerk eingetragen ist,

1. an Schiffen und Schiffsbauwerken ein dingliches Recht bestellt werden kann, das in ein öffentliches Register eingetragen wird,

2. das dingliche Recht dem Gläubiger eine der Schiffshypothek des deutschen Rechts vergleichbare Sicherheit, insbesondere das Recht gewährt, wegen der gesicherten Darlehensforderung Befriedigung aus dem Schiff oder dem Schiffsbauwerk zu suchen,

3. die Rechtsverfolgung für Gläubiger, die einem anderen Staat angehören, gegenüber den eigenen Staatsangehörigen nicht wesentlich erschwert ist.

Der Gesamtbetrag der Beleihung nach Satz 1 außerhalb der Mitgliedsstaaten der Europäischen Union, bei denen nicht sichergestellt ist, dass sich das Vorrecht der Schiffspfandbriefgläubiger nach § 30 Abs. 1 auf die Forderungen der Pfandbriefbank aus diesen Beleihungen erstreckt, darf 20 Prozent des Gesamtbetrages der Forderungen, bei denen das Vorrecht sichergestellt ist, nicht übersteigen. Sieht das Recht des Staates, in dessen Register das Schiff oder Schiffsbauwerk eingetragen ist, vor, dass das dingliche Recht ohne Eintragung in ein öffentliches Register entsteht, zur Sicherung des Rechte des Gläubigers Dritten gegenüber aber in ein solches Register eingetragen werden kann, so ist die Beleihung nur mit der Maßgabe zulässig, dass die Pfandbriefbank die Eintragung in das öffentliche Register unverzüglich herbeiführt. Die Beleihung ist regelmäßig nur zur ersten Stelle zulässig; Abs. 2 Satz 4 gilt entsprechend.

(6) Die eingetragenen Deckungswerte erstrecken sich auch auf alle Forderungen, deren Inhaber die Pfandbriefbank ist und die auf die wirtschaftliche Substanz des Schiffes oder Schiffsbauwerkes gerichtet sind, insbesondere Forderungen, auf die sich die Schiffshypothek bei in das deutsche Seeschiffsregister eingetragenen Schiffen und Schiffsbauwerken nach den §§ 31 und 32 des Gesetzes über Rechte an eingetragenen Schiffen und Schiffsbauwerken erstrecken würde, wie Miet- und Pachtfor-

derungen, Forderungen auf die Übertragung des Schiffes oder Schiffsbauwerkes und Forderungen auf Auskehr des Erlöses einer Verwertung.

Übersicht

1. Schiffe

1 Eine allgemein gültige Definition des **Schiffsbegriffes** gibt es nicht. Im deutschen Rechtsgebrauch scheint es jedoch Übereinstimmung darüber zu geben, dass ein Schiff ein schwimmender Hohlkörper von nicht unbedeutender Größe ist, der geeignet und bestimmt ist, auf oder unter Wasser mit oder ohne eigenem Antrieb fortbewegt zu werden[1]. Unter diese Definition fallen Fracht- oder Passagierschiffe, Schlepper, Pontons, Rohrleger, Schwimmkräne, Schwimmbagger, Schuten, Leichter, Feuerschiffe, Forschungsschiffe und bewegliche Offshore-Einrichtungen, wie zum Beispiel Bohrinseln oder Förderplattformen. Offshore-Einrichtungen aber nur dann, wenn sie beweglich sind. Dies ist dann der Fall, wenn sie nicht oder nicht dauerhaft auf dem Meeresboden befestigt sind und zu oder von ihrem Einsatzort mit oder ohne Antrieb bewegt werden können[2]. Keine Schiffe sind zum Beispiel Schwimmdocks, schwimmende Hotels oder schwimmende Restaurants, kleine Boote und Wracks. Ein Schiff wird vom Schiff zum Wrack, wenn es gesunken ist und nicht mehr bergungsfähig ist. Allerdings wird im Rahmen eines Abkommens über die Beseitigung von Wracks gegenwärtig diskutiert, ob nicht bereits ein gestrandetes oder gesunkenes Schiff zum Wrack wird[3]. Keine Schiffe sind auch unbewegliche Offshore-Einrichtungen. Es wird zwischen Seeschiffen und Binnenschiffen unterschieden. **Seeschiffe** sind solche, die zum **Einsatz in der Seefahrt bestimmt** sind[4]. Innerhalb dieser Gruppe wird zwischen Schiffen unterschieden, die **zum Erwerb durch Seefahrt** bestimmt sind, zum Beispiel Frachtschiffe, Fahrgastschiffe, Schlepper oder Bergungsschlepper, und den **sonstigen Seeschiffen.** Zu den sonstigen Seeschiffen gehören alle Nichterwerbsschiffe, die in privatem oder öffentlichem Eigentum stehen, gleich, ob sie hoheitlichen oder nicht hoheitlichen Zwecken dienen[5]. **Binnenschiffe** sind solche, die unabhängig vom Bestehen oder Nichtbestehen eines Erwerbszweckes zum **Einsatz in der Binnenschifffahrt** bestimmt sind[6].

---

1 Staudinger, Kommentar zum BGB, Band III §§ 1204–1296 BGB – Schiffs-RG1997 § 1 SchiffsRG Anm. 3 ff.
2 Staudinger, § 1 SchiffsRG, Anm. 8 und 9.
3 Staudinger, § 1 SchiffsRG Anm. 8.
4 Staudinger, § 1 Rdn. 11.
5 Staudinger, § 1 Rdn. 11.
6 Staudinger, § 1 Rdn. 12.

2. Schiffsbauwerke

Ein Schiffsbauwerk ist ein Schiff, das sich auf einer Schiffsbauwerft im Bau befindet. Dies geht aus § 76 Abs. 1 des Gesetzes über Rechte an eingetragenen Schiffen und Schiffsbauwerken (SchiffsRG) hervor. 2

3. Öffentliche Register

Öffentliche Register im Sinne des § 22 sind die Seeschiffsregister, die Binnenschiffsregister und die Schiffsbauregister. Gemäß § 3 Abs. 2 der Schiffsregisterordnung werden in das **Seeschiffsregister** solche Seeschiffe eingetragen, die die Bundesflagge führen dürfen oder müssen. In das **Binnenschiffsregister** werden gemäß § 3 Abs. 3 der Schiffsregisterordnung Binnenschiffe eingetragen, die entweder zur Beförderung von Gütern bestimmt sind und eine maximale Tragfähigkeit von mindestens 10 Tonnen haben oder nicht zur Beförderung von Gütern bestimmt sind, wenn ihre Wasserverdrängung bei größter Eintauchung mindestens 5 Kubikmeter beträgt, sowie Schubboote, Schlepper und Tankschiffe. In das **Schiffsbauregister** werden gemäß § 66 der Schiffsregisterverordnung Schiffsbauwerke eingetragen, wenn für sie zugleich eine Schiffshypothek eingetragen oder die Zwangsversteigerung beantragt ist. Gemäß § 1 Abs. 1 der Schiffsregisterordnung werden die Register von den Amtsgerichten geführt. Seeschiffe sind in das Seeschiffsregister ihres **Heimathafens** einzutragen, Binnenschiffe sind in das Binnenschiffsregister ihres Heimatortes einzutragen. Schiffsbauwerke werden in das Schiffsbauregister ihres Bauortes eingetragen. Der Heimathafen eines Seeschiffes ist derjenige Hafen, von dem aus das Schiff betrieben wird. Dies wiederum ist der Hafen, in dem sich die gewerbliche Niederlassung des Eigentümers befindet. Hat ein Seeschiff keinen inländischen Heimathafen, etwa weil das Schiff von Bord aus oder vom Ausland aus betrieben wird, kann der Eigentümer den Registerort frei wählen. Der Registerort ist dann der Heimathafen. Führt das Schiff die deutsche Flagge, muss es in diesem Fall den Namen des Registerortes am Heck tragen. Schiffe, die eine fremde Flagge führen, müssen den Namen ihres ausländischen Registerhafens nach dem Recht des Flaggenstaates tragen[7]. Binnenschiffe werden in das Binnenschiffsregister ihres **Heimatortes** eingetragen. Der Heimatort ist derjenige Ort, von dem aus das Binnenschiff betrieben wird. Dies wiederum ist der Ort, an dem sich die Hauptniederlassung des Schiffseigners befindet. Hat das Schiff keinen Heimatort in diesem Sinne, ist Heimatort derjenige Ort, an dem der Eigentümer des Binnenschiffes zur Steuer veranlagt wird[8]. Schiffe können nicht mehrere Heimathäfen oder Heimatorte haben[9]. 3

4. Beleihung

Gemäß Abs. 2 Satz 1 darf die Beleihung die ersten 60 Prozent des nach § 24 festgesetzten Beleihungswertes des Schiffes oder Schiffsbauwerkes nicht übersteigen[10]. 4

7 Staudinger, § 1 Anm. 35.
8 Staudinger, § 1 Rdn. 36.
9 Staudinger, § 1 Rdn. 37.
10 Vgl. § 14.

5. Schlussraten

5 Gemäß Abs. 2 Satz 3 ist die Vereinbarung von Schlussraten zulässig. Voraussetzung ist allerdings, dass die Schlussrate nicht denjenigen Betrag übersteigt, der bei Zugrundelegung der für das Darlehen vereinbarten gleichmäßigen Abzahlung bis zum Ende des 20. Lebensjahres zurückgezahlt werden könnte. Die Schlussrate darf also nicht höher sein als die Summe aller auf der Basis der tatsächlich vereinbarten Tilgungsleistungen gezahlten Tilgungen, die bei einem hypothetisch unterstellten Zahlungszeitraum von 20 Jahren hätten gezahlt werden können. Aus der Gesetzesbegründung geht hervor, dass die Vereinbarung einer Schlussrate dann zulässig sein soll, wenn die Kreditrückführung durch die Schlussrate gegenüber einem „normalen" Abzahlungsdarlehen bis zum 20. Lebensjahr nicht beeinträchtigt wird und es sich bei dem Darlehen im übrigen, d.h. mit Ausnahme der Schlussrate, um ein Abzahlungsdarlehen handelt[11].

6. Beleihungsdauer

6 Die Beleihung darf höchstens **bis zum 20. Lebensjahr** eines Schiffes reichen, es sei denn, dass eine geringere Lebensdauer zu erwarten ist. Mit dieser Regelung berücksichtigt das Gesetz Untersuchungen, die gezeigt haben, dass das Lebensalter verschrotteter Schiffe mindestens 25 Jahre betragen hat[12]. Gleichwohl ist zu empfehlen, dass sich die Schiffsfinanzierer den Zustand des finanzierten Schiffes regelmäßig durch Zertifikate von Klassifikationsgesellschaften nachweisen lassen[13]. Die maximale Beleihungsdauer von 20 Jahren kann gemäß Abs. 4 Satz 3 durch eine Stundung hinausgeschoben werden, wobei allerdings die Zustimmung des Treuhänders erforderlich ist. Der Treuhänder wird sich bei der Erteilung seiner Zustimmung nicht auf kredittechnische Erwägungen stützen können, sondern sich ausschließlich an der Sicherheit des Deckungswertes orientieren. Daraus folgt, dass er seine Zustimmung nur dann erteilen wird, wenn ihm durch ein Gutachten bescheinigt wird, dass der Beleihungszeitraum unter Berücksichtigung des Zeitraumes der Stundung die Lebensdauer des Schiffes nicht erreicht. Dabei wird noch eine angemessene Zeit als Sicherheitspuffer zu berücksichtigen sein. Es kann vorgeschlagen werden, dass dieser Sicherheitspuffer ca. 5 Jahre beträgt. Dieser Zeitraum entspricht der Differenz zwischen der grundsätzlich maximalen Beleihungsdauer bis zum 20. Lebensjahr eines Schiffes und dem oben genannten statistischen Lebensalter eines Schiffes von mindestens 25 Jahren.

7. Flottenfinanzierung

7 § 22 Abs. 4 Satz 4 erlaubt die Finanzierung ganzer Schiffsflotten mit einem einzigen Darlehen. Dieses Darlehen muss aber bei fiktiver Aufteilung auf die einzelnen Schiffe pro Schiff innerhalb des Beleihungsauslaufs von maximal 60 Prozent des Beleihungswertes liegen. Darüber hinaus muss jedes einzelne Schiff den weiteren Anforderungen des Pfandbriefgesetzes entsprechen.

---

11 BT DS 15/4321, zu § 22.
12 BT DS 16/11130, S. 37.
13 BT DS 16/11130, S. 37.

8. Im Ausland registrierte Schiffe

Abs. 5 stellt im Ausland registrierte Schiffen unter den dort genannten Voraussetzungen im Inland registrierten Schiffen gleich. Ob die im Abs. 5 genannten Voraussetzungen erfüllt sind, wird die Pfandbriefbank im Regelfalle nicht überprüfen können. In diesem Falle kann angeraten werden, das Rechtsgutachten einer international anerkannten Rechtsanwaltskanzlei einzuholen, welche sowohl im Inland als auch im betreffenden Ausland vertreten ist und auf dem Gebiet der Schiffsfinanzierung erfahren ist. Auf jeden Fall ist eine Abstimmung mit der Bundesanstalt zu empfehlen. 8

9. Kontingentierung

Wegen der Kontingentierung des Abs. 5 Satz 2 wird auf die Ausführungen zu § 13 verwiesen. 9 Die Differenz des in § 13 genannten Prozentsatzes von 10 % zu dem in Abs. 5 Satz 2 genannten Prozentsatz von 20 % ergibt sich daraus, dass im Schiffsfinanzierungsgeschäft seit langer Zeit ein hoher Anteil von Beleihungen nicht im europäischen Ausland registrierter Schiffe üblich ist[14]. Die aus dieser Übung resultierenden Erfahrungen rechtfertigen wohl die Privilegierung der Kontingentierung gemäß § 22 Abs. 5 Satz 2 im Vergleich zur Kontingentierung gemäß § 13 Abs. 1 Satz 2. Siehe im Übrigen die Ausnahmevorschrift des § 47.

10. Erstreckung der Deckungswerte

Die Erstreckung der Deckungswerte auf alle Forderungen, deren Inhaber die Pfandbrief- 10 bank ist und die auf die wirtschaftliche Substanz des Schiffes oder Schiffsbauwerkes gerichtet sind, dient der Stärkung des Schiffspfandbriefes. Zur wirtschaftlichen Substanz eines Schiffes gehören nicht nur die in den §§ 31 und 32 des Gesetzes über Rechte an eingetragenen Schiffen und Schiffsbauwerken genannten Rechte – im wesentlichen Zubehör und Bestandteile des Schiffes, sofern diese im Eigentum des Schiffseigners stehen, sowie die Möglichkeit der Haftungsausdehnung auf einen Zinssatz von 5 % auch bei unverzinslicher Darlehensforderung – sondern auch alle anderen auf die Substanz des Schiffes gerichtete Forderungen. Soweit ausländisches Recht betroffen ist, muss sichergestellt sein, dass Abs. 6 auch nach diesem ausländischen Recht durchgreift. Sofern das jeweilige ausländische Recht keine klaren Regelungen enthält, kommt der Abschluss entsprechender Vereinbarungen auf vertraglicher Basis in Frage.

§ 23 Versicherung

(1) **Das Schiff oder das Schiffsbauwerk muss während der gesamten Dauer der Beleihung zumindest in Höhe von 110 Prozent der jeweiligen ausstehenden Darlehensforderungen zuzüglich eventueller vor- oder gleichrangiger Schiffshypotheken Dritter entsprechend den Geschäftsbedingungen der Pfandbriefbank versichert sein. Der Versicherer muss sich verpflichtet haben, der Pfandbriefbank gegenüber**

14 Vgl. BT DS 15/4321, zu § 22.

Einwendungen auf Grund des § 36 Abs. 2 Nr. 2 des Gesetzes über Rechte an eingetragenen Schiffen und Schiffsbauwerken oder bei Beleihung von im Ausland registrierten Schiffen und Schiffsbauwerken die entsprechenden Einwendungen nicht zu erheben.

(2) Die Pfandbriefbank hat die Beleihung dem Versicherer unverzüglich anzuzeigen.

(3) Soweit der Versicherer auf Grund der nach Absatz 1 übernommenen Verpflichtung die Pfandbriefbank befriedigt, geht die Schiffshypothek auf ihn über. Der Übergang kann nicht zum Nachteil der Pfandbriefbank oder eines gleich- oder nachstehenden Schiffshypothekengläubigers, demgegenüber die Verpflichtung des Versicherers zur Leistung bestehen geblieben ist, geltend gemacht werden.

(4) Erstreckt sich die Schiffshypothek nicht kraft Gesetzes auf die Versicherungsforderung, ist die Beleihung nur zulässig, wenn die Pfandbriefbank durch Vertrag eine entsprechende Sicherheit erhält.

Übersicht

1. Dauer der Beleihung

1 Abs. 1 Satz 1 verlangt, dass das Schiff oder Schiffsbauwerk während der gesamten Dauer der Beleihung versichert sein muss. Um Fristenprobleme auszuschalten ist anzuraten, dass die Laufzeit der Versicherung jedoch über die Laufzeit der Beleihung hinausgeht. Gerade wenn im Darlehensvertrag eine Schlussrate vorgesehen ist, sollte die Pfandbriefbank darauf achten, dass sie Ausfälle auch am Ende der Beleihung noch bei der Versicherung geltend machen kann und sich für diese Geltendmachung eine angemessene Nachlauffrist sichern.

2. Versicherungssumme

2 Der Satz von 110 Prozent entspricht den Usancen des internationalen Schiffskreditgeschäfts. Dieser Prozentsatz muss sich auf die jeweils ausstehende Darlehensforderung zuzüglich eventuell bestehender vor- oder gleichrangiger Schiffshypotheken Dritter beziehen. Da wegen § 22 Abs. 2 Schiffe nur mit Abzahlungsdarlehen finanziert werden dürfen, folgt daraus, dass die Versicherungssumme absolut gesehen entsprechend der Tilgung des Darlehens abnehmen darf. Der Satz von 110 Prozent muss allerdings erhalten bleiben. Der 10-prozentige Sicherheitszuschlag auf die Darlehensforderung wird für ausreichend gehalten, um gegebenenfalls rückständige Zinsen und Nebenkosten abdecken zu können[1].

1 BT DS 16/11130, zu § 23.

3. Ausschluss von Einwendungen

3 Hinsichtlich der von Abs. 1 Satz 2 geforderten Erklärung des Versicherers, die dort genannten Einwendungen der Pfandbriefbank gegenüber nicht zu erheben, wird man wohl Schriftform fordern müssen. Außerdem darf die Verpflichtung des Versicherers nicht unter einer Bedingung stehen, widerruflich sein oder auf andere Weise nachträglich verkürzbar oder gar abdingbar sein. Nicht ausreichend ist es, wenn die Einwendungen – etwa aus Rechtsgründen – von vorneherein nicht bestehen können. Auch in diesem Fall verlangt Abs. 1 Satz 2 eine ausdrückliche Erklärung des Versicherers. Es ist auch nicht ausreichend, dass der Versicherer der Pfandbriefbank gegenüber bescheinigt, das Einwendungen nicht bestehen. Die Verpflichtungserklärung muss in jedem Falle daraufhin lauten, Einwendungen gegenüber der Pfandbriefbank nicht geltend zu machen.

4. Erstreckung der Schiffshypothek auf die Versicherungsforderung

4 Gemäß § 32 SchiffsRG erstreckt sich bei inländischen Schiffen die Hypothek bereits kraft Gesetzes auf die Versicherungsforderung. Sofern ausländisches Recht betroffen ist, muss das ausländische Recht entweder eine inhaltsgleiche Vorschrift enthalten oder aber wenigstens der vertraglichen Vereinbarung inhaltsgleicher Klauseln nicht entgegenstehen.

§ 24 Beleihungswertermittlung

(1) **Die als Grundlage für die Festsetzung des Schiffsbeleihungswertes dienende Wertermittlung ist von einem von der Kreditentscheidung unabhängigen Gutachter vorzunehmen, der über die hierzu notwendige Berufserfahrung sowie über die notwendigen Fachkenntnisse für Schiffsbeleihungswertermittlungen verfügen muss.**

(2) **Der Schiffsbeleihungswert darf den Wert nicht überschreiten, der sich im Rahmen einer vorsichtigen Bewertung der zukünftigen Verkäuflichkeit des Schiffes und unter Berücksichtigung der langfristigen, nachhaltigen Merkmale des Objektes, der Marktgegebenheiten sowie der derzeitigen und möglichen anderweitigen Nutzungen ergibt. Spekulative Elemente dürfen dabei nicht berücksichtigt werden. Der Schiffsbeleihungswert darf einen auf transparente Weise und nach einem anerkannten Bewertungsverfahren ermittelten Marktwert nicht übersteigen. § 16 Abs. 2 Satz 4 gilt entsprechend.**

(3) **Die Absätze 1 und 2 gelten für die Bewertung eines Schiffsbauwerkes sinngemäß.**

(4) **Die zur Deckung von Schiffspfandbriefen in Ansatz gebrachten, durch Schiffshypotheken an Schiffsbauwerken gesicherten Forderungen dürfen zusammen 20 Prozent des Gesamtbetrages der zur Deckung der Schiffspfandbriefe verwendeten Schiffshypotheken nicht übersteigen.**

(5) **Das Bundesministerium der Finanzen wird ermächtigt, im Einvernehmen mit dem Bundesministerium der Justiz durch Rechtsverordnung, die nicht der Zustimmung des Bundesrates bedarf, Einzelheiten der Methodik und Form der Schiffsbeleihungswertermittlung sowie die Mindestanforderungen an die Qualifikation des**

Gutachters zu bestimmen. Vor Erlass der Rechtsverordnung sind die Spitzenverbände der Kreditwirtschaft anzuhören. Das Bundesministerium der Finanzen kann diese Ermächtigung durch Rechtsverordnung auf die Bundesanstalt für Finanzdienstleistungsaufsicht übertragen.

Übersicht

1. Unabhängiger Gutachter

1 Grundsätzlich kann die Pfandbriefbank frei darüber entscheiden, ob sie externe oder interne Gutachter einschaltet. Der Gutachter darf jedoch nichts mit der **Kreditentscheidung** zu tun haben. Personenverschiedenheit zwischen dem Gutachter und demjenigen Sachbearbeiter, der über die Kreditvergabe entscheidet, ist notwendig, aber nicht ausreichend. Die berufliche Anerkennung und die beruflichen Perspektiven dürfen in keiner Weise von der konkreten Kreditvergabe oder dem Volumen der Kreditvergaben insgesamt und schon gar nicht von Provisionen beeinflusst werden können. Die **Objektivität** des Gutachtens darf auch nicht durch persönliche gruppendynamische Prozesse, wie sie in Abteilungen üblich sind, gefährdet werden. Aus diesen Gründen formuliert § 8 Abs. 1 der Schiffsbeleihungswertermittlungsverordnung im Hinblick sowohl auf externe als auch in Bezug auf interne Gutachter wie folgt: *Der Gutachter muss sowohl vom Kreditaquisitions- und Kreditentscheidungsprozess als auch von Vermittlung, Verkauf, Vermietung und Vercharterung des zu bewertenden Schiffes unabhängig sein. Er darf nicht in einem verwandtschaftlichen, sonstigen rechtlichen oder wirtschaftlichen Verhältnis zum Darlehensnehmer stehen, und er darf kein eigenes Interesse am Ergebnis des Gutachtens haben. Der Gutachter darf auch nicht den Beleihungswert festsetzen oder den Kredit bearbeiten.* Für den Fall, dass die Pfandbriefbank das Gutachten durch interne Gutachter selbst erstellt, müssen neben den oben in § 8 Abs. 1 der Schiffsbeleihungswertermittlungsverordnung dargestellten Anforderungen zusätzlich auch die in § 8 Abs. 2 dieser Verordnung festgelegten Anforderungen erfüllt sein. Diese Anforderungen bestehen darin, dass der bei der Pfandbriefbank angestellte Gutachter entweder direkt der Geschäftsleitung unterstellt ist oder einer Gutachtereinheit angehört, die direkt der Geschäftsleitung unterstellt ist. Dabei darf der Geschäftsbereich, für den der Geschäftsleiter verantwortlich ist, nichts mit der Anbahnung von Schiffskreditgeschäften zu tun haben. Schiffskreditgeschäfte dürfen in diesem Geschäftsbereich auch nicht zum Gegenstand des einzigen Votums gemacht werden dürfen.

2. Fachkenntnisse/Berufserfahrung

2 Der Gutachter muss über die notwendigen Fachkenntnisse sowie über die notwendige **Berufserfahrung auf dem Gebiet der Bewertung von Schiffen** verfügen. Gemäß § 7 der Schiffsbeleihungswertermittlungsverordnung muss sich die Pfandbriefbank vom Vorliegen dieser Qualifikationen überzeugen. Sie hat sich dabei an der Ausbildung und der bisherigen Tätigkeit des Gutachters zu orientieren. Diese bisherige Tätigkeit muss langjährig gewesen sein und sich insbesondere auf die Erstellung von **Beleihungswertgutachten für Schiffe**

erstreckt haben. Er muss auch in der Lage sein, den **Schiffsmarkt** einschätzen zu können. Wenn der Gutachter die Schiffsbesichtigung nicht selbst vornimmt, ist eine entsprechende technische oder ingenieurmäßige Ausbildung entbehrlich.

3. Beleihungswert/Marktwert

§ 24 Abs. 2 hat die Bedeutung einer Generalklausel für die Schiffsbeleihung. Es werden diejenigen Merkmale festgelegt, die bei der **Ermittlung des Beleihungswertes** Berücksichtigung finden dürfen. Die Einbeziehung **spekulativer Elemente** in die Bewertung wird in Satz 2 **ausgeschlossen.** Gemäß Satz 3 darf der Beleihungswert den Markwert nicht übersteigen. Über den Verweis in Satz 4 auf § 16 Abs. 2 Satz 4 wird festgelegt, was unter Marktwert zu verstehen ist. Danach ist Marktwert der geschätzte Betrag, für welchen ein Beleihungsobjekt am Bewertungsstichtag zwischen einem verkaufsbereiten Verkäufer und einem kaufbereiten Erwerber, nach angemessenem Vermarktungszeitraum, in einer Transaktion im gewöhnlichen Geschäftsverkehr verkauft werden könnte, wobei jede Partei mit Sachkenntnis, Umsicht und ohne Zwang handelt. Konkretisiert wird § 16 Abs. 2 Satz 4 durch die Schiffsbeleihungswertermittlungsverordnung, die die Bundesanstalt auf der Grundlage des § 24 Abs. 5 verordnet hat[1]. 3

4. Kontingentierungen

§ 24 Abs. 4 soll Risiken für die Deckungsmasse minimieren, die sich daraus ergeben, dass Schiffsbauwerke – aus welchen Gründen auch immer – nicht fertig gestellt werden. Zwar ist gemäß § 4 Abs. 5 in Verbindung mit § 13 der Schiffsbeleihungswertermittlungsverordnung bei im **Bau befindlichen Schiffen** der Beleihungswert auf den Zustandswert des Schiffes, so wie es sich im Bau befindet, beschränkt. Sollte das Schiffsbauwerk jedoch nicht fertig gestellt werden, kann dies dazu führen, dass das der Marktwert in erheblichem Maße unter den Zustandswert fällt. Da gemäß Abs. 2 Satz 3 der Beleihungswert durch den Marktwert begrenzt wird, besteht das Risiko einer **unvorhergesehenen Unterdeckung.** 4

5. Ermächtigungsgrundlage

Das Bundesfinanzministerium hat die auf der Grundlage des § 24 Abs. 5 bestehende Ermächtigung auf die Bundesanstalt für Finanzdienstleistungsaufsicht übertragen. Die Bundesanstalt hat am 6. Mai 2008 die „Verordnung über die Ermittlung der Beleihungswerte von Schiffen und Schiffsbauwerken nach § 24 Absatz 1 bis 3 des Pfandbriefgesetzes" (**Schiffsbeleihungswertermittlungsverordnung – SchiffsBelWertV**) erlassen. Diese Beleihungswertermittlungsverordnung konkretisiert die Absätze 1 bis 3 des § 24 PfandBG. Dabei vereinheitlicht sie die Grundsätze der Beleihungswertermittlung für alle Pfandbriefbanken. 5

1 Vgl. auch BT DS 15/4321, zu § 24.

§ 25 Abzahlungsbeginn

Der Beginn der Abzahlung darf für einen Zeitraum, der die Dauer von zwei Jahren nicht übersteigt, hinausgeschoben werden; mit Genehmigung der Bundesanstalt kann dieser Zeitraum für einzelne Darlehensforderungen aus besonderen Gründen bis zu fünf Jahren verlängert werden.

1. Maximale Verschiebung

1 § 25 ist im Zusammenhang mit § 22 Abs. 4 Satz 1 bis 3 zu lesen. Grundsätzlich darf durch die Verschiebung des Beginns der Abzahlung die in § 22 Abs. 4 Satz 1 festgelegte maximale Beleihungsdauer bis zum Ende des 20. Lebensjahres des Schiffes nicht überschritten werden. Eine Ausnahme besteht gemäß § 22 Abs. 4 Satz 3 dann, wenn der Treuhänder der Verlängerung der maximalen Beleihungsdauer zustimmt. Er wird sich bei der Erteilung seiner Zustimmung nicht auf kredittechnische Erwägungen stützen können, sondern sich ausschließlich an der Sicherheit des Deckungswertes orientieren. Daraus folgt, dass er seine Zustimmung nur dann erteilen wird, wenn ihm durch ein Gutachten bescheinigt wird, dass der Beleihungszeitraum unter Berücksichtigung des Zeitraumes der Stundung die Lebensdauer des Schiffes nicht erreicht. Dabei wird noch eine angemessene Zeit als Sicherheitspuffer zu berücksichtigen sein. Es kann vorgeschlagen werden, dass dieser Sicherheitspuffer ca. 5 Jahre beträgt. Dieser Zeitraum entspricht der Differenz zwischen der grundsätzlich maximalen Beleihungsdauer bis zum 20. Lebensjahr eines Schiffes und dem oben genannten statistischen Lebensalter eines Schiffes von mindestens 25 Jahren[1].

§ 26 Weitere Deckungswerte

(1) Die in § 4 vorgeschriebene Deckung kann auch erfolgen

1. durch Schuldversprechen oder Schuldanerkenntnisse im Sinne der §§ 780 und 781 des Bürgerlichen Gesetzbuchs, die durch Schiffshypotheken gesichert sind, sofern ihnen Darlehensforderungen zugrunde liegen, die den in den §§ 22 bis 24 bezeichneten Erfordernissen entsprechen; soweit die Darlehensforderungen den vorgenannten Erfordernissen nur teilweise entsprechen, können sie nur in diesem Umfang zur Deckung verwendet werden; § 21 Satz 2 gilt entsprechend;

2. durch Werte der in § 19 Abs. 1 Nr. 1 bezeichneten Art;

3. bis zu 10 Prozent des Gesamtbetrages der im Umlauf befindlichen Schiffspfandbriefe durch Werte der in § 4 Abs. 1 Satz 2 Nr. 1 und 2 bezeichneten Art sowie durch Geldforderungen gegen die Europäische Zentralbank, gegen Zentralbanken der Mitgliedstaaten der Europäischen Union oder gegen geeignete Kreditinstitute im Sinne des § 4 Abs. 1 Satz 2 Nr. 3, sofern die Höhe der Forderungen der Pfandbriefbank bereits beim Erwerb bekannt ist; der Anteil an Geldforderungen gegen ein und dasselbe Kreditinstitut darf nicht höher als 2 Prozent des Gesamtbetrages der in Halbsatz 1 genannten Schiffspfandbriefe sein;

---

1 Vgl. § 22 „Beleihungsdauer".

4. bis zu insgesamt 20 Prozent des Gesamtbetrages der im Umlauf befindlichen Schiffspfandbriefe durch Werte der in § 20 Abs. 1 bezeichneten Art, sofern es sich um Schuldverschreibungen handelt; die in Nummer 3 genannten Deckungswerte sind anzurechnen;

5. durch die in § 19 Abs. 1 Nr. 4 genannten Werte unter den dort genannten Voraussetzungen und Begrenzungen mit der Maßgabe, dass an die Stelle des Gesamtbetrages der im Umlauf befindlichen Hypothekenpfandbriefe der Gesamtbetrag der im Umlauf befindlichen Schiffspfandbriefe tritt.

(2) **Im Falle des § 2 Abs. 3 kann die Bundesanstalt Ausnahmen von den Begrenzungen des Absatzes 1 Nr. 3 und 4 zulassen.**

Übersicht

1. Allgemeines

Die in § 26 abschließend aufgeführten weiteren Deckungswerte stehen den in § 21 genannten Deckungswerten, also den Hypotheken an Schiffen oder Schiffsbauwerken, vollkommen gleich. Sie können daher nicht nur als Ersatz für diese Deckungswerte eingesetzt werden, sondern auch im Zuge der Neuemission von Pfandbriefen[1]. Die Zulässigkeit der weiteren Deckungswerte verschafft der Pfandbriefbank eine größere Flexibilität, als sie bei der Beschränkung auf Hypotheken an Schiffen oder Schiffsbauwerken hätte. Beispielsweise kann sich das Volumen der zur Deckung zur Verfügung stehenden Schiffe oder Schiffsbauwerke anders entwickeln als das Volumen der umlaufenden Pfandbriefe. Diese divergierende Entwicklung kann schon im Rahmen der Kalkulation einer Pfandbriefemission beginnen. Die Folge könnte sein, dass die Pfandbriefbank auf die Beschaffung weiterer Hypotheken an Schiffen oder Schiffsbauwerken angewiesen ist und diese Beschaffung aufgrund der Marktlage nicht in vollem Maße möglich ist. Es könnte auch der Fall eintreten, dass die Beschaffung weiterer Hypotheken nur zu ungünstigen Konditionen möglich ist. Die Begrenzungen der weiteren Deckungswerte in § 26f Abs. 1 Nr. 3 bis 5 beziehen sich auf den Gesamtbetrag aller im Umlauf befindlichen Schiffspfandbriefe. 1

1 Vgl. auch *Bellinger/Kerl*, HBG, 4. Aufl. 1995 § 6 Anm. 30.

2. Schuldversprechen oder Schuldanerkenntnis

2 § 780 BGB regelt das **abstrakte** Schuldversprechen. § 781 BGB regelt das **abstrakte** Schuldanerkenntnis. Sowohl in Bezug auf das Schuldversprechen als auch in Bezug auf das Schulderkenntnis bedeutet der Begriff der Abstraktheit, dass eine **Leistungspflicht** begründet wird, die **von einem zugrundeliegenden Rechtsgeschäfte völlig losgelöst** ist. Dies bedeutet, dass Einwendungen und Einreden aus einem in der Regel bestehenden Grundgeschäft in keiner Weise auf das Schuldanerkenntnis einwirken können. Ein Schuldversprechen bzw. ein Anerkenntnis ist nur dann abstrakt, wenn es einen selbstständigen Schuldgrund erzeugt. Demgegenüber liegt Abstraktheit nicht vor, wenn nur auf einen bereits bestehenden Schuldgrund Bezug genommen werden soll. Ob eine Schuldversprechen oder ein Schuldanerkenntnis abstrakt ist oder nicht, ist aus der inhaltlichen Gestaltung zu entnehmen. Eine Formulierung wie zum Beispiel „ich verpflichte mich hiermit zu zahlen" deutet auf ein abstraktes Schuldversprechen hin. Demgegenüber lässt die Formulierung „ich anerkenne zu schulden" zunächst einmal die Auslegung zu, dass das Anerkenntnis auf eine bereits bestehende Verbindlichkeit Bezug nimmt und damit letztlich nur Beweiszwecken dient[2]. Dies wiederum hätte zur Folge, dass Einwendungen und Einreden aus dem Grundgeschäft, auf das Bezug genommen wurde, auf das Schuldanerkenntnis durchschlagen würden. Um Auslegungsschwierigkeiten zu vermeiden ist anzuraten, dass sowohl in Bezug auf das Schuldversprechen als auch in Bezug auf das Schuldanerkenntnis ausdrücklich auf die Abstraktheit hingewiesen wird. Dies allein wird allerdings in vielen Fällen nicht ausreichen. Deshalb sollte darüber hinaus **ausdrücklich** festgehalten werden, **dass die Urkunde selbst den Schuldgrund erzeugt und Einwendungen und Einreden aus Grundgeschäften der Verpflichtung aus der Schuldurkunde nicht entgegengehalten werden können.** Sowohl das abstrakte Schuldverhältnis als auch das abstrakte Schuldanerkenntnis müssen **auf die Zahlung von Geld** gerichtet sein. Andernfalls bestünde ein zusätzliches Marktpreisrisiko, durch welches der Schutz der Pfandbriefgläubiger zusätzlich gefährdet wäre. Abs. 1 Nr. 1 trägt der Tatsache Rechnung, dass sich Schiffsfinanzierer neben der Darlehensforderung ein abstraktes Schuldversprechen oder ein abstraktes Schuldanerkenntnis ausstellen lassen, das wiederum durch eine Schiffshypothek besichert wird[3].

3. Werte der in § 19 Abs. 1 Nr. 1 genanten Art

3 Bei diesen Werten handelt es sich um **Inhaberschuldverschreibungen,** die in **Ausgleichsforderungen** umgewandelt wurden. Hintergrund ist die Einführung der Deutschen Mark West in dem ehemaligen Gebiet der Deutschen Demokratischen Republik. Im Zuge dieser Währungsumstellung erstellten Geldinstitute, die vor dem ersten Juli 1990 im Währungsgebiet der Deutschen Mark Ost befugt Bankgeschäfte betrieben haben, und Außenhandelsunternehmen, die vor dem ersten Juli 1990 im Wahrungsgebiet der Deutschen Mark Ost im Auftrag staatlicher Stellen bestimmte Geschäfte mit Unternehmen oder Ländern außerhalb des Währungsgebietes der Deutschen Mark Ost betrieben hatten, eine Schlussbilanz in der Währung der Deutschen Mark Ost und eine Eröffnungsbilanz in der Deutschen Mark West erstellt. Diese Bilanzen wurden von der Bundesanstalt (damals noch Bundesaufsichtsamt für das Kreditwesen) daraufhin überprüft, ob Vermögenswerte und Verbindlichkeiten nach

---

2 Bamberger/Roth, BGB, 2. Auflage 2008, § 780 Rdn. 1 ff.
3 Vgl. BT DS 15/4321, zu § 26.

dem D-Markbilanzgesetz umgestellt worden waren. Sofern die Umstellung korrekt war, wurde sie von der Bundesanstalt bestätigt. Die Bundesanstalt teilte den Geldinstituten beziehungsweise Außenhandelsbetrieben Forderungen in einer gegen den Ausgleichsfonds Währungsumstellung zu. Die Höhe dieser Forderungen richtete sich nach bestimmten Kriterien, die in § 4 der Verordnung über die Bestätigung der Umstellungsrechnung und das Verfahrend der Zuteilung und des Erwerbs von Ausgleichsforderungen (BUZAV) festgelegt sind. Diese Forderungen können gemäß § 8 Abs. 2 dieser Verordnung auf Antrag der Gläubiger in **Inhaberschuldverschreibungen** umgewandelt werden, deren Emittentin der Ausgleichsfonds Währungsumstellung ist. Der Ausgleichsfonds Währungsumstellung ist eine Anstalt des öffentlichen Rechts mit eigener Rechtspersönlichkeit.

4. Werte der in § 4 Abs. 1 Satz 2 Nr. 1 und 2 genannten Art

Bei den in § 4 Abs. 1 Satz 2 Nr. 1 und 2 genannten Werten handelt es sich um bestimmte, 4
dort näher genannte Werte, aus denen auch die sichernde Überdeckung im Sinne des § 4 Abs. 1 Satz 2 bestehen kann. Diese Werte können auch als weitere Deckungswerte im Sinne des § 26 Abs. 1 verwandt werden.

5. Geldforderungen

Erfasst werden Geldforderungen gegen die Europäische Zentralbank, gegen Zentralbanken 5
der Mitgliedstaaten der Europäischen Union oder gegen geeignete Kreditinstitute im Sinne des § 4 Abs. 1 Satz 2 Nr. 3. Wegen des Begriffes der **Geeignetheit** des Kreditinstitutes wird auf die entsprechende Kommentierung zu § 4 Abs. 1 Satz 2 Nr. 3 verwiesen. Siehe auch unten.

6. Beschränkung

Werte gemäß § 26 Abs. 1 Nr. 3 können nur bis zu einem Volumen von insgesamt **10 %** 6
des Gesamtbetrages sämtlicher im Umlauf befindlicher Schiffspfandbriefe als weitere Deckungswerte in Deckung genommen werden. Die Werte gemäß § 4 Abs. 1 Satz 2 Nr. 1 und 2 können auch zur **sichernden Überdeckung** von 2 % herangezogen werden. Daher liegt der Gedanke nahe, dass die Sätze von 10 % für die weitere Deckung und 2 % für die sichernde Überdeckung addiert werden können. Dies wird man jedoch im Ergebnis ablehnen müssen. Die Überschrift „Weitere Deckungswerte" des § 26 ist insoweit missverständlich. Der Wortlaut des § 26 Abs. 1 ist wie folgt formuliert: *„Die in § 4 vorgesehene Deckung kann auch erfolgen …"*. Dieser Wortlaut umfasst die gesamte in § 4 vorgesehene Deckung, also auch die dort vorgeschriebene sichernde Überdeckung. Außerdem orientiert sich der Satz von 10 Prozent ausschließlich am Gesamtbetrag der im Umlauf befindlichen Pfandbriefe und nicht zusätzlich auch an der sichernden Überdeckung. Aus diesen beiden Überlegungen folgt, dass der Satz der sichernden Überdeckung von 2 % in dem Satz von 10 % des Gesamtbetrages der im Umlauf befindlichen Schiffspfandbriefe enthalten ist. Wegen des Begriffes des Pfandbriefumlaufes siehe § 4 Abs. 5 sowie die Kommentierung hierzu. Bei den in § 26 Abs. 1 Nr. 3 genannten **Geldforderungen** kommt zu der volumenmäßigen Beschränkung auf 10 % aller im Umlauf befindlicher Schiffspfandbriefe hinzu, dass die Höhe der Geldforderung bei deren Erwerb bereits bekannt sein muss. Darüber hinaus darf der Anteil der

Geldforderungen gegen ein und dasselbe Kreditinstitut den Gesamtbetrag von 2 % aller im Umlauf befindlicher Schiffspfandbriefe nicht überschreiten.

7. Deckungswerte für öffentliche Pfandbriefe

7 Abs. 1 Nr. 4 bezieht Deckungswerte für öffentliche Pfandbriefe in den Kreis der weiteren Deckungswerte mit ein, soweit es sich um Schuldverschreibungen handelt. Außerdem **beschränkt** sie das Volumen dieser weiteren Deckungswerte auf 20 % aller im Umlauf befindlicher Schiffspfandbriefe, wobei die in Abs. 1 Nr. 3 genannten weiteren Deckungswerte anzurechnen sind. Im Ergebnis bedeutet dies, dass alle in Abs. 1 Nr. 3 und 4 genannten weiteren Deckungswerte 20 % aller im Umlauf befindlicher Schiffspfandbriefe nicht übersteigen dürfen, wobei die in Nr. 4 genannten Werte den maximalen Satz von 20 % erreichen dürfen, während die in Nr. 3 genannten Werte nur 10 % erreichen dürfen. Die restlichen 10 % können aber durch Werte der in Nr. 4 genannten Art aufgefüllt werden, so dass bei einer Mischung der Werte nach Nr. 3 und Nr. 4 insgesamt der Höchstsatz von 20 % erreicht wird. Hinsichtlich der in den Kreis der weiteren Deckungswerte einbezogenen Deckungswerte für öffentliche Pfandbriefe gilt innerhalb der Beschränkung auf 20 % zusätzlich die Beschränkung des § 20 Abs. 1 Satz 2. Danach darf der Gesamtbetrag aller Forderungen gegen Schuldner in Staaten, die nicht der europäischen Union angehören und bei denen nicht sichergestellt ist, dass sich das Vorrecht der Gläubiger der öffentlichen Pfandbriefe nach § 30 Abs. 1 auf die Forderungen der Pfandbriefbank aus diesen Forderungen erstreckt, 10 % des Gesamtbetrages derjenigen Forderungen, bei denen das Vorrecht der Gläubiger der öffentlichen Pfandbriefe sichergestellt ist, nicht übersteigen. Siehe insoweit auch die Kommentierung zu § 13 Abs. 1 Satz 2.

8. Werte der in § 19 Abs. 1 Nr. 4 genannten Art

8 Bei diesen Werten handelt es sich um **Ansprüche aus Derivategeschäften.** Während es bei § 4 Abs. 3 um die **Verbindlichkeiten** der Pfandbriefbank aus Derivategeschäften geht, geht es bei § 19 Abs. 1 Nr. 4 um die Ansprüche der Pfandbriefbank aus Derivategeschäften, also um die **Forderungen** aus diesen Geschäften. § 19 Abs. 1 Nr. 4 und § 4 Abs. 3 Satz 1 bilden gewissermaßen die beiden Seiten derselben Medaille ab.

9 § 19 Abs. 1 Nr. 4 Satz 1 umfasst Derivateansprüche im Sinne des § 4 Abs. 3 Satz 2. Diese Vorschrift verweist ihrerseits auf Derivate nach § 1 Abs. 11 Satz 4 Nr. 1 KWG. Letztere Vorschrift wiederum definiert Derivategeschäfte als **Festgeschäfte** oder **Optionsgeschäfte,** die als Kauf, Tausch oder auch anders ausgestaltet sind, die zeitlich verzögert zu erfüllen sind und deren Wert sich unmittelbar oder mittelbar vom Preis oder Maß eines der folgenden Basiswerte ableitet (Termingeschäfte): a) Wertpapiere oder Geldmarktinstrumente, b) Devisen oder Rechnungseinheiten, c) Zinssätze oder andere Erträge, d) Indices der Basiswerte der Buchstaben a, b oder c, andere Finanzindices oder Finanzmessgrößen oder d) Derivate. Festgeschäfte sind solche, bei denen für beide Vertragspartner Rechte und Pflichten begründet werden, die beiderseits noch nicht erfüllt sind. Demgegenüber handelt es sich bei Optionsgeschäften um solche, bei denen einer Partei das Recht (Option) eingeräumt wird, zu oder bis zu einem künftigen Zeitpunkt durch einseitige Willenserklärung (Ausübung) ein Geschäft zu im Voraus festgelegten Konditionen abzuschließen. Als Gegenleistung erhält der Vertragspartner des Optionsberechtigten eine Prämie, die im Regelfall im Voraus zu zahlen ist. Mit Abschluss des Optionsgeschäftes erhält der Optionskäufer zwar ein Optionsrecht.

Daraus ergibt sich aber keine Pflicht zur Ausübung dieses Optionsrechtes. Festgeschäfte und Optionsgeschäfte können miteinander kombiniert werden[4]. Aus dem Umstand, dass § 4 Abs. 3 Satz 2 auf § 1 Abs. 11 Satz 4 Nr. 1 KWG verweist und diese Vorschrift des KWG nicht nur Festgeschäfte, sondern auch Optionen umfasst, darf allerdings nicht hergeleitet werden, dass auch Optionen uneingeschränkt deckungsfähig sind (s.a. unten, „Risiken").

Durch den Verweis auf Derivategeschäfte im Sinne des § 4 Abs. 3 Satz 2 wird auch klarge- 10
stellt, dass nicht nur die Verbindlichkeiten, sondern auch die Forderungen aus diesen Derivategeschäften alle Rechte umfasst, die unter demselben **Rahmenvertrag** abgeschlossen wurden, und zwar einschließlich der Rechte aus **Anhängen** und **sonstigen Abreden zum Rahmenvertrag.** Die Struktur ist dabei wie folgt: Derivategeschäfte werden üblicherweise aufgrund eines standardisierten Rahmenvertrags abgeschlossen. Dieser Rahmenvertrag gilt für alle mit einem bestimmten Partner abzuschließenden Derivategeschäfte. Der jeweilige Abschluss des konkreten Einzelgeschäftes erfolgt durch einen Einzelvertrag. Dieser Einzelvertrag bildet mit dem korrespondierenden Rahmenvertrag einen einheitlichen Vertrag. Zur Sicherung von Ansprüchen der Pfandbriefbank gegen den Derivatepartner aus dem Derivategeschäft, welches auf oben genannter Vertragskonstruktion abgeschlossen wurde, werden in der Regel Sicherheiten gestellt. Diese Sicherheitenstellung erfolgt – ebenfalls üblicherweise – auf der Grundlage eines ebenfalls standardisierten Besicherungsanhangs, der mit dem Rahmenvertrag ebenso wie der Einzelvertrag einen **einheitlichen Vertrag** bildet. Typischerweise erfolgt die Stellung der Sicherheit durch Vollrechtsübertragung des Sicherungsgegenstandes. Sofern das Derivategeschäft erfüllt wird, ist der Sicherungszweck erledigt, und es entsteht ein Rückgewährsanspruch des Sicherungsgebers auf Rückübertragung. Um alle diese Rechte zu erfassen, stellt § 4 Abs. 3 Satz 2 klar, dass zu den Derivategeschäften im Sinne dieses Gesetzes nicht nur die Ansprüche aus den Derivategeschäften im engeren Sinn gehören, sondern auch alle anderen Rechte, die im Zusammenhang mit Anhängen und weiteren zugehörenden Vereinbarungen begründet wurden einschließlich der Ansprüche auf Rückübertragung des Eigentums an gestellten Sicherheiten.

Die Pfandbriefbank kann ihre Forderungen aus den in § 4 Abs. Abs. 3 Satz 2 genannten Deri- 11
vaten nur dann in Deckung nehmen, wenn der **Vertragspartner** der Pfandbriefbank in den Kreis der in § 19 Abs. 1 Nr. 4 Satz 1 festgelegten Vertragspartner fällt. Diesen Kreis wird man aus Gründen der Sicherheit der Deckungsmasse als abschließend ansehen müssen. Wegen des Begriffs der **Geeignetheit** des Kreditinstituts wird auf die Kommentierung zu § 4 Abs. 1 Satz 2 Nr. 3 verwiesen.

Gemäß § 19 Abs. 1 Nr. 4 Satz 1 muss darüber hinaus **sichergestellt** sein, dass die **An-** 12
sprüche der Pfandbriefbank nach Maßgabe des Rahmenvertrages im Falle der Insolvenz der Pfandbriefbank oder der anderen Deckungsmassen **nicht beeinträchtigt** werden können. Hintergrund dieser Regelung ist folgender: Die standardisierten Rahmenverträge sehen vor, dass in der Insolvenz die Rahmenverträge als gekündigt gelten. Außerdem sehen die Rahmenverträge vor, dass im Falle einer Kündigung aus abgeschlossenen, aber noch nicht erfüllten Derivategeschäften keine Zahlungen erfolgen. Es müssen daher Ersatzgeschäfte abgeschlossen werden und die benachteiligte Partei erhält einen Anspruch auf Schadensersatz. Diese Konsequenz möchte § 19 Abs. 1 Nr. 4 Satz 1 vermeiden und verlangt, dass die Rahmenvereinbarungen Regelungen vorsehen, dass diese Konsequenz ausschließen und sicherstellen, dass die Ansprüche der Pfandbriefbank im Falle der Insolvenz der Pfandbriefbank oder der anderen Deckungsmassen nicht beeinträchtigt werden können. Dies

4 Boos/Fischer/Schulte-Mattler, Kreditwesengesetz, 3. Aufl. 2008, § 1 KWG Rdn. 225 f.

wird dadurch erreicht, dass in Bezug auf jede Pfandbriefgattung ein separater standardisierter Rahmenvertrag einschließlich zugehörender Anhänge und weiterer zugehörender Vereinbarungen abgeschlossen wird. Zu diesen Anhängen gehört u.a. ein Deckungsanhang. Dieser Deckungsanhang bezieht sich ebenfalls auf eine bestimmte Pfandbriefgattung und legt unter anderem fest, dass die Insolvenz der Pfandbriefbank für sich genommen kein wichtiger Grund zu einer Kündigung des Rahmenvertrags ist. Außerdem bestimmt der Deckungsanhang, dass im Falle der Insolvenz der Rahmenvertrag nur dann als beendet gilt, wenn sich die Insolvenz auf diejenige Deckungsmasse bezieht, auf die sich auch der Rahmenvertrag bezieht. Dadurch wird sichergestellt, dass die Insolvenz der Pfandbriefbank keinen Einfluss auf die einer bestimmten Pfandbriefgattung zu gehörenden Deckungsmasse einschließlich Forderungen aus Derivategeschäften hat, solange diese Deckungsmasse nicht selbst insolvent wird. Dabei versteht es sich von selbst, dass der Deckungsanhang nur greift, wenn die Derivate auch in Deckung genommen wurden, das heißt im Deckungsregister eingetragen sind.

13 Die Derivategeschäfte selbst dürfen gemäß § 19 Abs. 1 Nr. 4 Satz 2 nur **Risiken** beinhalten, die die Pfandbriefbank auch mit Geschäften über die übrigen nach dem Pfandbriefgesetz zulässigen Deckungswerte eingehen kann. Vor diesem Hintergrund stellt sich die Frage, welche Ansprüche aus welchen Derivategeschäften denn nun konkret in Deckung genommen werden können. Zunächst einmal wird man nur solche Derivategeschäfte einbeziehen können, die in einem einheitlichen standardisierten Rahmenvertrag einschließlich zugehörender Einzelverträge und einschließlich zugehörender Anhänge, insbesondere eines Deckungsanhangs, abgeschlossen wurden. Dies ergibt sich einerseits aus dem Wortlaut des § 4 Abs. 3 Satz 2 und andererseits aus dem Umstand, dass Ansprüche aus Derivategeschäften nur dann nettingfähig sind, wenn sie unter einem einheitlichen Rahmenvertrag abgeschlossen wurden. Darüber hinaus wird man nur solche Derivategeschäfte einbeziehen können, bei denen sich dieser einheitliche Rahmenvertrag ausschließlich auf eine Pfandbriefgattung bezieht. Dies ergibt sich bereits daraus, dass gemäß § 4 Abs. 1 der Deckungsregisterverordnung für jede Pfandbriefbank ein gesondertes Deckungsregister zu führen ist und deshalb die verschiedenen Deckungsmassen entsprechend voneinander getrennt sein müssen. Außerdem besteht ein wesentlicher Grund der Einbeziehung von Ansprüchen aus Derivatengeschäften in die Deckung darin, den Pfandbriefgläubigern im Insolvenzfall der Pfandbriefbank nicht nur den Zugriff auf die einer Pfandbriefgattung zugeordneten Deckungswerte zu sichern, sondern auch die Ansprüche aus Derivategeschäften, die zur Absicherung von Risiken aus diesen Deckungswerten abgeschlossen wurden. Ob man auch solche Ansprüche aus Derivategeschäften in Deckung nehmen kann, die nicht zur Absicherung von Inkongruenzen aus dem Pfandbriefgeschäft abgeschlossen wurden, sondern zur Absicherung von Inkongruenzen aus dem sonstigen Geschäft der Pfandbriefbank, ist zweifelhaft. Dies wird man allenfalls dann bejahen können, wenn es sich bei diesem sonstigen Geschäft der Pfandbriefbank um Geschäfte handelt, aus denen Forderungen resultieren, die zwar nicht in Deckung genommen sind, die aber in Deckung genommen werden könnten. Andernfalls würden diese Geschäfte eben nicht nur solche Risiken beinhalten oder nachbilden, welche die Pfandbriefbank auch mit Geschäften über die übrigen nach diesem Gesetz zulässigen Deckungswerte eingehen kann, sondern auch andere Risiken. Jedenfalls wird man Derivategeschäfte ausschließen müssen, bei denen nicht der Absicherungscharakter im Vordergrund steht, sondern spekulative Erwägungen. Dies ergibt sich aus dem Postulat des Schutzes der Pfandbriefgläubiger. Vom Kreis der deckungsfähigen Ansprüche aus Derivategeschäften sind ausdrücklich ausgeschlossen Optionen, optionsähnliche und andere Derivategeschäfte, wenn diese Geschäfte eine offene Stillhalterposition der Pfandbriefbank be-

gründen. Daraus folgt, dass solche Geschäfte nur dann deckungsrelevant sind, wenn die Pfandbriefbank das Recht auf Ausübung hat.

9. Begrenzung

Das Volumen der Ansprüche aus in Deckung genommenen Derivategeschäften ist gemäß 14
§ 19 Abs. 1 Nr. 4 Satz 3 sowohl **aktivseitig** als auch **passivseitig** auf maximal 12 % begrenzt. Dabei orientiert sich dieser Prozentsatz **aktivseitig am Gesamtbetrag aller Deckungswerte** und **passivseitig am Gesamtbetrag aller im Umlauf befindlicher Schiffspfandbriefe.** Durch diese Orientierung wird hinsichtlich der Aktivseite erreicht, dass durch die Indeckungnahme von Derivaten eine erhebliche, vom Gesetzgeber für unangemessen hoch gehaltene Überdeckung geschaffen wird, hinsichtlich der Passivseite wird das Interesse der Pfandbriefgläubiger geschützt, indem der Umfang von Verbindlichkeiten aus deckungsrelevanten Derivategeschäften begrenzt wird.

10. Ausnahmen

Gemäß Abs. 2 kann die Bundesanstalt Ausnahmen von den Begrenzungen des Abs. 1 Nr. 3 15
und 4 zulassen, wenn die Erlaubnis zum Betreiben des Pfandbriefsgeschäftes erlischt oder wenn die Bundesanstalt diese Erlaubnis aufhebt. In beiden Fällen sind die Deckungsmassen abzuwickeln. Im Rahmen dieser Abwicklung kann es geboten sein, Ausnahmen zuzulassen[5].

5 BT DS 14/4321, zu § 19.

Unterabschnitt 4

Flugzeugpfandbriefe

§ 26a Deckungswerte

Zur Deckung für Flugzeugpfandbriefe dürfen nur durch Registerpfandrechte nach § 1 des Gesetzes über Rechte an Luftfahrzeugen oder durch ausländische Flugzeughypotheken gesicherte Darlehensforderungen verwendet werden, soweit sie den Erfordernissen der §§ 26b bis 26f entsprechen. Im Falle einer teilweisen Verwendung einer Darlehensforderung zur Deckung hat die Pfandbriefbank den Vorgang nachvollziehbar zu dokumentieren.

Übersicht

1. Registerpfandrecht

1 Gemäß § 1 des Gesetzes über Rechte an Luftfahrzeugen (LuftFzgG) kann ein Luftfahrzeug zur Sicherung einer Forderung in der Weise belastet werden, dass der Gläubiger berechtigt ist, wegen einer bestimmten Geldsumme Befriedigung aus dem Luftfahrzeug zu suchen. Zur **Bestellung** dieses Pfandrechts ist gemäß § 5 Abs. 1 dieses Gesetzes erforderlich, dass sich der Eigentümer und der Gläubiger über die Bestellung **einigen** und das Registerpfandrecht in das Register für Pfandrechte an Luftfahrzeugen **eingetragen** wird. Die Einzelheiten der Eintragungen ergeben sich aus § 24 LuftFzgG. Danach müssen der Gläubiger, der Geldbetrag der Forderung und, wenn die Forderung verzinslich ist, der Zinssatz und, wenn andere Nebenleistungen zu entrichten sind, ihr Geldbetrag eingetragen werden. Wird das Registerpfandrecht für das Darlehen einer Kreditanstalt eingetragen, deren Satzung von der zuständigen Behörde öffentlich bekannt gemacht worden ist, so genügt zur Bezeichnung der außer den Zinsen satzungsgemäß zu entrichtenden Nebenleistungen die Bezugnahme auf die Satzung. Die Bestellung eines Registerpfandrechts an einem **Eigentumsbruchteil** ist dann zulässig, wenn dieser Bruchteil mit dem Bruchteil eines Eigentümers identisch ist. Grundsätzlich können mehrere Registerpfandrechte an ein und demselben Luftfahrzeug bestellt werden, wobei sich der Rang dieser Pfandrechte untereinander gemäß § 25 LuftFzgG nach der Reihenfolge der Eintragungen richtet. Eine Ausnahme besteht aber dann, wenn bereits ein Registerpfandrecht im Wege der Zwangsvollstreckung oder der Arrestvollziehung eingetragen wurde. In diesem Fall ist gemäß § 7 LuftFzgG die Bestellung eines weiteren Registerpfandrechtes unzulässig. Das Registerpfandrecht ist streng akzessorisch. Es ist vom Bestand der Darlehensforderung abhängig und kann auch nicht ohne die Darlehensforderung übertragen werden[1]. Gemäß § 78 des Gesetzes über Rechte an Luftfahr-

1 BT DS 16/11130 S. 38 zu § 26a (neu).

zeugen (LuftfzRG) ist das Amtsgericht Braunschweig als **Registergericht** zuständig. Die **internationale gegenseitige Anerkennung** von Registerpfandrechten an Flugzeugen und von Flugzeughypotheken richtet sich zunächst nach dem internationalen Privatrecht desjenigen Staates, in dem die Sicherungsrechte durchgesetzt werden sollen. Neben diesen nationalen Regelwerken gibt es verschiedene internationale Abkommen, die die wechselseitige zwischenstaatliche Anerkennung regeln, nämlich das Chikago-Abkommen, das Genfer Pfandrechtsabkommen und die Kapstadt-Konvention[2].

2. Indeckungnahme eines Darlehensteils

§ 26a Satz 2 erlaubt es, eine Darlehensforderung nur in dem Umfang in Deckung zu nehmen, wie die Beleihungsvorschriften erfüllt sind[3]. Dieser Vorgang muss nachvollziehbar dokumentiert werden, um sowohl dem Treuhänder als auch der Bundesanstalt eine Kontrolle zu ermöglichen[4]. 2

§ 26b Beleihungsgrenze

(1) Die Beleihung ist auf Flugzeuge im Sinne des § 1 Abs. 2 Satz 1 Nr. 1 des Luftverkehrsgesetzes beschränkt, die in einem öffentlichen Register eingetragen sind.

(2) Die Beleihung darf die ersten 60 Prozent des von der Pfandbriefbank auf Grund einer Wertermittlung nach § 26d festgesetzten Wertes des Flugzeuges (Flugzeugbeleihungswert) nicht übersteigen. Es ist durch geeignete Maßnahmen sicherzustellen, dass sich das Registerpfandrecht oder die ausländische Flugzeughypothek auch auf die Triebwerke erstreckt. Umregistrierungen von Flugzeugen und sich daraus ergebende Auswirkungen auf das Registerpfandrecht oder die ausländische Flugzeughypothek sind zu überwachen; die fortlaufende Erfüllung der Anforderungen nach Abs. 4 ist durch geeignete Maßnahmen sicherzustellen. Die Beleihung darf nur durch Gewährung von Abzahlungsdarlehen erfolgen, wobei die Abzahlung des Darlehens in der Regel gleichmäßig auf die einzelnen Jahre zu verteilen ist; die Vereinbarung sich ermäßigender Tilgungsraten ist unschädlich. Wird für ein Darlehen vereinbart, dass dieses bis zum Ende der Darlehenslaufzeit nicht vollständig durch Abzahlungsraten nach Satz 4, sondern zusätzlich durch eine am Ende der Darlehenslaufzeit zu erbringende Schlussrate zu tilgen ist, gilt dies nicht als Fall ungleichmäßiger Abzahlung, wenn die Schlussrate den Betrag nicht übersteigt, der bei Zugrundelegung der für das Darlehen vereinbarten gleichmäßigen Abzahlung bis zum Ende des 20. Lebensjahres des Flugzeuges zurückgezahlt werden könnte. Die Bundesanstalt kann in Einzelfällen weitere Ausnahmen von den Vorschriften der Sätze 1 und 4 zulassen, wenn die Eigenart des zu beleihenden Flugzeuges, die wirtschaftlichen Verhältnisse des Darlehensschuldners oder zusätzliche Sicherheiten sie gerechtfertigt erscheinen lassen.

---

2 BT DS 16/11130, S. 38, zu § 26a (neu).
3 Vgl auch § 14 und § 5 Abs. 1a.
4 BT DS 16/11130 S. 36, dort für Schiffspfandrechte.

(3) Die Beleihung darf höchstens bis zum Ende des 20. Lebensjahres des Flugzeuges reichen, es sei denn, dass eine geringere Lebensdauer zu erwarten ist. Die Bundesanstalt kann darüber hinaus unter den Voraussetzungen des Abs. 2 Satz 6 weitere Ausnahmen zulassen. Eine dem Darlehensnehmer gewährte Stundung, die zur Folge haben würde, dass die zulässige Höchstdauer des Beleihungszeitraums überschritten wird, ist nur mit Zustimmung des Treuhänders zulässig.

(4) Die Beleihung von Flugzeugen, die im Ausland registriert sind, ist zulässig, wenn nach dem Recht des Staates, in dessen Register das Flugzeug eingetragen ist,

1. an Flugzeugen ein dingliches Recht bestellt werden kann, das in ein öffentliches Register eingetragen wird,

2. das dingliche Recht dem Gläubiger eine dem Registerpfandrecht des deutschen Rechts vergleichbare Sicherheit, insbesondere das Recht gewährt, wegen der gesicherten Darlehensforderung Befriedigung aus dem Flugzeug zu suchen, und

3. die Rechtsverfolgung für Gläubiger, die einem anderen Staat angehören, gegenüber den eigenen Staatsangehörigen nicht wesentlich erschwert ist.

Der Gesamtbetrag der Beleihungen nach Satz 1 außerhalb der Mitgliedstaaten der Europäischen Union, bei denen nicht sichergestellt ist, dass sich das Vorrecht der Flugzeugpfandbriefgläubiger nach § 30 Abs. 1 auf die Forderungen der Pfandbriefbank aus diesen Beleihungen erstreckt, darf 20 Prozent des Gesamtbetrages der Forderungen, bei denen das Vorrecht sichergestellt ist, nicht übersteigen. Sieht das Recht des Staates, in dessen Register das Flugzeug eingetragen ist, vor, dass das dingliche Recht ohne Eintragung in ein öffentliches Register entsteht, zur Sicherung der Rechte des Gläubigers Dritten gegenüber aber in ein solches Register eingetragen werden kann, so ist die Beleihung nur mit der Maßgabe zulässig, dass die Pfandbriefbank die Eintragung in das öffentliche Register unverzüglich herbeiführt. Die Beleihung ist regelmäßig nur zur ersten Stelle zulässig; Absatz 2 Satz 4 gilt entsprechend.

(5) Die eingetragenen Deckungswerte erstrecken sich auch auf alle Forderungen, deren Inhaber die Pfandbriefbank ist und die auf die wirtschaftliche Substanz des Flugzeuges gerichtet sind, insbesondere Forderungen, auf die sich das Registerpfandrecht oder die ausländische Flugzeughypothek nach den §§ 31 und 32 des Gesetzes über Rechte an Luftfahrzeugen erstrecken würde, wie Miet- und Pachtforderungen, Forderungen auf die Übertragung des Flugzeuges und Forderungen auf Auskehr des Erlöses einer Verwertung.

Übersicht

1. Flugzeuge

Gemäß § 2 Abs. 2 Nr. 1 des Luftverkehrsgesetzes (LuftVG) sind folgende Luftfahrzeuge keine Flugzeuge und damit auch keine zulässigen Deckungswerte: Drehflügler (Hubschrauber), Luftschiffe, Segelflugzeuge, Motorsegler, Frei- oder Fesselballone, Drachen, Rettungsfallschirme, Flugmodelle, Luftsportgeräte, Raumfahrzeuge, Raketen und sonstige für die Benutzung des Luftraums bestimmte Geräte, sofern diese sonstigen Geräte in Höhen von mehr als 30 Metern betrieben werden können. 1

2. Öffentliches Register

Die Flugzeuge müssen gemäß § 26b Abs. 1 in einem öffentlichen Register eingetragen sein. 2 In der Bundesrepublik Deutschland ist dieses Öffentliche Register die **Luftfahrzeugrolle**. Diese Luftfahrzeugrolle wird im Luftfahrtbundesamt in Braunschweig geführt und gilt für das gesamte Bundesgebiet. Gemäß § 14 Abs. 1 der Luftverkehrszulassungsordnung (LuftVZO) sind Flugzeuge bei der Verkehrszulassung von Amts wegen in die Luftfahrzeugrolle einzutragen. Vor der Zulassung zum Verkehr können Flugzeuge dann in die Rolle eingetragen werden, wenn ein berechtigtes Interesse glaubhaft gemacht wird. Ein berechtigtes Interesse liegt beispielsweise vor, wenn die Eintragung für die Finanzierung notwendig ist[1].

3. Beleihung

Gemäß Abs. 2 Satz 1 darf die Beleihung die ersten 60 Prozent des nach § 26d festgesetzten 3 Beleihungswertes des Flugzeuges nicht übersteigen[2].

4. Triebwerke

Gemäß §§ 31 und 32 LuftfzRG erstreckt sich das Registerpfandrecht an Flugzeugen auf Zu- 4 behör, Versicherung und Bestandteile. Während es bei Rumpf, Tragflächen und Leitwerk anerkannt ist, dass sie Bestandteile eines Flugzeugs sind, ist dies bei den Triebwerken nicht der Fall. Diesem Umstand trägt Abs. 2 Satz 2 Rechnung, indem dieser Abs. die Sicherstellung dieser Erstreckung durch geeignete Maßnahmen verlangt[3]. Eine solche geeignete Maßnahme kann beispielsweise ein Vertrag sein.

5. Umregistrierungen

Im Gegensatz zu Schiffen werden Flugzeuge grundsätzlich in ein anderes nationales Flug- 5 zeugregister umregistriert, wenn bei einem Halterwechsel der neue Halter in einem anderen Staat beheimatet ist. Ausnahmen bestehen dann, wenn zwischen den betreffenden Staaten entsprechende Abkommen bestehen. In diesem Falle erfolgt lediglich eine Übertragung der Aufsichtsbefugnisse über das Flugzeug auf den Heimatstaat des neuen Halters. Erfolgt

1 Schölermann/Schmid-Burgk, WM 1990, 1139.
2 Vgl. § 14.
3 BT DS 16/11130, zu § 26b (neu).

jedoch eine Umregistrierung, so wechselt dadurch auch die Staatszugehörigkeit des Flugzeugs. Dies hat zur Folge, dass eine neue Flugzeughypothek nach den Gesetzen des neuen Registrierungsstaates bestellt werden muss[4].

6. Schlussraten

6 Gemäß Abs. 2 Satz 4 ist die Vereinbarung von Schlussraten zulässig. Voraussetzung ist allerdings, dass die Schlussrate nicht denjenigen Betrag übersteigt, der bei Zugrundelegung der für das Darlehen vereinbarten gleichmäßigen Abzahlung bis zum Ende des 20. Lebensjahres zurückgezahlt werden könnte. Die Schlussrate darf also nicht höher sein als die Summe aller auf der Basis der tatsächlich vereinbarten Tilgungsleistungen gezahlten Tilgungen, die bei einem hypothetisch unterstellten Zahlungszeitraum von 20 Jahren hätten gezahlt werden können. Aus der Gesetzesbegründung geht hervor, dass die Vereinbarung einer Schlussrate dann zulässig sein soll, wenn die Kreditrückführung durch die Schlussrate gegenüber einem „normalen“ Abzahlungsdarlehen bis zum 20. Lebensjahr nicht beeinträchtigt wird und es sich bei dem Darlehen im übrigen, d.h. mit Ausnahme der Schlussrate, um ein Abzahlungsdarlehen handelt[5].

7. Im Ausland registrierte Flugzeuge

7 Abs. 4 stellt im Ausland registrierte Flugzeuge unter den dort genannten Voraussetzungen im Inland registrierten Flugzeugen gleich. Ob die im Abs. 4 genannten Voraussetzungen erfüllt sind wird die Pfandbriefbank im Regelfalle nicht überprüfen können. In diesem Falle kann angeraten werden, das Rechtsgutachten einer international anerkannten Rechtsanwaltskanzlei einzuholen, welche sowohl im Inland als auch im betreffenden Ausland vertreten ist und auf dem Gebiet der Flugzeugfinanzierung erfahren ist. Auf jeden Fall ist eine Abstimmung mit der Bundesanstalt zu empfehlen.

8. Kontingentierung

8 Wegen der Kontingentierung des Abs. 4 Satz 2 wird auf die Ausführungen zu § 13 verwiesen. Die Differenz des in § 13 genannten Prozentsatzes von 10 % zu dem in Abs. 4 Satz 2 genannten Prozentsatz von 20 % ergibt sich daraus, dass im Flugzeugfinanzierungsgeschäft seit langer Zeit ein hoher Anteil von Beleihungen nicht im europäischen Ausland registrierter Flugzeuge üblich ist[6]. Die aus dieser Übung resultierenden Erfahrungen rechtfertigen wohl die Privilegierung der Kontingentierung gemäß § 26b Abs. 4 Satz 2 im Vergleich zur Kontingentierung gemäß § 13 Abs. 1 Satz 2.

9. Erstreckung der Deckungswerte

9 Die Erstreckung der Deckungswerte auf alle Forderungen, deren Inhaber die Pfandbriefbank ist und die auf die wirtschaftliche Substanz des Flugzeuges gerichtet sind, dient der

4 BT DS 16/11130, zu § 26b (neu).
5 BT DS 15/4321, zu § 22, dort für Schiffspfandbriefe.
6 Vgl. BT DS 15/4321, zu § 26b (neu) mit Verweis auf die Begründung zu § 22.

Stärkung des Flugzeugpfandbriefes. Zur wirtschaftlichen Substanz eines Flugzeuges gehören nicht nur die in den §§ 31 und 32 des Gesetzes über Rechte Luftfahrzeugen genannten Werte, also Zubehör, Bestandteile und die Flugzeugversicherung, sondern auch alle anderen auf die Substanz des Flugzeugs gerichtete Forderungen. Soweit ausländisches Recht betroffen ist, muss sichergestellt sein, dass Abs. 5 auch nach diesem ausländischen Recht durchgreift. Sofern das jeweilige ausländische Recht keine klaren Regelungen enthält, kommt der Abschluss entsprechender Vereinbarungen auf vertraglicher Basis in Frage.

§ 26c Versicherung

(1) Das Flugzeug muss während der gesamten Dauer der Beleihung zumindest in Höhe von 110 Prozent der jeweiligen ausstehenden Darlehensforderungen zuzüglich eventueller vor- oder gleichrangiger Registerpfandrechte Dritter entsprechend den Geschäftsbedingungen der Pfandbriefbank versichert sein. Der Versicherer muss sich verpflichtet haben, der Pfandbriefbank gegenüber Einwendungen in Bezug auf leistungsbefreiendes Verhalten des Versicherungsnehmers oder des Versicherten nach § 36 Satz 1 des Gesetzes über Rechte an Luftfahrzeugen oder bei Beleihung von im Ausland registrierten Flugzeugen die entsprechenden Einwendungen nicht zu erheben.

(2) Die Pfandbriefbank hat die Beleihung dem Versicherer unverzüglich anzuzeigen.

(3) Soweit der Versicherer auf Grund der nach Absatz 1 übernommenen Verpflichtung die Pfandbriefbank befriedigt, geht das Registerpfandrecht auf ihn über. Der Übergang kann nicht zum Nachteil der Pfandbriefbank oder eines gleich- oder nachstehenden Registerpfandrechtsgläubigers, demgegenüber die Verpflichtung des Versicherers zur Leistung bestehen geblieben ist, geltend gemacht werden.

(4) Erstreckt sich die Registerpfandrecht nicht kraft Gesetzes auf die Versicherungsforderung, ist die Beleihung nur zulässig, wenn die Pfandbriefbank durch Vertrag eine entsprechende Sicherheit erhält.

Übersicht

1. Dauer der Beleihung

Abs. 1 Satz 1 verlangt, dass das Schiff oder Schiffsbauwerk während der gesamten Dauer der Beleihung versichert sein muss. Um Fristenprobleme auszuschalten ist anzuraten, dass die Laufzeit der Versicherung jedoch über die Laufzeit der Beleihung hinausgeht. Gerade wenn im Darlehensvertrag eine Schlussrate vorgesehen ist, sollte die Pfandbriefbank darauf achten, dass sie Ausfälle auch am Ende der Beleihung noch bei der Versicherung geltend machen kann und sich für diese Geltendmachung eine angemessene Nachlauffrist sichern. 1

2. Versicherungssumme

2 Der Satz von 110 Prozent entspricht den Usancen des internationalen Flugzeugkreditgeschäfts. Dieser Prozentsatz muss sich auf die jeweils ausstehende Darlehensforderung zuzüglich eventuell bestehender vor- oder gleichrangiger Flugzeughypotheken Dritter beziehen. Da wegen § 26b Abs. 2 Flugzeuge nur mit Abzahlungsdarlehen finanziert werden dürfen, folgt daraus, dass die Versicherungssumme absolut gesehen entsprechend der Tilgung des Darlehens abnehmen darf. Der Satz von 110 Prozent muss allerdings erhalten bleiben. Der 10-prozentige Sicherheitszuschlag auf die Darlehensforderung wird für ausreichend gehalten, um gegebenenfalls rückständige Zinsen und Nebenkosten abdecken zu können[1].

3. Ausschluss von Einwendungen

3 Hinsichtlich der von Abs. 1 Satz 2 geforderten Erklärung des Versicherers, die dort genannten Einwendungen der Pfandbriefbank gegenüber nicht zu erheben, wird man wohl Schriftform fordern müssen. Außerdem darf die Verpflichtung des Versicherers nicht unter einer Bedingung stehen, widerruflich sein oder auf andere Weise nachträglich verkürzbar oder gar abdingbar sein. Nicht ausreichend ist es, wenn die Einwendungen – etwa aus Rechtsgründen – von vorneherein nicht bestehen können. Auch in diesem Fall verlangt Abs. 1 Satz 2 eine ausdrückliche Erklärung des Versicherers. Es ist auch nicht ausreichend, dass der Versicherer der Pfandbriefbank gegenüber bescheinigt, dass Einwendungen nicht bestehen. Die Verpflichtungserklärung muss in jedem Falle daraufhin lauten, Einwendungen gegenüber der Pfandbriefbank nicht geltend zu machen.

4. Erstreckung des Registerpfandrechts auf die Versicherungsforderung

4 Gemäß § 32LuftfzgG erstreckt sich bei inländischen Flugzeugen das Registerpfandrecht bereits kraft Gesetzes auf die Versicherungsforderung.

5 Sofern ausländisches Recht betroffen ist, muss dieses ausländische Recht entweder eine inhaltsgleiche Regelung enthalten oder aber wenigstens der vertraglichen Vereinbarung einer inhaltsgleichen Regelung nicht entgegenstehen.

§ 26d Beleihungswertermittlung

(1) Die als Grundlage für die Festsetzung des Flugzeugbeleihungswertes dienende Wertermittlung ist von einem von der Kreditentscheidung unabhängigen Gutachter vorzunehmen, der über die hierzu notwendige Berufserfahrung sowie über die notwendigen Fachkenntnisse für Flugzeugbeleihungswertermittlungen verfügen muss.

(2) Der Flugzeugbeleihungswert darf den Wert nicht überschreiten, der sich im Rahmen einer vorsichtigen Bewertung der zukünftigen Verkäuflichkeit des Flugzeugs und unter Berücksichtigung der langfristigen, nachhaltigen Merkmale des

1 BT DS 16/11130, zu § 26b.

Objekts, der Marktgegebenheiten sowie der derzeitigen und möglichen anderweitigen Nutzungen ergibt. Spekulative Elemente dürfen dabei nicht berücksichtigt werden. Der Flugzeugbeleihungswert darf einen auf transparente Weise und nach einem anerkannten Bewertungsverfahren ermittelten Marktwert nicht übersteigen. § 16 Abs. 2 Satz 4 gilt entsprechend.

(3) Das Bundesministerium der Finanzen wird ermächtigt, im Einvernehmen mit dem Bundesministerium der Justiz durch Rechtsverordnung, die nicht der Zustimmung des Bundesrates bedarf, Einzelheiten der Methodik und Form der Flugzeugbeleihungswertermittlung sowie die Mindestanforderungen an die Qualifikation des Gutachters zu bestimmen. Vor Erlass der Rechtsverordnung sind die Spitzenverbände der Kreditwirtschaft anzuhören. Das Bundesministerium der Finanzen kann diese Ermächtigung durch Rechtsverordnung auf die Bundesanstalt für Finanzdienstleistungsaufsicht übertragen.

Übersicht

1. Unabhängiger Gutachter

Grundsätzlich kann die Pfandbriefbank frei darüber entscheiden, ob sie externe oder interne Gutachter einschaltet. Der Gutachter darf jedoch nichts mit der **Kreditentscheidung** zu tun haben. Personenverschiedenheit zwischen dem Gutachter und demjenigen Sachbearbeiter, der über die Kreditvergabe entscheidet, ist notwendig aber nicht ausreichend. Die berufliche Anerkennung und die beruflichen Perspektiven dürfen in keiner Weise von der konkreten Kreditvergabe oder dem Volumen der Kreditvergaben insgesamt und schon gar nicht von Provisionen beeinflusst werden können. Die **Objektivität** des Gutachtens darf auch nicht durch persönliche gruppendynamische Prozesse, wie sie in Abteilungen üblich sind, gefährdet werden. Aus diesen Gründen formuliert § 8 Abs. 1 der Flugzeugbeleihungswertermittlungsverordnung im Hinblick sowohl auf externe als auch in Bezug auf interne Gutachter wie folgt: *Der Gutachter muss sowohl vom Kreditaquisitions- und Kreditentscheidungsprozess als auch von Vermittlung, Verkauf, Vermietung und Vercharterung des zu bewertenden Flugzeugs unabhängig sein. Er darf nicht in einem verwandtschaftlichen, sonstigen rechtlichen oder wirtschaftlichen Verhältnis zum Darlehensnehmer stehen, und er darf kein eigenes Interesse am Ergebnis des Gutachtens haben. Der Gutachter darf auch nicht den Beleihungswert festsetzen oder den Kredit bearbeiten.* Für den Fall, dass die Pfandbriefbank das Gutachten durch interne Gutachter selbst erstellt, müssen neben den oben in § 8 Abs. 1 der Flugzeugbeleihungswertermittlungsverordnung dargestellten Anforderungen zusätzlich auch die in § 8 Abs. 2 dieser Verordnung festgelegten Anforderungen erfüllt sein. Diese Anforderungen bestehen darin, dass der bei der Pfandbriefbank angestellte Gutachter entweder direkt der Geschäftsleitung unterstellt ist oder einer Gutachtereinheit angehört, die direkt der Geschäftsleitung unterstellt ist. Dabei darf der Geschäftsbereich, für den der Geschäftsleiter verantwortlich ist, nichts mit der Anbahnung von Flugzeugkreditgeschäften zu tun haben. Flugzeugkreditgeschäfte dürfen in diesem Geschäftsbereich auch nicht zum Gegenstand des einzigen Votums gemacht werden dürfen. 1

2. Fachkenntnisse/Berufserfahrung

2 Der Gutachter muss über die notwendigen Fachkenntnisse sowie über die notwendige **Berufserfahrung auf dem Gebiet der Bewertung von Flugzeugen** verfügen. Gemäß § 7 der Flugzeugbeleihungswertermittlungsverordnung muss sich die Pfandbriefbank vom Vorliegen dieser Qualifikationen überzeugen. Sie hat sich dabei an der Ausbildung und der bisherigen Tätigkeit des Gutachters zu orientieren. Diese bisherige Tätigkeit muss langjährig gewesen sein und sich insbesondere auf die Erstellung von **Beleihungswertgutachten für Flugzeuge** erstreckt haben. Er muss auch in der Lage sein, den **Flugzeugmarkt** einschätzen zu können. Wenn der Gutachter die Flugzeugbesichtigung nicht selbst vornimmt, ist eine entsprechende technische oder ingenieurmäßige Ausbildung entbehrlich.

3. Beleihungswert/Marktwert

3 Abs. 2 hat die Bedeutung einer Generalklausel für die Flugzeugbeleihung. Es werden diejenigen Merkmale festgelegt, die bei der **Ermittlung des Beleihungswertes** Berücksichtigung finden dürfen. Die Einbeziehung **spekulativer Elemente** in die Bewertung wird in Satz 2 **ausgeschlossen**. Gemäß Satz 3 darf der Beleihungswert den Markwert nicht übersteigen. Über den Verweis in Satz 4 auf § 16 Abs. 2 Satz 4 wird festgelegt, was unter Marktwert zu verstehen ist. Danach ist Marktwert der geschätzte Betrag, für welchen ein Beleihungsobjekt am Bewertungsstichtag zwischen einem verkaufsbereiten Verkäufer und einem kaufbereiten Erwerber, nach angemessenem Vermarktungszeitraum, in einer Transaktion im gewöhnlichen Geschäftsverkehr verkauft werden könnte, wobei jede Partei mit Sachkenntnis, Umsicht und ohne Zwang handelt. Konkretisiert wird Abs. 2 durch die Flugzeugbeleihungswertermittlungsverordnung, die die Bundesanstalt auf der Grundlage des Abs. 3 verordnet hat[1].

4. Ermächtigungsgrundlage

4 Das Bundesfinanzministerium hat von der Ermächtigungsgrundlage des § 26d Abs. 3 Gebrauch gemacht und am 20. April 2009 die „Verordnung über die Ermittlung der Beleihungswerte von Flugzeugen nach § 26d Absatz 1 und 2 des Pfandbriefgesetzes" (**Flugzeugbeleihungswertermittlungsverordnung – FlugBelWertV**) erlassen. Diese Beleihungswertermittlungsverordnung konkretisiert die Absätze 1 und 2 des § 26d. Dabei vereinheitlicht sie die Grundsätze der Beleihungswertermittlung für alle Pfandbriefbanken.

§ 26e Abzahlungsbeginn

Der Beginn der Abzahlung darf für einen Zeitraum, der die Dauer von zwei Jahren nicht übersteigt, hinausgeschoben werden; mit Genehmigung der Bundesanstalt kann dieser Zeitraum für einzelne Darlehensforderungen aus besonderen Gründen bis zu fünf Jahren verlängert werden.

---

1 BT DS 15/4321, zu § 24.

1. Maximale Verschiebung

§ 26 e ist im Zusammenhang mit § 26b Abs. 3 Satz 1 bis 3 zu lesen. Grundsätzlich darf durch die Verschiebung des Beginns der Abzahlung die in § 26b Abs. 3 Satz 1 festgelegte **maximale Beleihungsdauer** bis zum Ende des 20. Lebensjahres des Flugzeugs nicht überschritten werden. Eine Ausnahme besteht gemäß § 26b Abs. 3 Satz 3 dann, wenn der Treuhänder der Verlängerung der maximalen Beleihungsdauer zustimmt. Er wird sich bei der Erteilung seiner Zustimmung nicht auf kredittechnische Erwägungen stützen können, sondern sich ausschließlich an der Sicherheit des Deckungswertes orientieren. Daraus folgt, dass er seine Zustimmung nur dann erteilen wird, wenn ihm durch ein Gutachten bescheinigt wird, dass der Beleihungszeitraum unter Berücksichtigung des Zeitraumes der Stundung die Lebensdauer des Flugzeugs nicht erreicht. Dabei wird noch eine angemessene Zeit als Sicherheitspuffer zu berücksichtigen sein[1]. 1

§ 26f Weitere Deckungswerte

(1) Die in § 4 vorgeschriebene Deckung kann auch erfolgen

1. durch Schuldversprechen oder Schuldanerkenntnisse im Sinne der §§ 780 und 781 des Bürgerlichen Gesetzbuchs, die durch Registerpfandrechte gesichert sind, sofern ihnen Darlehensforderungen zugrunde liegen, die den in den §§ 26b bis 2d bezeichneten Erfordernissen entsprechen; soweit die Darlehensforderungen den vorgenannten Erfordernissen nur teilweise entsprechen, können sie nur in diesem Umfang zur Deckung verwendet werden; § 21 Satz 2 gilt entsprechend;

2. durch Werte der in § 19 Abs. 1 Nr. 1 bezeichneten Art;

3. bis zu 10 Prozent des Gesamtbetrages der im Umlauf befindlichen Flugzeugpfandbriefe durch Werte der in § 4 Abs. 1 Satz 2 Nr. 1 und 2 bezeichneten Art sowie durch Geldforderungen gegen die Europäische Zentralbank, gegen Zentralbanken der Mitgliedstaaten der Europäischen Union oder gegen geeignete Kreditinstitute im Sinne des § 4 Abs. 1 Satz 2 Nr. 3, sofern die Höhe der Forderungen der Pfandbriefbank bereits beim Erwerb bekannt ist; der Anteil an Geldforderungen gegen ein und dasselbe Kreditinstitut darf nicht höher als 2 Prozent des Gesamtbetrages der in Halbsatz 1 genannten Flugzeugpfandbriefe sein;

4. bis zu insgesamt 20 Prozent des Gesamtbetrages der im Umlauf befindlichen Flugzeugpfandbriefe durch Werte der in § 20 Abs. 1 bezeichneten Art, sofern es sich um Schuldverschreibungen handelt; die in Nummer 3 genannten Deckungswerte sind anzurechnen;

5. durch die in § 19 Abs. 1 Nr. 4 genannten Werte unter den dort genannten Voraussetzungen und Begrenzungen mit der Maßgabe, dass an die Stelle des Gesamtbetrages der im Umlauf befindlichen Hypothekenpfandbriefe der Gesamtbetrag der im Umlauf befindlichen Flugzeugpfandbriefe tritt.

(2) Im Falle des § 2 Abs. 3 kann die Bundesanstalt Ausnahmen von den Begrenzungen des Absatzes 1 Nr. 3 und 4 zulassen.

1 Vgl. auch § 25 „Maximal Verschiebung“ und zu § 22, „Beleihungsdauer“.

Übersicht

1. Allgemeines

1 Die in § 26f abschließend aufgeführten weiteren Deckungswerte stehen den in § 26a genannten Deckungswerten, also den Registerpfandrechten an Flugzeugen oder ausländischen Flugzeughypotheken vollkommen gleich. Sie können daher nicht nur als Ersatz für diese Deckungswerte eingesetzt werden, sondern auch im Zuge der Neuemission von Pfandbriefen[1]. Die Zulässigkeit der weiteren Deckungswerte verschafft der Pfandbriefbank eine größere Flexibilität, als sie bei der Beschränkung auf Registerpfandrechte an Flugzeugen oder ausländischen Flugzeughypotheken hätte. Beispielsweise kann sich das Volumen der zur Deckung zur Verfügung stehenden Flugzeuge anders entwickeln als das Volumen der umlaufenden Pfandbriefe. Diese divergierende Entwicklung kann schon im Rahmen der Kalkulation einer Pfandbriefemission beginnen. In diesem Falle könnte die Deckungskongruenz dadurch gefährdet werden, dass die Pfandbriefbank auf die Beschaffung weiterer Registerpfandrechte oder ausländischer Hypotheken an Flugzeugen angewiesen ist und diese Beschaffung aufgrund der Marktlage nicht in vollem Maße möglich ist. Es könnte auch der Fall eintreten, dass die Beschaffung weiterer Hypotheken nur zu ungünstigen Konditionen möglich ist. Die Begrenzungen der weiteren Deckungswerte in § 26f Abs. 1 Nr. 3 bis 5 beziehen sich auf den Gesamtbetrag aller im Umlauf befindlichen Flugzeugpfandbriefe.

2. Schuldversprechen oder Schuldanerkenntnis

2 § 780 BGB regelt das **abstrakte** Schuldversprechen. § 781 BGB regelt das **abstrakte** Schuldanerkenntnis. Sowohl in Bezug auf das Schuldversprechen als auch in Bezug auf das Schulderkenntnis bedeutet der Begriff der Abstraktheit, dass eine **Leistungspflicht** begründet wird, die **von einem zugrundeliegenden Rechtsgeschäfte völlig losgelöst** ist. Dies bedeutet, dass Einwendungen und Einreden aus einem in der Regel bestehenden Grundgeschäft in keiner Weise auf das Schuldanerkenntnis einwirken können. Ein Schuldversprechen bzw. ein Anerkenntnis ist nur dann abstrakt, wenn es einen selbstständigen Schuldgrund erzeugt. Demgegenüber liegt Abstraktheit nicht vor, wenn nur auf einen bereits bestehenden Schuldgrund Bezug genommen werden soll. Ob ein Schuldversprechen oder ein Schuldanerkenntnis abstrakt ist oder nicht, ist aus der inhaltlichen Gestaltung zu entnehmen. Eine Formulierung wie zum Beispiel „ich verpflichte mich hiermit zu zahlen" deutet auf ein abstraktes Schuldversprechen hin. Demgegenüber lässt die Formulierung

---

1 Vgl. auch *Bellinger/Kerl*, HBG, 4. Aufl. 1995, § 6 Anm. 30.

„ich anerkenne zu schulden" zunächst einmal die Auslegung zu, dass das Anerkenntnis auf eine bereits bestehende Verbindlichkeit Bezug nimmt und damit letztlich nur Beweiszwecken dient[2]. Dies wiederum hätte zur Folge, dass Einwendungen und Einreden aus dem Grundgeschäft, auf das Bezug genommen wurde, auf das Schuldanerkenntnis durchschlagen würden. Um Auslegungsschwierigkeiten zu vermeiden ist anzuraten, dass sowohl in Bezug auf das Schuldversprechen als auch in Bezug auf das Schuldanerkenntnis ausdrücklich auf die Abstraktheit hingewiesen wird. Dies allein wird allerdings in vielen Fällen nicht ausreichen. Deshalb sollte darüber hinaus **ausdrücklich** festgehalten werden, **dass die Urkunde selbst dem Schuldgrund erzeugt und Einwendungen und Einreden aus Grundgeschäften der Verpflichtung aus der Schuldurkunde nicht entgegengehalten werden können.** Sowohl das abstrakte Schuldverhältnis als auch das abstrakte Schuldanerkenntnis müssen **auf die Zahlung von Geld** gerichtet sein. Andernfalls bestünde ein zusätzliches Marktpreisrisiko, durch welches der Schutz der Pfandbriefgläubiger zusätzlich gefährdet wäre.

3. Werte der in § 19 Abs. 1 Nr. 1 genanten Art

Bei diesen Werten handelt es sich um **Inhaberschuldverschreibungen,** die in **Ausgleichsforderungen** umgewandelt wurden. Hintergrund ist die Einführung der Deutschen Mark West in dem Gebiet der ehemaligen Deutschen Demokratischen Republik. Im Zuge dieser Währungsumstellung erstellten Geldinstitute, die vor dem ersten Juli 1990 im Währungsgebiet der Deutschen Mark Ost befugt Bankgeschäfte betrieben haben, und Außenhandelsunternehmen, die vor dem ersten Juli 1990 im Wahrungsgebiet der Deutschen Mark Ost im Auftrag staatlicher Stellen bestimmte Geschäfte mit Unternehmen oder Ländern außerhalb des Währungsgebietes der Deutschen Mark Ost betrieben hatten, eine Schlussbilanz in der Währung der Deutschen Mark Ost und eine Eröffnungsbilanz in der Deutschen Mark West erstellt. Diese Bilanzen wurden von der Bundesanstalt (damals noch Bundesaufsichtsamt für das Kreditwesen) daraufhin überprüft, ob Vermögenswerte und Verbindlichkeiten nach dem D-Markbilanzgesetz umgestellt worden waren. Sofern die Umstellung korrekt war, wurde sie von der Bundesanstalt bestätigt. Die Bundesanstalt teilte den Geldinstituten beziehungsweise Außenhandelsbetrieben Forderungen in einer gegen den Ausgleichsfonds Währungsumstellung zu. Die Höhe dieser Forderungen richtete sich nach bestimmten Kriterien, die in § 4 der Verordnung über die Bestätigung der Umstellungsrechnung und das Verfahren der Zuteilung und des Erwerbs von Ausgleichsforderungen (BUZAV) festgelegt sind. Diese Forderungen können gemäß § 8 Abs. 2 dieser Verordnung auf Antrag der Gläubiger in **Inhaberschuldverschreibungen** umgewandelt werden, deren Emittentin der Ausgleichsfonds Währungsumstellung ist. Der Ausgleichsfonds Währungsumstellung ist eine Anstalt des öffentlichen Rechts mit eigener Rechtspersönlichkeit. 3

4. Werte der in § 4 Abs. 1 Satz 2 Nr. 1 und 2 genannten Art

Bei den in § 4 Abs. 1 Satz 2 Nr. 1 und 2 genannten Werten handelt es sich um bestimmte, dort näher genannte Werte, aus denen auch die sichernde Überdeckung im Sinne des § 4 Abs. 1 Satz 2 bestehen kann. Diese Werte können auch als weitere Deckungswerte im Sinne des § 26 f Abs. 1 verwandt werden. 4

2 Bamberger/Roth, BGB, 2. Auflage 2008, § 780 Rdn. 1 ff.

5. Geldforderungen

5 Erfasst werden Geldforderungen gegen die Europäische Zentralbank, gegen Zentralbanken der Mitgliedstaaten der Europäischen Union oder gegen geeignete Kreditinstitute im Sinne des § 4 Abs. 1 Satz 2 Nr. 3. Wegen des Begriffes der **Geeignetheit** des Kreditinstitutes wird auf die entsprechende Kommentierung zu § 4 Abs. 1 Satz 2 Nr. 3 verwiesen. Siehe auch unten.

6. Beschränkung

6 Werte gemäß § 26f Abs. 1 Nr. 3 können nur bis zu einem Volumen von insgesamt 10 % des Gesamtbetrages sämtlicher im Umlauf befindlicher Flugzeugpfandbriefe als weitere Deckungswerte in Deckung genommen werden. **Die Werte gemäß § 4 Abs. 1 Satz 2 Nr. 1 und 2** können auch zur sichernden Überdeckung von 2 % herangezogen werden. Daher liegt der Gedanke nahe, dass die Sätze von 10 % für die weitere Deckung und 2 % für die sichernde Überdeckung addiert werden können. Dies wird man jedoch im Ergebnis ablehnen müssen. Die Überschrift „Weitere Deckungswerte" des § 26f ist insoweit missverständlich. Der Wortlaut des § 26f Abs. 1 ist wie folgt formuliert: *„Die in § 4 vorgesehene Deckung kann auch erfolgen ..."*. Dieser Wortlaut umfasst die gesamte in § 4 vorgesehene Deckung, also auch die dort vorgeschriebene sichernde Überdeckung. Außerdem orientiert sich der Satz von 10 Prozent ausschließlich am Gesamtbetrag der im Umlauf befindlichen Pfandbriefe und nicht zusätzlich auch an der sichernden Überdeckung. Aus diesen beiden Überlegungen folgt, dass der Satz der sichernden Überdeckung von 2 % in dem Satz von 10 % des Gesamtbetrages der im Umlauf befindlichen Schiffspfandbriefe enthalten ist.[3] Bei den in § 26f Abs. 1 Nr. 3 genannten **Geldforderungen** kommt zu der volumenmäßigen Beschränkung auf 10 % aller im Umlauf befindlicher Flugzeugpfandbriefe hinzu, dass die Höhe der Geldforderung bei deren Erwerb bereits bekannt sein muss. Darüber hinaus darf der Anteil der Geldforderungen gegen ein und dasselbe Kreditinstitut den Gesamtbetrag von 2 % aller im Umlauf befindlicher Flugzeugpfandbriefe nicht überschreiten.

7. Deckungswerte für öffentliche Pfandbriefe

7 Abs. 1 Nr. 4 bezieht Deckungswerte für öffentliche Pfandbriefe in den Kreis der weiteren Deckungswerte mit ein, soweit es sich um Schuldverschreibungen handelt. Außerdem **beschränkt** sie das Volumen dieser weiteren Deckungswerte auf 20 % aller im Umlauf befindlicher Flugzeugpfandbriefe, wobei die in Abs. 1 Nr. 3 genannten weiteren Deckungswerte anzurechnen sind. Im Ergebnis bedeutet dies, dass alle in Abs. 1 Nr. 3 und 4 genannten weiteren Deckungswerte 20 % aller im Umlauf befindlicher Flugzeugpfandbriefe nicht übersteigen dürfen, wobei die in Nr. 4 genannten Werte den maximalen Satz von 20 % erreichen dürfen, während die in Nr. 3 genannten Werte nur 10 % erreichen dürfen. Die restlichen 10 % können aber durch Werte der in Nr. 4 genannten Art aufgefüllt werden, so dass bei einer Mischung der Werte nach Nr. 3 und Nr. 4 insgesamt der Höchstsatz von 20 % erreicht wird. Hinsichtlich der in den Kreis der weiteren Deckungswerte einbezogenen Deckungswerte für öffentliche Pfandbriefe gilt innerhalb der Beschränkung auf 20 % zusätzlich die

---

3 Wegen des Begriffes des Pfandbriefumlaufes s. § 4 Abs. 5 sowie die Kommentierung hierzu.

Beschränkung des § 20 Abs. 1 Satz 2. Danach darf der Gesamtbetrag aller Forderungen gegen Schuldner in Staaten, die nicht der Europäischen Union angehören und bei denen nicht sichergestellt ist, dass sich das Vorrecht der Gläubiger der öffentlichen Pfandbriefe nach § 30 Abs. 1 auf die Forderungen der Pfandbriefbank aus diesen Forderungen erstreckt, 10 % des Gesamtbetrages derjenigen Forderungen, bei denen das Vorrecht der Gläubiger der öffentlichen Pfandbriefe sichergestellt ist, nicht übersteigen. Siehe insoweit auch die Kommentierung zu § 13 Abs. 1 Satz 2.

8. Werte der in § 19 Abs. 1 Nr. 4 genannten Art

Bei diesen Werten handelt es sich um **Ansprüche aus Derivategeschäften.** Während es bei § 4 Abs. 3 um die **Verbindlichkeiten** der Pfandbriefbank aus Derivategeschäften geht, geht es bei § 19 Abs. 1 Nr. 4 um die Ansprüche der Pfandbriefbank aus Derivategeschäften, also um die **Forderungen** aus diesen Geschäften. § 19 Abs. 1 Nr. 4 und § 4 Abs. 3 Satz 1 bilden gewissermaßen die beiden Seiten derselben Medaille ab. 8

§ 19 Abs. 1 Nr. 4 Satz 1 umfasst Derivateansprüche im Sinne des § 4 Abs. 3 Satz 2. Diese Vorschrift verweist ihrerseits auf Derivate nach § 1 Abs. 11 Satz 4 Nr. 1 KWG. Letztere Vorschrift wiederum definiert Derivategeschäfte als **Festgeschäfte** oder **Optionsgeschäfte,** die als Kauf, Tausch oder auch anders ausgestaltet sind, die zeitlich verzögert zu erfüllen sind und deren Wert sich unmittelbar oder mittelbar vom Preis oder Maß eines der folgenden Basiswerte ableitet (Termingeschäfte): a) Wertpapiere oder Geldmarktinstrumente, b) Devisen oder Rechnungseinheiten, c) Zinssätze oder andere Erträge, d) Indices der Basiswerte der Buchstaben a, b oder c, andere Finanzindices oder Finanzmessgrößen oder d) Derivate. Festgeschäfte sind solche, bei denen für beide Vertragspartner Rechte und Pflichten begründet werden, die beiderseits noch nicht erfüllt sind. Demgegenüber handelt es sich bei Optionsgeschäften um solche, bei denen einer Partei das Recht (Option) eingeräumt wird, zu oder bis zu einem künftigen Zeitpunkt durch einseitige Willenserklärung (Ausübung) ein Geschäft zu im Voraus festgelegten Konditionen abzuschließen. Als Gegenleistung erhält der Vertragspartner des Optionsberechtigten eine Prämie, die im Regelfall im Voraus zu zahlen ist. Mit Abschluss des Optionsgeschäftes erhält der Optionskäufer zwar ein Optionsrecht. Daraus ergibt sich aber keine Pflicht zur Ausübung dieses Optionsrechtes. Festgeschäfte und Optionsgeschäfte können miteinander kombiniert werden[4]. Aus dem Umstand, dass § 4 Abs. 3 Satz 2 auf § 1 Abs. 11 Satz 4 Nr. 1 KWG verweist und diese Vorschrift des KWG nicht nur Festgeschäfte, sondern auch Optionen umfasst, darf allerdings nicht hergeleitet werden, dass auch Optionen uneingeschränkt deckungsfähig sind[5]. 9

Durch den Verweis auf Derivategeschäfte im Sinne des § 4 Abs. 3 Satz 2 wird auch klargestellt, dass nicht nur die Verbindlichkeiten, sondern auch die Forderungen aus diesen Derivategeschäften alle Rechte umfasst, die unter demselben **Rahmenvertrag** abgeschlossen wurden, und zwar einschließlich der Rechte aus **Anhängen** und **sonstigen Abreden zum Rahmenvertrag.** Die Struktur ist dabei wie folgt: Derivategeschäfte werden üblicherweise aufgrund eines standardisierten Rahmenvertrags abgeschlossen. Dieser Rahmenvertrag gilt für alle mit einem bestimmten Partner abzuschließenden Derivategeschäfte. Der jeweilige Abschluss des konkreten Einzelgeschäftes erfolgt durch einen Einzelvertrag. Dieser Einzel- 10

4 Boos/Fischer/Schulte-Mattler, Kreditwesengesetz, 3. Aufl. 2008, § 1 KWG Rdn. 225 f.
5 Siehe unten „Risiken".

vertrag bildet mit dem korrespondierenden Rahmenvertrag einen einheitlichen Vertrag. Zur Sicherung von Ansprüchen der Pfandbriefbank gegen den Derivatepartner aus dem Derivategeschäft, welches auf oben genannter Vertragskonstruktion abgeschlossen wurde, werden in der Regel Sicherheiten gestellt. Diese Sicherheitenstellung erfolgt – ebenfalls üblicherweise – auf der Grundlage eines ebenfalls standardisierten Besicherungsanhangs, der mit dem Rahmenvertrag ebenso wie der Einzelvertrag einen **einheitlichen Vertrag** bildet. Typischerweise erfolgt die Stellung der Sicherheit durch Vollrechtsübertragung des Sicherungsgegenstandes. Sofern das Derivategeschäft erfüllt wird, ist der Sicherungszweck erledigt, und es entsteht ein Rückgewährsanspruch des Sicherungsgebers auf Rückübertragung. Um alle diese Rechte zu erfassen, stellt § 4 Abs. 3 Satz 2 klar, dass zu den Derivategeschäften im Sinne dieses Gesetzes nicht nur die Ansprüche aus den Derivategeschäften im engeren Sinn gehören, sondern auch alle anderen Rechte, die im Zusammenhang mit Anhängen und weiteren zugehörenden Vereinbarungen begründet wurden einschließlich der Ansprüche auf Rückübertragung des Eigentums an gestellten Sicherheiten.

11 Die Pfandbriefbank kann ihre Forderungen aus den in § 4 Abs. Abs. 3 Satz 2 genannten Derivaten nur dann in Deckung nehmen, wenn der **Vertragspartner** der Pfandbriefbank in den Kreis der in § 19 Abs. 1 Nr. 4 Satz 1 festgelegten Vertragspartner fällt. Diesen Kreis wird man aus Gründen der Sicherheit der Deckungsmasse als abschließend ansehen müssen. Wegen des Begriffs der **Geeignetheit** des Kreditinstituts wird auf die Kommentierung zu § 4 Abs. 1 Satz 2 Nr. 3 verwiesen.

12 Gemäß § 19 Abs. 1 Nr. 4 Satz 1 muss darüber hinaus **sichergestellt** sein, dass die **Ansprüche der Pfandbriefbank** nach Maßgabe des Rahmenvertrages im Falle der Insolvenz der Pfandbriefbank oder der anderen Deckungsmassen **nicht beeinträchtigt** werden können. Hintergrund dieser Regelung ist folgender: Die standardisierten Rahmenverträge sehen vor, dass in der Insolvenz die Rahmenverträge als gekündigt gelten. Außerdem sehen die Rahmenverträge vor, dass im Falle einer Kündigung aus abgeschlossenen, aber noch nicht erfüllten Derivategeschäften keine Zahlungen erfolgen. Es müssen daher Ersatzgeschäfte abgeschlossen werden, und die benachteiligte Partei erhält einen Anspruch auf Schadensersatz. Diese Konsequenz möchte § 19 Abs. 1 Nr. 4 Satz 1 vermeiden und verlangt, dass die Rahmenvereinbarungen Regelungen vorsehen, die diese Konsequenz ausschließen und sicherstellen, dass die Ansprüche der Pfandbriefbank im Falle der Insolvenz der Pfandbriefbank oder der anderen Deckungsmassen nicht beeinträchtigt werden können. Dies wird dadurch erreicht, dass in Bezug auf jede Pfandbriefgattung ein separater standardisierter Rahmenvertrag einschließlich zugehörender Anhänge und weiterer zugehörender Vereinbarungen abgeschlossen wird. Zu diesen Anhängen gehört u.a. ein Deckungsanhang. Dieser Deckungsanhang bezieht sich ebenfalls auf eine bestimmte Pfandbriefgattung und legt unter anderem fest, dass die Insolvenz der Pfandbriefbank für sich genommen kein wichtiger Grund zu einer Kündigung des Rahmenvertrags ist. Außerdem bestimmt der Deckungsanhang, dass im Falle der Insolvenz der Rahmenvertrag nur dann als beendet gilt, wenn sich die Insolvenz auf diejenige Deckungsmasse bezieht, auf die sich auch der Rahmenvertrag bezieht. Dadurch wird sichergestellt, dass die Insolvenz der Pfandbriefbank keinen Einfluss auf die einer bestimmten Pfandbriefgattung zu gehörenden Deckungsmasse einschließlich Forderungen aus Derivategeschäften hat, solange diese Deckungsmasse nicht selbst insolvent wird. Dabei versteht es sich von selbst, dass der Deckungsanhang nur greift, wenn die Derivate auch in Deckung genommen wurden, das heißt im Deckungsregister eingetragen sind.

13 Die Derivategeschäfte selbst dürfen gemäß § 19 Abs. 1 Nr. 4 Satz 2 nur **Risiken** beinhalten, die die Pfandbriefbank auch mit Geschäften über die übrigen nach dem Pfandbriefgesetz zulässigen Deckungswerte eingehen kann. Vor diesem Hintergrund stellt sich die Frage, welche Ansprüche aus welchen Derivategeschäften denn nun konkret in Deckung genommen werden können. Zunächst einmal wird man nur solche Derivategeschäfte einbeziehen können, die in einem einheitlichen standardisierten Rahmenvertrag einschließlich zugehörender Einzelverträge und einschließlich zugehörender Anhänge, insbesondere eines Deckungsanhangs, abgeschlossen wurden. Dies ergibt sich einerseits aus dem Wortlaut des § 4 Abs. 3 Satz 2 und andererseits aus dem Umstand, dass Ansprüche aus Derivategeschäften nur dann nettingfähig sind, wenn sie unter einem einheitlichen Rahmenvertrag abgeschlossen wurden. Darüber hinaus wird man nur solche Derivategeschäfte einbeziehen können, bei denen sich dieser einheitliche Rahmenvertrag ausschließlich auf eine Pfandbriefgattung bezieht. Dies ergibt sich bereits daraus, dass gemäß § 4 Abs. 1 der Deckungsregisterverordnung für jede Pfandbriefbank ein gesondertes Deckungsregister zu führen ist und deshalb die verschiedenen Deckungsmassen entsprechend voneinander getrennt sein müssen. Außerdem besteht ein wesentlicher Grund der Einbeziehung von Ansprüchen aus Derivatengeschäften in die Deckung darin, den Pfandbriefgläubigern im Insolvenzfall der Pfandbriefbank nicht nur den Zugriff auf die einer Pfandbriefgattung zugeordneten Deckungswerte zu sichern, sondern auch die Ansprüche aus Derivategeschäften, die zur Absicherung von Risiken aus diesen Deckungswerten abgeschlossen wurden. Ob man auch solche Derivategeschäfte in Deckung nehmen kann, die nicht zur Absicherung von Inkongruenzen aus dem Pfandbriefgeschäft abgeschlossen wurden, sondern zur Absicherung von Inkongruenzen aus dem sonstigen Geschäft der Pfandbriefbank, ist zweifelhaft. Dies wird man allenfalls dann bejahen können, wenn es sich bei diesem sonstigen Geschäft der Pfandbriefbank um Geschäfte handelt, aus denen Forderungen resultieren, die zwar nicht in Deckung genommen sind, die aber in Deckung genommen werden könnten. Andernfalls würden diese Geschäfte eben nicht nur solche Risiken beinhalten oder nachbilden, welche die Pfandbriefbank auch mit Geschäften über die übrigen nach diesem Gesetz zulässigen Deckungswerte eingehen kann, sondern auch andere Risiken. Jedenfalls wird man Derivategeschäfte ausschließen müssen, bei denen nicht der Absicherungscharakter im Vordergrund steht, sondern spekulative Erwägungen. Dies ergibt sich aus dem Postulat des Schutzes der Pfandbriefgläubiger. Vom Kreis der deckungsfähigen Ansprüche aus Derivategeschäften sind ausdrücklich ausgeschlossen Optionen, optionsähnliche und andere Derivategeschäfte, wenn diese Geschäfte eine offene Stillhalterposition der Pfandbriefbank begründen. Daraus folgt, dass solche Geschäfte nur dann deckungsrelevant sind, wenn die Pfandbriefbank das Recht auf Ausübung hat.

9. Begrenzung

Das Volumen der Ansprüche aus in Deckung genommenen Derivategeschäften ist gemäß § 19 Abs. 1 Nr. 4 Satz 3 sowohl **aktivseitig** als auch **passivseitig** auf maximal 12 % begrenzt. Dabei orientiert sich dieser Prozentsatz, **aktivseitig am Gesamtbetrag aller Deckungswerte** und **passivseitig am Gesamtbetrag aller im Umlauf befindlicher Flugzeugpfandbriefe.** Durch diese Orientierung wird hinsichtlich der Aktivseite erreicht, dass durch die Indeckungnahme von Derivaten eine erhebliche, vom Gesetzgeber für unangemessen hoch gehaltene Überdeckung geschaffen wird, hinsichtlich der Passivseite wird das Interesse der Pfandbriefgläubiger geschützt, indem der Umfang von Verbindlichkeiten aus deckungsrelevanten Derivategeschäften begrenzt wird. 14

10. Ausnahmen

15 Gemäß Abs. 2 kann die Bundesanstalt Ausnahmen von den Begrenzungen des Abs. 1 Nr. 3 und 4 zulassen, wenn die Erlaubnis zum Betreiben des Pfandbriefsgeschäftes erlischt oder wenn die Bundesanstalt diese Erlaubnis aufhebt. In beiden Fällen sind die Deckungsmassen abzuwickeln. Im Rahmen dieser Abwicklung kann es geboten sein, Ausnahmen zuzulassen[6].

6 BT DS 14/4321, zu § 19.

Abschnitt 4

Allgemeine Vorschriften für das Pfandbriefgeschäft

§ 27 Risikomanagement

(1) Die Pfandbriefbank muss für das Pfandbriefgeschäft über ein geeignetes Risikomanagementsystem verfügen. Das System hat die Identifizierung, Beurteilung, Steuerung und Überwachung sämtlicher damit verbundener Risiken, wie insbesondere Adressenausfallrisiken, Zinsänderungs-, Währungs- sowie sonstiger Marktpreisrisiken, operationeller Risiken und Liquiditätsrisiken sicherzustellen. Darüber hinaus muss

1. die Konzentration von Risiken anhand eines Limitsystems begrenzt werden,

2. ein Verfahren vorgehalten werden, das bei starker Erhöhung des Risikos die Risikorückführung sicherstellt; das Verfahren muss die frühzeitige Information der Entscheidungsträger beinhalten,

3. das Risikomanagementsystem kurzfristig an sich ändernde Bedingungen angepasst sowie zumindest jährlich einer Überprüfung unterzogen werden,

4. ein gemäß dieser Vorschrift erstellter Risikoreport dem Vorstand in angemessenen Zeitabständen, mindestens vierteljährlich, vorgelegt werden.

Das Risikomanagementsystem ist ausführlich und nachvollziehbar zu dokumentieren.

(2) Vor Aufnahme von Geschäften in neuen Produkten, Geschäftsarten oder auf neuen Märkten hat die Pfandbriefbank eine umfassende Analyse der damit einhergehenden Risiken und der daraus resultierenden Erfordernisse an das Risikomanagementsystem vorzunehmen und zu dokumentieren. Die Pfandbriefbank darf die Werte erst nach Erwerb eines gefestigten Erfahrungswissens hinsichtlich dieser neuen Geschäfte in Deckung nehmen, bei Geschäften auf neuen Märkten im Bereich des Hypothekarkredites nicht jedoch vor Ablauf von zwei Jahren nach deren Aufnahme. Das Vorhandensein eines gefestigten Erfahrungswissens ist ausführlich schriftlich darzulegen.

Übersicht

1. Schutz der Pfandbriefgläubiger

1 § 27 ergänzt § 25a KWG für das Pfandbriefgeschäft. Das Pfandbriefgeschäft unterliegt Risiken, die über die Risiken des allgemeinen Bankgeschäfts hinausgehen. Die Anforderungen des § 27 PfandBG und 25a KWG müssen daher, bezogen auf das Pfandbriefgeschäft, **kumulativ** vorliegen. Dadurch wird der Schutz der Pfandbriefgläubiger gestärkt. Abs. 1 Satz 2 bestimmt, dass alle mit dem Pfandbriefgeschäft verbundenen Risiken identifiziert, beurteilt, gesteuert und überwacht werden müssen, und nennt die wichtigsten Risikoarten. Diese ausdrücklich genannten Risiken werden dabei nur beispielhaft genannt. Der Katalog ist daher nicht abschließend. Abs. 1 Satz 2 wird durch die Nummern 1 bis 4 des Satzes 3 konkretisiert beziehungsweise ergänzt. Nummer 1 soll sogenannte Klumpenrisiken begrenzen. Diese Begrenzung von Klumpenrisiken ist der Sache nach eine Begrenzung der Risikohöhe. Nummer 2 soll die Eskalation von Risiken begrenzen. Der Sache nach geht es hierbei nicht um die Begrenzung der Risikohöhe, sondern um die Begrenzung der Risikointensität. Darüber hinaus soll sichergestellt werden, dass gewisse Risikointensitäten frühzeitig erkannt werden und dass bei Überschreiten von zuvor festgelegten Grenzen konkrete und unverzügliche Maßnahmen zur Senkung dieser Risikointensität zwingend ergriffen werden. Nummer 4 stellt das Risikomanagement in den besonderen Focus des Vorstands[1].

2. Neue Geschäfte

2 Abs. 2 regelt die Aufnahme von Geschäften in neuen Produkten, Geschäftsarten oder neuen Märkten. Die Pfandbriefbank hat vor Aufnahme dieser Geschäfte ein auf diese Geschäfte gerichtetes Risikoprofil zu erstellen und auf dieser Basis den Anpassungsbedarf des bereits vorhandenen Risikomanagement zu bestimmen. Die in dieses Risikoprofil zu integrierenden neuen Risiken können Adressen-, Marktpreisrisiken, Rechtsrisiken oder andere Risiken sein. Bei der Ausweitung der Geschäfte in das Ausland sehen diese Risiken naturgemäß anders aus als beim Inlandsgeschäft. Erst nach Erwerb eines ausreichenden Erfahrungswissens darf die Pfandbriefbank die erworbenen Werte in Deckung nehmen. Im Bezug auf neue Geschäfte im Bereich des Hypothekarkredits darf die Indeckungnahme von Werten nicht vor Ablauf von 2 Jahren nach Geschäftsaufnahme erfolgen. Wegen der vergleichbaren Komplexität wird man den Begriff des Hypothekarkredits nicht nur auf grundpfandrechtliche Kredite und Schiffshypotheken beschränken können. Er ist vielmehr auf Registerpfandrechte an Flugzeugen auszudehnen.

3. Kontrolle

3 Gemäß Abs. 1 Satz 4 ist das Risikomanagement ausführlich und nachvollziehbar zu dokumentieren. Gemäß Abs. 2 Satz 3 ist in Bezug auf Geschäfte in neuen Produkten, Geschäftsarten oder neuen Märkten das Vorhandensein eines gefestigten Erfahrungswissens ausführlich und schriftlich darzulegen. Beide Bestimmungen dienen der Überprüfbarkeit durch den Treuhänder, interne und externe Prüfer und nicht zuletzt durch die Bundesanstalt[2].

---

1 BT DS 15/4321, zu § 27.
2 BT DS 15/4321, zu § 27.

§ 28 Transparenzvorschriften

(1) Die Pfandbriefbank hat quartalsweise folgende, jeweils auf das Quartalsende bezogene Angaben zu veröffentlichen:

1. den jeweiligen Gesamtbetrag der im Umlauf befindlichen Hypothekenpfandbriefe, Öffentlichen Pfandbriefe, Schiffspfandbriefe und Flugzeugpfandbriefe sowie der entsprechenden Deckungsmassen in Höhe des Nennwertes, des Barwertes sowie des in der Rechtsverordnung nach § 4 Abs. 6 festgelegten Risikobarwertes,

2. die Laufzeitenstruktur der im Umlauf befindlichen Hypothekenpfandbriefe, Öffentlichen Pfandbriefe, Schiffspfandbriefe und Flugzeugpfandbriefe sowie die Zinsbindungsfristen der entsprechenden Deckungsmassen, jeweils in Stufen von bis zu einem Jahr, von mehr als einem Jahr bis zu zwei Jahren, von mehr als zwei Jahren bis zu drei Jahren, von mehr als drei Jahren bis zu vier Jahren, von mehr als vier Jahren bis zu fünf Jahren, von mehr als fünf Jahren bis zu zehn Jahren und über zehn Jahren,

3. den Anteil der Derivategeschäfte an den Deckungsmassen gemäß § 19 Abs. 1 Nr. 4 Satz 3, auch in Verbindung mit § 20 Abs. 2 Nr. 3 und § 26 Abs. 1 Nr. 5 sowie § 26f Abs. 1 Nr. 5, bei einem negativen Gesamtwert der Derivategeschäfte an Stelle des Anteils an den Deckungsmassen den Anteil an den zu deckenden Verbindlichkeiten, sowie

4. jeweils die Gesamthöhe der Werte nach § 19 Abs. 1 Nr. 2 und 3, nach § 20 Abs. 2 Nr. 2, nach § 26 Abs. 1 Nr. 3 und 4 sowie nach § 26f Abs. 1 Nr. 3 und 4.

Die Angaben sind in den Anhang des Jahresabschlusses aufzunehmen und für die Dauer von zwei Jahren auf der Internetseite der Pfandbriefbank zu veröffentlichen. Die Veröffentlichung der Angaben auf der Internetseite hat für die ersten drei Quartale eines Geschäftsjahres jeweils innerhalb eines Monats nach Quartalsende zu erfolgen; für das vierte Quartal eines Geschäftsjahres hat die Veröffentlichung der Angaben innerhalb von zwei Monaten nach Quartalsende zu erfolgen.

(2) Für den Gesamtbetrag der zur Deckung von Hypothekenpfandbriefen verwendeten Forderungen sind zusätzlich anzugeben:

1. die Verteilung mit den nennwertig als Deckung in Ansatz gebrachten Beträgen

a) nach ihrer Höhe in Stufen bis zu 300 000 Euro, von mehr als 300 000 Euro bis zu 5 Millionen Euro und von mehr als 5 Millionen Euro,

b) nach den Staaten, in denen die Grundstückssicherheiten liegen, dabei jeweils

c) nach gewerblich und wohnwirtschaftlich genutzten Grundstücken sowie nach Wohnungen, Einfamilienhäusern, Mehrfamilienhäusern, Bürogebäuden, Handelsgebäuden, Industriegebäuden, sonstigen gewerblich genutzten Gebäuden, unfertigen und noch nicht ertragsfähigen Neubauten sowie Bauplätzen,

2. der Gesamtbetrag der mindestens 90 Tage rückständigen Leistungen auf diese Forderungen und dessen Verteilung nach Staaten entsprechend Nummer 1 Buchstabe b sowie

3. ausschließlich im Anhang des Jahresabschlusses

a) die Zahl der Zwangsversteigerungs- und Zwangsverwaltungsverfahren, die am Abschlussstichtag anhängig waren, sowie die Zahl der im Geschäftsjahr durchgeführten Zwangsversteigerungen,

b) die Zahl der Fälle, in denen die Pfandbriefbank während des Geschäftsjahres Grundstücke zur Verhütung von Verlusten an Hypotheken hat übernehmen müssen,

c) der Gesamtbetrag der Rückstände auf die von Hypothekenschuldnern zu entrichtenden Zinsen, soweit diese nicht bereits in den vorhergehenden Jahren abgeschrieben worden sind.

Die in Satz 1 Nr. 3 Buchstabe a bis c bezeichneten Angaben sind getrennt nach gewerblich genutzten und Wohnzwecken dienenden Grundstücken aufzuführen.

(3) Für den Gesamtbetrag der zur Deckung von Öffentlichen Pfandbriefen verwendeten Forderungen sind zusätzlich anzugeben:

1. verteilt auf die einzelnen Staaten, in denen die Schuldner und im Falle einer vollen Gewährleistung die gewährleistenden Stellen ihren Sitz haben, die nennwertig als Deckung in Ansatz gebrachten Beträge, der Art nach zusätzlich danach aufgeschlüsselt, ob sich die Forderung gegen den Staat, regionale Gebietskörperschaften, örtliche Gebietskörperschaften oder sonstige Schuldner richtet oder von diesen jeweils voll gewährleistet ist;

2. der Gesamtbetrag der mindestens 90 Tage rückständigen Leistungen auf diese Forderungen und dessen regionale Verteilung gemäß Nummer 1.

(4) Für den Gesamtbetrag der zur Deckung von Schiffspfandbriefen und Flugzeugpfandbriefen verwendeten Forderungen sind zusätzlich anzugeben:

1. die Verteilung mit den nennwertig als Deckung in Ansatz gebrachten Beträgen

a) nach ihrer Höhe in Stufen bis zu 500 000 Euro, von mehr als 500 000 Euro bis zu 5 Millionen Euro und von mehr als 5 Millionen Euro,

b) nach den Staaten, in denen die beliehenen Schiffe und Schiffsbauwerke registriert sind, jeweils getrennt nach Seeschiffen und Binnenschiffen, und

c) nach den Staaten, in denen die beliehenen Flugzeuge registriert sind, sowie

2. ausschließlich im Anhang des Jahresabschlusses

a) die Zahl der Verfahren zur Zwangsversteigerung von Schiffen, Schiffsbauwerken und Flugzeugen, die am Abschlussstichtag anhängig waren, sowie die Zahl der im Geschäftsjahr durchgeführten Zwangsversteigerungen,

b) die Zahl der Fälle, in denen die Bank während des Geschäftsjahres Schiffe, Schiffsbauwerke oder Flugzeuge zur Verhütung von Verlusten an Schiffshypotheken, Registerpfandrechten oder ausländischen Flugzeughypotheken hat übernehmen müssen,

c) der Gesamtbetrag der Rückstände auf die von Darlehensschuldnern zu entrichtenden Zinsen, soweit diese nicht bereits in den vorhergehenden Jahren abgeschrieben worden sind.

Die in Satz 1 Nr. 2 Buchstabe a bis c bezeichneten Angaben sind getrennt nach Seeschiffen und Binnenschiffen vorzunehmen.

(5) Für sämtliche Angaben nach den Absätzen 1 bis 4 ist in den Veröffentlichungen nach Absatz 1 ab dem 1. Januar 2007 jeweils auch der entsprechende Wert des Vorjahres anzugeben.

Übersicht

1. Anlegerschutz

§ 28 dient dem Schutz der Anleger. Es soll ein möglichst hohes Maß an Transparenz schaffen und einen verlässlichen **Vergleich** aller Pfandbriefbanken untereinander ermöglichen. Abs. 1 gilt für alle Pfandbriefgattungen. Die Absätze 2 bis 4 gelten nur für die dort jeweils genannten Pfandbriefgattungen. Die Veröffentlichungen haben **quartalsweise** zu erfolgen. Damit wird dem Anleger erleichtert, die Entwicklung der Pfandbriefbank zu beurteilen. Gemäß Abs. 1 Nr.1 sind die Gesamtbeträge aller umlaufenden Pfandbriefe, getrennt nach der jeweiligen Pfandbriefgattung und die Gesamtbetrag aller Deckungswerte, ebenfalls bezogen auf die jeweilige Pfandbriefgattung gegenüberzustellen. Dabei sind diese Gesamtbeträge sowohl nach dem **Nennwert** als auch nach dem **Barwert** anzugeben. Bei der Angabe des Barwertes sind dabei erfolgte **Stresstests** zu berücksichtigen. Dadurch wird der Anleger nicht nur über die Deckung an sich in Kenntnis gesetzt, sondern darüber hinaus auch darüber, in welchem Umfang die Deckungsmasse **Zins- oder Währungsrisiken** ausgesetzt ist. Durch die gemäß Abs. 1 Nr. 2 zu veröffentlichenden Laufzeitstrukturen und den gemäß Abs. 1 Nr. 3 zu veröffentlichenden Anteil der Derivategeschäfte wird es dem Anleger ermöglicht, Risiken aus **Laufzeitinkongruenzen** und **Derivategeschäften** in seine Beurteilung mit einzubeziehen. Die Absätze 2 bis 4 legen fest, welche weiteren Angaben in die vierteljährlichen Veröffentlichungen aufgenommen werden müssen. Dabei gilt Abs. 2 nur für Hypothekenpfandbriefe, Abs. 3 nur für Öffentliche Pfandbriefe und Abs. 4 nur für Schiffs- und Flugzeugpfandbriefe. Die Trennung nach den Pfandbriefgattungen hat zur Ursache, dass die in den Absätzen 2 bis 4 genannten Angaben , beispielsweise die Angaben zur regionalen Verteilung der Deckungswerte, Leistungsrückstände und Größenklassen, in Bezug auf jede Pfandbriefgattung anders zu werten sind[1]. **1**

Gemäß Abs. 5 sind in den vierteljährlichen Veröffentlichungen ab dem 1. Januar 2007 auch die **Werte des Vorjahres** anzugeben. Diese Regelung soll eine Vergleichbarkeit gewährleisten. **2**

2. Veröffentlichungen

Die Veröffentlichungen haben gemäß Abs. 1 quartalsweise zu erfolgen. Die Art und Weise dieser Veröffentlichungen ist in Abs. 1 Satz 2 geregelt. **3**

1 Vgl. BT DS 15/4321, zu § 28.

Abschnitt 5

Schutz vor Zwangsvollstreckung; Trennungsprinzip bei Insolvenz der Pfandbriefbank

§ 29 Schutz vor Zwangsvollstreckung, Arresten und Aufrechnung

Arreste und Zwangsvollstreckungen in alle in ein Deckungsregister eingetragenen Werte einschließlich der Werte im Sinne des § 30 Abs. 3 finden nur wegen der Ansprüche aus den jeweiligen Pfandbriefen und der Ansprüche aus den in das entsprechende Deckungsregister eingetragenen Derivategeschäften statt. § 394 des Bürgerlichen Gesetzbuchs ist entsprechend anzuwenden.

Übersicht

1. Insolvenzfestigkeit

1 § 29 ergänzt § 30 Absatz 1. Während letztere Vorschrift die in das Deckungsregister eingetragenen Deckungswerte aus der Insolvenzmasse der Pfandbriefbank herausnimmt und daraus eine eigene Vermögensmasse bildet, welche ausschließlich dem Zugriff der Pfandgläubiger beziehungsweise den Gläubigern aus Derivategeschäften zur Verfügung steht, weitet § 29 diesen Gläubigerschutz aus. Diese Ausweitung hat zur Folge, dass auch **Arreste und Zwangsvollstreckungen** in eingetragene Deckungswerte ebenfalls nur wegen Ansprüchen von Pfandbriefgläubigern aus Pfandbriefen bzw. Gläubigern von Ansprüchen aus Derivategeschäften wegen dieser Ansprüche aus Derivategeschäften stattfinden. Wegen des Verweises auf § 30 Abs. 3 gilt dieser Schutz grundsätzlich auch für Deckungswerte, die zwar im Deckungsregister eingetragen sind, die aber nicht zur Deckung der Pfandbriefe bestimmt sind. Allerdings hat der Sachwalter die Erlöse aus diesen nicht zur Pfandbriefdeckung bestimmten Deckungsteilen nach Abzug angemessener Kosten an die Insolvenzmasse bzw. die in § 30 Abs. 3 näher genannten Berechtigten abzuführen.

2. Aufrechnung

2 § 29 Satz 2 erklärt § 394 BGB als entsprechend anwendbar. Diese entsprechende Anwendung des § 394 hat zur Folge, dass gegen Werte, die in das Deckungsregister eingetragen sind, die Aufrechnung nicht stattfindet.

3 Dabei ist für die Ausnahmeregelung des § 394 Satz 2 BGB regelmäßig kein Raum. § 394 Satz 2 macht von dem Aufrechnungsverbot des § 394 Satz 1 Ausnahmen. Liegen diese vor,

kann trotz des Aufrechnungsverbots des Satzes 1 aufgerechnet werden. Allerdings hat die Ausnahmeregelung des Satzes 2 ausschließlich Fälle im Blick, bei denen bestimmte Kassen an ihre Beitragszahler Renten auszahlen. Werden die Beiträge nicht in die Kassen gezahlt, sollen sich die säumigen Beitragszahler nicht darauf verlassen können, Auszahlungen aus diesen Kassen, die Rentencharakter haben, behalten zu dürfen[1]. Dass eine Interessenkollision zwischen den in § 394 Satz 2 genannten Rentenkassen und den Pfandbriefgläubigern in Bezug auf Deckungsmassen möglich sein soll, ist kaum vorstellbar.

4 Es entspricht der üblichen Praxis, dass Pfandbriefbanken die Verwaltung von Darlehen und Sicherheiten, die sie in Deckung genommen hat, an Dritte auslagern. Insbesondere dann, wenn sie Deckungswerte von Dritten erworben haben ist es üblich, dass dieser Dritte die **Verwaltung der Darlehen und Sicherheiten** auch nach der Veräußerung wie bisher fortführt. Entsprechendes gilt, wenn die Darlehen und Sicherheiten von der Pfandbriefbank zwar nicht im Sinne des § 1 Absatz 1 Nummer 1 erworben wurden, wenn aber die Pfandbriefbank gemäß § 1 Abs. 2 Satz 1 Ansprüche auf Übertragung dieser Darlehen und Sicherheiten erworben hat, die im Insolvenzfall des Anspruchsverpflichteten zu einer Aussonderung der betreffenden Darlehen und Sicherheiten berechtigen. In diesen Fällen drängt sich der Gedanke auf, dass die Pfandbriefbank und der Dritte die **Vergütung** für die Darlehens- und Sicherheitenverwaltung in einer Zinsmarge ausdrücken und diese Zinsmarge von denjenigen Zinsen, die der Dritte im Rahmen der Darlehensverwaltung von den Darlehensnehmern einzieht, **verrechnen.** Diese Verrechnung widerspricht dem Aufrechnungsverbot des § 29 Abs. 2 in Verbindung mit § 394 BGB und ist daher **unzulässig.** Außerdem kann diese Verrechnung dazu führen, dass die jederzeitige Deckung der umlaufenden Pfandbriefe unter Berücksichtigung der Zins- und Tilgungsverpflichtungen nicht gewährleistet ist. Pfandbriefbank und Dritter haben deshalb darauf zu achten, dass der Dritte die von ihm im Rahmen der Darlehensverwaltung einzuziehenden Zinsen und Tilgungen ungeschmälert an die Pfandbriefbank weiterleitet und die Pfandbriefbank die Vergütung für die Darlehensverwaltung gesondert entrichtet.

§ 30 Trennungsprinzip bei Insolvenz der Pfandbriefbank; Sachwalterernennung

(1) Die in die Deckungsregister eingetragenen Werte einschließlich der Werte im Sinne des Absatzes 3 sowie die bei der Deutschen Bundesbank unterhaltene Mindestreserve, soweit sie auf Pfandbriefe entfällt, bilden vom allgemeinen Vermögen der Pfandbriefbank getrennte Vermögensmassen, die nicht in die Insolvenzmasse fallen, wenn über das Vermögen der Pfandbriefbank das Insolvenzverfahren eröffnet wird (insolvenzfreie Vermögen). Die Forderungen der Pfandbriefgläubiger werden von der Eröffnung des Insolvenzverfahrens über das Vermögen der Pfandbriefbank nicht berührt; das Recht der Pfandbriefgläubiger nach Absatz 6 Satz 4 bleibt gewahrt. Diese in den Sätzen 1 und 2 genannten Teile der Pfandbriefbank bestehen außerhalb des Insolvenzverfahrens für jede Pfandbriefgattung als Pfandbriefbank mit beschränkter Geschäftstätigkeit fort. Zweck der jeweiligen Pfandbriefbank mit beschränkter Geschäftstätigkeit ist die vollständige und fristgerechte Erfüllung der Pfandbriefverbindlichkeiten und die hierzu notwendige ordnungsgemäße Verwal-

1 Münchner Kommentar BGB AT, Bd. 2, 5. Aufl. 2007, § 394 Anm. 18.

tung des insolvenzfreien Vermögens. Die Geschäftsführung der jeweiligen Pfandbriefbank mit beschränkter Geschäftstätigkeit steht dem nach Absatz 2 ernannten Sachwalter oder bei Ernennung von zwei Sachwaltern diesen gemeinsam zu. Die jeweilige Pfandbriefbank mit beschränkter Geschäftstätigkeit haftet für die Pfandbriefverbindlichkeiten sowie für die Ansprüche nach Absatz 3 Satz 3 und 4 und den Absätzen 4 und 7 sowie für die aus Geschäften des Sachwalters entstehenden Verbindlichkeiten mit dem zugehörigen insolvenzfreien Vermögen.

(2) Im Falle des Absatzes 1 ernennt das Gericht des Sitzes der Pfandbriefbank auf Antrag der Bundesanstalt eine oder zwei geeignete natürliche Personen als Sachwalter. Mit der Ernennung geht das Recht, alle eingetragenen Werte einschließlich der Werte im Sinne des Absatzes 3 zu verwalten und über sie zu verfügen, auf den Sachwalter über. Hat die Pfandbriefbank nach der Ernennung des Sachwalters über einen im Deckungsregister eingetragenen Wert verfügt, so ist diese Verfügung unwirksam; die §§ 892 und 893 des Bürgerlichen Gesetzbuchs und die §§ 16 und 17 des Gesetzes über Rechte an eingetragenen Schiffen und Schiffsbauwerken sowie die §§ 16 und 17 des Gesetzes über Rechte an Luftfahrzeugen bleiben unberührt. Hat die Pfandbriefbank am Tag der Ernennung des Sachwalters verfügt, so wird vermutet, dass sie nach der Ernennung verfügt hat. Der Sachwalter darf mit Wirkung für die jeweilige Pfandbriefbank mit beschränkter Geschäftstätigkeit nach Absatz 1 Rechtsgeschäfte tätigen, soweit dies für die ordnungsgemäße Verwaltung der Deckungsmassen im Interesse der vollständigen und fristgerechten Erfüllung der Pfandbriefverbindlichkeiten erforderlich ist; insbesondere kann er liquide Mittel zur zeitgerechten Bedienung ausstehender Pfandbriefe beschaffen. Für diesen Geschäftskreis vertritt er die Pfandbriefbank gerichtlich und außergerichtlich. Der Sachwalter ist unter den in Satz 5 genannten Voraussetzungen auch berechtigt, sonstige Handlungen im Hinblick auf die Verwaltung der Deckungsmassen vorzunehmen, insbesondere ein neues Refinanzierungsregister im Sinne der §§ 22a bis 22o des Kreditwesengesetzes einzurichten und ein bestehendes Refinanzierungsregister der Pfandbriefbank zu nutzen. Die Begrenzungen des § 19 Absatz 1 Nummer 2 bis 4, des § 20 Abs. 2 Nr. 2 und 3 und des § 26 Absatz 1 Nummer 3 bis 5 sowie des § 26f Absatz 1 Nummer 3 bis 5 gelten nicht.

(3) Die im Deckungsregister eingetragenen Werte unterliegen auch insoweit der Verwaltungs-und Verfügungsbefugnis des Sachwalters, als sie nach § 5 Absatz 1a nicht zur Deckung der Pfandbriefe der Pfandbriefbank bestimmt sind. Der Sachwalter hat insbesondere Forderungen entsprechend ihrer Fälligkeit einzuziehen und Hypotheken bei Verwertungsreife zu verwerten. Nach Abzug angemessener Verwaltungskosten führt er an die Gläubiger treuhänderisch gehaltener Werte im Sinne des § 5 Abs. 1a Satz 4 und 5 und im Übrigen an die Insolvenzmasse den Anteil ab, der bei getrennten Forderungen oder Einzelhypotheken auf die Anteile unter Berücksichtigung ihres Ranges entfallen würde. Die in Satz 3 genannten Gläubiger und der Insolvenzverwalter können jeweils rangwahrende Teilung von Forderungen oder Hypotheken verlangen; die Kosten tragen die Gläubiger oder, soweit der Insolvenzverwalter Teilung verlangt, die Insolvenzmasse.

(4) Der Insolvenzverwalter kann jederzeit verlangen, dass eingetragene Werte, die nicht treuhänderischer Verwaltung unterliegen und zur Deckung der jeweiligen Pfandbriefgattung einschließlich der sichernden Überdeckung offensichtlich nicht notwendig sein werden, vom Sachwalter der Insolvenzmasse zugeführt werden.

Nach Befriedigung der Pfandbriefgläubiger und Deckung der Verwaltungskosten verbleibende Werte sind an die Insolvenzmasse herauszugeben.

(5) Das Gericht des Sitzes der Pfandbriefbank kann auf Antrag der Bundesanstalt schon vor der Eröffnung eines Insolvenzverfahrens über das Vermögen der Pfandbriefbank bei Vorliegen der Voraussetzungen des § 46 Absatz 1 des Kreditwesengesetzes einen Sachwalter ernennen. Für die Rechtsstellung dieses Sachwalters gelten die Vorschriften über den nach Absatz 2 Satz 1 ernannten Sachwalter entsprechend.

(6) Die Bundesanstalt kann entsprechend § 46 des Kreditwesengesetzes eigene Maßnahmen in Bezug auf einzelne Deckungsmassen treffen. Im Falle der Zahlungsunfähigkeit oder Überschuldung einer Deckungsmasse findet über sie ein gesondertes Insolvenzverfahren statt; der Antrag auf Eröffnung des Insolvenzverfahrens kann nur von der Bundesanstalt gestellt werden. Absatz 4 ist entsprechend anzuwenden. Im Insolvenzverfahren über das übrige Vermögen der Pfandbriefbank können die Pfandbriefgläubiger ihre Forderungen nur in Höhe des Ausfalls geltend machen; im Übrigen gelten die Vorschriften für absonderungsberechtigte Gläubiger, insbesondere § 52 Satz 1, § 190 Abs. 1 und 2 sowie § 192 der Insolvenzordnung entsprechend. Werte im Sinne des Absatzes 3, die zur Insolvenzmasse der Pfandbriefbank gehören, berechtigen im Insolvenzverfahren über die Deckungsmasse zur Aussonderung nach § 47 der Insolvenzordnung. Sowohl der Sachwalter als auch der Insolvenzverwalter in dem Insolvenzverfahren über die Deckungsmasse sind berechtigt, die in Satz 4 genannten Forderungen der Pfandbriefgläubiger in dem Insolvenzverfahren über das Vermögen der Pfandbriefbank anzumelden. Das Recht der Pfandbriefgläubiger, die Anmeldung abzulehnen oder zurückzunehmen, bleibt unberührt.

(7) Gläubiger von Ansprüchen aus Derivategeschäften nach § 4 Abs. 3 stehen Pfandbriefgläubigern gleich.

Übersicht

1. Trennung der Deckungsmasse von der Insolvenzmasse

1 Abs. 1 Satz 1 legt fest, dass die **Deckungsmasse** und die **allgemeine Vermögensmasse** einer Pfandbriefbank voneinander **getrennt** sind. Diese Trennung erfolgt nicht erst mit Eröffnung des Insolvenzverfahrens, sondern bereits mit Bildung der Deckungsmasse. Die Trennung führt im Falle der Insolvenzeröffnung über das allgemeine Vermögen der Pfandbriefbank dazu, dass die Deckungsmasse einschließlich der hierzu korrespondierenden Pfandbriefe zu einem besonderen Teil der Pfandbriefbank mit beschränkter Geschäftstätigkeit wird. Gleichwohl bleibt die Pfandbriefbank auch nach der Eröffnung des Insolvenzverfahrens Rechtsträger dieses besonderen Teils der Pfandbriefbank. Nach Eröffnung des Insolvenzverfahrens ist die Pfandbriefbank daher sowohl Rechtsträger des besonderen Teils

der Pfandbriefbank als auch als auch Rechtsträger der Insolvenzmasse, die aus dem von der Deckungsmasse getrennten, sonstigen Vermögen der Pfandbriefbank besteht[1]. Dabei wird die Geschäftsführung über das insolvenzfreie Vermögen dem Sachwalter übertragen, während die Geschäftsführung über das insolvente allgemeine Vermögen der Pfandbriefbank auf den Insolvenzverwalter übergeht. Die Eröffnung des Insolvenzverfahrens betrifft daher nur die allgemeine Vermögensmasse der Pfandbriefbank. Nur diese allgemeine Vermögensmasse wird zur Insolvenzmasse. Mit Eröffnung des Insolvenzverfahrens werden weder die Pfandbriefe noch die Deckungswerte fällig. Für den Pfandbriefgläubiger bringt die Eröffnung des Insolvenzverfahrens daher nur diejenige Änderung, dass nicht mehr die Geschäftsleitung der Pfandbriefbank für die Verwaltung der Deckungswerte und der Pfandbriefe befugt ist sondern der Sachwalter[2]. § 30 Abs. 1 Satz 1 legt fest, dass die in den Deckungsregistern eingetragenen Werte nicht in die Insolvenzmasse fallen. Daher kann gemäß Abs. 6 Satz 4 und 5 die Aussonderung aus der Insolvenzmasse verlangt werden. Es ist nicht ausreichend, dass die Werte für die Eintragung in das Deckungsregister bestimmt sind. Sie müssen vielmehr in dieses Register eingetragen sein. Dies gilt wegen des Verweises auf die Werte des § 30 Abs. 3 auch für in das Deckungsregister eingetragene Werte, welche nicht zur Deckung bestimmt sind. Allerdings werden diese Werte, nachdem sie entsprechend ihrer Fälligkeit eingetrieben wurden, nach Abzug der angemessenen Beitreibungskosten an den Insolvenzverwalter bzw. die sonstigen Berechtigten ausgekehrt (siehe unten).

Maßgebliches **Kriterium für die Trennung** der Deckungsmasse von der Insolvenzmasse 2
ist ausschließlich das formale Kriterium der **Eintragung in das Deckungsregister.** Auf die materielle Rechtslage kommt es nicht an. Diese formale Betrachtungsweise ist der Rechtssicherheit und dem Bedürfnis nach der klaren Trennung der Zuständigkeiten des Sachwalters und des Insolvenzverwalters geschuldet[3]. Die **Pfandbriefe** werden durch die Eröffnung des Insolvenzverfahrens **nicht fällig.** § 30 Abs. 1 Satz 2 stellt in der zweiten Satzhälfte die Konsequenz klar, welche daraus folgt, dass die eingetragenen Deckungswerte nicht in die Insolvenzmasse fallen: Die Forderungen der Pfandbriefgläubiger werden von der Eröffnung des Insolvenzverfahrens über die Pfandbriefbank nicht berührt.

Gemäß § 30 Abs. 3 unterliegen Werte, die in das Deckungsregister eingetragen sind, auch insoweit der Verfügungsbefugnis des Sachwalters, als sie **nicht zur Deckung von Pfandbriefen bestimmt** sind. Dies bedeutet aber nicht, dass diese Werte auch in dem Maße, in dem sie nicht zur Pfandbriefdeckung bestimmt sind, durch die Eintragung im Deckungsregister in irgendeiner Weise zur Deckung dieser Pfandbriefe herangezogen werden können. Diese Regelung besagt nur, dass die Verwaltungs- und Verfügungsbefugnis über die in das Deckungsregister eingetragenen Werte nicht geteilt, sondern auch insoweit dem Sachwalter zugewiesen wird, als sie nicht zur Pfandbriefdeckung bestimmt sind. Nach dem vertragsgemäßen Einzug hat er die Erlöse, soweit sie aus eingetragenen Werten stammen, die zur Pfandbriefdeckung bestimmt waren, den Pfandbriefgläubigern zuzuweisen und im übrigen nach Abzug angemessener Verwaltungskosten den Berechtigten, seien es die Gläubiger von treuhänderisch gehaltenen Werten oder sei es die Insolvenzmasse[4]. Die Alternative wäre, dass der Sachwalter die Verwaltungs- und Verfügungsbefugnis über die in das Deckungsregister eingetragenen Werte erhält, soweit sie zur Pfandbriefdeckung bestimmt sind, während der Insolvenzverwalter die Verwaltungs- und Verfügungsbefugnis über die-

1 BT DS 16/13823, zu Nr. 27 (§ 30); BT DS 17/1720, zu Nr. 14 (§ 30).
2 BT DS 16/13823 S. 1.
3 BT DS 16/11130 S. 41, zu Nr. 27.
4 BT DS 16/11130 zu Nr. 27 S. 42.

jenigen Teile der in das Deckungsregister eingetragenen Deckungswerte erhält, die nicht zur Deckung bestimmt sind. Diese Lösung dürfte in der Regel jedoch unpraktisch sein, weil die eingetragenen Werte gedanklich geteilt werden müssten in den Teil, der zur Pfandbriefdeckung bestimmt ist, und den Teil, der nicht zur Pfandbriefdeckung bestimmt ist. Beide Teile würden der Verwaltungs- und Verfügungsbefugnis verschiedener Personen, nämlich dem Sachwalter und dem Insolvenzverwalter, unterfallen. Aufgrund der unterschiedlichen Funktion von Sachwalter und Insolvenzverwalter wären Interessenkonflikte vorprogrammiert. Zur Sicherung der Interessen der Gläubiger der nicht zur Pfandbriefdeckung bestimmten und gleichwohl im Deckungsregister eingetragenen Teilwerte sieht Absatz 3 Satz 4 die Möglichkeit der Teilung vor. Diese Teilung hat dann entsprechend ihrem Rang, welcher gemäß § 5 Abs. 1a im Deckungsregister festgehalten wurde, zu erfolgen. Die Teilungsberechtigten können auch eine entsprechende Eintragung im Grundbuch verlangen[5].

2. Befriedigung der Pfandbriefgläubiger

3 Gemäß § 30 Abs. 1 Satz 2 sind die Forderungen der Pfandbriefgläubiger aus den in das entsprechende Deckungsregister eingetragenen Werten voll zu befriedigen. Diese Formulierung „die Forderungen der Pfandbriefgläubiger" ist dahingehen zu interpretieren, dass die Gesamtheit aller Pfandbriefgläubiger gemeint ist. Daher müssen **alle Pfandbriefgläubiger in voller Höhe** befriedigt werden. Es ist nicht zulässig, dass die Pfandbriefgläubiger bei nicht ausreichenden Erlösen aus der Deckungsmasse in Relation zu ihren jeweiligen Forderungen nur zum Teil befriedigt werden. Es ist auch nicht zulässig, dass die Pfandbriefgläubiger bis auf einen voll befriedigt werden, dieser eine Pfandbriefgläubiger aber nur teilweise befriedigt wird oder gar leer ausgeht. Denn dann wären eben nicht mehr „die Forderungen der Pfandbriefgläubiger" in voller Höhe befriedigt, sondern eben nur die Forderungen der Pfandbriefgläubiger bis auf einen.

4 Es ist allerdings sehr unwahrscheinlich, dass tatsächlich eine Situation eintritt, in der die **Deckungsmasse** einer Pfandbriefbank **nicht zur Befriedigung** aller Gläubiger der betreffenden Pfandbriefgattung **ausreicht.** Das Pfandbriefgesetz sieht eine Vielzahl von Regelungen vor, die den Eintritt einer solchen Situation verhindern sollen: Gemäß § 4 muss die **Deckung** der umlaufenden Pfandbriefe sowohl nach dem Barwert als auch nach dem Nennwert **jederzeit gewährleistet** sein. Dies erfordert einen **täglichen Abgleich.** Die Entwicklung der Deckungsmasse wird dadurch frühzeitig und kontinuierlich sichtbar. Hinzu kommt, dass **Deckungswerte** vom Grundsatz her nur **langsamen Veränderungen** unterliegen, so dass negative Entwicklungen schon frühzeitig absehbar sind. Damit auf negative Entwicklung flexibel reagiert werden kann, sehen die §§ 19, 20 Abs. 2, 26 und 26f sogenannte **„weitere Deckungswerte"** vor. Diese weiteren Deckungswerte sind vom Grundsatz her liquide. Daher können sie dazu genutzt werden, negativen Entwicklungen der Deckungsmasse gegenzusteuern. Damit dies effektiv geschieht, schreibt § 4 Abs. 1a vor, dass die Pfandbriefbank **für die nächsten 180 Tage einen taggenauen Abgleich** der fällig werdenden Forderungen aus eingetragenen Deckungswerten zu fällig werdenden Verbindlichkeiten aus ausstehenden Pfandbriefen und in Deckung befindlichen Derivatgeschäften vorzunehmen. Gemäß § 32 ist es möglich, **Deckungsmassen** ganz oder zum Teil auf eine andere Pfandbriefbank zu **übertragen.** Daneben können gemäß § 30 Abs. 2 Satz 5 auch einzelne Deckungswerte veräußert werden, um Liquidität zu beschaffen. Darüber hinaus

5 BT DS 16/11130 zu Nr. 27 S. 42.

dürfen gemäß §§ 14, 22 und 26b Werte nur bis zu einer Höhe von **60 Prozent ihres Beleihungswertes** in Deckung genommen werden. Dieser Beleihungswert ist nach Kriterien zu ermitteln, die im Pfandbriefgesetz und der auf der Grundlage des Pfandbriefgesetzes erlassenen drei Verordnungen zur Ermittlung der Beleihungswerte von Grundstücken, Flugzeugen und Schiffen genau spezifiziert sind. Alle diese drei Verordnungen enthalten Vorschriften, nach denen die Beleihungswerte zu überprüfen und gegebenenfalls zu **korrigieren** sind, wenn Anhaltspunkte bestehen, dass sich die Grundlagen der Beleihungswertermittlung nicht nur unerheblich **verschlechtert** haben. In diesem Zusammenhang wird in allen drei Verordnungen zur Ermittlung der Beleihungswerte ausdrücklich der Fall genannt, dass das allgemeine Preisniveau in einem erheblichen Maß gesunken ist[6]. Die in § 4 Abs. 1 Satz 2 vorgeschriebene **sichernde Überdeckung** von 2 Prozent ergänzt den Puffer, den die Beschränkung der Indeckungnahme auf maximal 60 Prozent des Beleihungswertes bildet. Daneben besteht die Möglichkeit, dass die **Bundesanstalt** entsprechend § 46 und 46a KWG **Maßnahmen zum Schutz der Pfandbriefgläubiger** trifft. Erst wenn nach Ausschöpfung all dieser Möglichkeiten die vollständige Befriedigung aller Pfandbriefgläubiger nicht erreicht werden kann, findet auf Antrag der Bundesanstalt ein gesondertes Insolvenzverfahren statt. Dieses **gesonderte Insolvenzverfahren** betrifft nur die **überschuldete Deckungsmasse** und hat mit dem Insolvenzverfahren über das allgemeine Vermögen der Pfandbriefbank nichts zu tun. An letztgenanntem Insolvenzverfahren über das allgemeine Vermögen der Pfandbriefbank nehmen die Pfandbriefgläubiger nur im Umfang des Abs. 6 teil. Gemäß Abs. 6 Satz 4 können die Pfandbriefgläubiger ihre Forderungen nur in Höhe ihres Ausfalles geltend machen, das heißt desjenigen Ausfalles, den sie im Rahmen der Abwicklung des Insolvenzverfahrens über die zu ihrem Pfandbrief korrespondierende Deckungsmasse erlitten haben.

3. Sachwalter

Die **Ernennung** des oder der Sachwalter erfolgt auf Antrag der Bundesanstalt durch das Gericht des Sitzes der Pfandbriefbank dann, wenn über das **allgemeine Vermögen** der Pfandbriefbank das **Insolvenzverfahren** eröffnet wurde. Es ist nicht erforderlich, dass auch über die Pfandbriefbank mit beschränkter Geschäftstätigkeit ein Insolvenzverfahren im Raume steht oder gar eröffnet ist. Ausnahmsweise kann die Ernennung des Sachwalters gemäß Abs. 5 **schon vor Eröffnung** des Insolvenzverfahrens erfolgen, nämlich dann, wenn die Voraussetzungen des § 46a KWG vorliegen. Hinsichtlich dieser Voraussetzungen verweist § 46a KWG auf § 46 KWG. Aus letzterer Vorschrift geht hervor, dass die Voraussetzungen zur Ernennung eines Sachwalters vor der Eröffnung eines Insolvenzverfahrens dann vorliegen, wenn die Gefahr besteht, dass die Pfandbriefbank ihre Verpflichtungen gegenüber ihren Gläubigern, insbesondere im Hinblick auf die Sicherheit der ihr anvertrauten Vermögenswerte, nicht mehr erfüllen kann, oder wenn der begründete Verdacht besteht, dass eine wirksame Aufsicht über die Pfandbriefbank nicht möglich ist. 5

Mit seiner Ernennung erhält der Sachwalter die **Verfügungsberechtigung über die Deckungsmassen**. Die Geschäftsleitung der Pfandbriefbank verliert ihre Verfügungsbefugnis zu demselben Zeitpunkt. Verfügungen, die die Pfandbriefbank nach der Bestellung des Sachwalters über einen eingetragenen Deckungswert vornimmt, sind unwirksam. Allerdings kann die Wirksamkeit gemäß § 184 BGB und § 185 Absatz 2 BGB mit rückwirkender 6

6 S. § 26 BelwertV, § 12 FlugBelWertV und § 14 SchiffsBelWertV.

Wirkung hergestellt werden, indem der Sachwalter die Verfügung genehmigt. Wohl um Unschärfen auszuschließen, fingiert § 30 Abs. 2 Satz 4, dass für den Fall, dass die Ernennung des Sachwalters und eine Verfügung der Geschäftsleitung einer Pfandbriefbank am selben Tage erfolgt, die Verfügung der Geschäftsleitung der Pfandbriefbank als zeitlich nach der Ernennung des Sachwalters getroffen gilt. Die Ernennung des Sachwalters muss so **rechtzeitig** erfolgen, dass die ordnungsgemäße Bedingung der Pfandbriefe und die ordnungsgemäße Verwaltung der Deckungsmassen gewährleistet bleiben.

4. Aufgaben und Rechte des Sachwalters

7 Gemäß Abs. 2 Satz 5 bringt indirekt zum Ausdruck, dass der Sachwalter für eine **ordnungsgemäße Abwicklung** der Deckungsmasse im Interesse der **vollständigen Befriedigung** der Pfandbriefgläubiger Sorge zu tragen hat. Aus dem Zusammenhang der ordnungsgemäßen Abwicklung der Deckungsmasse und dem daneben eröffneten Insolvenzverfahren über das allgemeine Vermögen der Pfandbriefbank ergibt sich, dass der Sachwalter die Deckungsmasse und den Umfang der korrespondierenden umlaufenden Pfandbriefe zumindest grundsätzlich nicht weiter aufbauen darf. Vielmehr muss er – zumindest auf Dauer gesehen – die Volumina der Deckungswerte und der umlaufenden Pfandbriefe abbauen. Der Gesetzgeber spricht in diesem Zusammenhang von der **vollständigen Befriedigung** der Pfandbriefgläubiger. Damit verstärkt der Gesetzgeber seine in Abs. 1 Satz 2 festgelegte Bestimmung, dass die Forderungen der Pfandbriefgläubiger aus den Deckungswerten voll, das heißt vollständig, zu befriedigen sind. Aus diesem Kontext folgt, dass der Sachwalter nur und ausschließlich Rechtshandlungen vornehmen darf, die zu einer **vollständigen Befriedigung** der Pfandbriefgläubiger führen. Dabei müssen **alle Pfandbriefgläubiger voll** befriedigt werden. Der Sachwalter darf keine Rechtshandlungen vornehmen, die entweder zu einem Teil- oder Totalausfall auch nur eines einzigen Pfandbriefgläubigers führen. Auch dann nicht, wenn alle übrigen Pfandbriefgläubiger in voller Höhe befriedigt werden. Denn wenn auch nur ein einziger Pfandbriefgläubiger einen Teilausfall hätte, dann sind eben nicht „die Pfandbriefgläubiger“ voll befriedigt sondern nur „alle bis auf einen“.

8 § 30 begrenzt das Instrumentarium, das dem Sachwalter zur Verfügung steht, wenn man von der Übertragung der Deckungsmasse als ganzes oder zum Teil absieht, nicht. Der Sachwalter kann daher alle Rechtshandlungen vornehmen, die seiner Aufgabenerfüllung dienen. Unter anderem kann er Darlehen aufnehmen oder Schuldverschreibungen emittieren. Die Möglichkeit des Sachwalters, Rechtsgeschäfte zur Liquiditätsbeschaffung zu tätigen, nennt § 30 Abs. 2 Satz 5 nur beispielhaft. Unter anderem kann der Sachwalter zur Liquiditätsbeschaffung einzelne Deckungswerte verkaufen[7]. Gemäß Abs. 2 Satz 7 darf der Sachwalter ein bestehendes **Refinanzierungsregister** nutzen oder ein neues einrichten. Es darf aber nicht zu einer Duplizierung eines schon vorhandenen Refinanzerungsregisters kommen[8]. Die Nutzung eines Refinanzierungsregisters ermöglicht es dem Sachwalter, Deckungswerte, die zum Zwecke der Liquiditätsbeschaffung veräußert werden, durch Eintragung in dieses Refinanzierungsregister insolvenzfest zu machen. Denn gemäß § 22J KWG bewirkt die ordnungsgemäße Eintragung eines Deckungswertes in ein Refinanzierungsregister, dass der ebenfalls im Refinanzierungsregister einzutragende Übertragungsberechtigte diesen Deckungswert aus der Deckungsmasse aussondern kann, wenn diese

7 BT DS 16/11130, S. 41 zu Nr. 27.
8 BT DS 16/11130, S. 41 zu Nr. 27.

insolvent wird.[9] Dabei wird diese Aussonderungsfähigkeit bereits durch die bloße **Eintragung** in das Refinanzierungsregister erreicht. Allerdings muss diese Eintragung im Sinne es § 22d KWG **ordnungsgemäß** sein. Nicht erforderlich ist es, dass die ins Refinanzierungsregister eingetragenen Deckungswerte auch rechtwirksam auf den Übertragungsberechtigten übertragen wurden. Es reicht, dass der Übertragungsberechtigte einen schuldrechtlichen Anspruch auf Übertragung hat. Es ist zu beachten, dass die Eintragung in das Refinanzierungsregister nur die Aussonderungsfähigkeit herstellt. Die Eintragung heilt aber keine Rechtsmängel in Bezug auf die Zugehörigkeit der eingetragenen Forderung oder Grundsicherheit zum Vermögen des Eintragenden[10].

Eine Begrenzung des Instrumentariums des Sachwalters besteht nur dann, wenn er die 9
Deckungsmasse ganz oder zum Teil an eine andere Pfandbriefbank übertragen möchte. Eine solche Übertragung unterliegt den Regeln des § 32. Insbesondere kann sie nur mit schriftlicher Zustimmung der Bundesanstalt erfolgen. Fehlt diese Zustimmung, ist die Übertragung unwirksam.

Die vollständige oder teilweise Übertragung einer Deckungsmasse ist vom Verkauf eines 10
einzelnen Deckungswertes zu unterscheiden. Bei dem Verkauf von Deckungswerten im Sinne des § 30 Abs. 2 bleiben die Verpflichtungen der Pfandbriefbank aus den korrespondierenden Pfandbriefen unberührt. Dies bedeutet, dass in das Deckungsregister eingetragene Werte nur dann verkauft und übertragen werden können, wenn dadurch die ordnungsgemäße Bedienung der Pfandbriefe nicht gefährdet wird. Demgegenüber geht es bei der vollständigen oder teilweisen Übertragung einer Deckungsmasse nach § 32 nicht nur um die Übertragung der in das Deckungsregister eingetragenen Deckungswerte, sondern auch um die Übertragung der Verbindlichkeiten aus den korrespondierenden Pfandbriefen, wobei die eingetragenen Deckungswerte und die Verbindlichkeiten aus den hierzu korrespondierenden Pfandbriefen eine Gesamtheit bilden.

5. Insolvenzverwalter

Der **Insolvenzverwalter** erhält mit seiner Ernennung die **Verfügungsbefugnis** über das 11
von der Deckungsmasse getrennte, **allgemeine Vermögen der Pfandbriefbank.** In keinem Falle erhält der Insolvenzverwalter eine Verfügungsbefugnis oder einen Zugriff auf die Deckungsmasse. Auch nicht dann, wenn er zeitlich vor dem Sachwalter ernannt wurde. Man wird fordern müssen, dass **Sachwalter und Insolvenzverwalter personenverschieden** sind. Denn zwischen Sachwalter und Insolvenzverwalter bestehen naturgemäß Interessenkonflikte. Jeder der Beiden möchte im Interesse der Gläubiger der ihm zugeordneten Masse Zugriff auf die Masse des jeweils anderen haben beziehungsweise die seiner Verfügungs gewalt zugeordnete Masse vor dem Zugriff des jeweils anderen schützen.

6. Rechte des Insolvenzverwalters

Gemäß § 30 Abs. 4 kann der Insolvenzverwalter jederzeit verlangen, dass eingetragene 12
Werte, die nicht treuhänderischer Verwaltung unterliegen und zur Deckung der jeweiligen Pfandbriefgattung einschließlich der sichernden Überdeckung **offensichtlich** nicht notwendig **sein werden**, vom Sachwalter der Insolvenzmasse zugeführt werden. Nach Be-

9 BT DS 16/11130, S. 42 zu Nr. 27.
10 Vgl. § 22J Abs. 2 KWG.

friedigung der Pfandbriefgläubiger und Deckung der Verwaltungskosten verbleibende Werte sind an die Insolvenzmasse herauszugeben. Erfasst werden alle eingetragenen Deckungswerte einschließlich der **sichernden Überdeckung**, sofern diese nicht treuhänderischer Verwaltung unterliegen. Hinsichtlich der sichernden Überdeckung macht § 30 Abs. 4 keinen Unterschied zwischen der in § 4 Abs. 1 gesetzlich vorgeschriebenen sichernden Überdeckung von 2 Prozent und einer eventuell über das gesetzliche Mindestmaß hinausgehenden weiteren Überdeckung. Auch diese weitere Überdeckung dient der Sicherung der Pfandbriefgläubiger. Sie ist deshalb ebenfalls eine sichernde Überdeckung im Sinne des § 30 Abs. 4 und kann daher nur unter den Voraussetzungen des § 30 vom Insolvenzverwalter herausverlangt und der Insolvenzmasse zugeführt werden[11]. Es muss **offensichtlich** sein, dass die Deckungswerte nicht zur Bedienung der Pfandbriefgläubiger ausreichen werden. Aus der Verwendung des Begriffes der Offensichtlichkeit ergibt sich, dass nur unverhältnismäßig hohe Überdeckungen aus der Deckungsmasse herausverlangt werden können. Andernfalls wäre es eben gerade nicht offensichtlich, dass die Überdeckung nicht zur Befriedigung der Pfandbriefgläubiger benötigt werden wird[12]. Die Offensichtlichkeit ist nicht stichtagsbezogen zu beurteilen. Vielmehr umfasst der Beurteilungsspielraum auch eine Zukunftsprognose. Dies geht aus dem Wortlaut des § 30 Abs. 4 Satz 1 hervor, genauer gesagt aus der Verwendung der Formulierung **„sein werden“**[13]. Sofern die eingetragenen Deckungswerte nur **treuhänderisch** von der Pfandbriefbank gehalten werden, kann der Insolvenzverwalter ohnehin keine Herausgabe zur Insolvenzmasse verlangen. Der Sachwalter hat diese treuhänderisch gehaltenen Werte gemäß § 30 Abs. 3 in Verbindung mit § 5 Abs. 1a entsprechend dem Gesetz und den vertraglich getroffenen Vereinbarungen einzuziehen und an die aus dem Treuhandverhältnis Berechtigten Gläubiger herauszugeben, wobei er angemessene Verwaltungskosten einbehalten darf.

7. Schutz des guten Glaubens

13 Gemäß Abs. 2 Satz 3 bleiben die §§ 892 und 893 des Bürgerlichen Gesetzbuchs und die §§ 16 und 17 des Gesetzes über Rechte an eingetragenen Schiffen und Schiffsbauwerken sowie die §§ 16 und 17 des Gesetzes über Rechte an Luftfahrzeugen unberührt. Dies bedeutet allerdings nur, dass zugunsten eines Erwerbers der **Inhalt** des Grundbuch bzw. des Schiffs- oder Flugzeugregisters als **richtig** und **vollständig** gilt. Unabhängig davon muss das Rechtsgeschäft zwischen dem im Grundbuch oder den Registern eingetragenen Verfügenden und dem Erwerber wirksam sein. Diese Wirksamkeit setzt die Verfügungsberechtigung des Erwerbers voraus und stellt sie nicht etwa her[14]. Der Gutglaubenschutz fingiert somit nur die Richtigkeit und Vollständigkeit des Grundbuches bzw. des Schiffs- oder Flugzeugregisters. Er heilt nicht auch daneben noch die fehlende Verfügungsbefugnis.

8. Maßnahmen der Bundesanstalt

14 § 30 Abs. 6 Satz 1 bestimmt, dass die Bundesanstalt auch in Bezug auf die einzelnen Deckungsmassen einer Pfandbriefbank die in den §§ 46 KWG (Maßnahmen bei Gefahr) und 46a KWG (Maßnahmen bei Insolvenzgefahr) festgelegten Maßnahmen ergreifen kann.

---

11 So im Ergebnis auch BT DS 16/13823 S. 4.
12 BT DS 16/13823 S. 4.
13 BT DS 16/13823 S. 4.
14 Palandt, BGB, 70. Aufl. 2011, § 892 Rdn. 3 für Grundbücher.

9. Insolvenz der Deckungsmasse

Auch über das **Vermögen einer Deckungsmasse** kann ein Insolvenzverfahren eröffnet werden. Den Antrag kann nur die Bundesanstalt stellen. Eröffnungsgrund ist entweder die Zahlungsunfähigkeit oder die Überschuldung einer Deckungsmasse. § 30 Abs. 6 Satz 2 spricht in diesem Zusammenhang nicht von der Deckungsmasse im Allgemeinen sondern ausdrücklich von **einer Deckungsmasse.** Daraus folgt, dass die Eröffnung des Insolvenzverfahrens nicht notwendigerweise über die gesamte Deckungsmasse erfolgen muss. Sie kann sich vielmehr auf eine einzelne oder mehrere Deckungsmassen beschränken. Sofern eine Pfandbriefbank nicht nur das Pfandbriefgeschäft betreibt, sondern auch andere Bankgeschäfte, ist es möglich, dass in Bezug auf ein und dieselbe Pfandbriefbank mehrere Insolvenzverfahren nebeneinander laufen können, wobei jedes dieser Insolvenzverfahren mit dem jeweils anderen Insolvenzverfahren nichts zu tun hat. Im Einzelnen kann es sich dabei um jeweils ein Insolvenzverfahren über die einer der in § 1 Abs. 1 genannten Pfandbriefgattungen zugeordneten Deckungsmasse sowie über das sonstige allgemeine Vermögen der Pfandbriefbank aus sonstigen Geschäften handeln. Dass eine Deckungsmasse nicht zur Befriedigung aller Pfandbriefgläubiger der betreffenden Pfandbriefgattung ausreicht, ist sehr **unwahrscheinlich.** Das Pfandbriefgesetz sieht eine Vielzahl von Regelungen vor, die dieses Risiko in hohem Maße minimieren.[15] Zusätzlich können Pfandbriefgläubiger in dem Maße, in dem sie im Insolvenzverfahren über die zu ihrem Pfandbrief korrespondierende Deckungsmasse ausgefallen sind, am Insolvenzverfahren über das **übrige Vermögen** der Pfandbriefbank teilnehmen. 15

§ 31 Aufgaben und Befugnisse des Sachwalters

(1) Der Sachwalter steht unter der Aufsicht des Gerichts des Sitzes der Pfandbriefbank. Das Gericht kann insbesondere jederzeit einzelne Auskünfte oder einen Bericht über den Sachstand und die Geschäftsführung von ihm verlangen. Es kann den Sachwalter auf Antrag der Bundesanstalt abberufen, wenn ein wichtiger Grund vorliegt. Der Sachwalter tritt gegenüber der Bundesanstalt in die Pflichten ein, die von der Pfandbriefbank nach diesem Gesetz und dem Kreditwesengesetz im Zusammenhang mit der Verwaltung der Deckungswerte zu erfüllen sind.

(2) Der Sachwalter erhält eine Urkunde über seine Ernennung, die er bei Beendigung seines Amtes dem Gericht zurückzugeben hat. Das Gericht hat die Ernennung und Abberufung des Sachwalters dem zuständigen Registergericht mitzuteilen und unverzüglich im Bundesanzeiger bekannt zu machen. Die Ernennung und Abberufung des Sachwalters ist von Amts wegen in das Handelsregister oder im Falle des § 33 Abs. 5 in das Genossenschaftsregister einzutragen. Die Eintragungen werden nicht bekannt gemacht. Die Vorschriften des § 15 des Handelsgesetzbuchs sind nicht anzuwenden.

(3) Die Ernennung des Sachwalters ist bei den im Register eingetragenen Hypotheken in das Grundbuch einzutragen, wenn nach Art des Rechts und nach den Umständen zu befürchten ist, dass ohne die Eintragung die Pfandbriefgläubiger be-

15 S. hierzu die Kommentierung zu oben „Befriedigung der Pfandbriefgläubiger".

nachteiligt würden. Die Eintragung ist vom Sachwalter beim Grundbuchamt zu beantragen. Werden Hypotheken, bei denen die Ernennung des Sachwalters eingetragen worden ist, im Register gelöscht, so hat der Sachwalter beim Grundbuchamt die Löschung der Eintragung der Sachwalterernennung zu beantragen. Bei im Register eingetragenen Rechten an Schiffen tritt an die Stelle des Grundbuches das Schiffsregister, bei im Register eingetragenen Rechten an Schiffsbauwerken das Schiffsbauregister, an die Stelle des Grundbuchamtes tritt das Registergericht.

(4) Der Sachwalter hat Anspruch auf Vergütung seiner Tätigkeit und Ersatz angemessener Auslagen. Die Kosten der Verwaltung durch den Sachwalter einschließlich seiner Vergütung und der Erstattung seiner Auslagen sind anteilig aus den in den Deckungsregistern eingetragenen Werten zu tragen; maßgeblich ist das Verhältnis des Nennwertes der einzelnen Deckungsmasse zum Nennwert aller Deckungsmassen der Pfandbriefbank. Das Gericht des Sitzes der Pfandbriefbank setzt die Vergütung und die Auslagen auf Antrag des Sachwalters fest. Die Rechtsbeschwerde ist ausgeschlossen. Aus der rechtskräftigen Entscheidung findet die Zwangsvollstreckung nach der Zivilprozessordnung statt.

(5) Der Sachwalter hat die Werthaltigkeit der einzelnen Deckungsmassen regelmäßig zu überwachen; § 4 Absatz 4 ist entsprechend anzuwenden. Die Bundesanstalt kann Sonderprüfungen anordnen. Die der Bundesanstalt dadurch entstehenden Kosten sind anteilig aus den in den Registern eingetragenen Werten zu tragen; Absatz 4 Satz 2 Halbsatz 2 gilt entsprechend.

(6) Der Sachwalter hat bei seiner Geschäftsführung die Sorgfalt eines ordentlichen und gewissenhaften Geschäftsführers anzuwenden. Er ist bei Pflichtverletzung der Pfandbriefbank zum Schadenersatz verpflichtet. § 45c Absatz 7 des Kreditwesengesetzes gilt entsprechend.

(7) Sachwalter und Insolvenzverwalter haben einander alle Informationen mitzuteilen, die für das Insolvenzverfahren der Pfandbriefbank oder die Verwaltung der Deckungswerte von Bedeutung sein können.

(8) Der Sachwalter ist berechtigt, zur Erfüllung seiner Aufgaben auf die personellen und sachlichen Mittel der Pfandbriefbank zurückzugreifen. Die dabei tatsächlich anfallenden Kosten hat er der Insolvenzmasse zu erstatten.

(9) Der Sachwalter darf personenbezogene Daten erheben und verwenden, soweit dies zur Erfüllung seiner Aufgaben erforderlich ist. § 203 des Strafgesetzbuchs steht einer Übertragung von Informationen, die zur Erfüllung seiner Aufgaben erforderlich ist, nicht entgegen.

Übersicht

1. Stellung des Sachwalters

Während § 30 Abs. 2 Satz 2 dem Sachwalter die Verfügungsbefugnis über die eingetragenen Werte zuweist, bestimmt § 31 Abs. 1 Satz 4, dass der Sachwalter gegenüber der Bundesanstalt in diejenigen Pflichten eintritt, die von der Pfandbriefbank nach dem Pfandbriefgesetz und dem Gesetz über das Kreditwesen im Zusammenhang mit der Verwaltung der Deckungswerte zu erfüllen sind. Damit ersetzt der Sachwalter mit seiner Ernennung insoweit die Geschäftsführung. Gemäß § 7 Abs. 3 Satz 4 führt die Ernennung des Sachwalters dazu, dass das Amt des Treuhänders ruht, solange die Ernennung des Sachwalters wirksam ist. Das Pfandbriefgesetz enthält keine Regelungen über das Verhältnis zwischen Sachwalter und Insolvenzverwalters in Bezug auf ein Insolvenzverfahren über eine Deckungsmasse. Der Gesetzgeber geht wohl als selbstverständlich davon aus, dass der Sachwalter mit Eröffnung des Insolvenzverfahrens über eine Deckungsmasse automatisch seine Stellung eines auf die (insolvente) Deckungsmasse beschränkten Geschäftsführers verliert und die Verfügungsbefugnis über diese insolvente Deckungsmasse auf den Insolvenzverwalter übergeht. 1

2. Kontrolle des Sachwalters

Gemäß § 31 Abs. 1 Satz 1 steht der Sachwalter unter der Kontrolle des **Gerichts** am Sitz der Pfandbriefbank. Er wird aber auch von der **Bundesanstalt** kontrolliert. Außerdem kann die Bundesanstalt Maßnahmen entsprechend den §§ 46 und 46a KWG oder auch Sonderprüfungen nach § 31 Abs. 5 anordnen. Sie kann bei Vorliegen eines wichtigen Grundes bei dem Gericht, dem die Aufsicht über den Sachwalter obliegt, einen Antrag auf **Abberufung** stellen, so dass das Gericht nach Prüfung und Bejahung dieses wichtigen Grundes entsprechend verfährt und den Sachwalter abberuft. Im übrigen gelten die **Straf- und Bußgeldvorschriften** der §§ 38 und 39 auch für den Sachwalter und der Sachwalter haftet gemäß Abs. 6 der Pfandbriefbank gegenüber auch für Schäden, die dieser aus Sorgfaltspflichtverletzungen entstehen. 2

3. Vergütung des Sachwalters

Gemäß Abs. 4 hat der Sachwalter Anspruch auf Vergütung und den Ersatz angemessener Auslagen. Beides wird vom Gericht am Sitz der Pfandbriefbank festgelegt. Das Gericht hat sich bei seiner Entscheidung am Verhältnis des Nennwertes der einzelnen Deckungsmasse, zum Nennwert aller Deckungsmassen zu orientieren. Eine Beschwerde gegen die Entscheidung des Gerichts ist nicht möglich. 3

4. Zusammenarbeit von Sachwalter und Insolvenzverwalter über das allgemeine Vermögen der Pfandbriefbank

Gemäß Abs. 7 haben der Sachwalter und der Insolvenzverwalter untereinander alle Informationen auszutauschen, die sie für die Erfüllung ihrer Aufgaben benötigen. Daraus folgt, dass Sachwalter und Insolvenzverwalter vertrauensvoll zusammenarbeiten sollen, was den Austausch von Informationen angeht. Weiter geht diese Pflicht aber nicht. Insbesondere folgt aus Abs. 7 keine wechselseitige Pflicht zur aktiven Unterstützung oder Mitarbeit. 4

5. Zugriff auf die personellen und sachlichen Mittel

5 Eine Beschränkung dieses Zugriffs nimmt Abs. 8 nicht vor. Der Sachwalter hat daher das Recht, auf **alle** personellen und sachlichen Mittel der Pfandbriefbank zuzugreifen, also auch auf diejenigen Mittel, die nicht zur Verwaltung der Deckungsmasse erforderlich sind. Es reicht, dass sie zur Aufgabenerledigung irgendwie dienlich sind. § 31 Abs. 8 ergänzt § 30 Abs. 2 Satz 2. Nach letzterer Vorschrift geht die Verfügungsbefugnis über die Deckungsmasse einschließlich der eingetragenen Werte, die nicht zur Deckung bestimmt sind, mit der Ernennung des Sachwalters auf diesen über.

6. Personenbezogene Daten

6 Abs. 9 nimmt die Erhebung und Verwendung personenbezogener Daten durch den Sachwalter aus dem Schutzbereich des **Datenschutzgesetzes** heraus. Darüber hinaus bestimmt Abs. 9, dass die Verwendung der vom Sachwalter erhobenen personenbezogenen Daten keine **Verletzung von Privatgeheimnissen** im Sinne des § 203 des Strafgesetzbuches darstellt. Diese Privilegierung der Erhebung und Verwendung personenbezogener Daten durch den Sachwalter ist aber daran geknüpft, dass die Erhebung und Verwendung dieser Daten für die Erfüllung der Aufgaben des Verwalters erforderlich ist. Dabei ist die Erforderlichkeit der Datenerhebung und die Erforderlichkeit der Datenverwendung getrennt zu beurteilen. Das gilt sowohl in Bezug auf die datenschutzrechtliche Privilegierung als auch in Bezug auf die Herausnahme aus dem Anwendungsbereich des § 203 des Strafgesetzbuches. Sowohl die Erhebung personenbezogener Daten als auch deren Verwendung müssen für die Erledigung der Aufgaben des Sachwalters **erforderlich** sein. Welche Anforderungen an den Begriff der Erforderlichkeit zu stellen sind, sagt weder das Pfandbriefgesetz noch die Gesetzesbegründung hierzu. Für eine enge Auslegung dieses Begriffes spricht, dass die Bedeutung des Wortes nicht viel Interpretationsspielraum zulässt. Daneben kann der Gesetzgeber die Herausnahme von eigentlich rechtswidrigen Vorgängen aus der Rechtswidrigkeit nur unter engen Voraussetzungen gewollt haben. Andererseits darf die Tätigkeit des Sachwalters und damit das Interesse der Pfandbriefgläubiger an einer vollständigen Befriedigung nicht dadurch beeinträchtigt werden, dass der Sachwalter bei der Erhebung oder Verwendung personenbezogener Daten immer damit rechnen muss, sich rechtswidrig zu verhalten, weil sich später herausstellt, dass entweder die Erhebung oder die Verwendung der personenbezogenen Daten doch nicht zur Aufgabenerledigung erforderlich war, weil der Sachwalter seine Aufgaben auch genauso gut ohne die betreffende Datenerhebung oder Datenverwendung hätte bewältigen können. Zur Lösung des Problems kann folgende Umschreibung angeboten werden: Das Kriterium der Erforderlichkeit liegt dann vor, wenn der Sachwalter zum Zeitpunkt der Vornahme seiner Handlung aus seiner Sicht, in seiner Situation, nach seinem Kenntnisstand und unter Berücksichtigung von Alternativverhalten vernünftigerweise davon ausgehen durfte, dass er seine Aufgaben ohne die Erhebung und/oder die Verwendung der personenbezogenen Daten nicht mit demselben Erfolg hätte durchführen können.

§ 32 Übertragung der Deckungsmassen und -verbindlichkeiten

(1) Der Sachwalter kann mit schriftlicher Zustimmung der Bundesanstalt alle oder einen Teil der im Deckungsregister eingetragenen Werte einschließlich der Werte im Sinne des § 30 Abs. 3 und der Verbindlichkeiten aus Pfandbriefen als Gesamtheit nach den folgenden Vorschriften auf eine andere Pfandbriefbank übertragen.

(2) Der Übertragungsvertrag muss mindestens folgende Angaben enthalten:

1. die Firma und den Sitz der übertragenden und der übernehmenden Pfandbriefbank,

2. die Vereinbarung über die Übertragung der im Deckungsregister eingetragenen Werte und der Verbindlichkeiten aus Pfandbriefen als Gesamtheit und gegebenenfalls über eine Gegenleistung,

3. die genaue Bezeichnung der zu übertragenden Werte und Verbindlichkeiten aus Pfandbriefen.

(3) Soweit für die Übertragung von Gegenständen im Falle der Einzelrechtsnachfolge in den allgemeinen Vorschriften eine besondere Art der Bezeichnung bestimmt ist, sind diese Regelungen für die Bezeichnung der zu übertragenden Werte und Verbindlichkeiten aus Pfandbriefen nach Absatz 2 Nr. 3 anzuwenden. § 28 der Grundbuchordnung sowie § 36 der Schiffsregisterordnung und § 87 des Gesetzes über Rechte an Luftfahrzeugen sind zu beachten. Im Übrigen kann auf Urkunden Bezug genommen werden, deren Inhalt eine Zuweisung des einzelnen Gegenstands ermöglicht; die Urkunden sind dem Übertragungsvertrag als Anlagen beizufügen.

(4) Der Übertragungsvertrag muss notariell beurkundet werden.

Übersicht

1. Übertragung der Deckungsmasse

1 Die vollständige oder teilweise Übertragung einer Deckungsmasse ist vom Verkauf eines einzelnen Deckungswertes zu unterscheiden. Bei dem Verkauf von Deckungswerten nach § 30 Abs. 2 bleiben die Verpflichtungen der Pfandbriefbank aus den korrespondierenden Pfandbriefen unberührt. Dies bedeutet, dass in das Deckungsregister eingetragene Werte nur dann verkauft und übertragen werden können, wenn dadurch die Bedienung der Verbindlichkeiten aus den korrespondierenden Pfandbriefen nicht negativ beeinträchtigt wird. Demgegenüber geht es bei der vollständigen oder teilweisen Übertragung einer Deckungsmasse nach § 32 nicht nur um die Übertragung der in das Deckungsregister eingetragenen Deckungswerte, sondern auch um die Übertragung der Verbindlichkeiten aus den korrespondierenden Pfandbriefen. Dabei bilden die eingetragenen Deckungswerte und die Verbindlichkeiten aus den hierzu korrespondierenden Pfandbriefen eine Gesamtheit. Gemäß § 36 muss der bei der insolventen Pfandbriefbank verbleibende Teil der Deckungsmasse den Vorschriften über die Pfandbriefdeckung genügen.

2 Die Übertragung bedarf der Zustimmung der Bundesanstalt. Fehlt diese, ist die Übertragung nach den allgemeinen Regeln des BGB unwirksam. Erfolgt die Zustimmung zeitlich nach der Übertragung, wirkt sie grundsätzlich auf den Zeitpunkt der Übertragung zurück[1].

3 Abs. 1 stellt klar, dass sich die Befugnis des Sachwalters zur Übertragung der Deckungsmasse auch auf die eingetragenen Werte im Sinne des § 30 Abs. 3 bezieht. Dies sind solche Werte, die zwar in das Deckungsregister eingetragen sind, die aber nicht zur Pfandbriefdeckung bestimmt sind. Diese Werte im Sinne des § 30 Abs. 3 sind nach der Veräußerung nicht anders zu behandeln als vor der Veräußerung. Dies bedeutet, dass der Sachwalter Forderungen vertragsgemäß einzuziehen und Sicherheiten bei Verwertungsreife zu verwerten hat. Die sich daraus ergebenden Erlöse hat er nach Abzug angemessener Verwaltungskosten an die Gläubiger treuhänderisch gehaltener Werte bzw. an die Insolvenzmasse herauszugeben. Abs. 1 stellt klar, dass sich die Befugnis des Sachwalters aus dem formalen Akt der Eintragung der Werte in das Deckungsregister ergibt und dass es nicht auf die materielle Rechtmäßigkeit dieser Eintragung ankommt[2].

2. Inhalt des Übertragungsvertrages

4 Abs. 2 legt den Mindestinhalt des Übertragungsvertrages fest. Weitere Vertragsabreden dürften in aller Regel notwendig sein und können selbstverständlich in den Übernahmevertrag aufgenommen werden. Nr. 3 legt fest, dass sowohl die zu übertragenden Werte als auch die Verbindlichkeiten aus den Pfandbriefen genau bezeichnet werden müssen. Daraus folgt, dass Bestimmbarkeit nicht ausreicht. Sowohl die zu übertragenden Werte (Grundsicherheiten, Registerpfandrechte und Darlehensforderungen) als auch die Verbindlichkeiten aus den Pfandbriefen müssen **genau bestimmt** werden. In diesem Zusammenhang stellt Abs. 3 klar, dass diejenigen Bestimmungen der allgemeinen Rechtsvorschriften beachtet werden müssen, die im Rahmen der Übertragung von Gegenständen durch Einzelrechtsnachfolge die Bezeichnung besonders regeln. Beispielhaft nennt Abs. 3 § 28 der Grundbuchordnung, § 36 der Schiffsregisterordnung und § 87 des Gesetzes über Rechte an Luftfahrzeugen. § 28 GBO regelt die Bezeichnung von Grundstücken und Geldbeträgen (letztere sind in inländischer Währung anzugeben), § 36 SchRegO regelt, dass im Rahmen von Eintragungsbewilligungen oder Eintragungsanträgen Geldbeträge in inländischer Währung angegeben werden müssen, wenn keine gesetzliche Ausnahmeregelung vorliegt, und § 87 LuftfzG erlaubt, dass Forderungen in ausländischer Währung angegeben werden können. Soweit allgemeine Regeln, die die Bezeichnung der zu übertragenden Werte und Verbindlichkeiten regeln, nicht entgegenstehen, kann die genaue Bestimmung dadurch erfolgen, dass auf Urkunden Bezug genommen wird, sofern diese Urkunden die zu übertragenden Gegenstände genau bestimmen und eine Zuweisung ermöglichen. Diese Urkunden sind dem Übernahmevertrag als Anlage beizufügen. In welcher Form diese Beifügung zu erfolgen hat, sagt § 32 nicht. Man wird aber aus Beweisgründen verlangen müssen, dass die Beifügung durch eine feste Verbindung von Übernahmevertrag und Urkunde erfolgen muss. Außerdem muss der Übernahme vertrag die Urkunde in der Bezugnahme genau bezeichnen.

---

1 Vgl. Palandt, BGB, 70. Aufl. 2011, Einleitung zu den §§ 182 ff, Anm. 4.
2 BT DS 16/11130 S. 42 zu Nr. 28.

3. Wirksamkeit der Übertragung

Gemäß § 34 Abs. 1 steht die Übertragung der Deckungsmasse unter der Rechtsbedingung, dass die Übertragung in das Handelsregister am Sitz der übertragenden Pfandbriefbank eingetragen wird. 5

Durch diese Eintragung wird der eventuell bestehende Mangel der notariellen Beurkundung geheilt, siehe § 34 Abs. 1. 6

§ 33 Handelsregistereintragung

(1) Der Sachwalter und das Vertretungsorgan der übernehmenden Pfandbriefbank haben die Übertragung zur Eintragung in das Handelsregister des Sitzes der jeweiligen Pfandbriefbank anzumelden. Der Anmeldung sind der Übertragungsvertrag in Ausfertigung oder öffentlich beglaubigter Abschrift und die Zustimmungsurkunde der Bundesanstalt beizufügen.

(2) Die Übertragung darf in das Handelsregister des Sitzes der übertragenden Pfandbriefbank erst eingetragen werden, nachdem sie im Handelsregister des Sitzes der übernehmenden Pfandbriefbank eingetragen worden ist. Die Eintragung im Handelsregister des Sitzes der übernehmenden Pfandbriefbank ist mit dem Vermerk zu versehen, dass die Übertragung erst mit der Eintragung im Handelsregister des Sitzes der übertragenden Pfandbriefbank wirksam wird.

(3) Das Gericht des Sitzes der übertragenden Pfandbriefbank hat von Amts wegen dem Gericht des Sitzes der übernehmenden Pfandbriefbank den Tag der Eintragung der Übertragung mitzuteilen und einen Auszug aus dem Handelsregister zu übersenden. Nach Eingang der Mitteilung hat das Gericht des Sitzes der übernehmenden Pfandbriefbank von Amts wegen den Tag der Eintragung der Übertragung im Handelsregister zu vermerken.

(4) Das Gericht des Sitzes jeder der an der Übertragung beteiligten Pfandbriefbanken hat jeweils die von ihr vorgenommene Eintragung der Übertragung von Amts wegen im Bundesanzeiger ihrem ganzen Inhalt nach bekannt zu machen.

(5) Sofern die Pfandbriefbank eine eingetragene Genossenschaft im Sinne des § 1 Abs. 1 des Genossenschaftsgesetzes ist, tritt bei Anwendung der Absätze 1 bis 4 an die Stelle des Handelsregisters das Genossenschaftsregister.

Übersicht

1. Eintragung der Übertragung

1 Die Übertragung der Deckungsmasse oder Teilen davon muss sowohl in das **Handelregister am Sitz der übertragenden** als auch in das **Handelsregister am Sitz der übernehmenden Pfandbriefbank** eingetragen werden. Bezüglich der übertragenden Pfandbriefbank stellt der Sachwalter den zur Eintragung erforderlichen Antrag bei dem Amtsgericht am Sitze der übertragenden Bank, während die Geschäftsleitung der übernehmenden Bank den Antrag auf Eintragung bei dem Amtsgericht am Sitz der übernehmenden Pfandbriefbank stellt. Beide Anträge müssen mit Originalunterschriften versehende Ausfertigungen oder öffentlich beglaubigte Abschriften des **Übernahmevertrages** beizufügen. Außerdem muss beiden Anträgen die Zustimmungsurkunde der Bundesanstalt beigefügt werden. Hinsichtlich der **Zustimmungsurkunde** sieht Abs. 1 nicht vor, dass öffentlich beglaubigte Abschriften ausreichen. Es ist den Pfandbriefbanken daher zu empfehlen darauf zu achten, dass die Bundesanstalt mindestens vier mit Originalunterschrift versehene Ausfertigungen der Zustimmungsurkunde ausstellt. Damit ist gewährleistet, dass sowohl die übertragende als auch die übernehmende Pfandbriefbank als auch die beiden Amtsgerichte, die die Handelsregister führen, über eine Ausfertigung verfügen.

2. Reihenfolge der Eintragungen

2 Gemäß Abs. 2 darf die Eintragung der Übertragung der Deckungsmasse bzw. Teilen davon in das Handelsregister am Sitz der übertragenden Bank erst dann erfolgen, wenn die Eintragung in das Handelsregister am Sitz der übernehmenden Bank erfolgt ist.

3. Wirkung der Eintragung

3 Gemäß § 34 Abs. 1 wird die **Übertragung der Deckungsmasse** erst durch die Eintragung der Übertragung in das Handelsregister des Gerichts am Sitz der übertragenden Bank **wirksam**. Der Abschluss des Übertragungsvertrages allein reicht für die Wirksamkeit der Übertragung nicht aus. Ob die Übertragung im Handelsregister des Amtsgerichts am Sitz der übernehmenden Bank eingetragen ist oder nicht, spielt für die Wirksamkeit der Übertragung dagegen keine Rolle. Dies wird nach außen hin dadurch klar gestellt, dass die Eintrag im Handelsregister des Gerichts am Sitz der übernehmenden Pfandbriefbank einen Vermerk enthalten muss, aus dem hervorgeht, dass die Übertragung der Deckungsmasse erst dann wirksam wird, wenn die Eintragung in das Handelsregister des Gerichts am Sitze der übernehmenden Pfandbriefbank erfolgt ist.

4. Publizitätswirkung der Eintragungen in den Handelsregistern

4 Aus der gesetzlich vorgeschriebnen Reihenfolge der Eintragungen der Übertragung der Deckungsmasse, nämlich zuerst in das Handelsregister des Gerichts am Sitz der übernehmenden Pfandbriefbank und erst danach in das Handelsregister des Gerichts am Sitz der übertragenden Pfandbriefbank und der Regelung, dass die Übertragung erst mit Eintragung in das Register des Gerichts am Sitz der übertragenden Pfandbriefbank wirksam ist, ergibt sich, dass die Wirksamkeit der Übertragung ohne weitere Erläuterung immer aus dem Auszug des Registers des Gerichts am Sitz der übertragenden Bank hervorgeht. Bei

dem Auszug des Registers des Gerichts am Sitz der übernehmenden Bank ist dies aber nicht der Fall. Im Gegenteil ist dort vermerkt, dass die Übertragung erst dann wirksam wird, wenn die Eintragung in das andere Register erfolgt ist. Damit auch aus dem Handelsregister des Gerichts am Sitz der übernehmenden Pfandbriefbank die Wirksamkeit der Übertragung hervorgeht, verpflichtet Abs. 3 das registerführende Gericht am Sitz der übertragenden Bank, dem registerführenden Gericht am Sitz der übernehmenden Bank von Amts wegen den Tag der Registereintragung mitzuteilen und diesem Gericht einen Registerauszug zu übersenden, aus dem die Eintragung hervorgeht. Das empfangende Gericht des Sitzes der übernehmenden Pfandbriefbank hat auf der Grundlage dieser Information diesen Tag der Eintragung in das andere Register im eigenen Register zu vermerken. Mit diesem Vermerk geht dann auch aus dem Register des Gerichts der übernehmenden Pfandbriefbank hervor, dass die Übertragung der Deckungsmasse wirksam ist.

5. Veröffentlichungen im Bundesanzeiger

Die Gerichte am Sitz der übertragenden und der übernehmenden Bank(en) haben gemäß Abs. 4 die die in ihren jeweiligen Handelsregistern vorgenommenen **Eintragungen der Übertragung** im **Bundesanzeiger** bekannt zu machen. Hinsichtlich der **Eintragung** in das Register des Gerichts am Sitz der **übertragenden Bank** reicht dabei **eine Bekanntmachung** im Bundesanzeiger aus. Denn gemäß § 34 Abs. 1 wird mit der Eintragung in das Register am Sitz der übertragenden Bank die Wirksamkeit der Übertragung der Deckungsmasse hergestellt. 5

Hinsichtlich des Registers des Gerichts am Sitz der übernehmenden **Bank** ist dies anders. Denn in diesem Register werden genau genommen **zwei Eintragungen** vorgenommen. Die **erste Eintragung** hat gemäß Abs. 2 Satz 3 den Vermerk zu enthalten, dass die Übertragung erst dann wirksam wird, wenn auch im Register des Gerichts am Sitz der übertragenden Bank die Eintragung erfolgt ist. Nach dieser Eintragung im Register des Gerichts am Sitz der übertragenden Bank erfolgt im Register des Gerichts der übernehmenden Bank eine **zweite Eintragung**, aus der hervorgeht, dass die Eintragung im Register der übertragenden Bank nunmehr erfolgt ist. Zwischen diesen beiden Eintragungen liegen nicht ganz unerhebliche Zeiträume. Es stellt sich somit die Frage, ob es ausreicht, dass das Gericht am Sitz der übernehmenden Bank nur eine einzige Bekanntmachung im Bundesanzeiger veröffentlicht, die den Inhalt beider oben genannter Eintragungen vollständig wiedergibt, oder ob das Gericht am Sitz der übernehmenden Bank bereits die erste Eintragung im Bundesanzeiger bekannt macht und danach eine zweite Veröffentlichung im Bundesanzeiger vornimmt, aus der auch die zweite Eintragung hervorgeht.

Für die **erste Ansicht** spricht, dass die Rechtswirkung der Übertragung bei der ersten Eintragung durch die übernehmende Bank noch nicht eingetreten ist. Außerdem sprechen für die erste Ansicht Gründe der Wirtschaftlichkeit. 6

Im Ergebnis dürfte aber der **zweiten Ansicht** der Vorzug zu geben sein. Für die zweite Ansicht spricht neben rein formalen Gründen der Umstand, dass der Bundesanzeiger dann, wenn er nicht schon die erste Eintragung im Register des Gerichts am Sitz der übernehmenden Bank veröffentlicht, nicht schon frühzeitig die – wenn auch noch unwirksame – **Übertragung** der Deckungsmasse publiziert, sondern erst die später erfolgte wirksame Übertragung. Die Veröffentlichung bereits der ersten Eintragung ist jedoch durchaus sinnvoll, weil die erste Eintragung im Handelsregister der übernehmenden Bank bereits eine Ankündigungs- beziehungsweise Warnfunktion hat. 7

6. Genossenschaftsbanken

8 Für den Fall, dass eine der an der Übertragung beteiligten Pfandbriefbanken eine Genossenschaftsbank ist, stellt Abs. 5 klar, dass für diese Genossenschaftsbank das Genossenschaftsregister an die Stelle des Handelsregisters tritt.

§ 34 Übergang von Deckungswerten und -verbindlichkeiten

(1) Bei Eintragung der Übertragung in das Handelsregister des Sitzes der übertragenden Pfandbriefbank gehen die im Übertragungsvertrag bezeichneten Werte und Pfandbriefverbindlichkeiten als Gesamtheit auf die übernehmende Pfandbriefbank über. Durch die Eintragung wird der Mangel der notariellen Beurkundung des Übertragungsvertrags geheilt. § 33 Abs. 5 gilt entsprechend. Für die übertragenen Pfandbriefverbindlichkeiten haften die übertragende Pfandbriefbank und die übernehmende Pfandbriefbank als Gesamtschuldner.

(2) Im Falle der Gewährung einer Gegenleistung gilt § 30 Abs. 4 entsprechend. § 30 Abs. 3 gilt mit der Maßgabe entsprechend, dass an die Stelle des Sachwalters die übernehmende Pfandbriefbank tritt.

1. Wirkung der Eintragung

1 Die Im Übertragungsvertrag vereinbarte **Übertragung** der Deckungswerte und Pfandbriefverbindlichkeiten wird gemäß Abs. 1 erst dann **wirksam**, wenn diese Übertragung in das Handelsregister des Sitzes der **übertragenden Pfandbriefbank** eingetragen ist. Damit stellt die Eintragung in das Handelsregister der übertragenden Bank eine **Rechtsbedingung** ohne deren Vorliegen die Übertragung schwebend unwirksam ist, auch wenn alle anderen Voraussetzungen zur wirksamen Übertragung gegeben sind[1]. Dies gilt nicht nur in Bezug auf die Verbindlichkeiten aus den Pfandbriefen und in Bezug auf die Darlehensforderungen sondern in gleicher Weise auch in Bezug auf die Übertragung der Sicherheiten, also der Hypotheken, Grundschulden, Schiffs- oder Flugzeughypotheken und öffentlichen Gewährleistungen. Es ist **nicht ausreichend**, dass die Eintragung in das Register des Sitzes der **übernehmenden Pfandbriefbank** eingetragen wurde.

2 Durch die Eintragung wird ein eventuell bestehender Mangel der **notariellen Beurkundung** geheilt. Das Fehlen der notariellen Beurkundung führt daher nicht zu einer Unwirksamkeit des Übertragungsvertrages, wenn diese Übertragung in das Handelsregister der übertragenden Pfandbriefbank eingetragen wurde.

3 Gemäß Abs. 1 Satz 1 werden mit der Eintragung in das Handelsregister des Sitzes der übertragenden Pfandbriefbank die Deckungsmasse und die Pfandbriefverbindlichkeiten zu einer Gesamtheit zusammengefasst die – ebenfalls mit dieser Eintragung – auf die übernehmende Pfandbriefbank übergeht. Dieser Übergang hat aber nicht zur Folge, dass die Haftung für die Verbindlichkeiten aus den Pfandbriefen vom Veräußerer auf den Erwerber übergeht. Vielmehr bleibt der Veräußerer auch nach der wirksamen Übertragung in der Haftung, und der Erwerber tritt als zusätzlicher Haftungspartner der Pfandbriefgläubiger hinzu. Die Pfandbriefgläubiger haben somit nach der Übertragung nicht nur einen neuen

---

1 Palandt, BGB, 70. Aufl. 2011, vor 158 Rdn. 5.

Haftungspartner, sie behalten vielmehr auch den alten. Durch diese Regelung wird das (allerdings sehr unwahrscheinliche) Risiko ausgeschaltet, dass die Pfandbriefgläubiger nach dem Übergang der Pflichten der übertragenden Pfandbriefbank auf die übernehmende Pfandbriefbank schlechter gestellt ist als vorher.

Abs. 2 setzt als selbstverständlich voraus, dass die Übertragung der Gesamtheit von Deckungswerten und Verbindlichkeiten aus den Pfandbriefen – sofern vereinbart – auch diejenigen Werte umfasst, die zwar in das Deckungsregister eingetragen sind, die aber **nicht zur Deckung bestimmt** sind[2]. Sofern – was im Fall der Insolvenz der übertragenden Pfandbriefbank nicht selbstverständlich ist – für die Übertragung eine positive Gegenleistung gezahlt wird, kann der Insolvenzverwalter vom Sachwalter der übertragenden Pfandbriefbank in entsprechender Anwendung des § 30 Abs. 4 verlangen, dass der Kaufpreis **an die allgemeine Insolvenzmasse** der übertragenden Pfandbriefbank **ausgekehrt** wird. Entsprechendes gilt auch in Bezug auf die übergegangenen eingetragenen Werte, die nicht zur Pfandbriefdeckung bestimmt sind, selbst. In Bezug auf diese Werte tritt gemäß § 34 Abs. 2 Satz 2 an die Stelle des Sachwalters die übernehmende Pfandbriefbank. Werden die Erlöse aus der Verwertung dieser nicht zur Deckung bestimmten, aber gleichwohl in das Deckungsregister eingetragenen Werte offensichtlich nicht zur vollständigen Befriedigung aller Pfandbriefgläubiger benötigt, führt die übernehmende Pfandbriefbank die Erlöse nach Abzug angemessener Verwaltungskosten an die Berechtigten ab. 4

§ 35 Treuhänderische Verwaltung

(1) Mit schriftlicher Zustimmung der Bundesanstalt kann der Sachwalter mit einer anderen Pfandbriefbank vereinbaren, dass die in den Deckungsregistern der insolventen Pfandbriefbank eingetragenen Werte einschließlich der Werte im Sinne des § 30 Abs. 3 ganz oder teilweise treuhänderisch durch den Sachwalter der insolventen Pfandbriefbank für die andere Pfandbriefbank verwaltet werden, soweit die andere Pfandbriefbank die Haftung für die gedeckten Verbindlichkeiten der insolventen Pfandbriefbank übernimmt. Der Vertrag bedarf der Schriftform. Die Werte und Pfandbriefverbindlichkeiten sind darin genau zu bezeichnen.

(2) Die im Sinne des Absatzes 1 treuhänderisch verwalteten Werte gelten im Verhältnis zwischen der anderen Pfandbriefbank und der insolventen Pfandbriefbank oder dessen Gläubigern als Werte der anderen Pfandbriefbank, auch wenn sie nicht auf diese übertragen wurden.

(3) Der aus dem Treuhandverhältnis folgende Übertragungsanspruch ist in das entsprechende Register der anderen Pfandbriefbank einzutragen. Die im Vertrag im Sinne des Absatzes 1 bezeichneten und im Deckungsregister der insolventen Pfandbriefbank eingetragenen Werte gelten als im Register der anderen Pfandbriefbank eingetragen. Der Treuhänder der anderen Pfandbriefbank nimmt seine Aufgaben und Befugnisse insoweit gegenüber der insolventen Pfandbriefbank wahr. Die teilweise treuhänderische Verwaltung ist im jeweiligen Deckungsregister der insolventen Pfandbriefbank bei den einzelnen Deckungswerten zu vermerken.

(4) § 30 Abs. 3 gilt entsprechend.

2 Vgl. § 30 Abs. 3 und § 5 Abs. 1a.

Übersicht

1. Fallgestaltungen

1 § 35 bildet mehrere Fallgestaltungen ab:

- Die insolvente Pfandbriefbank ist aufgrund eines Treuhandverhältnisses verpflichtet, einzelne Deckungswerte ganz oder teilweise für eine andere Pfandbriefbank zu halten. Diese Übertragung steht aber noch aus.
- Die insolvente Pfandbriefbank hat die einzelnen Deckungswerte ganz oder teilweise an die übernehmende Pfandbriefbank übertragen.
- Die insolvente Pfandbriefbank ist aufgrund eines Treuhandverhältnisses verpflichtet, die Gesamtheit einer Deckungsmasse bzw. Teile davon für eine andere Pfandbriefbank zu halten. Die Übertragung dieser Gesamtheit steht aber noch aus.
- Die insolvente Pfandbriefbank hat die Gesamtheit einer Deckungsmasse bzw. Teile davon an die übernehmende Pfandbriefbank wirksam übertragen.

2 Grundsätzlich kommt in Bezug auf die Fallgestaltungen a) und c) jedes irgendwie geartete Treuhandverhältnis in Frage, sofern es zu Inhalt hat, dass die verpflichtete Pfandbriefbank die Deckungswerte aus irgendeinem Grunde für die berechtigte Pfandbriefbank zu halten hat. In der Regel wird das Treuhandverhältnis jedoch daraus hervorgehen, dass sich die veräußernde Bank gegenüber der übernehmenden Bank in einem Kaufvertrag verpflichtet, die Werte an die übernehmende Bank zu übertragen.

3 Bei all diesen Fallgestaltungen kann es sinnvoll sein, dass die insolvente Pfandbriefbank die Verwaltung der Deckungswerte auch nach dem Abschluss der schuldrechtlichen Verpflichtung zur Übertragung oder aber auch nach der Übertragung selbst weiterhin fortführt. Unter anderem können dadurch Fehler vermieden werden, die durch Datenmigration entstehen oder dadurch, dass die übernehmende Bank ihre Darlehensverträge anders ausgestaltet als die übertragende und die Darlehensverwaltung daher anders ausführt. Auch können die Usancen in beiden Häusern unterschiedlich sein, was ebenfalls Auswirkungen auf die Verwaltung von Darlehen und Sicherheiten haben kann. Sofern nur die schuldrechtliche Pflicht zur Übertragung besteht und die Übertragung selbst (noch) nicht vorgenommen wurde, kann darüber hinaus die Offenlegung der Rechtsänderungen gegenüber den Darlehensnehmern auch dann vermieden werden, wenn die Darlehen durch Buchgrundschulden gesichert sind.

2. Absicherung der Pfandbriefgläubiger

4 Gemäß Abs. 1 setzt die treuhänderische Verwaltung der Deckungswerte allerdings voraus, dass diese Werte nach wie vor im Deckungsregister der verpflichteten Pfandbriefbank einge-

tragen sind. Außerdem muss die berechtigte Pfandbriefbank die Haftung für diejenigen Verbindlichkeiten übernehmen, die zu diesen Deckungswerten korrespondieren. Der Verwaltungsvertrag bedarf zwingend der Schriftform. Die einzelnen Deckungswerte und die Pfandbriefverbindlichkeiten sind in dem Verwaltungsvertrag genau zu bezeichnen. Daraus geht hervor, dass insoweit Bestimmtheit erforderlich ist. Bestimmbarkeit reicht demgegenüber nicht aus. Daraus ergibt sich die Frage, welche Angaben konkret gemacht werden müssen, um das Kriterium der Bestimmbarkeit zu erfüllen. Es kann angeraten werden, sich diesbezüglich am notwendigen Inhalt eines Deckungsregisters zu orientieren. Diese notwendigen Inhalte werden in den §§ 9 bis 14 der Deckungsregisterverordnung für die verschiedenen Pfandbriefgattungen sowie für die Ansprüche und Verbindlichkeiten Derivategeschäften[1] in den §§ 9 bis 14 der Deckungsregisterverordnung geregelt.

3. Deckungsregister

Die von der insolventen Pfandbriefbank treuhänderisch für die berechtigte Pfandbriefbank 5
verwalteten Deckungswerte müssen gemäß Abs. 1 Satz 1 in den Deckungsregistern der insolventen Pfandbriefbank eingetragen bleiben. Der Übertragungsanspruch ist gemäß Abs. 3 Satz 1 in das Deckungsregister der berechtigten Pfandbriefbank einzutragen. Sind diese Voraussetzungen erfüllt, gelten die betreffenden Deckungswerte als im Deckungsregister der anspruchsberechtigten Bank eingetragen. Damit können sie von der anspruchsberechtigten Bank zur Deckung eigener Pfandbriefe verwendet werden, sofern sie nicht noch zur Deckung von Pfandbriefen der insolventen Pfandbriefbank benötigt werden (wobei die anspruchsberechtigte „andere" Pfandbriefbank die Verbindlichkeiten aus den Pfandbriefen der insolventen Pfandbriefbank bereits übernommen hat).

4. Insolvenzfestigkeit des Übertragungsanspruchs

Der Anspruch der berechtigten Bank gegen die insolvente Bank auf Übertragung der Werte 6
muss aus mindestens zwei Gründen insolvenzfest sein. Erstens wird sich kein Erwerber auf die Aussetzung der Übertragung einlassen, wenn er in der Insolvenz der übertragenden Bank auf die Konkursmasse reduziert wird, und zweitens kann der Anspruch auf Übertragung eines Deckungswertes nur dann zur Indeckungnahme des betreffenden Wertes ausreichen, wenn die betreffende Hypothek/Grundschuld im Falle der Insolvenz der zur Übertragung verpflichteten Pfandbriefbank ausgesondert werden kann. Diese Insolvenzfestigkeit wird dadurch hergestellt, dass Abs. 2 bestimmt, dass die im Sinne des Abs. 1 treuhänderisch gehaltenen Werte im Verhältnis zwischen den beiden Pfandbriefbank als Werte der anderen Pfandbriefbank gelten. Zudem bestimmt Abs. 3, dass diese Werte als im Deckungsregister der anderen Pfandbriefbank eingetragen gelten. Damit treten die Wirkungen des § 29 ein, und die betreffenden Werte stehen ausschließlich den Pfandbriefgläubigeren beziehungsweise den Gläubigern von eingetragenen Derivateansprüchen zur Verfügung.

Ein anderer Weg zur Herstellung der Insolvenzfestigkeit stellt der Einsatz eines **Refinan-** 7
zierungsregisters dar. Dieser Einsatz ist (ebenfalls) nur in Bezug auf die Deckungswerte möglich, nicht aber auch in Bezug auf die Verbindlichkeiten aus Pfandbriefen. Denn gemäß § 22d Abs. 2 KWG können in ein Refinanzierungsregister nur Forderungen und Sicherhei-

---

1 Vgl. §§ 4 Abs. 3 und 19 Abs. 4.

ten eingetragen werden. Bei den Verbindlichkeiten aus Pfandbriefen handelt es sich aber nicht um Forderungen, sondern um Verbindlichkeiten. Es ist zu beachten, dass ein Refinanzierungsregister gemäß § 22a KWG nur vom Refinanzierungsunternehmen, also der zur Übertragung verpflichteten Bank geführt wird. Die Auslagerung ist gemäß § 22a Abs. 3 nicht statthaft, und für Dritte kann ein Refinanzierungsregister nur unter den engen Voraussetzungen des § 22b geführt werden, nämlich dann wenn das Refinanzierungsunternehmen kein Kreditinstitut oder ein anderes Institut im Sinne des § 2 Abs. 1 Nr. 1 bis 3a KWG ist oder aber wenn das Refinanzierungsunternehmen zwar ein Kreditinstitut ist, aber die Führung eines Refinanzierungsregisters nach Art und Umfang des Geschäftsbetriebs eine unangemessene Belastung darstellt.

5. Zugriff der Pfandbriefgläubiger des übertragungsberechtigten Instituts

8 Durch die Regelung des § 35 Abs. 2 wird aber nur die Insolvenzfestigkeit zugunsten der übertragungsberechtigten Pfandbriefbank hergestellt nicht aber auch der alleinige Zugriff der Pfandbriefgläubiger dieser übertragungsberechtigten Pfandbriefbank. Der alleinige Zugriff der Pfandbriefgläubiger des übertragungsberechtigten Instituts und der Ausschluss aller andern Gläubiger wird dadurch hergestellt, dass diese Deckungswerte, sofern sie im Übertragungsvertrag bezeichnet und im Deckungsregister der insolventen Pfandbriefbank eingetragen sind, gemäß Abs. 3 als im Register der anderen Pfandbriefbank eingetragen gelten. Denn gemäß § 29 Satz 1 finden Arreste und Vollstreckungen in Werte, die in das Deckungsregister des übertragungsberechtigen Instituts eingetragen sind, nur wegen der Ansprüche der Gläubiger der korrespondierenden Pfandbriefe und den in dieses Register eingetragenen Ansprüchen aus Derivategeschäften statt.

6. Treuhänder

9 Da die im Übertragungsvertrag bezeichneten und im Deckungsregister der insolventen Pfandbriefbank eingetragenen Deckungswerte respektive die Gesamtheit von Deckungswerten wegen Abs. 2 im Verhältnis der am Übertragungsvertrag beteiligten Institute als auf das berechtigte Institut als übergegangen gelten, ist es nur folgerichtig, dass der Treuhänder der übertragungsberechtigten Pfandbriefbank die Verfügungsbefugnis vom Sachwalter des insolventen Instituts übernimmt. Der Zeitpunkt dieser Übernahme muss identisch sein mit dem Zeitpunkt des Wirksamwerdens der Übertragung oder – wenn die Übertragung ausgesetzt wird und das übertragende Institut die Verwaltung der verkauften Werte übernimmt – mit dem Zeitpunkt der Eintragung des Übertragungsanspruches in das Deckungsregister der übertragungsberechtigten Pfandbriefbank.

7. Nicht zur Pfandbriefdeckung bestimmte, eingetragene Werte

10 Abs. 4 stellt klar, dass auch diejenigen Werte, die nicht zur Pfandbriefdeckung bestimmt sind und gleichwohl im Deckungsregister eingetragen sind, vom Anwendungsbereich des § 35 erfasst werden. Dabei treten auch hier die Wirkungen des § 30 Abs. 3 ein. Dies bedeutet, dass nach vertragsgemäßer Einziehung der Forderung beziehungsweise nach vertragsgemäßer Verwertung die Erlöse nach Abzug angemessener Verwaltungskosten an das allgemeine Vermögen der berechtigten Pfandbriefbank respektive an die Gläubiger treuhänderisch gehaltener Werte ausgekehrt werden müssen.

§ 36 Teilweise Übertragung

Im Falle der teilweisen Übertragung der Deckungsmasse nach § 32 Abs. 1 muss der bei der insolventen Pfandbriefbank verbleibende Teil der entsprechenden Deckungsmasse den Vorschriften über die Pfandbriefdeckung genügen. Satz 1 gilt entsprechend für den Fall der teilweisen treuhänderischen Verwaltung der Deckungsmasse nach § 35 Abs. 1.

Übersicht

1. Deckungskongruenz

§ 36 Satz 1 ist klarstellend. Denn wenn der bei der insolventen Pfandbriefbank verbleibende Teil der Deckungsmasse nicht den Vorschriften über die Pfandbriefdeckung genügen würde, wäre die jederzeitige Deckung der umlaufenden Pfandbriefe des insolventen Instituts im Sinne des § 4 Abs. 1 Satz 1 nicht (mehr) gewährleistet. Außerdem läge ein Verstoß gegen § 4 Abs. 7 Satz 2 vor. Danach ist es verboten, über einen eingetragenen Deckungswert zu verfügen, wenn die übrigen eingetragenen Deckungswerte zur vorschriftsmäßigen Deckung der umlaufenden Pfandbriefe und der Ansprüche aus Derivategeschäften nach § 4 Abs. 3 nicht genügen. Damit wäre der Straftatbestand des § 38 Nr. 2 verletzt, und der Täter müsste mit Geldstrafe oder einer Freiheitsstrafe von bis zu einem Jahr rechnen. 1

2. Ausdehnung des Regelungsgehalts

§ 36 Satz 2 dehnt den Regelungsinhalt des Satzes 1 auf den Fall aus, dass die insolvente Pfandbriefbank Deckungswerte oder Gesamtheiten von Deckungsmassen bzw. Teile davon treuhänderisch für die berechtigte Pfandbriefbank verwaltet. 2

§ 36a Trennungsprinzip bei Reorganisation oder Restrukturierung der Pfandbriefbank

(1) Maßnahmen nach den Vorschriften des Kreditinstitute-Reorganisationsgesetzes finden keine Anwendung auf die Teile der Pfandbriefbank, die nach § 30 Absatz 1 Satz 3 im Falle einer Insolvenz als Pfandbriefbank mit beschränkter Geschäftstätigkeit fortbestehen würden. Wird ein Reorganisationsverfahren nach § 7 des Kreditinstitute-Reorganisationsgesetzes angeordnet, gelten für den Bereich des Pfandbriefgeschäfts die §§ 30 bis 36 entsprechend. Der Sachwalter soll die Bestimmungen des Reorganisationsplans bei Erfüllung seiner Pflichten und Ausübung seiner Rechte beachten, es sei denn, es droht entgegen §§ 30 bis 36 eine Benachteiligung der Pfandbriefgläubiger.

(2) Trifft eine Übertragungsanordnung nach § 48a des Kreditwesengesetzes Bestimmungen zur teilweisen oder vollständigen Übertragung des Pfandbriefgeschäfts, ist

die Übertragung abweichend von § 48g Absatz 2 Nummer 1 des Kreditwesengesetzes nach Maßgabe der §§ 30 bis 36 zu vollziehen. Der Sachwalter ist an die Bestimmungen der Übertragungsanordnung nicht gebunden, soweit diese entgegen §§ 30 bis 36 die Pfandbriefgläubiger benachteiligt.

(3) Bei Einleitung des Reorganisationsverfahrens oder bei Erlass der Übertragungsanordnung kann die Bundesanstalt den Sachwalter von Amts wegen vorläufig bestellen. Die gerichtliche Ernennung ist unverzüglich nachzuholen.

Übersicht

1. Allgemeines

1 Die mit der Gesetzesnovelle 2010 erfolgte Einführung des neuen § 36a in das Pfandbriefgesetz trägt dem Umstand Rechnung, dass am 1. Januar 2011 das neue Kreditinstitute-Reorganisationsgesetz (KredReorgG) in Kraft getreten ist. Dieses ist die Folge von Erkenntnissen, die im Verlaufe der Finanzmarktkrise der Jahre 2007 bis 2009 gewonnen wurden. Da der Staat in seinen Möglichkeiten zur Krisenbewältigung von Kreditinstituten beschränkt ist, soll diese Krisenbewältigung solange als möglich auf der Ebene des betroffenen Instituts verbleiben. Außerdem sollen die Geber von Eigen- und Fremdkapital so weit als möglich an den Kosten beteiligt werden[1]. Zur Erreichung dieser Ziele sieht das Kreditinstitute-Reorganisationsgesetz ein Sanierungsverfahren und ein Reorganisationsverfahren vor. Den ersten Schritt bildet das **Sanierungsverfahren** ab. Mit diesem Verfahren sollen Schieflagen bereits weit im Vorfeld einer Insolvenz auf der Ebene der Geschäftsführung bewältigt werden können. Sofern ein Sanierungsverfahren fehlgeschlagen ist oder nicht als ausreichend erscheint, kann als zweite Stufe ein **Reorganisationsverfahren** eingeleitet werden. Dieses Reorganisationsverfahren, welches Ähnlichkeiten mit dem Insolvenzplanverfahren hat, enthält einige Besonderheiten: Elemente zur Verfahrensbeschleunigung, einen verschlankten Rechtsschutz, Möglichkeiten zum Eingriff in Gläubigerrechte sowie die Einbeziehung von Anteilsinhabern. Außerdem ist die Durchführung des Reorganisationsverfahrens nicht unbedingt mit einem Verlust der Verfügungsbefugnis des Kreditinstituts verbunden. Sowohl im Sanierungs- als auch im Reorganisationsverfahren ist vom zuständigen Gericht ein Berater einzusetzen. Seine Funktion lehnt sich an die des Sonderbeauftragten nach KWG sowie des vorläufigen Insolvenzverwalters an[2]. Begleitet werden beide Verfahren durch verschiedene aufsichtsrechtliche Instrumente. Während das Sanierungsverfahren allen Kreditinstituten offensteht, bleibt das Reorganisationsverfahren **systemrelevanten Kreditinstituten** vorbehalten[3].

1 BT DS 17/3024, A. Problem und Ziel.
2 BT DS 17/3024, B. Lösung 1.
3 BT DS 17/3024, B. Lösung 2.

2. Trennungsprinzip

§ 36a ergänzt § 30 für den Fall, dass im Falle einer Schieflage ein Sanierungs- oder Reorganisationsverfahren nach dem Kredite-Reorganisationsgesetz eingeleitet wird. In diesem Falle werden die insolvenzfreien Teile der Pfandbriefbank nicht anders behandelt, als wenn das Insolvenzverfahren über das allgemeine Vermögen der Pfandbriefbank eröffnet worden wäre. 2

3. Wirkung der Übertragungsanordnung

Gemäß § 48a KWG kann die Bundesanstalt die Übertragung des Vermögens eines Kredit- 3 instituts einschließlich seiner Verbindlichkeiten auf einen anderen Rechtsträger anordnen. Diese Übertragung erfolgt im Wege einer Ausgliederung. Gemäß § 48g Abs. 1 KWG wird diese Ausgliederung mit der Bekanntgabe der Übertragungsanordnung gegenüber dem Kreditinstitut und dem übernehmenden Rechtsträger wirksam. Dabei gehen mit Wirksamwerden der Übertragungsanordnung gemäß § 48g Abs. 2 KWG die Ausgliederungsgegenstände (Vermögenswerte, Verbindlichkeiten, sonstige Rechtsverhältnisse) grundsätzlich per Gesetz auf das übernehmende Institut über. § 36a Abs. 2 macht von diesem gesetzlichen Übergang eine spezialgesetzliche Ausnahme, in dem es für den Fall, dass die Übertragungsanordnung die teilweise oder vollständige Übertragung des Pfandbriefgeschäfts zum Gegenstand hat, bestimmt, dass die Übertragung nach dem rechtsgeschäftlichen Instrumentarium zu erfolgen hat, welches die §§ 30 bis 36 zur Verfügung stellen. Dabei wird der Schutz der Pfandbriefgläubiger dadurch gestärkt, dass der Sachwalter gemäß § 36a Abs. 2 Satz 2 nicht an die Bestimmungen der Übertragungsanordnung gebunden ist, soweit diese die Pfandbriefgläubiger entgegen §§ 30 bis 36 benachteiligt.

Abschnitt 6

Rechtsbehelfe und Zuwiderhandlungen

§ 37 Sofortige Vollziehbarkeit

Widerspruch und Anfechtungsklage gegen Maßnahmen der Bundesanstalt auf der Grundlage von § 2 Abs. 2 Nr. 1, § 3 Satz 2 und 3, § 7 Abs. 3 Satz 2, § 32 Abs. 1, § 35 Abs. 1 Satz 1 sowie § 42 Abs. 1 Satz 3 und Abs. 2 haben keine aufschiebende Wirkung.

§ 38 Strafvorschriften

Mit Freiheitsstrafe bis zu einem Jahr oder mit Geldstrafe wird bestraft, wer

1. **entgegen § 4 Abs. 7 Satz 1 Pfandbriefe in den Verkehr bringt,**
2. **wissentlich entgegen § 4 Abs. 7 Satz 2 über einen dort genannten Wert verfügt oder**
3. **entgegen § 5 Abs. 1 Satz 3 einen Ersatzwert nicht oder nicht rechtzeitig in das Deckungsregister einträgt.**

§ 39 Bußgeldvorschriften

(1) Ordnungswidrig handelt, wer vorsätzlich oder fahrlässig entgegen § 4 Abs. 7 Satz 3 Pfandbriefe in den Verkehr bringt.

(2) Die Ordnungswidrigkeit kann mit einer Geldbuße bis zu einhunderttausend Euro geahndet werden.

§ 40 Verwaltungsbehörde

Verwaltungsbehörde im Sinne des § 36 Abs. 1 Nr. 1 des Gesetzes über Ordnungswidrigkeiten ist die Bundesanstalt für Finanzdienstleistungsaufsicht.

Übersicht

1. Schutz der Pfandbriefgläubiger

1 Die §§ 38 und 39 weisen bestimmte, dem Pfandbriefgesetz zuwiderlaufende Handlungen dem Bereich der Ordnungswidrigkeiten sowie der Straftaten zu. Damit wird die Schwelle, diese Handlungen vorzunehmen, massiv erhöht und die Schutzfunktion, die das Pfandbriefgesetz in Bezug auf die Pfandbriefgläubiger hat, abgesichert.

2. Straftatbestände

2 Die **Nummer 1** der Strafvorschrift des § 38 umfasst drei Tatbestände. Die Nr. 1 betrifft das in den Verkehr bringen von Pfandbriefen, ohne dass deren Betrag durch die im jeweiligen Deckungsregister eingetragenen Werte vorschriftsmäßig gedeckt ist, also die Passivseite. Ein **„in den Verkehr bringen"** liegt dann vor, wenn der Pfandbrief veräußert oder verpfändet wurde. Der Begriff des „ in den Verkehr bringens" ist nicht identisch mit dem Begriff des „in Umlauf bringens". Letzteres liegt bereits dann vor, wenn der Treuhänder ihn gemäß § 8 Abs. 3 ausgefertigt und der Pfandbriefbank übergeben hat[1].

3 **Die Nummern 2 und 3** betreffen demgegenüber die Aktivseite. **Nummer 2** betrifft den Fall, dass über einen im Deckungsregister eingetragenen Wert durch **Veräußerung oder Belastung** zum Nachteil der Pfandbriefgläubiger oder der Gläubiger von Ansprüchen aus Derivategeschäften im Sinne des § 4 Abs. 3 verfügt wird, obwohl die übrigen im jeweiligen Register eingetragenen Werte zur vorschriftsmäßigen Deckung der entsprechenden Pfandbriefe und der Ansprüche aus Derivategeschäften nicht ausreichen. Letzteres muss dem Verfügenden bei seiner Verfügung bewusst sein. Andernfalls läge das Tatbestandsmerkmal der Wissentlichkeit nicht vor.[2] Die Veräußerung oder Belastung muss **zum Nachteil** der **Pfandbriefgläubiger** oder der **Gläubiger von Ansprüchen aus Derivategeschäften** erfolgt sein. Es ist nicht jeder Nachteil ausreichend. Vielmehr muss dieser Nachteil darin bestehen, dass die übrigen Deckungswerte nicht zur vorschriftsmäßigen Deckung der restlichen im betreffenden Deckungsregister ausreichen. Die **Nummer 3** betrifft den Fall, dass derjenige Mitarbeiter der Pfandbriefbank, der für die Eintragung der Deckungswerte der Pfandbriefbank verantwortlich ist, den Ersatzwert nicht oder nicht rechtzeitig in das Deckungsregister einträgt. Der Ersatzwert ist dabei derjenige Wert, der einen anderen eingetragenen und zur Deckung benötigten Wert ersetzt, weil dieser andere Wert wegen Rückzahlung aus der Deckung genommen werden muss. Die Eintragung des Ersatzwertes hat gemäß § 5 Abs. 1 unverzüglich zu erfolgen, das heißt sofort nach Austragung des wegen Rückzahlung auszutragenden Wertes. Steht zu diesem Zeitpunkt kein Ersatzwert zur Verfügung, muss so schnell wie irgend möglich solcher beschafft und sofort nach Beschaffung eingetragen werden.

4 Verstöße gegen § 38 stellen Straftaten dar. Diese werden vor den Strafgerichten verhandelt.

3. Ordnungswidrigkeit

5 Wer gemäß § 39 Abs. 1 vorsätzlich oder fahrlässig Pfandbriefe in den Verkehr bringt, ohne dass die Bescheinigung des Treuhänders vorliegt, dass die vorschriftsmäßige Deckung vor-

1 Vgl. § 4, Verbote.
2 Wegen der Ansprüche aus Derivategeschäften siehe §§ 4 Abs. 3 und 19 Abs. 4.

liegt und die Eintragung in das entsprechende Deckungsregister erfolgt ist, handelt ordnungswidrig. Diese Ordnungswidrigkeit kann gemäß Abs. 2 mit einer Geldbuße von bis zu einhunderttausend Euro belegt werden. Wegen des Begriffs des „in den Verkehr Bringens" siehe oben. Dieses „in den Verkehr bringen" muss vorsätzlich oder fahrlässig geschehen sein. **Vorsatz** bedeutet „Wissen und Wollen der Tatbestandsverwirklichung"[3]. **Fahrlässigkeit** liegt dann vor, wenn der Täter die Tatbestandsverwirklichung zwar nicht sieht, wenn er sie aber unter Berücksichtigung seiner subjektiven Fähigkeiten und Kenntnisse hätte sehen und vermeiden können und die Unkenntnis der Tatbestandsverwirklichung auf einer Sorgfaltspflichtverletzung des Täters beruht[4].

4. Verwaltungsbehörde

Verstöße gegen die in § 39 behandelten Tatbestände stellen Ordnungswidrigkeiten dar. 6
Ordnungswidrigkeiten werden von den zuständigen Verwaltungsbehörden geahndet. Im Fall der in § 39 angesprochenen Tatbestände ist dies wegen § 40 die Bundesanstalt für Finanzdienstleistungsaufsicht (BaFin).

Auf der Grundlage des § 40 in Verbindung mit § 36 Abs. 1 Nummer 1 des Ordnungswidrig- 7
keitengesetzes ist die Bundesanstalt nicht nur in Bezug auf Ordnungswidrigkeiten im Sinne des § 39 zuständige Verwaltungsbehörde, sondern daneben auch in Bezug auf alle anderen Maßnahmen, die die Bundesanstalt aufgrund der Bestimmungen des Pfandbriefgesetzes oder des Kreditwesengesetzes anordnen kann. Gegen solche von der Bundesanstalt angeordnete Maßnahmen kann nach den Regeln des Verwaltungsverfahrensgesetzes Widerspruch und – bei Erfolglosigkeit dieses Widerspruchs – Klage vor den Verwaltungsgerichten erhoben werden. Gemäß § 80 Abs. 1 der Verwaltungsgerichtsordnung haben Widerspruch und Anfechtungsklage aufschiebende Wirkung. Dies bedeutet, dass die Wirksamkeit der mit dem Widerspruch oder der Anfechtungsklage angegriffenen Maßnahme bis zu einer rechtskräftigen Entscheidung aufgeschoben wird und vom Adressaten dieser Maßnahme nicht beachtet werden muss.

Etwas anderes kann aber durch Gesetz bestimmt werden. Ein solches Gesetz ist § 37. Diese 8
Vorschrift bestimmt, dass Widerspruch und Anfechtungsklage in Bezug auf die in § 37 näher bezeichneten Maßnahmen der Bundesanstalt keine aufschiebende Wirkung haben. Die Wirksamkeit einer solchen angegriffenen Maßnahme wird daher durch die Einlegung eines Widerspruchs oder die Erhebung einer Anfechtungsklage nicht aufgeschoben, und die betreffende Maßnahme muss vom Adressaten sofort beachtet werden. Ob diese Maßnahme wirksam bleibt oder nicht, richtet sich dann nach dem Ausgang des Widerspruchs oder Klageverfahrens. Die in § 37 näher bezeichneten Maßnahmen der Bundesanstalt sollen in der Regel das Vertrauen des Publikums in die Zuverlässigkeit des Finanzsystems und die Solidität des Pfandbriefmarktes stärken. Daher sind sie oft eilbedürftig. Daher überwiegt zunächst das öffentliche Interesse am sofortigen Vollzug der angeordneten Maßnahme das Interesse der Pfandbriefbank, die Rechtmäßigkeit der von der Bundesanstalt angeordneten Maßnahme gerichtlich überprüfen lassen zu können[5].

---

3 Vgl. BGH 36, 19 f.
4 Vgl. BGH 49, 1, 5.
5 BT DS 15/4321, zu §§ 37 bis 39.

Abschnitt 7

Schlussvorschriften

§ 41 Bezeichnungsschutz

Schuldverschreibungen dürfen unter einer der in § 1 Abs. 1 Satz 2 Nr. 1 bis 4 genannten Bezeichnungen oder unter einer anderen Bezeichnung, die das Wort Pfandbrief enthält, nur in Verkehr gebracht werden

1. von Kreditinstituten, denen eine Erlaubnis zum Betreiben des Pfandbriefgeschäfts erteilt worden ist,

2. von Einlagenkreditinstituten mit Sitz in einem anderen Mitgliedstaat der Europäischen Union oder einem anderen Vertragsstaat des Abkommens über den Europäischen Wirtschaftsraum auch ohne Erlaubnis durch die Bundesanstalt, wenn

a) die Ausgabe von Schuldverschreibungen unter einer der oben genannten Bezeichnungen auch im Herkunftsstaat zulässigerweise betrieben wird,

b) es sich um Schuldverschreibungen im Sinne des Artikels 22 Abs. 4 Unterabs. 1 der Richtlinie 85/611/EG des Rates vom 20. Dezember 1985 zur Koordinierung der Rechts- und Verwaltungsvorschriften betreffend bestimmte Organismen für gemeinsame Anlagen in Wertpapieren (OGAW) (ABl. EG Nr. L 375 S. 3), die zuletzt durch die Richtlinie 2004/39/EG des Europäischen Parlaments und des Rates vom21. April 2004 (ABl. EU Nr. L 145 S. 1) geändert worden ist, handelt und die Schuldverschreibungen in einer gemäß Artikel 22 Abs. 4 Unterabs. 3 der vorgenannten Richtlinie vom Herkunftsstaat des Kreditinstituts an die Kommission übersandten Liste enthalten sind,

c) bei den zur Deckung verwendeten Hypotheken, Schiffshypotheken und Registerpfandrechten oder ausländischen Flugzeughypotheken eine Grenze von 50 Prozent des Marktwertes oder 60 Prozent des Beleihungswertes im Sinne der Richtlinie 2006/48/EG nicht überschritten wird und

d) bei der Bezeichnung der Schuldverschreibung in allen Prospekten, Berichten und Werbeschriften eine etwaige fremdsprachige Originalbezeichnung des Pfandbriefs angegeben wird und darauf hingewiesen wird, dass die Schuldverschreibung auf der Grundlage des jeweiligen ausländischen Rechts ausgegeben wird.

Übersicht

1. Allgemeines

1 § 41 schützt die Verwendung des Begriffes „Pfandbrief" und damit das Vertrauen des Marktes in die Bonität von Schuldverschreibungen, die die Bezeichnung „Pfandbrief" oder eine andere Bezeichnung, die das Wort „Pfandbrief" enthält, tragen. Dabei wird zwischen Kreditinstituten unterschieden, die ihren Sitz im Inland haben, und solchen, die ihren Sitz im Ausland haben. § 41 nähert sich an vergleichbare Regelungen europäischer Nachbarstaaten an[1]. Die in Nummer 2a bis d genannten Voraussetzungen müssen kumulativ vorliegen.

2. Inländische Institute

2 Schuldverschreibungen inländischer Institute, die solche Bezeichnungen tragen, dürfen gemäß **Nummer 1** nur von Kreditinstituten in den Verkehr gebracht werden, denen die Erlaubnis zum Betreiben des Pfandbriefgeschäftes erteilt wurde. Es ist selbstverständlich, dass diese Erlaubnis zum Zeitpunkt des „In den Verkehr bringens" noch besteht[2]. Was Pfandbriefgeschäfte sind, geht aus § 1 hervor. Die Erlaubnis zum Betreiben des Pfandbriefgeschäfts ist in § 2 geregelt.

3 Zuständig für die Erteilung dieser Erlaubnis ist gemäß § 2 die Bundesanstalt.

3. Ausländische Institute

4 **Nummer 2** regelt den Bezeichnungsschutz in Bezug auf Kreditinstitute, die ihren Sitz nicht im Inland haben sondern im Ausland. Nicht alle ausländischen Kreditinstitute sind erfasst, sondern nur solche, die ihren Sitz in einem anderen Mitgliedstaat der Europäischen Union oder in einem anderen Vertragsstaat des Abkommens über den Europäischen Wirtschaftsraum haben. Ausländische Kreditinstitute mit Sitz in einem der oben genannten Staaten können Schuldverschreibungen, deren Bezeichnung das Wort „Pfandbrief" enthält, auch ohne die Erlaubnis durch die Bundesanstalt in den Verkehr bringen, wenn sie Einlagenkreditinstitute sind und die unter § 42 Satz 1 Nr. 2a bis d genannten Voraussetzungen erfüllen. Im Einzelnen handelt es sich dabei um die Mitgliedstaaten der Europäischen Union und die Vertragsstaaten des Abkommens über den Europäischen Wirtschaftsraum.

4. Mitgliedstaaten der Europäischen Union

5 Die Europäische Union umfasst derzeit 27 Mitgliedstaaten: Belgien, Bulgarien, Dänemark, Deutschland, Estland, Finnland, Frankreich, Griechenland, Irland, Italien, Lettland, Litauen, Luxemburg, Malta, Niederlande, Österreich, Polen, Portugal, Rumänien, Schweden, Slowakei, Slowenien, Spanien, Tschechien, Ungarn, Vereinigtes Königreich, Zypern.

5. Vertragsstaaten des Abkommens über den Europäischen Wirtschaftsraum

6 Es gibt 30 Vertragsstaaten des Europäischen Wirtschaftsraumes: Belgien, Bulgarien, Dänemark, Deutschland, Estland, Finnland, Frankreich, Griechenland, Irland, Island, Italien,

1 BT DS 15/4321, zu § 41.
2 Zum Begriff des „In den Verkehr bringens" siehe § 4, „Verbote".

Lettland, Liechtenstein, Litauen, Luxemburg, Malta, Niederlande, Norwegen, Österreich, Polen, Portugal, Rumänien, Schweden, Slowakei, Slowenien, Spanien, Tschechien, Ungarn, Vereinigtes Königreich, Zypern.

6. Einlagengeschäft

Gemäß § 1 Abs. 1 Nummer 1 des Kreditwesengesetzes besteht das Einlagengeschäft eines Kreditinstitutes aus der Annahme fremder Gelder als Einlagen oder anderer unbedingt rückzahlbarer Gelder des Publikums, sofern der Rückzahlungsanspruch nicht in Inhaber- oder Orderschuldverschreibungen verbrieft wird, und zwar ohne Rücksicht darauf, ob Zinsen vergütet werden oder nicht. 7

7. Schuldverschreibungen im Sinne der Richtlinie 85/611/EG

Aus Art. 22 Abs. 4 Unterabsatz 1 und 3 der Richtlinie 85/611/EG in der Fassung vom 9.3.2005 ergibt sich, dass die Schuldverschreibungen folgende Merkmale aufweisen müssen: a) Der Emittent muss ein Kreditinstitut sein, das auf der Grundlage gesetzlicher Vorschriften einer besonderen öffentlichen Aufsicht unterliegt. b) Diese besondere öffentliche Aufsicht muss den Schutz der Inhaber dieser Schuldverschreibungen zum Zweck haben. c) Die Erträge aus der Emission dieser Schuldverschreibungen müssen aufgrund gesetzlicher Vorschriften in Vermögenswerten angelegt werden, die während der gesamten Laufzeit der Schuldverschreibungen die sich aus diesen Schuldverschreibungen ergebenden Verbindlichkeiten ausreichend decken. Was unter einer ausreichenden Deckung dieser Schuldverschreibung genau zu verstehen ist, sagt die oben genannte Richtlinie nicht. Aus der ausdrücklichen Verwendung des Begriffes „ausreichend" kann doch entnommen werden, dass auch bei Annahme von „worst case"-Szenarien die vollständige Deckung vorhanden sein muss. d) Die Vermögenswerte, in die die Erträge aus den Schuldverschreibungen angelegt wurden, müssen beim Ausfall des Emittenten vorrangig zur Bedienung dieser Schuldverschreibungen dienen. e) Die Schuldverschreibungen müssen gemäß § 41 Abs. 1 Nr. 2b in der Liste veröffentlicht sein, die gemäß Art. 22 Abs. 4 Unterabsatz 3 der Richtlinie 85/611/EG vom Herkunftsstaat des Kreditinstituts an die EG-Kommission übersandt werden muss. 8

8. Deckungswerte

Hinsichtlich der in Buchstabe c) genannten Hypotheken, Schiffshypotheken oder Flugzeughypotheken wird man, sofern es sich dabei um **ausländische Werte** handelt, fordern müssen, dass diese Werte den Voraussetzungen des § 18 entsprechen und eine Sicherheit bieten, die mit der Sicherheit entsprechender inländischer Werte vergleichbar ist und den Gläubiger berechtigen, seine Forderung auch durch Wertwertung des belasteten Grundstücks oder Rechts im Sinne des § 13 Abs. 1 Satz 1 zu befriedigen. Würde man die Regelungen der §§ 13 Abs. 1 Satz 1 und 18 Abs. 1 nur auf inländische Pfandbriefbanken anwenden, so würde dies zu einer unangemessenen Benachteiligung der inländischen Pfandbriefbanken gegenüber ihren ausländischen Mitbewerbern führen und darüber hinaus die Sicherheit des Pfandbriefes an sich aufweichen. 9

9. Hinweis auf ausländisches Recht

10 Der in Nummer 2 d) geforderte Hinweis, nach dem in den dort genannten Unterlagen eine etwaige fremdsprachige Originalbezeichnung des Pfandbriefs angegeben wird und daneben auf diesen Unterlagen darauf hinwiesen wird, dass die Schuldverschreibung auf der Grundlage des jeweiligen ausländischen Rechts ausgegeben wird, ist die folgerichtige Konsequenz aus dieser Ausweitung des Produktes Pfandbrief auf das europäische Ausland und wegen der Vielfalt und Unterschiedlichkeit der jeweiligen Gesetzgebungen zu gewissen Aufweichungen der Sicherheit der Pfandbriefgläubiger führen kann, die unvermeidbar ist. Auf dieses Risiko werden die Investoren durch die geforderten Hinweise aufmerksam gemacht. Indirekt wird dadurch die Qualität des inländischen Pfandbriefs betont.

§ 42 Erlaubnis für bestehende Pfandbriefbanken

(1) Soweit ein Kreditinstitut vor dem 19. Juli 2005 zulässigerweise Pfandbriefe der in § 1 Abs. 1 Satz 2 Nr. 1 bis 3 genannten Gattungen begeben hat und auch noch zu Beginn des 19. Juli 2005 die Befugnis zur Ausgabe von Pfandbriefen besitzt, gilt die für das Betreiben des Pfandbriefgeschäfts nach § 2 Abs. 1 Satz 1 erforderliche Erlaubnis beschränkt auf die jeweilige Pfandbriefgattung als erteilt. Das Kreditinstitut hat vor Ablauf des 18. Oktober 2005 eine Anzeige einzureichen, die den inhaltlichen Anforderungen eines Erlaubnisantrages entspricht. Wird die Anzeige nicht fristgerecht eingereicht, kann die Bundesanstalt die als erteilt geltende Erlaubnis aufheben.

(2) Die Bundesanstalt kann die als erteilt geltende Erlaubnis auch aufheben, wenn die Voraussetzungen für eine Aufhebung nach § 35 Abs. 2 des Kreditwesengesetzes erfüllt sind oder wenn das Kreditinstitut, unbeschadet des Absatzes 3, die Anforderungen des § 2 Abs. 1 Satz 2 nicht erfüllt.

(3) Für die in Absatz 1 genannten Kreditinstitute findet § 2 Abs. 1 Satz 2 Nr. 1 bis zum 31. Dezember 2008 keine Anwendung. Die in Satz 1 genannte Befristung ist nicht anzuwenden auf das Ritterschaftliche Kreditinstitut Stade und den Calenberg-Göttingen-Grubenhagen-Hildesheim'schen ritterschaftlichen Kreditverein.

Übersicht

1. Kreditinstitute

1 § 42 Abs. 1 gilt nicht nur für Hypothekenbanken im Sinne des vom Pfandbriefgesetz abgelösten Hypothekenbankgesetzes, sondern für alle Kreditinstitute, die bis zum Ablauf des 18. Juli 2005 zulässigerweise Hypothekenpfandbriefe, öffentliche Pfandbriefe oder Schiffspfandbriefe begeben haben. In Bezug auf diese Kreditinstitute gilt die Erlaubnis zum Betreiben des Pfandbriefgeschäfts zunächst als erteilt. Eine gesonderte Erlaubnis nach § 2 ist somit zunächst nicht erforderlich.

2. Bestandsschutz

Der Bestandsschutz des § 42 Abs. 1 gilt nur in Bezug auf diejenigen Pfandbriefgattungen, hinsichtlich derer das betreffende Kreditinstitut das Pfandbriefgeschäft auch bislang schon zulässigerweise betrieben hat. Möchte das betreffende Kreditinstitut das Pfandbriefgeschäft nunmehr auch in Bezug auf andere Pfandbriefgattungen betreiben, ist – bezogen auf diese anderen Pfandbriefgattungen – wie bei jedem anderen Kreditinstitut die Erteilung einer Erlaubnis nach § 2 erforderlich. Der Bestandsschutz des § 42 Abs. 1 gilt außerdem **nicht schrankenlos.** Vielmehr hat das betreffende Kreditinstitut bis zum Ablauf des 18. Oktober 2005 bei der Bundesanstalt eine Anzeige einzureichen, die inhaltlich den Anforderungen eines Erlaubnisantrages entspricht. Dies bedeutet, dass aus der Anzeige alle Angaben hervorgehen und alle Unterlagen beigefügt sind, die es der Bundesanstalt ermöglichen zu prüfen, ob das den Antrag stellende Kreditinstitut hinsichtlich der von ihm bislang zulässigerweise betriebenen Pfandbriefgeschäfte die bankaufsichtlichen Anforderungen an den Betrieb des Pfandbriefgeschäftes erfüllt[1]. Geht eine solche Anzeige nicht fristgerecht ein, stellt allein diese Fristversäumnis einen sachlichen Grund dar, der zu der Aufhebung der als erteilt geltenden Erlaubnis durch die Bundesanstalt führen kann. Auch bei fristgerechtem Eingang dieser Anzeige kann die Bundesanstalt die als erteilt geltende Erlaubnis aufheben, wenn die Voraussetzungen des § 2 Abs. 1 Satz 2 PfandBG oder des § 35 Abs. 2 des Kreditwesengesetzes nicht vorliegen. In Bezug auf Kreditinstitute, die auch schon bis zum Inkrafttreten des Pfandbriefgesetzes zulässigerweise das Pfandbriefgeschäft betrieben haben und die zum Inkrafttreten des Pfandbriefgesetzes nicht über eine Kernkapitalquote von mindestens 25 Mio Euro verfügt haben, wird die Geltung des § 2 Abs. 1 Satz 2 Nr. 1 bis zum 31 Dezember 2008 ausgesetzt. Mit dieser Regelung wird kleineren Kreditinstituten Zeit gewährt, um das eigentlich geforderte Volumen an Kernkapital von mindestens 25 Mio Euro aufzubauen. 2

§ 43 Erlaubnis für Hypothekenbanken

Für die bei Ablauf des 18. Juli 2005 zugelassenen Hypothekenbanken im Sinne des § 1 des Hypothekenbankgesetzes gilt die Erlaubnis für die in § 1 Abs. 1 Satz 2 Nr. 1 bis 5 und 7 bis 10 des Kreditwesengesetzes bezeichneten Bankgeschäfte nach § 32 des Kreditwesengesetzes als erteilt. Die in § 35 Abs. 1 des Kreditwesengesetzes genannte Frist beginnt am 19. Juli 2005.

Übersicht

1 BT DS 15/4321, zu § 42.

1. Hypothekenbanken

1 Während § 42 für alle Kreditinstitute gilt, die bereits vor dem 19. Juli 2005 das Pfandbriefgeschäft zulässigerweise betrieben haben, regelt § 43 den Bestandsschutz für Hypothekenbanken im Sinne des vom Pfandbriefgesetz abgelösten Hypothekenbankgesetzes. Die Bezugnahmen auf das Kreditwesengesetz erfolgen deshalb, weil die Erlaubnis zum Betreiben des Hypothekenbankgeschäftes nicht im Hypothekenbankgesetz geregelt war sondern im Kreditwesengesetz. Bei den in Satz 1 durch Bezugnahme auf § 1 Absatz 1 Satz 2 Nr. 1 bis 5 und 7 bis 10 des Kreditwesengesetzes genannten Bankgeschäften handelt es sich um folgende Tätigkeiten:

- die Annahme fremder Gelder als Einlagen oder anderer unbedingt rückzahlbarer Gelder des Publikums, sofern der Rückzahlungsanspruch nicht in Inhaber- oder Orderschuldverschreibungen verbrieft wird, ohne Rücksicht darauf, ob Zinsen vergütet werden (Einlagengeschäft),
- die in § 1 Abs. 1 Satz 2 des Pfandbriefgesetzes bezeichneten Geschäfte (Pfandbriefgeschäft),
- die Gewährung von Gelddarlehen und Akzeptkrediten (Kreditgeschäft);
- der Ankauf von Wechseln und Schecks (Diskontgeschäft),
- die Anschaffung und die Veräußerung von Finanzinstrumenten im eigenen Namen für fremde Rechnung (Finanzkommissionsgeschäft),
- die Verwahrung und die Verwaltung von Wertpapieren für andere (Depotgeschäft),
- die Eingehung der Verpflichtung, zuvor veräußerte Darlehensforderungen vor Fälligkeit zurückzuerwerben,
- die Übernahme von Bürgschaften, Garantien und sonstigen Gewährleistungen für andere (Garantiegeschäft),
- die Durchführung des bargeldlosen Scheckeinzugs (Scheckeinzugsgeschäft), des Wechseleinzugs (Wechseleinzugsgeschäft) und die Ausgabe von Reiseschecks (Reisescheckgeschäft),
- die Übernahme von Finanzinstrumenten für eigenes Risiko zur Platzierung oder die Übernahme gleichwertiger Garantien (Emissionsgeschäft).

2. Frist

2 Bei der in § 35Absatz 1 des Kreditwesengesetzes genannten Frist handelt es sich um die Frist zwischen Erteilung der Erlaubnis bis zur Aufnahme der erlaubten Geschäfte. Diese Frist beträgt gemäß § 35 Absatz 1 ein Jahr. In Bezug auf den Anwendungsbereich des § 43 beginnt der Lauf dieser Frist nicht mit dem Zeitpunkt der Erteilung der Erlaubnis sondern am 19. Juli 2005.

§ 44 Erlaubnis für Schiffspfandbriefbanken

Für die bei Ablauf des 18. Juli 2005 zugelassenen Schiffspfandbriefbanken im Sinne des § 1 des Schiffsbankgesetzes gilt die Erlaubnis für die in § 1 Abs. 1 Satz 2 Nr. 1 bis 5 und 7 bis 10 des Kreditwesengesetzes bezeichneten Bankgeschäfte nach § 32 des Kreditwesengesetzes als erteilt. Die in § 35 Abs. 1 des Kreditwesengesetzes genannte Frist beginnt am 19. Juli 2005.

Übersicht

1. Schiffspfandbriefbanken

1 Während § 42 für alle Kreditinstitute gilt, die bereits vor dem 19. Juli 2005 das Pfandbriefgeschäft zulässigerweise betrieben haben, regelt § 44 den Bestandsschutz für Schiffspfandbriefbanken. Bei den in Satz 1 durch Bezugnahme auf § 1 Abs. 1 Satz 2 Nr. 1 bis 5 und 7 bis 10 des Kreditwesengesetzes genannten Bankgeschäften handelt es sich um folgende Tätigkeiten:

- die Annahme fremder Gelder als Einlagen oder anderer unbedingt rückzahlbarer Gelder des Publikums, sofern der Rückzahlungsanspruch nicht in Inhaber- oder Orderschuldverschreibungen verbrieft wird, ohne Rücksicht darauf, ob Zinsen vergütet werden (Einlagengeschäft),
- die in § 1 Abs. 1 Satz 2 des Pfandbriefgesetzes bezeichneten Geschäfte (Pfandbriefgeschäft),
- die Gewährung von Gelddarlehen und Akzeptkrediten (Kreditgeschäft);
- der Ankauf von Wechseln und Schecks (Diskontgeschäft),
- die Anschaffung und die Veräußerung von Finanzinstrumenten im eigenen Namen für fremde Rechnung (Finanzkommissionsgeschäft),
- die Verwahrung und die Verwaltung von Wertpapieren für andere (Depotgeschäft),
- die Eingehung der Verpflichtung, zuvor veräußerte Darlehensforderungen vor Fälligkeit zurückzuerwerben,
- die Übernahme von Bürgschaften, Garantien und sonstigen Gewährleistungen für andere (Garantiegeschäft),
- die Durchführung des bargeldlosen Scheckeinzugs (Scheckeinzugsgeschäft), des Wechseleinzugs (Wechseleinzugsgeschäft) und die Ausgabe von Reiseschecks (Reisescheckgeschäft).
- die Übernahme von Finanzinstrumenten für eigenes Risiko.

2. Frist

2 Bei der in § 35Abs. 1 des Kreditwesengesetzes genannten Frist handelt es sich um die Frist zwischen Erteilung der Erlaubnis bis zur Aufnahme der erlaubten Geschäfte. Diese Frist beträgt gemäß § 35 Abs. 1 ein Jahr. In Bezug auf den Anwendungsbereich des § 43 beginnt der Lauf dieser Frist nicht mit dem Zeitpunkt der Erteilung der Erlaubnis sondern am 19. Juli 2005.

§ 45 Versicherungspflicht

Hypotheken, die den Pfandbriefbanken zu Beginn des 19. Juli 2005 zustehen, sind zur Deckung der von ihnen ausgegebenen Hypothekenpfandbriefe nicht aus dem Grunde ungeeignet, weil das aufstehende Gebäude nicht nach Maßgabe des § 15 Abs. 1 versichert ist. Durch Schiffshypotheken gesicherte Darlehensforderungen, die den Pfandbriefbanken zu Beginn des 19. Juli 2005 zustehen, sind zur Deckung der von ihnen ausgegebenen Schiffspfandbriefe nicht aus dem Grunde ungeeignet, weil das Schiff oder Schiffsbauwerk nicht in Höhe der Versicherungspflicht nach Maßgabe des § 23 Abs. 1 Satz 1 versichert ist.

1. Bestandsschutz

1 Eine gesetzliche Pflicht zur Versicherung von Bauwerken, Schiffen oder Schiffsbauwerken gab es vor dem Inkrafttreten des Pfandbriefgesetzes nicht. Hypotheken an solchen unversicherten Bauwerken, Schiffen oder Schiffsbauwerken, die die Pfandbriefbanken bereits vor dem Inkrafttreten dieses Pfandbriefgesetzes zulässigerweise in Deckung genommen hatten, sollen auch weiterhin und ohne Rücksicht auf § 15 Abs. 1 zur Pfandbriefdeckung verwendet werden dürfen[1].

§ 46 Beleihungsgrenze

(1) **Hypotheken, die vor dem 13. Oktober 2004 in ein bei der Pfandbriefbank geführtes Deckungsregister für Hypothekenpfandbriefe eingetragen worden sind, dürfen, soweit sie nicht den Erfordernissen des § 16 Abs. 1 bis 3 entsprechen, abweichend von § 14 Abs. 1 bis zum 30. Juni 2006 in Höhe von 50 Prozent des von der Pfandbriefbank auf Grund einer vor dem 13. Oktober durchgeführten Wertermittlung festgesetzten Wertes zur Deckung von Hypothekenpfandbriefen benutzt werden.**

(2) **Im Falle des Absatzes 1 sind § 14 Abs. 2 und § 30 Abs. 3 Satz 4 mit der Maßgabe anzuwenden, dass statt der in § 14 Abs. 1 festgelegten Beleihungsgrenze die Grenze nach Absatz 1 maßgeblich ist.**

1 BT DS 15/4321, zu § 45.

Übersicht

1. Bestandsschutz

Der Bestandsschutz des § 46 ist am 30. Juni 2006 ausgelaufen. 1

Hypotheken, die vor der Geltung des Pfandbriefgesetzes zulässiger Weise in Deckung genommen wurden, entsprachen in der Regel nicht den engen Anforderungen, die § 16 in Verbindung mit der auf der Grundlage des § 16 Abs. 4 erlassenen Verordnung zur Ermittlung des Beleihungswertes an die **Beleihungswertermittlung** stellt. Müssten die betroffenen Pfandbriefbanken alle diese Werte aus der Deckung nehmen und durch Werte ersetzen, bei denen der Beleihungswert nach dem Pfandbriefgesetz ermittelt wurde, kämen diese Banken in Bedrängnis, wenn keine entsprechenden Volumina an Werten zur Verfügung stünden. Die Privilegierung des § 46 kann aber nur dann gelten, wenn die betroffenen Hypotheken vor der Geltung des Pfandbriefgesetzes in Deckung genommen wurden. Als Stichtag legt § 46 den 13. Oktober 2004 fest. Außerdem wird man fordern müssen, dass die Indeckungnahme **nach altem Recht zulässig** war. Die durch § 46 privilegierten Hypotheken konnten gemäß § 46 Abs. 1 nur bis zu 50 Prozent des nach altem Recht und zeitlich vor dem 13. Oktober 2004 ermittelten Beleihungswertes in Deckung genommen werden. Diese Regelung bedeutet der Sache nach eine Spezialregelung zu § 14, die § 14 im Range vorgeht und verdrängt, solange die Privilegierung des § 46 greift. Dies wird in § 46 Abs. 2 noch einmal klargestellt. Durch die ausdrückliche Bezugnahme auf § 30 Abs. 3 Satz 4 stellt § 46 Abs. 2 klar, dass die Privilegierung des § 46 keine Auswirkungen auf das Recht des Insolvenzverwalters sowie auf das Recht der Gläubiger treuhänderisch gehaltener und im Deckungsregister eingetragener Werte hat, rangwahrende Teilung von Forderungen und Sicherheiten zu verlangen, soweit diese nicht zur Deckung bestimmt sind. 2

Der Gesetzgeber geht davon aus, dass jeweils getrennte Deckungsmassen und damit auch getrennte Deckungsregister für das Altgeschäft, das nicht den Erfordernissen der §§ 14 bis 16 Abs. 1 bis 3, § 17 Abs. 1 entspricht, für das Altgeschäft, das diesen Anforderungen entspricht, und für das Neugeschäft einzurichten und zu führen sind[1]. 3

2. Frist

Die Privilegierung galt nur bis zum 30. Juni 2006. Danach musste die Vereinbarkeit mit dem Pfandbriefgesetz und der auf diesem Gesetz basierenden Verordnung zur Ermittlung des Beleihungswertes entweder hergestellt sein oder die betroffenen Hypotheken mussten aus der Deckung genommen und eventuell durch pfandbriefgesetzkonforme Werte ersetzt werden. 4

1 Vgl. BT DS 15/4321, zu § 46.

§ 47 Vorrecht der Schiffspfandbriefgläubiger

Bis zum Ablauf des 18. Juli 2009 unterliegt eine Pfandbriefbank, die vor dem 19. Juli 2005 Schiffspfandbriefe nach § 1 Nr. 1 des Schiffsbankgesetzes begeben hat, nicht der Grenze des § 22 Abs. 5 Satz 2. Die Pfandbriefbank hat jedoch sicherzustellen, dass der Gesamtbetrag der Beleihungen, bei denen nicht sichergestellt ist, dass sich das Vorrecht der Schiffspfandbriefgläubiger nach § 30 Abs. 1 auf die Forderungen der Pfandbriefgläubiger aus diesen Beleihungen erstreckt, bis zum Ablauf des 18. Juli 2007 50 Prozent des Gesamtbetrages der Forderungen, bei denen das Vorrecht sichergestellt ist, nicht übersteigt.

Übersicht

1. Bestandsschutz

1 Eine mit § 22 Abs. 5 Satz 2 vergleichbare Regelung gab es im Hypothekenbankgesetz in Bezug auf Schiffspfandbriefe nicht. Daher war es notwendig, eine entsprechende Übergangsregelung einzuführen. Diese wurde mit § 47 getroffen[1].

2. Befristung

2 Die Privilegierung des § 47 hat sich durch Zeitablauf erledigt. Seit dem 19. Juli 2009 gilt auch für die in § 47 näher bezeichnete Fallgestaltung die Grenze des § 22 Abs. 5 Satz 2.

§ 48 Schiffspfandbriefe in ausländischer Währung

Auf die von einer Schiffspfandbriefbank im Sinne des § 1 des Schiffsbankgesetzes vor dem 19. Juli 2005 nach § 37 des Schiffsbankgesetzes ausgegebenen Schiffspfandbriefe sind die vor dem 19. Juli 2005 geltenden Vorschriften des Schiffsbankgesetzes weiter anzuwenden.

Übersicht

1 Vgl. BT DS 15/4321, zu § 47.

1. Bestandsschutz

§ 48 betrifft alle Schiffspfandbriefe, die nach § 37 des Schiffsbankgesetzes von einer Schiffspfandbriefbank ausgegeben wurden. Zusätzlich musste diese Ausgabe vor dem 19. Juli 2005 erfolgen, also spätestens bis zum Ablauf des 18. Juli 2005. § 37 des Schiffsbankgesetzes verpflichtete die Schiffsbanken, für Schiffspfandbriefe, die auf ausländische Währung lauteten, Schiffshypotheken in gleichlautender Währung vorzuhalten. Diese Pflicht ist im Pfandbriefgesetz nicht vorgesehen. Gesonderte Deckungsmassen gibt es im Pfandbriefgesetz nur für die unterschiedlichen Pfandbriefgattungen nach § 1 Abs. 1 Satz 2 Nr. 1 bis 4, nicht aber für verschiedene Währungen. 1

2. Gesonderte Deckungsmasse

Über die Einführung des § 48 sind Schiffspfandbriefbanken verpflichtet, diese auf der Grundlage des § 37 des Schiffbankgesetzes eingerichteten Deckungsregister neben den auf der Grundlage dieses Pfandbriefgesetzes zusätzlich einzurichtenden Deckungsregister weiterzuführen, bis die betreffenden, auf ausländische Währung lautenden Schiffspfandbriefe endgültig aus dem Umlauf ausgeschieden sind[1]. 2

§ 49 Fortgeltende Deckungsfähigkeit

(1) Abweichend von § 20 Abs. 1 Satz 1 Nr. 1 Buchstabe a sind Forderungen gegen solche Kreditinstitute, die in der Rechtsform einer Körperschaft oder Anstalt des öffentlichen Rechts geführt werden, weiterhin unbeschränkt deckungsfähig, wenn die Forderungen bereits am 18. Juli 2001 bestanden. Forderungen gegen die genannten Kreditinstitute sind auch deckungsfähig, wenn die Forderungen nach dem 18. Juli 2001 und vor dem 19. Juli 2005 vereinbart worden sind und ihre Laufzeit nicht über den 31. Dezember 2015 hinausgeht.

(2) Abweichend von § 20 Absatz 1 Satz 1 Nr. 1 Buchstabe d, e und h in der ab dem 26. März 2009 geltenden Fassung sind Forderungen gegen die dort genannten Schuldner oder Gewährleistungsgeber, welche der Bonitätsstufe 2 nach Anhang VI der Richtlinie 2006/48/EG zugeordnet worden sind, weiterhin deckungsfähig, sofern die Forderungen vor dem 26. März 2009 in das Deckungsregister eingetragen worden sind. Der Gesamtbetrag der Forderungen gegen Schuldner der Bonitätsstufe 2 darf höchstens einen Anteil von 20 Prozent der ausstehenden Pfandbriefe der jeweiligen Pfandbriefgattung betragen; die von § 20 Absatz 1 Satz 1 Nr. 3 in der ab dem 26. März 2009 geltenden Fassung umfassten Deckungswerte sind anzurechnen.

1. Fortgeltung der Gewährträgerhaftung

§ 49 stellt sicher, dass die Forderungen gegen öffentlich-rechtliche Kreditinstitute, die nach dem Hypothekenbankgesetz, dem ÖPG und dem Schiffsbankgesetz deckungsfähig sind, 1

1 BT DS 15/4321, zu § 48.

insoweit deckungsfähig bleiben, als die Gewährträgerhaftung nach der Verständigung vom 18. Juli 2001 mit der EU-Kommission über Anstaltslast und Gewährträgerhaftung betreffend Landesbanken und Sparkassen weiter gilt. Die Regelung ist notwendig, da § 20 Abs. 1 Satz 1 Nr. 1 Buchstabe a nur für die öffentlichen Kreditinstitute gilt, für deren Verbindlichkeiten grundsätzlich eine Gewährträgerhaftung gilt[1].

§ 50 Fortgeltung bisherigen Rechts

(1) Im Falle des § 2 Abs. 3 gelten für öffentlich-rechtliche Kreditanstalten hinsichtlich der von ihnen nach den Vorschriften des Gesetzes über die Pfandbriefe und verwandten Schuldverschreibungen öffentlich-rechtlicher Kreditanstalten abgeschlossenen Geschäfte und der ausschließlich zur Deckung dieser Geschäfte geführten Deckungsregister das vorgenannte Gesetz und die zu dessen Durchführung erlassenen Rechtsverordnungen jeweils in der vor dem 19. Juli 2005 geltenden Fassung mit der Maßgabe fort, dass Forderungen gegen inländische öffentlich-rechtliche Kreditinstitute nur so weit zur ordentlichen Deckung geeignet sind, als für die Kreditinstitute eine unbeschränkte Anstaltslast oder als für die entsprechenden Verbindlichkeiten der Kreditinstitute eine Gewährträgerhaftung oder Refinanzierungsgarantie gilt.

(2) Im Falle des § 2 Abs. 3 gelten für Hypothekenbanken hinsichtlich der von ihnen nach den Vorschriften des Hypothekenbankgesetzes abgeschlossenen Geschäfte und der ausschließlich zur Deckung dieser Geschäfte geführten Deckungsregister das Hypothekenbankgesetz und die zu dessen Durchführung erlassenen Rechtsverordnungen jeweils in der vor dem 19. Juli 2005 geltenden Fassung mit der Maßgabe fort, dass Forderungen gegen inländische öffentlich-rechtliche Kreditinstitute nur so weit zur ordentlichen Deckung geeignet sind, als für die Kreditinstitute eine unbeschränkte Anstaltslast oder als für die entsprechenden Verbindlichkeiten der Kreditinstitute eine Gewährträgerhaftung oder Refinanzierungsgarantie gilt.

(3) Im Falle des § 2 Abs. 3 gelten für Schiffsbanken hinsichtlich der von ihnen nach den Vorschriften des Schiffsbankgesetzes abgeschlossenen Geschäfte und der ausschließlich zur Deckung dieser Geschäfte geführten Deckungsregister das Schiffsbankgesetz und die zu dessen Durchführung erlassenen Rechtsverordnungen jeweils in der vor dem 19. Juli 2005 geltenden Fassung mit der Maßgabe fort, dass Forderungen gegen inländische öffentlich-rechtliche Kreditinstitute nur so weit zur ordentlichen Deckung geeignet sind, als für die Kreditinstitute eine unbeschränkte Anstaltslast oder als für die entsprechenden Verbindlichkeiten der Kreditinstitute eine Gewährträgerhaftung oder Refinanzierungsgarantie gilt.

(4) Im Falle der Umwandlung einer öffentlich-rechtlichen Kreditanstalt in einer in § 1 Abs. 1 des Umwandlungsgesetzes genannten Weise gilt Absatz 1 hinsichtlich der von der Kreditanstalt vor Wirksamwerden der Umwandlung abgeschlossenen Geschäfte für den fortbestehenden Rechtsträger nach Rechtsformwechsel oder für einen Rechtsträger, auf den im Zuge der Umwandlung das Vermögen der Kreditanstalt als Ganzes oder in Teilen übertragen worden ist, auch dann, wenn es sich bei

---

1 BT DS 15/4321, zu § 49.

dem Rechtsträger um ein Unternehmen in einer Rechtsform des Privatrechts handelt.

Übersicht

1. Geltungsbereich

Die Absätze 1 bis 3 des § 50 gelten nur für Institute (öffentlich-rechtliche Kreditanstalten, Hypothekenbanken und Schiffsbanken), die bis zum Inkrafttreten dieses Pfandbriefgesetzes zulässigerweise das Pfandbriefgeschäft betrieben haben, die dieses bislang zulässigerweise betriebene Pfandbriefgeschäft nach den neuen Regeln jedoch nicht weiterführen, weil die Betriebserlaubnis hierzu entweder gemäß § 2 Abs. 3 erloschen ist oder aber von der Bundesanstalt aufgehoben wurde. Diese Institute betreiben kein neues Pfandbriefgeschäft mehr, sondern wickeln nur bestehendes Pfandbriefgeschäft ab. Die Einbeziehung dieser Pfandbriefgeschäfte in das Pfandbriefgesetz erscheint überflüssig. Wohl deshalb legen die Absätze 1 bis 3 des § 50 fest, dass in Bezug auf öffentlich-rechtliche Kreditanstalten, Hypothekenbanken und Schiffsbanken im Rahmen dieser Abwicklung das jeweils geltende alte Recht gilt[1]. 1

2. Forderungen gegen inländische öffentlich-rechtliche Kreditinstitute

Soweit die von den Absätzen 1 bis 3 betroffenen Deckungswerte aus Forderungen gegen inländische öffentlich-rechtliche Kreditinstitute bestehen, gilt die Privilegierung des § 50 nur mit der Maßgabe, dass für diese Institute eine unbeschränkte Anstaltslast oder – in Bezug auf die Deckungswerte – eine Gewährträgerhaftung oder Refinanzierungsgarantie gilt[2]. Ob eine solche Gewährleistung greift, dürfte für die über § 50 privilegierten Institute schon deshalb nur schwer nachzuvollziehen sein, weil diese Frage in Spezialvorschriften geregelt ist, die ihre Grundlage in einer Verständigung mit der EU-Kommission vom 18. Juli 2001 haben. Das über § 50 privilegierte Institut (öffentlich-rechtliche Kreditanstalt, Hypothekenbank, Schiffsbank) wird daher in der Praxis gezwungen sein, sich die entsprechenden Regelungen von den betroffenen öffentlich-rechtlichen Kreditinstituten lückenlos und in nachvollziehbarer Form darlegen zu lassen. 2

3. Rechtsnachfolge oder Vermögensübernahme

Abs. 4 dehnt den Geltungsbereich der Privilegierung des § 50 einerseits auf denjenigen Fall aus, dass das privilegierte Institut im Rahmen des § 1 Abs. 1 des Umwandlungsgesetzes die Rechtsform ändert, und andererseits auf den Fall, dass das Vermögen des privilegierten 3

1 BT DS 15/4321 zu § 50.
2 Siehe insoweit die Kommentierung zu § 20 PfandBG.

Instituts – ebenfalls im Rahmen des § 1 Abs. 1 des Umwandlungsgesetzes – ganz oder teilweise auf ein anderes Institut übertragen wurde. Auch diese von Abs. 4 erfassten Institute müssen unter den § 2 Abs. § 3 fallen, das heißt, auch deren Deckungsmasse muss abgewickelt werden, weil die Erlaubnis zum Betreiben des Pfandbriefgeschäftes von der Bundesanstalt aufgehoben wurde oder erloschen ist.

§ 51 Getrennter Pfandbriefumlauf

Abweichend von § 4 Abs. 1 bis 2 kann eine Pfandbriefbank die von ihr vor Inkrafttreten dieses Gesetzes begebenen Pfandbriefe weiter nach den bis zum Inkrafttreten dieses Gesetzes geltenden Vorschriften decken, wenn die Pfandbriefbank diese Absicht bis spätestens zum 18. Juli 2005 bei der Bundesanstalt angezeigt hat. Bei der Anzeigefrist handelt es sich um eine Ausschlussfrist. In diesem Falle ist das bisherige Deckungsregister getrennt von demjenigen nach § 5 Abs. 1 Satz 1 zu führen. Forderungen gegen inländische öffentlich-rechtliche Kreditinstitute sind nur soweit zur ordentlichen Deckung geeignet, als für die Kreditinstitute eine unbeschränkte Anstaltslast oder als für die entsprechenden Verbindlichkeiten der Kreditinstitute eine Gewährträgerhaftung oder Refinanzierungsgarantie gilt. Die Vorschriften der §§ 8, 9, 10, 27 und 28 sind hinsichtlich des bisherigen Deckungsregisters nicht anzuwenden.

Übersicht

1. Geltungsbereich

1 Es werden nur solche Pfandbriefe privilegiert, die **bis zum** Inkrafttreten des Pfandbriefgesetzes begeben wurden. Aus der Bezugnahme des § 51 auf § 4 Absätze 1 bis 2 ist zu entnehmen, dass die Privilegierung dieser Pfandbriefe nicht in Bezug auf alle Vorschriften gilt. Sie bezieht sich vielmehr nur auf die Tatbestände, die in den Absätzen 1 bis 2 des § 4 geregelt werden, also die **Kongruenz von Deckungswerten und Pfandbriefen und die Sicherung der Liquidität.** Dies bedeutet im Einzelnen, dass die jederzeitige Deckung der umlaufenden Pfandbriefe nach dem Barwert, der die Zins- und Tilgungsverpflichtungen einbezieht, sichergestellt sein muss. Außerdem muss der Gesamtbetrag der umlaufenden Pfandbriefe einer Gattung auch in Höhe des Nennwertes beziehungsweise des bekannten maximalen Einlösungswertes durch Werte von mindestens gleicher Höhe zu jeder Zeit gedeckt sein. Daneben ist auf der Grundlage des neuen § 4 Abs. 1a für die nächsten 18 Tage ein Abgleich der fällig werdenden Forderungen aus Deckungswerten und Verbindlichkeiten aus Pfandbriefen vorzunehmen. Nur diese Regelungstatbestände werden von der Privilegierung des § 51 erfasst. Sofern diese nach altem Recht anders geregelt waren, kann die Pfandbriefbank auch nach Inkrafttreten des Pfandbriefgesetzes nach altem Recht verfahren, wenn es die entsprechende Absicht bis spätestens zum 18. Juli 2005 bei der Bundesanstalt ange-

zeigt hat und für die betreffenden Deckungswerte ein gesondertes Deckungsregister einrichtet und führt.

2. Anstaltslast, Gewährträgerhaftung, Refinanzierungsgarantie

Wegen der Definition der Begriffe Anstaltslast, Gewährträgerhaftung und Refinanzierungsgarantie wird auf die Kommentierung zu § 20, „Gewährleistung" verwiesen. Das Bestehen einer dieser drei Formen der Gewährleistung richtet sich nach verschiedenen Spezialregelungen, die zudem für die verschiedenen öffentlich-rechtlichen Kreditinstitute vollkommen unterschiedlich ausgestaltet sind. Aus diesem Grunde sollte sich die Pfandbriefbank von dem betroffenen öffentlich-rechtlichen Kreditinstitut das Vorliegen der Gewährleistung (Anstaltslast, Gewährträgerhaftung oder Refinanzierungsgarantie) in nachvollziehbarer Form und unter Darlegung der jeweils geltenden vollständigen Paragrafenkette nachweisen lassen. 2

3. Nichtanwendbarkeit der §§ 8, 10, 27 und 28

Nach dem Wortlaut des § 52 sind die §§ 8, 10, 27 und 28 in Bezug auf die über § 51 privilegierten Deckungswerte **nicht anzuwenden.** Die §§ 8 und 10 regeln die Pflicht des Treuhänders darauf zu achten, dass die vorschriftsmäßige Deckung der Pfandbriefe und Ansprüche aus Derivategeschäften nach § 4 Abs. 3 jederzeit vorhanden ist, und räumen dem Treuhänder die zur Erfüllung dieser Pflicht erforderlichen Befugnisse ein. § 27 regelt das Risikomanagement, und § 28 dient der Transparenz. 3

Die Herausnahme der von § 51 privilegierten Fälle vom Anwendungsbereich der §§ 8 und 10 kann jedoch nicht bedeuten, dass der Treuhänder hinsichtlich dieser privilegierten Fälle überhaupt keine Überwachungspflichten mehr hat. Denn diese Konsequenz würde zu einer Verschlechterung der Qualität der betreffenden Pfandbriefe führen. Vielmehr müssen an die Stelle der §§ 8 und 10 diejenigen Regeln alten Rechts treten, die vor Inkrafttreten des Pfandbriefgesetzes die Regelungstatbestände der §§ 8 und 10 geregelt haben. Dies sind in Bezug auf das Hypothekenbankgesetz die §§ 30 und 32 HBG[1]. Auch gemäß § 30 HBG hat der Treuhänder darauf zu achten, dass die vorschriftsmäßige Deckung der Hypothekenpfandbriefe jederzeit vorhanden ist. Allerdings richtet sich die Vorschriftsmäßigkeit dieser Deckung nicht wie bei § 8 nach den Verordnungen zur Ermittlung der Beleihungswerte für Hypotheken, Schiffe und Flugzeuge, sondern nach der von der Aufsichtsbehörde genehmigten Arbeitsanweisung des Instituts. Zur Erfüllung dieser Aufgabe hat der Treuhänder die Befugnisse gemäß § 32 HBG. 4

Anders ist es bei den §§ 27 und 28. Die Regelungstatbestände dieser beiden Vorschriften (Risikomanagement und Transparenz) wurden im Hypothekenbankgesetz nicht geregelt. Daher führt die Herausnahme der von § 52 privilegierten Fälle aus dem Anwendungsbereich der §§ 27 und 28 zu keiner Verschlechterung der Qualität des betreffenden Pfandbriefs. 5

1 S. Anlage 1 zu § 51.

Anlage 1 zu § 51 PfandBG

§ 30 HBG (Hypothekenbankgesetz)

(1) Der Treuhänder hat darauf zu achten, daß die vorschriftsmäßige Deckung für die Hypothekenpfandbriefe und Ansprüche aus Derivaten nach § 6 Abs. 6 Satz 2 jederzeit vorhanden ist; hierbei ist er, sofern der Wert der beliehenen Grundstücke gemäß der von der Aufsichtsbehörde genehmigten Anweisung festgesetzt ist, nicht verpflichtet, zu untersuchen, ob der festgesetzte Wert dem wirklichen Wert entspricht.

(2) Er hat darauf zu achten, daß die zur Deckung der Hypothekenpfandbriefe und der Ansprüche aus Derivaten nach § 6 Abs. 6 Satz 2 verwendeten Werte gemäß den Vorschriften des § 22 Abs. 1 in das Hypothekenregister eingetragen werden. Die Eintragung eines Derivats hat er unverzüglich dem Vertragspartner der Hypothekenbank mitzuteilen.

(3) Er hat die Hypothekenpfandbriefe vor der Ausgabe mit einer Bescheinigung über das Vorhandensein der vorschriftsmäßigen Deckung und über die Eintragung in das Hypothekenregister zu versehen. Eine Nachbildung der eigenhändigen Unterschrift genügt.

(4) Im Hypothekenregister eingetragene Werte können nur mit Zustimmung des Treuhänders in dem Register gelöscht werden. Die Zustimmung des Treuhänders bedarf der schriftlichen Form; sie kann in der Weise erfolgen, daß der Treuhänder seine Namensunterschrift dem Löschungsvermerk im Hypothekenregister beifügt. Für die Löschung eines eingetragenen Derivats, das noch nicht vollständig abgewickelt ist, ist ferner die Zustimmung des Vertragspartners der Hypothekenbank erforderlich; eine Löschung ohne die erforderliche Zustimmung gilt als nicht erfolgt. Absatz 2 Satz 2 ist entsprechend anzuwenden.

(5) Der Treuhänder hat bei Erteilung der Bescheinigung nach Absatz 3 darauf zu achten, daß der Gesamtbetrag der im Umlauf befindlichen Hypothekenpfandbriefe die in § 7 bezeichnete Grenze nicht überschreitet. Wird diese Grenze überschritten, so hat der Treuhänder dies der Aufsichtsbehörde mitzuteilen.

§ 32 HBG (Hypothekenbankgesetz)

(1) Der Treuhänder ist befugt, jederzeit die Bücher und Schriften der Bank einzusehen, soweit sie sich auf die Hypothekenpfandbriefe und auf die in das Hypothekenregister eingetragenen Werte beziehen.

(2) Die Hypothekenbank ist verpflichtet, von den Kapitalrückzahlungen auf die in das Hypothekenregister eingetragenen Werte sowie von sonstigen für die Pfandbriefgläubiger und die Gläubiger von Ansprüchen aus Derivaten nach § 6 Abs. 6 Satz 2 erheblichen Änderungen, welche diese Werte betreffen, dem Treuhänder fortlaufende Mitteilung zu machen.

§ 52 Fortgeltende Bestimmungen des Gesetzes zur Änderung und Ergänzung des Schiffsbankgesetzes

(1) Wird für eine Forderung, die in ausländischer Währung zu zahlen ist, eine Schiffshypothek in das Schiffsregister eingetragen, so kann der Geldbetrag der Forderung und etwaiger Nebenleistungen oder der Höchstbetrag, bis zu dem das Schiff haften soll, in ausländischer Währung angegeben werden. Dasselbe gilt für die Eintragung einer Schiffshypothek in das Schiffsbauregister.

(2) Die durch Artikel 4 Abs. 1 des Gesetzes zur Änderung und Ergänzung des Schiffsbankgesetzes in der im Bundesgesetzblatt Teil III, Gliederungsnummer 7628-2-1, veröffentlichten bereinigten Fassung mit der Maßgabe aufgehobenen Vorschriften, dass sie, soweit sie noch in Geltung sind, auf Rechte anwendbar bleiben, die vor Inkrafttreten des bezeichneten Gesetzes in ausländischer Währung eingetragen waren, bleiben für den durch die Maßgabe bezeichneten Umfang und Anwendungsbereich unverändert anwendbar.

Übersicht

1. Allgemeines

1 Durch Art. 18 Nr. 8 des Gesetzes zur Neuordnung des Pfandbriefrechts wurde das Gesetz zur Änderung und Ergänzung des Schiffsbankgesetzes aufgehoben. In diesem Gesetz wurden unter anderem die Sachverhalte der beiden Absätze des § 52 geregelt. Da diese Sachverhalte auch nach der Aufhebung des Gesetzes zur Änderung und Ergänzung des Schiffsbankgesetzes regelungsbedürftig sind, wurden entsprechende Reglungen in § 52 vorgenommen[1].

2. Forderungen in ausländischer Währung

2 Abs. 1 betrifft nur für Forderungen aus Schiffs- oder Schiffbaufinanzierungen, die durch Schiffshypotheken gesichert sind. Sofern diese Forderungen auf ausländische Währungen lauten, können sie auch weiterhin in dieser ausländischen Währung im Schiffs- oder Schiffsbauregister eingetragen werden[2].

3 Abs. 2 ist ein Pauschalverweis auf Vorschriften des Schiffsbankgesetzes, die von dem Gesetz zur Änderung und Aufhebung des Schiffsbankgesetzes nicht betroffen sind und weiterhin gelten. Diese Fortgeltung gilt aber nur für Altfälle, die vor dem Inkrafttreten des Gesetzes zur Änderung und Ergänzung des Schiffsbankgesetzes in ausländischer Währung im Schiffs- oder Schiffsbauregister eingetragen waren[3].

§ 53 (aufgehoben)

1 BT DS 15/4321, zu § 51.
2 BT DS 15/4321, zu § 51.
3 BT DS 15/4321, zu § 51.

Anhänge

I. Gesetzestexte

1. Beleihungswertermittlungsverordnung

Verordnung über die Ermittlung der Beleihungswerte von Grundstücken nach § 16 Abs. 1 und 2 des Pfandbriefgesetzes (– BelWertV)

Beleihungswertermittlungsverordnung vom 12. Mai 2006 (BGBl. I S. 1175), die durch die Verordnung vom 16. September 2009 (BGBl. I S. 3041) geändert worden ist
Stand: Geändert durch V v. 16.9.2009 I 3041

Eingangsformel

Auf Grund des § 16 Abs. 4 Satz 1 bis 3 des Pfandbriefgesetzes vom 22. Mai 2005 (BGBl. I S. 1373) in Verbindung mit § 1 Nr. 4 der Verordnung zur Übertragung von Befugnissen zum Erlass von Rechtsverordnungen auf die Bundesanstalt für Finanzdienstleistungsaufsicht vom 13. Dezember 2002 (BGBl. 2003 I S. 3), § 1 Nr. 4 zuletzt geändert durch Artikel 7 Nr. 1 des Gesetzes vom 22. Juni 2005 (BGBl. I S. 1698), verordnet die Bundesanstalt für Finanzdienstleistungsaufsicht im Einvernehmen mit dem Bundesministerium der Justiz nach Anhörung der Spitzenverbände der Kreditwirtschaft:

Teil 1

Allgemeine Bestimmungen und Verfahrensgrundsätze

§ 1 Anwendungsbereich

Bei der Ermittlung der Beleihungswerte nach § 16 Abs. 1 und 2 des Pfandbriefgesetzes und bei der Erhebung der für die Wertermittlung erforderlichen Daten sind die Vorschriften dieser Verordnung anzuwenden.

§ 2 Gegenstand der Wertermittlung

Gegenstand der Beleihungswertermittlung ist das Grundstück, grundstücksgleiche Recht oder vergleichbare Recht einer ausländischen Rechtsordnung, das mit dem Grundpfandrecht belastet ist oder belastet werden soll.

§ 3 Grundsatz der Beleihungswertermittlung

(1) Der Wert, der der Beleihung zugrunde gelegt wird (Beleihungswert), ist der Wert der Immobilie, der erfahrungsgemäß unabhängig von vorübergehenden, etwa konjunkturell bedingten Wertschwankungen am maßgeblichen Grundstücksmarkt und unter Ausschaltung von spekulativen Elementen während der gesamten Dauer der Beleihung bei einer Veräußerung voraussichtlich erzielt werden kann.

(2) Zur Ermittlung des Beleihungswerts ist die zukünftige Verkäuflichkeit der Immobilie unter Berücksichtigung der langfristigen, nachhaltigen Merkmale des Objekts, der normalen regionalen

Marktgegebenheiten sowie der derzeitigen und möglichen anderweitigen Nutzungen im Rahmen einer vorsichtigen Bewertung zugrunde zu legen.

§ 4 Verfahren zur Ermittlung des Beleihungswerts

(1) Zur Ermittlung des Beleihungswerts sind der Ertragswert (§§ 8 bis 13) und der Sachwert (§§ 14 bis 18) des Beleihungsobjekts getrennt zu ermitteln. Der Beleihungswert ist unter Berücksichtigung dieser Werte nach Maßgabe der Absätze 2 bis 6 abzuleiten. Das zu bewertende Objekt ist im Rahmen der Wertermittlung zu besichtigen.

(2) Bei Wohnungs- und Teileigentum ist ergänzend das Vergleichswertverfahren nach § 19 durchzuführen und der Vergleichswert als Kontrollwert bei der Ermittlung des Beleihungswerts zu berücksichtigen. Bei Eigentumswohnungen und einzelnen, in sich selbständigen gewerblich genutzten Einheiten kann in diesen Fällen eine Ermittlung des Sachwerts entfallen.

(3) Maßgeblich für die Ermittlung des Beleihungswerts ist regelmäßig der Ertragswert, der nicht überschritten werden darf. Bleibt in diesen Fällen der Sachwert oder der Vergleichswert des Beleihungsobjekts um mehr als 20 Prozent hinter dem Ertragswert zurück, bedarf es einer besonderen Überprüfung der Nachhaltigkeit der zugrunde gelegten Erträge und ihrer Kapitalisierung. Bestätigt sich hierbei der anfangs ermittelte Ertragswert, bedarf das Ergebnis der Überprüfung einer nachvollziehbaren Begründung, andernfalls ist der Ertragswert entsprechend zu mindern.

(4) Bei Ein- und Zweifamilienhäusern sowie Eigentumswohnungen kann der Beleihungswert am Sachwert orientiert werden und eine Ertragswertermittlung entfallen, wenn das zu bewertende Objekt nach Zuschnitt, Ausstattungsqualität und Lage zweifelsfrei zur Eigennutzung geeignet ist und bei gewöhnlicher Marktentwicklung nach den Umständen des Einzelfalls vorausgesetzt werden kann, dass das Objekt von potenziellen Erwerbern für die eigene Nutzung dauerhaft nachgefragt wird. Der Beleihungswert kann in diesen Fällen auch an einem nach § 19 ermittelten Vergleichswert orientiert werden; neben der Ertragswertermittlung kann hierbei auch die Sachwertermittlung entfallen. Bei Ein- und Zweifamilienhäusern darf eine Orientierung am Vergleichswert jedoch nur dann erfolgen, wenn der Ermittlung aktuelle Vergleichspreise von mindestens fünf Objekten zugrunde liegen, die auch hinsichtlich der Größe der Wohnfläche mit dem zu bewertenden Objekt hinreichend übereinstimmen.

(5) Ein zum Zeitpunkt der Bewertung erkennbarer Instandhaltungsrückstau oder sonstiger baulicher Aufwand sowie Baumängel und Bauschäden sind auf der Grundlage der für ihre Beseitigung am Wertermittlungsstichtag erforderlichen Aufwendungen oder nach Erfahrungssätzen als gesonderter Wertabschlag zu berücksichtigen. Der Beleihungswert ist entsprechend anzupassen.

(6) Bei im Bau befindlichen Objekten ist der Beleihungswert der Zustandswert. Dieser ist die Summe aus dem Bodenwert (§ 15) und dem anteiligen Wert der baulichen Anlage. Der anteilige Wert der baulichen Anlage errechnet sich aus dem Wert der baulichen Anlage des fertig gestellten Objekts (§ 16) und dem erreichten Bautenstand. Der in Ansatz gebrachte Bautenstand ist von einer von der Pfandbriefbank auszuwählenden, fachkundigen, von Bauplanung und -ausführung unabhängigen Person festzustellen; § 7 Abs. 1 Satz 1 gilt entsprechend. In den Fällen, in denen der Ertragswert des planmäßig fertig gestellten Objekts unter dessen Sachwert liegt, darf der Zustandswert den anteiligen Ertragswert, der prozentual dem jeweiligen Bautenstand entspricht, nicht überschreiten.

Teil 2

Gutachten und Gutachter

§ 5 Gutachten

(1) Der Beleihungswert ist mittels eines Gutachtens zu ermitteln.

(2) Das Gutachten muss durch einen oder mehrere Gutachter erstellt werden, die von der Pfandbriefbank allgemein oder von Fall zu Fall bestimmt werden. In besonderen Fällen, etwa im Rahmen von

Kooperationen oder bei Portfoliokäufen, können für andere Kreditinstitute oder Versicherungsunternehmen erstellte Gutachten zugrunde gelegt werden, wenn

1. diese Gutachten den Bestimmungen dieser Verordnung entsprechen,

2. ein nicht mit der Kreditentscheidung befasster, fachkundiger Mitarbeiter der Pfandbriefbank eine Plausibilitätsprüfung, auch im Hinblick auf die einzelnen angesetzten Bewertungsparameter, durchführt und

3. das Ergebnis der Plausibilitätsprüfung dokumentiert wird. Gutachten, die vom Darlehensnehmer vorgelegt oder in Auftrag gegeben worden sind, dürfen nicht zugrunde gelegt werden.

(3) Das Gutachten muss zur Objekt- und Standortqualität, zum regionalen Immobilienmarkt, zu den rechtlichen und tatsächlichen Objekteigenschaften und zur Beleihungsfähigkeit des Objekts, seiner Verwertbarkeit und Vermietbarkeit Stellung nehmen. Das Gutachten hat sich auch damit auseinander zu setzen, ob für die begutachtete Immobilie ein genügend großer potenzieller Käufer- und Nutzerkreis besteht und somit die nachhaltige Ertragsfähigkeit der Immobilie anhand ihrer vielseitigen Verwendbarkeit und ihrer ausreichenden Nutzbarkeit durch Dritte gewährleistet ist; ein im Zeitablauf zu erwartender Wertverlust ist darzustellen und insbesondere bei der Bemessung des Modernisierungsrisikos (§ 11 Abs. 7) und der Restnutzungsdauer (§ 12 Abs. 2) zu berücksichtigen. Die wesentlichen Bewertungsparameter und getroffenen Annahmen sind nachvollziehbar darzulegen und zu begründen.

(4) Alle den Sachwert oder den Ertragswert beeinflussenden Umstände, insbesondere auch etwaige Nutzungsbeschränkungen, Dienstbarkeiten, Duldungspflichten, Vorkaufsrechte, Baulasten und alle sonstigen Beschränkungen und Lasten sind zu nennen, zu beachten und gegebenenfalls wertmindernd zu berücksichtigen.

§ 6 Gutachter

Der Gutachter muss nach seiner Ausbildung und beruflichen Tätigkeit über besondere Kenntnisse und Erfahrungen auf dem Gebiet der Bewertung von Immobilien verfügen; eine entsprechende Qualifikation wird bei Personen, die von einer staatlichen, staatlich anerkannten oder nach DIN EN ISO/IEC 17024 akkreditierten Stelle als Sachverständige oder Gutachter für die Wertermittlung von Immobilien bestellt oder zertifiziert worden sind, vermutet. Bei der Auswahl des Gutachters hat sich die Pfandbriefbank davon zu überzeugen, dass der Gutachter neben langjähriger Berufserfahrung in der Wertermittlung von Immobilien speziell über die zur Erstellung von Beleihungswertgutachten notwendigen Kenntnisse, insbesondere bezüglich des jeweiligen Immobilienmarkts und der Objektart, verfügt.

§ 7 Unabhängigkeit des Gutachters

(1) Der Gutachter muss sowohl vom Kreditakquisitions- und Kreditentscheidungsprozess als auch von Objektvermittlung, -verkauf und -vermietung unabhängig sein. Er darf nicht in einem verwandtschaftlichen, einem sonstigen rechtlichen oder einem wirtschaftlichen Verhältnis zum Darlehensnehmer stehen und darf kein eigenes Interesse am Ergebnis des Gutachtens haben. Der Gutachter darf auch nicht den Beleihungswert festsetzen oder den Kredit bearbeiten.

(2) Gutachten von bei der Pfandbriefbank angestellten Gutachtern dürfen nur dann der Beleihungswertermittlung zugrunde gelegt werden, wenn im Rahmen der Aufbauorganisation der Pfandbriefbank die betreffenden Gutachter nur der Geschäftsleitung verantwortlich sind oder ausschließlich Teil einer Gutachtereinheit sind, die unmittelbar der Geschäftsleitung unterstellt ist, oder Teil einer alle betreffenden Gutachter zusammenfassenden Einheit und auch im Übrigen bis einschließlich der Ebene der Geschäftsleitung nicht einem Bereich der Pfandbriefbank zugeordnet sind, in dem Immobilienkreditgeschäfte entweder angebahnt oder zum Gegenstand des einzigen Votums gemacht werden.

Teil 3

Wertermittlungsverfahren

Abschnitt 1

Ertragswertverfahren

§ 8 Grundlagen der Ertragswertermittlung

(1) Für das Ertragswertverfahren ist der Ertragswert der baulichen Anlage, getrennt von dem Bodenwert, nach den §§ 9 bis 12 zu ermitteln.

(2) Der Bodenwert ist nach § 15 zu ermitteln.

(3) Bodenwert und Ertragswert der baulichen Anlage ergeben vorbehaltlich § 13 den Ertragswert des Beleihungsobjekts.

§ 9 Ermittlung des Ertragswerts der baulichen Anlage

(1) Bei der Ermittlung des Ertragswerts der baulichen Anlage ist vom nachhaltig erzielbaren jährlichen Reinertrag auszugehen. Der Reinertrag ergibt sich aus dem Rohertrag (§ 10) abzüglich der Bewirtschaftungskosten (§ 11).

(2) Der Reinertrag ist um den Betrag zu vermindern, der sich durch angemessene Verzinsung des Bodenwerts ergibt. Der Verzinsung ist der für die Kapitalisierung nach § 12 maßgebende Kapitalisierungszinssatz zugrunde zu legen. Ist das Grundstück wesentlich größer als es einer der baulichen Anlage angemessenen Nutzung entspricht und ist eine zusätzliche Nutzung oder Verwertung einer Teilfläche zulässig und möglich, ist bei der Berechnung des Verzinsungsbetrags der Bodenwert dieser Teilfläche nicht anzusetzen. In der Wertermittlung ist die zusätzliche Nutzung und Verwertung dieser Teilfläche auch in baurechtlicher Hinsicht nachvollziehbar darzulegen.

(3) Der nach Absatz 2 verminderte Reinertrag ist nach § 12 zu kapitalisieren.

§ 10 Rohertrag

(1) Bei der Ermittlung des Rohertrags darf nur der Ertrag berücksichtigt werden, den das Objekt bei ordnungsgemäßer Bewirtschaftung und zulässiger Nutzung jedem Eigentümer nachhaltig gewähren kann. Liegt die nachhaltige Miete über der vertraglich vereinbarten Miete, ist im Regelfall die vertraglich vereinbarte Miete anzusetzen. Die Mietfläche entspricht der vermietbaren Wohnfläche bei wohnwirtschaftlicher Nutzung oder der dauerhaft vermietbaren Nutzfläche bei gewerblicher Nutzung. Bei verschiedenen Nutzungsarten sind die anteiligen Erträge getrennt darzustellen. Umlagen, die vom Mieter oder Pächter zur Deckung von Betriebskosten zu zahlen sind, sind nicht zu berücksichtigen.

(2) Im Falle von Hotel-, Klinik-, Pflegeheim- oder einer vergleichbaren Nutzung sind die daraus resultierenden Roherträge nach Absatz 1 auf der Basis vorsichtig angenommener, durchschnittlich erzielbarer Umsätze pro Zimmer oder Bett herzuleiten.

(3) Bestehen strukturelle oder lang andauernde Leerstände, ist besonders zu prüfen, ob aufgrund der jeweiligen Marktlage eine Vermietung überhaupt oder zu den angesetzten Mietpreisen in absehbarer Zeit noch zu erwarten ist.

§ 11 Bewirtschaftungskosten

(1) Der nach § 10 ermittelte Rohertrag ist um die üblicherweise beim Vermieter verbleibenden Bewirtschaftungskosten zu kürzen. Dafür sind ertragsmindernde, aus langfristiger Markterfahrung gewonnene Einzelkostenansätze für Verwaltungskosten, Instandhaltungskosten, das Mietausfallwagnis und gegebenenfalls weitere nicht durch Umlagen gedeckte Betriebskosten anzusetzen sowie objektartenspezifisch ein Modernisierungsrisiko nach Absatz 7 zu berücksichtigen.

(2) Die Einzelkostenansätze haben sich innerhalb der nach Anlage 1 zulässigen Bandbreiten zu bewegen, sofern nicht die besonderen Umstände des Einzelfalls einen höheren Ansatz erfordern. Ein erkennbares, akutes Mietausfallwagnis, welches über dem angesetzten Erfahrungssatz liegt, ist als gesonderter Wertabschlag in Höhe des erwarteten Ausfalls anzusetzen. Die Mindesthöhe für den Bewirtschaftungskostenabzug insgesamt beträgt 15 Prozent des Rohertrags. Im Ergebnis dürfen aber die tatsächlichen oder kalkulierten Bewirtschaftungskosten eines Objekts nicht unterschritten werden.

(3) Verwaltungskosten im Sinne des Absatzes 1 Satz 2 sind

1. die Kosten der zur Verwaltung des Grundstücks erforderlichen Arbeitskräfte und Einrichtungen sowie der Aufsicht,

2. die Kosten für Buchhaltung, Rechnungsprüfung, Zahlungsverkehr und Jahresabschluss sowie

3. die Kosten für Abschluss und Änderung von Mietverträgen und die Bearbeitung von Versicherungsfällen.

(4) Instandhaltungskosten im Sinne des Absatzes 1 Satz 2 sind Kosten, die infolge Abnutzung, Alterung und Witterung zur Erhaltung des bestimmungsgemäßen Gebrauchs der baulichen Anlage während ihrer Nutzungsdauer aufgewendet werden müssen. Sie umfassen die laufende Instandhaltung und regelmäßige Instandsetzung der baulichen Anlage, nicht jedoch deren Modernisierung.

(5) Mietausfallwagnis im Sinne des Absatzes 1 Satz 2 ist das Wagnis einer Ertragsminderung, die durch uneinbringliche Mietrückstände oder Leerstehen von Raum, der zur Vermietung bestimmt ist, entsteht. Es dient auch zur Deckung der Kosten einer Rechtsverfolgung auf Zahlung oder Aufhebung eines Mietverhältnisses oder Räumung.

(6) Betriebskosten im Sinne des Absatzes 1 Satz 2 sind die Kosten, die durch das Eigentum am Grundstück oder durch den bestimmungsgemäßen Gebrauch des Grundstücks sowie seiner baulichen und sonstigen Anlagen laufend entstehen.

(7) Die Kosten für notwendige Anpassungsmaßnahmen, die zusätzlich zu den Instandhaltungskosten zur Aufrechterhaltung der Marktgängigkeit und der dauerhaften Sicherung des Mietausgangsniveaus notwendig sind, bilden das Modernisierungsrisiko nach Absatz 1 Satz 2. Sie sind als prozentualer Anteil an den Neubaukosten darzustellen.

§ 12 Kapitalisierung der Reinerträge

(1) Der um den Verzinsungsbetrag des Bodenwerts nach § 9 Abs. 2 verminderte Reinertrag ist in Abhängigkeit von der Restnutzungsdauer der baulichen Anlage und dem Kapitalisierungszinssatz mit dem sich daraus ergebenden, finanzmathematisch dem Rentenbarwertfaktor entsprechenden Vervielfältiger nach Anlage 4 zu kapitalisieren.

(2) Bei der Bemessung der Restnutzungsdauer ist im Gegensatz zur technischen Lebensdauer ausschließlich auf den Zeitraum abzustellen, in dem die bauliche Anlage bei ordnungsgemäßer Unterhaltung und Bewirtschaftung noch wirtschaftlich betrieben werden kann. Die wirtschaftliche Restnutzungsdauer ist unter Berücksichtigung der sich in zunehmend kürzer werdenden zeitlichen Abständen wandelnden Nutzeranforderungen objektspezifisch anhand der Fragestellung, wie lange die Vermietbarkeit des Objekts zu den angenommenen Erträgen gesichert erscheint, einzuschätzen. Die in Anlage 2 genannten Erfahrungssätze für die Nutzungsdauer baulicher Anlagen sind zu berücksichtigen.

(3) Der Kapitalisierungszinssatz entspricht dem angenommenen Zinssatz, mit dem die künftig erzielbaren nachhaltigen Reinerträge eines Grundstücks auf den Zeitraum ihrer angenommenen Zahlung nach vorsichtiger Schätzung erfahrungsgemäß diskontiert werden. Er muss aus der regional maßgeblichen langfristigen Marktentwicklung abgeleitet werden. Je höher das Ertrags- und Verkaufsrisiko der Immobilie einzustufen ist, umso höher muss auch der Kapitalisierungszinssatz gewählt werden. Verschiedene Nutzungsarten sind jeweils gesondert zu betrachten.

(4) Bei wohnwirtschaftlicher Nutzung darf der Kapitalisierungszinssatz nicht unter 5 Prozent, bei gewerblicher Nutzung unbeschadet des Satzes 3 nicht unter 6 Prozent in Ansatz gebracht werden (Mindestsätze). Die in Anlage 3 genannten Bandbreiten für einzelne Nutzungsarten sind zugrunde zu legen. Die untere Grenze der jeweiligen Bandbreite darf bei gewerblich genutzten Objekten um

höchstens 0,5 Prozentpunkte unterschritten werden, wenn es sich um erstklassige Immobilien handelt. Dies ist dann der Fall, wenn mindestens folgende Kriterien erfüllt sind:

1. eine sehr gute Lage im Verdichtungsraum,
2. ein entsprechend der jeweiligen Objektart bevorzugter Standort,
3. eine gute Infrastruktur,
4. eine gute Konzeption,
5. eine hochwertige Ausstattung,
6. eine hochwertige Bauweise,
7. eine besonders hohe Marktgängigkeit,
8. die Beschränkung auf die Nutzungsarten Handel, Büro und Geschäfte,
9. ein sehr guter Objektzustand und
10. die gegebene Möglichkeit anderweitiger Nutzungen.

Ein Unterschreiten nach Satz 3 bedarf im Gutachten der besonderen, nachvollziehbaren Begründung.

§ 13 Ermittlung des Ertragswerts in besonderen Fällen

(1) Verbleibt bei der Minderung des Reinertrags um den Verzinsungsbetrag des Bodenwerts nach § 9 Abs. 2 kein Anteil für die Ermittlung des Ertragswerts der baulichen Anlage, so ist als Ertragswert des Beleihungsobjekts abweichend von § 8 Abs. 3 nur der Bodenwert anzusetzen. Der Bodenwert ist in diesem Fall um die gewöhnlichen Kosten zu mindern, die aufzuwenden wären, um das Grundstück vergleichbaren unbebauten Grundstücken anzugleichen. Gewöhnliche Kosten im Sinne des Satzes 2 sind insbesondere die Abbruchkosten für die baulichen Anlagen.

(2) Bei einer Restnutzungsdauer der baulichen Anlage von weniger als 30 Jahren ist auch der Anteil des Bodenwerts am Ertragswert auf die Restnutzungsdauer der baulichen Anlage zu kapitalisieren oder es müssen die Abbruchkosten der baulichen Anlage ermittelt, ausgewiesen und vom Ertragswert abgezogen werden.

(3) In Fällen, in denen der Bodenwert mehr als die Hälfte des Ertragswerts ausmacht, sind im Gutachten die bei der Ermittlung des Bodenwerts zugrunde gelegten Annahmen zu begründen und die Voraussetzungen für eine Ersatzbebauung und die dafür gegebenenfalls notwendigen Aufwendungen besonders darzulegen.

Abschnitt 2

Sachwertverfahren

§ 14 Grundlagen der Sachwertermittlung

Der Sachwert des Beleihungsobjekts setzt sich aus dem Bodenwert und dem nach § 16 zu ermittelnden Wert der baulichen Anlage zusammen. Zu der baulichen Anlage gehören auch die Außenanlagen.

§ 15 Bodenwert

(1) Zur Ermittlung des Bodenwerts sind Erhebungen anzustellen über

1. die örtliche Lage, die Größe und den Zuschnitt des Grundstücks,
2. die Art und das Maß der baurechtlich festgesetzten Nutzungsmöglichkeiten und die tatsächliche Nutzung,
3. die Art und Beschaffenheit der Zuwegungen,
4. die wichtigsten wirtschaftlichen und verkehrstechnischen Verbindungen,
5. die Anschlussmöglichkeiten an Versorgungsleitungen und Kanalisation,
6. die noch anfallenden Erschließungsbeiträge und
7. vorhandene Richtwerte und Vergleichspreise.

(2) Der Bodenwert ist nach Quadratmetern der Grundstücksfläche anzusetzen. Bei der Ermittlung des Bodenwerts darf keine höherwertige Nutzung als zulässig zugrunde gelegt werden.

§ 16 Wert der baulichen Anlage

(1) Zur Ermittlung des Werts der baulichen Anlage sind die aus Erfahrungssätzen abzuleitenden Herstellungskosten je Raum- oder Flächeneinheit mit der Anzahl der entsprechenden Bezugseinheit des zu bewertenden Gebäudes zu vervielfachen (Herstellungswert). Die angesetzten Herstellungskosten müssen regional und objektspezifisch angemessen sein. Wertmäßig zu berücksichtigen sind dabei insbesondere

1. die beabsichtigte und mögliche Verwendung,
2. der Umfang und die Raumaufteilung,
3. die Bauweise und die für den Rohbau verwendeten Materialien,
4. die Ausstattung und die wertbeeinflussenden Nebenanlagen,
5. das Alter und der Erhaltungszustand nach Maßgabe des § 17,
6. sonstige wertbeeinflussende Umstände nach Maßgabe des § 18.

Die Kosten für Außenanlagen dürfen im Regelfall mit nicht mehr als 5 Prozent des Herstellungswerts angesetzt werden.

(2) Um eventuellen Baupreissenkungen und damit der nachhaltigen Gültigkeit der Ansätze Rechnung zu tragen, ist der nach Absatz 1 ermittelte Herstellungswert um einen Sicherheitsabschlag von mindestens 10 Prozent zu kürzen. Aus allen Bewertungen müssen der Ausgangswert je Raum- oder Flächeneinheit, der Sicherheitsabschlag sowie gegebenenfalls die Wertminderung wegen Alters ersichtlich sein.

(3) Baunebenkosten, insbesondere Kosten für Planung, Baudurchführung, behördliche Prüfungen und Genehmigungen, können nur in üblicher Höhe und soweit Berücksichtigung finden, wie ihnen eine dauernde Werterhöhung entspricht. Der Ansatz von Baunebenkosten ist auf bis zu 20 Prozent des nach Absatz 2 verminderten Herstellungswerts beschränkt.

§ 17 Wertminderung wegen Alters

(1) Die Wertminderung wegen Alters bestimmt sich nach dem Verhältnis der Restnutzungsdauer zur Nutzungsdauer der baulichen Anlage; sie ist in einem Prozentsatz des Herstellungswerts auszudrücken. Bei der Bestimmung der Wertminderung kann je nach Art und Nutzung der baulichen Anlage von einer gleichmäßigen oder von einer mit zunehmendem Alter sich verändernden Wertminderung ausgegangen werden.

(2) Ist die bei ordnungsgemäßem Gebrauch übliche Nutzungsdauer der baulichen Anlage durch Instandsetzungen oder Modernisierungen verlängert worden oder haben unterlassene Instandhaltung oder andere Gegebenheiten zu einer Verkürzung der Restnutzungsdauer geführt, soll der Bestimmung der Wertminderung wegen Alters die geänderte Restnutzungsdauer und die für die bauliche Anlage übliche Nutzungsdauer zugrunde gelegt werden.

§ 18 Berücksichtigung sonstiger wertbeeinflussender Umstände

Sonstige nach den §§ 16 und 17 noch nicht erfasste, den Wert beeinflussende Umstände, insbesondere eine wirtschaftliche Überalterung, ein über- oder unterdurchschnittlicher Erhaltungszustand und ein erhebliches Abweichen der tatsächlichen von der vorgesehenen Nutzung, sind durch Zu- oder Abschläge oder in anderer geeigneter Weise zu berücksichtigen.

Abschnitt 3
Vergleichsverfahren

§ 19 Ermittlung des Vergleichswerts

(1) Zur Ermittlung des Vergleichswerts sind nachhaltig erzielbare Vergleichspreise von Objekten heranzuziehen, die hinsichtlich der maßgeblich ihren Wert beeinflussenden Merkmale, insbesondere Lage, Ausstattung und Nutzungsmöglichkeiten, mit dem zu bewertenden Objekt hinreichend übereinstimmen; die Vergleichspreise können aus Kaufpreis- oder anderen Marktdatensammlungen entnommen werden. Von dem so ermittelten Ausgangswert ist ein Sicherheitsabschlag in Höhe von mindestens 10 Prozent in Abzug zu bringen.

(2) Bei Wohnungs- oder Teileigentum ergibt sich der Ausgangswert des zu bewertenden Objekts aus der Vervielfachung des Vergleichspreises je Quadratmeter Wohn- beziehungsweise Nutzfläche mit der gesamten Fläche des zu bewertenden Wohnungs- oder Teileigentums, im Falle von Stellplätzen aus der Vervielfachung des Vergleichspreises für einen Stellplatz mit der Anzahl der zu bewertenden Stellplätze; Absatz 1 Satz 2 gilt entsprechend.

Abschnitt 4
Besonderheiten bei einzelnen Objekten

§ 20 Bauland

Bei der Wertermittlung von Bauland ist sowohl dessen Entwicklungszustand als auch der künftige Bedarf an Baugrundstücken zu prüfen. Zu Bebauungsrecht, Erschließungszustand und eventuellen Altlasten ist im Gutachten Stellung zu nehmen. Nur gesichertes Bebauungsrecht darf berücksichtigt werden. Der Wertansatz ist unter Berücksichtigung der vorgefundenen Grundstücksmerkmale aus geeigneten Vergleichswerten abzuleiten. § 15 Abs. 2 ist entsprechend anzuwenden.

§ 21 Erbbaurechte und andere grundstücksgleiche Rechte

Bei der Beleihung von Erbbaurechten ist die Restlaufzeit des Erbbaurechts zu berücksichtigen. Sich aus dem Erbbaurecht ergebenden Einschränkungen ist durch angemessene Wertabschläge ausreichend Rechnung zu tragen. Im Gutachten ist darzulegen, ob und wie lange das Erbbaurecht im Hinblick auf seine Laufzeit und die bei seiner Beendigung für das Bauwerk vereinbarte Entschädigungsregelung angemessen verwertbar erscheint. Die Regelung gilt für andere grundstücksgleiche Rechte und solche Rechte einer ausländischen Rechtsordnung, die den grundstücksgleichen Rechten deutschen Rechts vergleichbar sind, entsprechend.

§ 22 Landwirtschaftlich genutzte Grundstücke

(1) Landwirtschaftlich genutzte Grundstücke sind solche, deren überwiegender Teil des Rohertrags durch land- oder forstwirtschaftliche Nutzung erzielt wird.

(2) Im Falle unbebauter Grundstücke (Acker, Grünland, Obst- und Weinbauflächen, Wald) ist der Wert der Grundstücke unter Berücksichtigung der vorgefundenen Grundstücksmerkmale aus geeigneten Vergleichspreisen abzuleiten; § 15 ist entsprechend anzuwenden. Dabei sind Art, Struktur und Größe des Grundstücks im Hinblick auf regionale Gegebenheiten unter besonderer Berücksichtigung der Bodenqualität und der klimatischen Bedingungen im Gutachten besonders zu würdigen und bei der Ableitung des Bodenwerts zu berücksichtigen.

(3) Sofern bebaute Grundstücke bei der Bewertung einbezogen werden sollen, sind für diese jeweils der Ertragswert und der Sachwert zu ermitteln. Den Gebäuden kann ein eigenständiger Wert, der bei der Beleihungswertermittlung berücksichtigt werden kann, nur dann beigemessen werden, wenn sie selbständig und auch außerhalb des jeweiligen landwirtschaftlichen Betriebs genutzt werden können. § 4 Abs. 4 ist entsprechend anzuwenden.

§ 23 Maschinen und Betriebseinrichtungen

Maschinen und Betriebseinrichtungen sind bei der Ermittlung des Sachwerts grundsätzlich unberücksichtigt zu lassen, sofern sie nicht wesentliche Bestandteile des Gegenstands der Beleihungswertermittlung im Sinne des § 2 sind. Der Wert solcher wesentlicher Bestandteile ist, wenn sich das Grundpfandrecht darauf erstreckt, unter Berücksichtigung einer normalen Abschreibung und ausreichender Abschläge für Abnutzung und technische Entwertung gesondert zu schätzen. Sofern bei Maschinen infolge der technischen Entwicklung mit einer schnellen Überalterung zu rechnen ist, können diese wertmäßig nicht angesetzt werden.

§ 24 Wohnwirtschaftlich genutzte Objekte bei Vergabe von Kleindarlehen

(1) Bei der Beleihung eines im Inland gelegenen wohnwirtschaftlich genutzten Objekts kann auf die Erstellung eines Gutachtens nach § 5 verzichtet werden, wenn der auf dem Objekt abzusichernde Darlehensbetrag unter Einbeziehung aller Vorlasten den Betrag von 400.000 Euro nicht übersteigt. Bei einer teilweise gewerblichen Nutzung des Objekts darf jedoch der darauf entfallende Ertragsanteil ein Drittel des Rohertrags nicht überschreiten. Anstelle des Gutachtens ist eine vereinfachte Wertermittlung zu erstellen oder erstellen zu lassen, die den übrigen Anforderungen dieser Verordnung genügen muss.

(2) Die Person, die im Falle des Absatzes 1 die Wertermittlung durchführt und erstellt, muss für die Beleihungswertermittlung der dort genannten Objekte ausreichend geschult und qualifiziert sein. Sie darf nicht identisch sein mit der Person, die die abschließende Kreditentscheidung trifft oder den Beleihungswert festsetzt; § 7 Abs. 1 Satz 2 gilt entsprechend. Die Pfandbriefbank hat die Ordnungsmäßigkeit der Wertermittlungen mittels einer in regelmäßigen Abständen durch Gutachter vorzunehmenden Überprüfung einer hinreichend großen Zahl repräsentativer Stichproben sicherzustellen; die §§ 6 und 7 sind entsprechend anzuwenden.

(3) Abweichend von § 4 Abs. 1 Satz 3 kann in Fällen des Absatzes 1 eine Besichtigung des zu bewertenden Objekts dann unterbleiben, wenn

1. das Objekt der Pfandbriefbank oder dem mit der Pfandbriefbank kooperierenden Kreditinstitut oder Versicherungsunternehmen bereits bekannt ist, wobei Bekanntheit nur dann angenommen werden kann, wenn das Objekt in den letzten beiden Jahren von einem Mitarbeiter der Pfandbriefbank oder des kooperierenden Kreditinstituts oder Versicherungsunternehmens oder im Auftrag der Pfandbriefbank oder des kooperierenden Kreditinstituts oder Versicherungsunternehmens besichtigt worden ist,
2. es sich um die Beleihung einer Eigentumswohnung handelt, die in einem Gebäude belegen ist, in dem die Pfandbriefbank bereits zumindest eine gleichartige Wohnung innerhalb der letzten zwei Jahre besichtigt hat,
3. bei Beleihung eines in einer Siedlung von gleichartigen Einfamilienhäusern belegenen Einfamilienhauses die Pfandbriefbank zumindest ein gleichartiges Objekt in dieser Siedlung innerhalb der letzten zwei Jahre besichtigt hat oder
4. bei Beleihung eines neu errichteten Fertighauses der Pfandbriefbank oder dem kooperierenden Kreditinstitut oder Versicherungsunternehmen der Bauplatz bekannt ist und das Fertighaus nach Art und Typus anhand des Katalogs des Herstellers eindeutig bestimmt werden kann.

Die Gründe für das Unterbleiben der Besichtigung sind in nachvollziehbarer Weise zu dokumentieren.

(3a) Abweichend von § 4 Absatz 1 Satz 3 kann in den Fällen des Absatzes 1 auf eine Innenbesichtigung des zu bewertenden Objekts verzichtet werden, wenn der Person, die die Wertermittlung durchführt, die wesentlichen Bewertungsparameter hinreichend bekannt sind und

1. die Immobilie innerhalb der letzten zehn Jahre fertiggestellt worden ist, wobei die Gründe für den Verzicht auf die Innenbesichtigung in nachvollziehbarer Weise zu dokumentieren sind, oder
2. ein Abschlag in Höhe von mindestens 10 Prozent auf das Ergebnis der Beleihungswertermittlung vorgenommen wird.

(4) Bei Erwerb einer Vielzahl von Darlehensforderungen im Sinne des Absatzes 1 von anderen Kreditinstituten oder Versicherungsunternehmen können von diesen oder für diese erstellte vereinfachte Wertermittlungen zugrunde gelegt werden, wenn

1. diese Wertermittlungen den Bestimmungen des Absatzes 1 Satz 3 und des Absatzes 2 Satz 1 und 2 entsprechen,

2. ein nicht mit der Kreditentscheidung befasster, fachkundiger Mitarbeiter der Pfandbriefbank eine Plausibilitätsprüfung, auch im Hinblick auf die einzelnen angesetzten Bewertungsparameter, durchführt und

3. das Ergebnis der Plausibilitätsprüfung dokumentiert wird.

Die nach Satz 1 Nr. 2 erforderliche Plausibilitätsprüfung kann auf eine repräsentative, das erworbene Portfolio regional und objektmäßig abbildende Anzahl von Bewertungen beschränkt werden. Ergibt sich hierbei, dass die seinerzeit ermittelten Werte der Beleihungsobjekte nicht nur in Einzelfällen zu hoch angesetzt worden sind oder ergeben sich sonstige Zweifel bezüglich der Angemessenheit der ermittelten Werte, so ist in Abhängigkeit vom Ergebnis der Überprüfung die Stichprobe angemessen auszuweiten oder eine Einzelprüfung aller Bewertungen für bestimmte Regionen oder Objekttypen oder eine vollständige Neubewertung bestimmter oder aller Beleihungsobjekte nach Absatz 1 Satz 3 in Verbindung mit Absatz 2 Satz 1 und 2 durchzuführen. Die Wertermittlungen nach Satz 1 sind in die nach Absatz 2 Satz 3 vorzunehmende Überprüfung einzubeziehen.

Abschnitt 5

Im Ausland belegene Objekte

§ 25 Beleihungen im Ausland

(1) Die Ermittlung des Beleihungswerts von außerhalb der Bundesrepublik Deutschland belegenen Objekten ist nach den §§ 1 bis 23 und 26 durchzuführen, soweit in den Absätzen 2 bis 5 nichts Abweichendes bestimmt ist.

(2) Bei der Ermittlung des Beleihungswerts können wesentliche Informationen, Daten und Einschätzungen aus einem in Bezug auf das zu bewertende Objekt erstellten landesspezifischen Gutachten herangezogen werden, sofern dieses Gutachten auf transparenten und von Fachkreisen anerkannten Bewertungsmethoden beruht und die wesentlichen Informationen zur Ermittlung des Beleihungswerts enthält. Das landesspezifische Gutachten darf zum Zeitpunkt der Beleihungswertermittlung nicht älter als zwei Jahre sein und muss den Vorgaben des § 4 Abs. 1 Satz 3, des § 5 Abs. 2 Satz 1 und 3 und Abs. 3 sowie der §§ 6 und 7 entsprechend erstellt worden sein. Die aus dem landesspezifischen Gutachten entnommenen Daten und Parameter sind in dem nach § 5 Abs. 1 zu erstellenden Beleihungswertgutachten kenntlich zu machen. Auf eine erneute Besichtigung des Objekts im Rahmen der Beleihungswertermittlung kann verzichtet werden, wenn das landesspezifische Gutachten die im Rahmen der seinerzeitigen Besichtigung gewonnenen Erkenntnisse ausreichend beschreibt sowie alle notwendigen Informationen zu Lage, Ausstattung und Zustand des Objekts enthält.

(3) Bei der Ableitung des anzusetzenden Kapitalisierungszinssatzes nach § 12 Abs. 3 sind die in dem jeweiligen Markt nicht nur kurzfristig erreichten Spitzenwerte angemessen zu gewichten.

(4) Sofern eine Berücksichtigung der wirtschaftlichen Restnutzungsdauer im Sinne des § 12 Abs. 2 in landesspezifischen Wertermittlungen unüblich oder nicht ausgewiesen ist, kann zur Ermittlung des Vervielfältigers nach § 12 Abs. 1 eine Restnutzungsdauer von 100 Jahren zugrunde gelegt werden, sofern die geringere tatsächliche Restnutzungsdauer durch zusätzliche Gebäudeabschreibungen im Rahmen der Abzüge für Bewirtschaftungskosten kompensiert wird.

(5) Sieht die jeweilige landesspezifische Bewertungsmethodik üblicherweise einen Abzug von Bewirtschaftungskosten nicht oder nur in stark verminderter Form vor, kann der in § 11 Abs. 2 Satz 3 vorgeschriebene Mindestabzug auch in Form eines ergebnisgleichen Äquivalents durch Ansatz eines erhöhten Kapitalisierungszinssatzes erfolgen.

Abschnitt 6
Überprüfung der Beleihungswertermittlung
§ 26 Überprüfung der Grundlagen der Beleihungswertermittlung

(1) Bestehen Anhaltspunkte, dass sich die Grundlagen der Beleihungswertermittlung nicht nur unerheblich verschlechtert haben, sind diese zu überprüfen. Dies gilt insbesondere dann, wenn das allgemeine Preisniveau auf dem jeweiligen regionalen Immobilienmarkt in einem die Sicherheit der Beleihung gefährdenden Umfang gesunken ist. Sofern es sich nicht um eigengenutzte Wohnimmobilien handelt, ist eine Überprüfung auch dann vorzunehmen, wenn die auf dem Beleihungsobjekt abgesicherte Forderung einen wesentlichen Leistungsrückstand von mindestens 90 Tagen aufweist. Der Beleihungswert ist bei Bedarf zu mindern.

(2) Soweit nach anderen Vorschriften eine weitergehende Verpflichtung zur Überprüfung des Beleihungswerts besteht, bleibt diese unberührt.

Teil 4
Schlussvorschriften
§ 27 Bezugsquelle der DIN-Norm

Die in § 6 Satz 1 genannte DIN-Norm ist im Beuth Verlag GmbH, Berlin erschienen und im Deutschen Patent- und Markenamt in München archivmäßig gesichert niedergelegt.

§ 28 Inkrafttreten

Diese Verordnung tritt am 1. August 2006 in Kraft.

Anlage 1 (zu § 11 Abs. 2)

Bandbreite der Einzelkostenansätze für die Ermittlung der Bewirtschaftungskosten
Fundstelle des Originaltextes: BGBl. I 2006, 1182

Verwaltungskosten

a) Wohnungsbau
Bandbreiten der Kosten, kalkuliert auf Basis der Einheiten:
- Wohnungen: 200,00 bis 275,00 Euro
- Garagen: 25,00 bis 50,00 Euro

b) Gewerbliche Objekte
Bandbreite: 1 % bis 3 % des Jahresrohertrages

In jedem Einzelfall ist darauf zu achten, dass der ausgewiesene absolute Betrag unzweifelhaft für eine ordnungsgemäße Verwaltung angemessen ist.

Instandhaltungskosten

Kalkulationsbasis: Herstellungskosten pro qm Wohn- oder Nutzfläche (ohne Baunebenkosten und Außenanlagen). Die untere Grenze der Bandbreite ist in der Regel für neue, die obere Grenze für ältere Objekte angemessen. Objektzustand, Ausstattungsgrad und Alter sind bei der Bemessung der Instandhaltungskosten zu berücksichtigen.

a) z. B. Lager- und Produktionshallen mit Herstellungskosten von 250,00 bis 500,00 Euro/qm: 0,8 % bis 1,2 %, absolute Untergrenze: 2,50 Euro/qm

b) z. B. gewerbliche Objekte einfachen Standards und SB-Verbrauchermärkte mit Herstellungskosten von mehr als 500,00 Euro/qm: 0,8 % bis 1,2 %, absolute Untergrenze: 5,00 Euro/qm

c) z.B. Wohngebäude und gewerbliche Gebäude mit mittlerem Standard und Herstellungskosten von mehr als 1.000,00 Euro/qm:
0,5 % bis 1 %, absolute Untergrenze: 7,50 Euro/qm

d) z.B. hochwertige Büro- und Handels- und andere gewerbliche Objekte mit Herstellungskosten von mehr als 2.000,00 Euro/qm:
0,4 % bis 1 %, absolute Untergrenze: 9,00 Euro/qm

e) Garagen und Tiefgaragenstellplätze: 30,00 bis 80,00 Euro je Stellplatz

Mietausfallwagnis

a) Wohnungsbau: 2 % oder mehr

b) Gewerbliche Objekte: 4 % oder mehr

Modernisierungsrisiko

Berechnungsbasis sind die Herstellungskosten (ohne Baunebenkosten und Außenanlagen)

a) Kein Modernisierungsrisiko (z.B. normale Wohnhäuser, kleinere Wohn- und Geschäftshäuser, kleine und mittlere Bürogebäude, Lager- und Produktionshallen): 0 % bis 0,3 %

b) geringes Modernisierungsrisiko (z.B. größere Bürogebäude, Wohn-, Büro- und Geschäftshäuser mit besonderen Ausstattungsmerkmalen, Einzelhandel mit einfachem Standard): 0,2 % bis 1,2 %

c) höheres Modernisierungsrisiko (z.B. innerstädtische Hotels, Einzelhandel mit höherem Standard, Freizeitimmobilien mit einfachem Standard): 0,5 % bis 2 %

d) sehr hohes Modernisierungsrisiko (z.B. Sanatorien, Kliniken, Freizeitimmobilien mit höherem Standard, Hotels und Einzelhandelsobjekte mit besonders hohem Standard): 0,75 % bis 3 %

Anlage 2 (zu § 12 Abs. 2)

Erfahrungssätze für die Nutzungsdauer baulicher Anlagen
Fundstelle des Originaltextes: BGBl. I 2006, 1183

A) Wohnwirtschaftliche Nutzung (in Deutschland belegene Objekte): Wohnhäuser: 25 bis 80 Jahre

B) Gewerbliche Nutzung (in Deutschland belegene Objekte):

a) Geschäfts- und Bürohäuser: 30 bis 60 Jahre
b) Warenhäuser, Einkaufszentren: 15 bis 50 Jahre
c) Hotels und Gaststätten: 15 bis 40 Jahre
d) Landwirtschaftlich genutzte Objekte: 15 bis 40 Jahre
e) Kliniken, Reha-Einrichtungen, Alten- und Pflegeheime: 15 bis 40 Jahre
f) Lagerhallen, Produktionsgebäude: 15 bis 40 Jahre
g) Freizeitimmobilien (z. B. Sportanlagen): 15 bis 30 Jahre
h) Parkhäuser: 15 bis 40 Jahre
i) SB- und Fachmärkte, Verbrauchermärkte: 10 bis 30 Jahre
j) Tankstellen: 10 bis 30 Jahre

Anlage 3 (zu § 12 Abs. 4)

Bandbreiten für Kapitalisierungszinssätze
Fundstelle des Originaltextes: BGBl. I 2006, 1184

A) Wohnwirtschaftliche Nutzung (in Deutschland belegene Objekte): Wohnhäuser: 5,0 % bis 8,0 %
B) Gewerbliche Nutzung (in Deutschland belegene Objekte):
a) Geschäftshäuser: 6,0 % bis 7,5 %
b) Bürohäuser: 6,0 % bis 7,5 %
c) Warenhäuser: 6,5 % bis 8,0 %
d) SB- und Fachmärkte: 6,5 % bis 8,5 %
e) Hotels und Gaststätten: 6,5 % bis 8,5 %
f) Kliniken, Reha-Einrichtungen: 6,5 % bis 8,5 %
g) Alten- und Pflegeheime: 6,5 % bis 8,5 %
h) Landwirtschaftlich genutzte Objekte: 6,5 % bis 8,5 %
i) Verbrauchermärkte, Einkaufszentren: 6,5 % bis 9,0 %
j) Freizeitimmobilien (z.B. Sportanlagen): 6,5 % bis 9,0 %
k) Parkhäuser, Tankstellen: 6,5 % bis 9,0 %
l) Lagerhallen: 6,5 % bis 9,0 %
m) Produktionsgebäude: 7,0 % bis 9,0 %

Anlage 4 (zu § 12 Abs. 1)

Vervielfältigertabelle

(Fundstelle des Originaltextes: BGBl. I 2006, 1185–1186)

Bei einer Restnutzungsdauer von ... Jahren	bei einem Kapitalisierungszinssatz in Höhe von ... Prozent										
	5	5,5	6	6,5	7	7,5	8	8,5	9	9,5	10
1	0,95	0,95	0,94	0,94	0,93	0,93	0,93	0,92	0,92	0,91	0,91
2	1,86	1,85	1,83	1,82	1,81	1,80	1,78	1,77	1,76	1,75	1,74
3	2,72	2,70	2,67	2,65	2,62	2,60	2,58	2,55	2,53	2,51	2,49
4	3,55	3,51	3,47	3,43	3,39	3,35	3,31	3,28	3,24	3,20	3,17
5	4,33	4,27	4,21	4,16	4,10	4,05	3,99	3,94	3,89	3,84	3,79
6	5,08	5,00	4,92	4,84	4,77	4,69	4,62	4,55	4,49	4,42	4,36
7	5,79	5,68	5,58	5,48	5,39	5,30	5,21	5,12	5,03	4,95	4,87
8	6,46	6,33	6,21	6,09	5,97	5,86	5,75	5,64	5,53	5,43	5,33
9	7,11	6,95	6,80	6,66	6,52	6,38	6,25	6,12	6,00	5,88	5,76
10	7,72	7,54	7,36	7,19	7,02	6,86	6,71	6,56	6,42	6,28	6,14
11	8,31	8,09	7,89	7,69	7,50	7,32	7,14	6,97	6,81	6,65	6,50
12	8,86	8,62	8,38	8,16	7,94	7,74	7,54	7,34	7,16	6,98	6,81
13	9,39	9,12	8,85	8,60	8,36	8,13	7,90	7,69	7,49	7,29	7,10
14	9,90	9,59	9,29	9,01	8,75	8,49	8,24	8,01	7,79	7,57	7,37
15	10,38	10,04	9,71	9,40	9,11	8,83	8,56	8,30	8,06	7,83	7,61
16	10,84	10,46	10,11	9,77	9,45	9,14	8,85	8,58	8,31	8,06	7,82
17	11,27	10,86	10,48	10,11	9,76	9,43	9,12	8,83	8,54	8,28	8,02
18	11,69	11,25	10,83	10,43	10,06	9,71	9,37	9,06	8,76	8,47	8,20
19	12,09	11,61	11,16	10,73	10,34	9,96	9,60	9,27	8,95	8,65	8,36
20	12,46	11,95	11,47	11,02	10,59	10,19	9,82	9,46	9,13	0,01	8,51
21	12,82	12,28	11,76	11,28	10,84	10,41	10,02	9,64	9,29	8,96	8,65
22	13,16	12,58	12,04	11,54	11,06	10,62	10,20	9,81	9,44	9,10	8,77
23	13,49	12,88	12,30	11,77	11,27	10,81	10,37	9,96	9,58	9,22	8,88
24	13,80	13,15	12,55	11,99	11,47	10,98	10,53	10,10	9,71	9,33	8,98
25	14,09	13,41	12,78	12,20	11,65	11,15	10,67	10,23	9,82	9,44	9,08

26	14,38	13,66	13,00	12,39	11,83	11,30	10,81	10,35	9,93	9,53	9,16
27	14,64	13,90	13,21	12,57	11,99	11,44	10,94	10,46	10,03	9,62	9,24
28	14,90	14,12	13,41	12,75	12,14	11,57	11,05	10,57	10,12	9,70	9,31
29	15,14	14,33	13,59	12,91	12,28	11,70	11,16	10,66	10,20	9,77	9,37
30	15,37	14,53	13,76	13,06	12,41	11,81	11,26	10,75	10,27	9,83	9,43
31	15,59	14,72	13,93	13,20	12,53	11,92	11,35	10,83	10,34	9,89	9,48
32	15,80	14,90	14,08	13,33	12,65	12,02	11,43	10,90	10,41	9,95	9,53
33	16,00	15,08	14,23	13,46	12,75	12,11	11,51	10,97	10,46	10,00	9,57
34	16,19	15,24	14,37	13,58	12,85	12,19	11,59	11,03	10,52	10,05	9,61
35	16,37	15,39	14,50	13,69	12,95	12,27	11,65	11,09	10,57	10,09	9,64
36	16,55	15,54	14,62	13,79	13,04	12,35	11,72	11,14	10,61	10,13	9,68
37	16,71	15,67	14,74	13,89	13,12	12,42	11,78	11,19	10,65	10,16	9,71
38	16,87	15,80	14,85	13,98	13,19	12,48	11,83	11,23	10,69	10,19	9,73
39	17,02	15,93	14,95	14,06	13,26	12,54	11,88	11,28	10,73	10,22	9,76
40	17,16	16,05	15,05	14,15	13,33	12,59	11,92	11,31	10,76	10,25	9,78
41	17,29	16,16	15,14	14,22	13,39	12,65	11,97	11,35	10,79	10,27	9,80
42	17,42	16,26	15,22	14,29	13,45	12,69	12,01	11,38	10,81	10,29	9,82
43	17,55	16,36	15,31	14,36	13,51	12,74	12,04	11,41	10,84	10,31	9,83
44	17,66	16,46	15,38	14,42	13,56	12,78	12,08	11,44	10,86	10,33	9,85
45	17,77	16,55	15,46	14,48	13,61	12,82	12,11	11,47	10,88	10,35	9,86
46	17,88	16,63	15,52	14,54	13,65	12,85	12,14	11,49	10,90	10,36	9,88
47	17,98	16,71	15,59	14,59	13,69	12,89	12,16	11,51	10,92	10,38	9,89
48	18,08	16,79	15,65	14,64	13,73	12,92	12,19	11,53	10,93	10,39	9,90
49	18,17	16,86	15,71	14,68	13,77	12,95	12,21	11,55	10,95	10,40	9,91
50	18,26	16,93	15,76	14,72	13,80	12,97	12,23	11,57	10,96	10,41	9,91
51	18,34	17,00	15,81	14,76	13,83	13,00	12,25	11,58	10,97	10,42	9,92
52	18,42	17,06	15,86	14,80	13,86	13,02	12,27	11,60	10,99	10,43	9,93
53	18,49	17,12	15,91	14,84	13,89	13,04	12,29	11,61	11,00	10,44	9,94
54	18,57	17,17	15,95	14,87	13,92	13,06	12,30	11,62	11,01	10,45	9,94
55	18,63	17,23	15,99	14,90	13,94	13,08	12,32	11,63	11,01	10,45	9,95
56	18,70	17,28	16,03	14,93	13,96	13,10	12,33	11,64	11,02	10,46	9,95
57	18,76	17,32	16,06	14,96	13,98	13,12	12,34	11,65	11,03	10,47	9,96
58	18,82	17,37	16,10	14,99	14,00	13,13	12,36	11,66	11,04	10,47	9,96
59	18,88	17,41	16,13	15,01	14,02	13,15	12,37	11,67	11,04	10,48	9,96
60	18,93	17,45	16,16	15,03	14,04	13,16	12,38	11,68	11,05	10,48	9,97
61	18,98	17,49	16,19	15,05	14,06	13,17	12,39	11,68	11,05	10,48	9,97
62	19,03	17,52	16,22	15,07	14,07	13,18	12,39	11,69	11,06	10,49	9,97
63	19,08	17,56	16,24	15,09	14,08	13,19	12,40	11,70	11,06	10,49	9,98
64	19,12	17,59	16,27	15,11	14,10	13,20	12,41	11,70	11,07	10,49	9,98
65	19,16	17,62	16,29	15,13	14,11	13,21	12,42	11,71	11,07	10,50	9,98
66	19,20	17,65	16,31	15,14	14,12	13,22	12,42	11,71	11,07	10,50	9,98
67	19,24	17,68	16,33	15,16	14,13	13,23	12,43	11,71	11,08	10,50	9,98
68	19,28	17,70	16,35	15,17	14,14	13,24	12,43	11,72	11,08	10,50	9,98
69	19,31	17,73	16,37	15,19	14,15	13,24	12,44	11,72	11,08	10,51	9,99
70	19,34	17,75	16,38	15,20	14,16	13,25	12,44	11,73	11,08	10,51	9,99
71	19,37	17,78	16,40	15,21	14,17	13,25	12,45	11,73	11,09	10,51	9,99
72	19,40	17,80	16,42	15,22	14,18	13,26	12,45	11,73	11,09	10,51	9,99
73	19,43	17,82	16,43	15,23	14,18	13,27	12,45	11,73	11,09	10,51	9,99
74	19,46	17,84	16,44	15,24	14,19	13,27	12,46	11,74	11,09	10,51	9,99
75	19,48	17,85	16,46	15,25	14,20	13,27	12,46	11,74	11,09	10,51	9,99
76	19,51	17,87	16,47	15,26	14,20	13,28	12,46	11,74	11,10	10,52	9,99
77	19,53	17,89	16,48	15,26	14,21	13,28	12,47	11,74	11,10	10,52	9,99
78	19,56	17,90	16,49	15,27	14,21	13,29	12,47	11,74	11,10	10,52	9,99
79	19,58	17,92	16,50	15,28	14,22	13,29	12,47	11,75	11,10	10,52	9,99
80	19,60	17,93	16,51	15,28	14,22	13,29	12,47	11,75	11,10	10,52	10,00
81	19,62	17,94	16,52	15,29	14,23	13,30	12,48	11,75	11,10	10,52	10,00
82	19,63	17,96	16,53	15,30	14,23	13,30	12,48	11,75	11,10	10,52	10,00
83	19,65	17,97	16,53	15,30	14,23	13,30	12,48	11,75	11,10	10,52	10,00

84	19,67	17,98	16,54	15,31	14,24	13,30	12,48	11,75	11,10	10,52	10,00
85	19,68	17,99	16,55	15,31	14,24	13,30	12,48	11,75	11,10	10,52	10,00
86	19,70	18,00	16,56	15,32	14,24	13,31	12,48	11,75	11,10	10,52	10,00
87	19,71	18,01	16,56	15,32	14,25	13,31	12,48	11,75	11,10	10,52	10,00
88	19,73	18,02	16,57	15,32	14,25	13,31	12,49	11,76	11,11	10,52	10,00
89	19,74	18,03	16,57	15,33	14,25	13,31	12,49	11,76	11,11	10,52	10,00
90	19,75	18,03	16,58	15,33	14,25	13,31	12,49	11,76	11,11	10,52	10,00
91	19,76	18,04	16,58	15,33	14,26	13,31	12,49	11,76	11,11	10,52	10,00
92	19,78	18,05	16,59	15,34	14,26	13,32	12,49	11,76	11,11	10,52	10,00
93	19,79	18,06	16,59	15,34	14,26	13,32	12,49	11,76	11,11	10,52	10,00
94	19,80	18,06	16,60	15,34	14,26	13,32	12,49	11,76	11,11	10,52	10,00
95	19,81	18,07	16,60	15,35	14,26	13,32	12,49	11,76	11,11	10,52	10,00
96	19,82	18,08	16,60	15,35	14,26	13,32	12,49	11,76	11,11	10,52	10,00
97	19,82	18,08	16,61	15,35	14,27	13,32	12,49	11,76	11,11	10,52	10,00
98	19,83	18,09	16,61	15,35	14,27	13,32	12,49	11,76	11,11	10,52	10,00
99	19,84	18,09	16,61	15,35	14,27	13,32	12,49	11,76	11,11	10,52	10,00
100	19,85	18,10	16,62	15,36	14,27	13,32	12,49	11,76	11,11	10,53	10,00

2. Flugzeugbeleihungswertermittlungsverordnung

Verordnung über die Ermittlung der Beleihungswerte von Flugzeugen nach § 26d Absatz 1 und 2 des Pfandbriefgesetzes (FlugBelWertV)

Ausfertigungsdatum: 20.04.2009
Vollzitat: „Flugzeugbeleihungswertermittlungsverordnung vom 20. April 2009 (BGBl. I S. 1036)"

Eingangsformel

Auf Grund des § 26d Absatz 3 Satz 1 und 2 des Pfandbriefgesetzes, der durch Artikel 1 Nummer 24 des Gesetzes vom 20. März 2009 (BGBl. I S. 607) eingefügt worden ist, verordnet das Bundesministerium der Finanzen im Einvernehmen mit dem Bundesministerium der Justiz nach Anhörung der Spitzenverbände der Kreditwirtschaft:

Teil 1

Allgemeine Bestimmungen und Verfahrensgrundsätze

§ 1 Anwendungsbereich

Bei der Ermittlung der Flugzeugbeleihungswerte nach § 26d Absatz 1 und 2 des Pfandbriefgesetzes und bei der Erhebung der für die Wertermittlung erforderlichen Daten sind die Vorschriften dieser Verordnung anzuwenden.

§ 2 Gegenstand der Wertermittlung

Gegenstand der Flugzeugbeleihungswertermittlung sind Flugzeuge im Sinne des § 1 Absatz 2 Satz 1 Nummer 1 des Luftverkehrsgesetzes, die in einem öffentlichen Register eingetragen sind.

§ 3 Grundsatz der Flugzeugbeleihungswertermittlung

1) Der Wert, der der Beleihung zugrunde gelegt wird (Flugzeugbeleihungswert), ist der Wert des Flugzeugs, der erfahrungsgemäß unabhängig von vorübergehenden, etwa konjunkturell bedingten Wertschwankungen am maßgeblichen Markt und unter Ausschaltung von spekulativen Elementen bei einer Veräußerung voraussichtlich erzielt werden kann.

2) Bei der Ermittlung des Flugzeugbeleihungswerts sind die dauernden Eigenschaften des Flugzeugs, sein Alter und seine Einsatzmöglichkeiten zu berücksichtigen.

§ 4 Verfahren zur Ermittlung von Beleihungswerten für Flugzeuge

1) Zur Ermittlung des Flugzeugbeleihungswerts für ein Flugzeug sind der aktuelle Marktwert (§ 9), der durchschnittliche Marktwert der letzten zehn Jahre (§ 10) sowie der Wert bei ausgeglichenen Marktbedingungen und durchschnittlichem Zustand (§ 11) des zu bewertenden Flugzeugs heranzuziehen.

2) Der Flugzeugbeleihungswert darf weder den aktuellen Marktwert des Flugzeugs, den durchschnittlichen Marktwert der letzten zehn Jahre noch den nach § 11 ermittelten Wert bei ausgeglichenen Marktbedingungen und durchschnittlichem Zustand übersteigen. Sind Marktwerte nur für einen kürzeren Zeitraum als zehn Jahre verfügbar, ist der durchschnittliche Marktwert für diesen kürzeren Zeitraum zu ermitteln; in diesen Fällen ist Satz 1 mit der Maßgabe anzuwenden, dass der nach § 11 er-

mittelte Wert bei ausgeglichenen Marktbedingungen und durchschnittlichem Zustand um 10 Prozent zu mindern ist. Ist für ein Flugzeugmuster kein durchschnittlicher Marktwert ermittelbar, gilt Satz 2 entsprechend.

3) Ist ein aktueller Marktwert nach § 9 nicht zu ermitteln, ist ein anderes angemessenes Verfahren anzuwenden. In diesen Fällen darf der Flugzeugbeleihungswert den um 25 Prozent geminderten Wert bei ausgeglichenen Marktbedingungen und durchschnittlichem Zustand nicht überschreiten.

Teil 2

Gutachten und Gutachter

§ 5 Gutachten

1) Der Flugzeugbeleihungswert ist mittels eines Gutachtens zu ermitteln.

2) Das Gutachten muss durch einen oder mehrere Gutachter erstellt werden, die von der Pfandbriefbank allgemein oder von Fall zu Fall bestimmt werden. In besonderen Fällen, etwa im Rahmen von Kooperationen oder bei Portfoliokäufen, können für andere Kreditinstitute erstellte Gutachten zugrunde gelegt werden, wenn

1. diese Gutachten den Bestimmungen dieser Verordnung entsprechen,
2. ein nicht mit der Kreditentscheidung befasster, fachlich kundiger Mitarbeiter der Pfandbriefbank eine Plausibilitätsprüfung, auch im Hinblick auf die einzelnen angesetzten Bewertungsparameter, durchführt und
3. das Ergebnis der Plausibilitätsprüfung dokumentiert wird.

Gutachten, die vom Darlehensnehmer oder Flugzeugeigentümer vorgelegt oder in Auftrag gegeben worden sind, dürfen nicht zugrunde gelegt werden.

3) Im Gutachten ist auf die in § 4 genannten Parameter einzugehen.

4) Im Gutachten sind das Flugzeugmuster und seine praktische Verwendbarkeit, insbesondere hinsichtlich Nutzlast-Reichweite-Profil, Leistungsdaten und Treibstoffverbrauch, unter Berücksichtigung der vorhandenen Ausrüstung, insbesondere auch in Bezug auf Flugsicherungs- und Navigationsausrüstung, Triebwerkshersteller und Triebwerksvariante sowie Leistungsvariante (Berücksichtigung der höchstzulässigen Abflugmasse), darzustellen. Auf Vorzüge und Mängel des Flugzeugs ist hinzuweisen.

5) Bei der Ermittlung des aktuellen Marktwerts, des durchschnittlichen Marktwerts der letzten zehn Jahre sowie des Wertes bei ausgeglichenen Marktbedingungen und durchschnittlichem Zustand kann das Gutachten auf die Schätzung eines im Bereich der Flugzeugwertermittlung tätigen und anerkannten Schätzers Bezug nehmen. Falls eine Besichtigung durch einen anerkannten technischen Sachverständigen vorgenommen worden ist, kann das Gutachten auch auf den Besichtigungsbericht Bezug nehmen.

§ 6 Besichtigung

1) Das zu bewertende Flugzeug ist im Rahmen der Wertermittlung zu besichtigen. Dabei sind sämtliche gemäß den Regelungen der Luftverkehrs-Zulassungs-Ordnung an Bord mitzuführende Flugzeugpapiere einzusehen. Hierbei sind die Ausstattungsmerkmale von Flugzeugzelle, Flugzeugausrüstung und Triebwerken zu ermitteln; der Wartungszustand ist festzustellen. Die Besichtigung kann auch durch einen anerkannten technischen Sachverständigen erfolgen.

2) Auf eine Besichtigung kann verzichtet werden, wenn das Flugzeug erstmals abgeliefert und vom Betreiber abgenommen worden ist oder der Pfandbriefbank von dem Flugzeugeigentümer die Wartung im Rahmen eines vom Hersteller und der jeweils zuständigen Luftfahrtbehörde zugelassenen Wartungsprogramms zugesichert und zur Bewertung ein aktueller Wartungsnachweis vorgelegt wird.

Aus dem Wartungsnachweis muss sich ergeben, dass das Flugzeug einem von der zuständigen Luftfahrtbehörde zugelassenen Wartungsprogramm unterliegt und von einem von der jeweiligen Luftfahrtbehörde zugelassenen Wartungsbetrieb gewartet wird. Die Wartung im Rahmen eines zugelassenen Wartungsprogramms gilt als zugesichert im Sinne des Satzes 1, wenn das Flugzeug in einem Luftfahrtunternehmen mit der in § 20 Absatz 4 des Luftverkehrsgesetzes genannten Betriebsgenehmigung betrieben wird.

§ 7 Gutachter

1) Der Gutachter muss nach seiner Ausbildung und beruflichen Tätigkeit über besondere Kenntnisse und Erfahrungen auf dem Gebiet der Bewertung von Flugzeugen verfügen. Bei der Auswahl des Gutachters hat sich die Pfandbriefbank davon zu überzeugen, dass der Gutachter neben langjähriger Berufserfahrung in der Bewertung von Flugzeugen speziell über die zur Erstellung von Flugzeugbeleihungswert-Gutachten notwendigen Kenntnisse, insbesondere bezüglich des Flugzeugmarkts, verfügt. Bei Gutachtern, die bei der International Society of Transport Aircraft Trading (ISTAT) zertifiziert sind, gelten die notwendigen Kenntnisse als nachgewiesen.

2) Wenn der Gutachter die Besichtigung nicht selbst vornimmt, ist eine technische oder ingenieurmäßige Berufsausbildung nicht erforderlich.

§ 8 Unabhängigkeit des Gutachters

1) Der Gutachter muss sowohl vom Kreditakquisitions- und Kreditentscheidungsprozess als auch von Vermittlung, Verkauf, Vermietung und Vercharterung des zu bewertenden Flugzeugs unabhängig sein. Er darf nicht in einem verwandtschaftlichen, sonstigen rechtlichen oder wirtschaftlichen Verhältnis zum Darlehensnehmer stehen und darf kein eigenes Interesse am Ergebnis des Gutachtens haben. Der Gutachter darf auch nicht den Beleihungswert festsetzen oder den Kredit bearbeiten. Die Sätze 1 bis 3 gelten auch für anerkannte Schätzer oder technische Sachverständige, auf deren Schätzung oder Besichtigungsbericht im Gutachten Bezug genommen wird.

2) Gutachten von bei der Pfandbriefbank angestellten Gutachtern dürfen nur dann der Flugzeugbeleihungswertermittlung zugrunde gelegt werden, wenn die betreffenden Gutachter im Rahmen der Aufbauorganisation der Pfandbriefbank nur der Geschäftsleitung verantwortlich sind oder ausschließlich Teil einer Gutachtereinheit sind, die unmittelbar der Geschäftsleitung unterstellt ist, oder Teil einer alle betreffenden Gutachter zusammenfassenden Einheit und auch im Übrigen bis einschließlich der Ebene der Geschäftsleitung nicht einem Bereich der Pfandbriefbank zugeordnet sind, in dem Flugzeugkreditgeschäfte entweder angebahnt oder zum Gegenstand des einzigen Votums gemacht werden.

Teil 3

Wertermittlungsverfahren

§ 9 Aktueller Marktwert

1) Der aktuelle Marktwert ist der geschätzte Betrag, für welchen ein Flugzeug am Bewertungsstichtag zwischen einem verkaufsbereiten Verkäufer und einem kaufbereiten Erwerber unter den gegebenen Marktverhältnissen nach angemessenem Vermarktungszeitraum in einer Transaktion im gewöhnlichen Geschäftsverkehr verkauft werden könnte, wobei jede Partei mit Sachkenntnis, Umsicht und ohne Zwang handelt.

2) Für die Ermittlung des aktuellen Marktwerts ist von einem Flugzeug auszugehen, das keinem Leasingvertrag unterliegt. Wenn aus den Verkäufen gleichartiger Flugzeuge ein Basispreis abgeleitet worden ist, ist dieser den Besonderheiten des zu bewertenden Flugzeugs anzupassen.

§ 10 Durchschnittlicher Marktwert

1) Der durchschnittliche Marktwert ist der Durchschnittsbetrag der Marktwerte eines gleichartigen Flugzeugs für die zugrunde zu legenden letzten Kalenderjahre vor dem Jahr der Wertermittlung.

2) § 9 Absatz 2 gilt entsprechend.

§ 11 Wert bei ausgeglichenen Marktbedingungen und durchschnittlichem Zustand

1) Der Wert bei ausgeglichenen Marktbedingungen und durchschnittlichem Zustand ist der geschätzte Betrag, für welchen ein Flugzeug am Bewertungsstichtag unter der Annahme eines durchschnittlichen Wartungszustandes und eines durchschnittlichen Gesamtzustandes zwischen einem verkaufsbereiten Verkäufer und einem kaufbereiten Erwerber bei ausgeglichenen Marktverhältnissen nach angemessenem Vermarktungszeitraum in einer Transaktion im gewöhnlichen Geschäftsverkehr verkauft werden könnte, wobei jede Partei mit Sachkenntnis, Umsicht und ohne Zwang handelt.

2) § 9 Absatz 2 ist entsprechend anzuwenden.

Teil 4

Überprüfung der Flugzeugbeleihungswertermittlung und Inkrafttreten

§ 12 Überprüfung der Grundlagen der Flugzeugbeleihungswertermittlung

1) Bestehen Anhaltspunkte, dass sich die Grundlagen der Flugzeugbeleihungswertermittlung nicht nur unerheblich verschlechtert haben, sind diese zu überprüfen. Dies gilt insbesondere dann, wenn das allgemeine Preisniveau auf dem jeweiligen Flugzeugmarkt in einem die Sicherheit der Beleihung gefährdenden Umfang gesunken ist. Der Flugzeugbeleihungswert ist bei Bedarf zu mindern.

2) Soweit nach anderen Vorschriften eine weitergehende Verpflichtung zur Überprüfung des Flugzeugbeleihungswerts besteht, bleibt diese unberührt.

§ 13 Inkrafttreten

Diese Verordnung tritt am Tag nach der Verkündung in Kraft.

3. Schiffsbeleihungswertermittlungsverordnung

Verordnung über die Ermittlung der Beleihungswerte von Schiffen und Schiffsbauwerken nach § 24 Abs. 1 bis 3 des Pfandbriefgesetzes (SchiffsBelWertV)

Ausfertigungsdatum: 06.05.2008
Vollzitat: „Schiffsbeleihungswertermittlungsverordnung vom 6. Mai 2008 (BGBl. I S. 851)"

Eingangsformel

Auf Grund des § 24 Abs. 5 Satz 1 und 2 des Pfandbriefgesetzes vom 22. Mai 2005 (BGBl. I S. 1373) in Verbindung mit § 1 Nr. 4 der Verordnung zur Übertragung von Befugnissen zum Erlass von Rechtsverordnungen auf die Bundesanstalt für Finanzdienstleistungsaufsicht vom 13. Dezember 2002 (BGBl. 2003 I S. 3), § 1 Nr. 4 zuletzt geändert durch Artikel 7 Nr. 1 des Gesetzes vom 22. Juni 2005 (BGBl. I S. 1698), verordnet die Bundesanstalt für Finanzdienstleistungsaufsicht im Einvernehmen mit dem Bundesministerium der Justiz nach Anhörung der Spitzenverbände der Kreditwirtschaft:

Teil 1

Allgemeine Bestimmungen und Verfahrensgrundsätze

§ 1 Anwendungsbereich

Bei der Ermittlung der Schiffsbeleihungswerte nach § 24 Abs. 1 bis 3 des Pfandbriefgesetzes und bei der Erhebung der für die Wertermittlung erforderlichen Daten sind die Vorschriften dieser Verordnung anzuwenden.

§ 2 Gegenstand der Wertermittlung

Gegenstand der Schiffsbeleihungswertermittlung sind Schiffe und Schiffsbauwerke, die in einem öffentlichen Register eingetragen sind.

§ 3 Grundsatz der Schiffsbeleihungswertermittlung

(1) Der Wert, der der Beleihung zugrunde gelegt wird (Schiffsbeleihungswert), ist der Wert des Schiffes oder Schiffsbauwerks, der erfahrungsgemäß unabhängig von vorübergehenden, etwa konjunkturell bedingten Wertschwankungen am maßgeblichen Markt und unter Ausschaltung von spekulativen Elementen bei einer Veräußerung voraussichtlich erzielt werden kann.

(2) Bei der Ermittlung des Schiffsbeleihungswerts sind die dauernden Eigenschaften des Schiffes, sein Alter und seine Einsatzmöglichkeiten zu berücksichtigen.

§ 4 Verfahren zur Ermittlung von Beleihungswerten für Schiffe und Schiffsbauwerke

(1) Zur Ermittlung des Schiffsbeleihungswerts für ein Schiff sind der aktuelle Marktwert (§ 9), der durchschnittliche Marktwert der letzten zehn Jahre (§ 10) und der Neubaupreis (§ 11) oder Kaufpreis (§ 12) des zu bewertenden Schiffes zu ermitteln.

(2) Der Schiffsbeleihungswert darf weder den aktuellen Marktwert des Schiffes noch den durchschnittlichen Marktwert der letzten zehn Jahre übersteigen. Sind Marktwerte nur für einen kürzeren Zeitraum als zehn Jahre verfügbar, ist der durchschnittliche Marktwert für diesen kürzeren Zeitraum zu ermitteln; in diesen Fällen ist Satz 1 mit der Maßgabe anzuwenden, dass der aktuelle Marktwert um

15 Prozent zu mindern ist; lässt sich der durchschnittliche Marktwert nur für drei oder weniger Jahre ermitteln, beträgt dieser Abschlag mindestens 25 Prozent.

(3) Bei Schiffsneubauten stellt der Neubaupreis eine weitere Obergrenze für den Schiffsbeleihungswert dar. Bei Schiffsankäufen darf der Schiffsbeleihungswert den Kaufpreis nicht übersteigen.

(4) Ist ein aktueller Marktwert nicht verfügbar oder ist ein durchschnittlicher Marktwert eines gleichartigen Schiffes nicht zu ermitteln, ist ein anderes angemessenes Verfahren anzuwenden. In diesen Fällen darf der Schiffsbeleihungswert nicht den um mindestens 25 Prozent geminderten Neubaupreis oder ebenso geminderten Kaufpreis überschreiten.

(5) Die Ermittlung des Schiffsbeleihungswerts für ein Schiffsbauwerk hat nach Maßgabe des § 13 zu erfolgen.

Teil 2

Gutachten und Gutachter

§ 5 Gutachten

(1) Der Schiffsbeleihungswert ist mittels eines Gutachtens zu ermitteln.

(2) Das Gutachten muss durch einen oder mehrere Gutachter erstellt werden, die von der Pfandbriefbank allgemein oder von Fall zu Fall bestimmt werden. In besonderen Fällen, etwa im Rahmen von Kooperationen oder bei Portfoliokäufen, können für andere Kreditinstitute erstellte Gutachten zugrunde gelegt werden, wenn

1. diese Gutachten den Bestimmungen dieser Verordnung entsprechen,

2. ein nicht mit der Kreditentscheidung befasster, fachlich kundiger Mitarbeiter der Pfandbriefbank eine Plausibilitätsprüfung, auch im Hinblick auf die einzelnen angesetzten Bewertungsparameter, durchführt und

3. das Ergebnis der Plausibilitätsprüfung dokumentiert wird.

Gutachten, die vom Darlehensnehmer oder Schiffseigentümer vorgelegt oder in Auftrag gegeben worden sind, dürfen nicht zugrunde gelegt werden.

(3) Im Gutachten ist auf die in § 4 genannten Parameter einzugehen.

(4) Im Gutachten sind der Schiffstyp und seine praktische Verwendbarkeit, insbesondere hinsichtlich Fahrtbereich, Einsatzmöglichkeit und Ladefähigkeit, unter Berücksichtigung der vorhandenen Ausrüstung, insbesondere in Bezug auf Lade- und Löscheinrichtungen, darzustellen. Auf Vorzüge und Mängel des Schiffes ist hinzuweisen.

(5) Bei der Ermittlung des aktuellen Marktwerts und des durchschnittlichen Marktwerts der letzten zehn Jahre kann das Gutachten auf die Schätzung eines im Bereich der Schiffswertermittlung tätigen und anerkannten Brokers oder Schätzers Bezug nehmen. Falls eine Besichtigung durch einen anerkannten technischen Sachverständigen vorgenommen worden ist, kann das Gutachten auch auf den Besichtigungsbericht Bezug nehmen.

§ 6 Besichtigung

(1) Das zu bewertende Schiff ist im Rahmen der Wertermittlung zu besichtigen. Dabei sind sämtliche an Bord befindliche Schiffspapiere einzusehen. Hierbei sind die Klassifikationen von Schiffskörper und Maschinenanlage zu ermitteln; die Gültigkeitsdauer der Klassifikationszertifikate ist festzustellen. Die Besichtigung kann auch durch einen anerkannten technischen Sachverständigen erfolgen.

(2) Auf eine Besichtigung kann verzichtet werden, wenn

1. der Pfandbriefbank von dem Schiffseigentümer die Klassifikationsunterlagen einer anerkannten Klassifikationsgesellschaft vorgelegt werden und sich hieraus ergibt, dass das Schiff von der Klassifikationsgesellschaft innerhalb der letzten 15 Monate besichtigt worden ist,

2. das Schiff nicht älter als drei Jahre ist und das Klassifikationszertifikat bei Ablieferung vorgelegt wird, oder

3. das Schiff nicht älter als fünf Jahre ist und neben dem Klassifikationszertifikat bei Ablieferung das Zertifikat über die Interimsklasse vorgelegt wird.

Die Pfandbriefbank hat die Klassifikationsunterlagen auf Echtheit zu überprüfen.

§ 7 Gutachter

(1) Der Gutachter muss nach seiner Ausbildung und beruflichen Tätigkeit über besondere Kenntnisse und Erfahrungen auf dem Gebiet der Bewertung von Schiffen verfügen. Bei der Auswahl des Gutachters hat sich die Pfandbriefbank davon zu überzeugen, dass der Gutachter neben langjähriger Berufserfahrung in der Bewertung von Schiffen speziell über die zur Erstellung von Schiffsbeleihungswert-Gutachten notwendigen Kenntnisse, insbesondere bezüglich des Schiffsmarkts, verfügt.

(2) Wenn der Gutachter die Besichtigung nicht selbst vornimmt, ist eine technische oder ingenieurmäßige Berufsausbildung nicht erforderlich.

§ 8 Unabhängigkeit des Gutachters

(1) Der Gutachter muss sowohl vom Kreditakquisitions- und Kreditentscheidungsprozess als auch von Vermittlung, Verkauf, Vermietung und Vercharterung des zu bewertenden Schiffes unabhängig sein. Er darf nicht in einem verwandtschaftlichen, sonstigen rechtlichen oder wirtschaftlichen Verhältnis zum Darlehensnehmer stehen und darf kein eigenes Interesse am Ergebnis des Gutachtens haben. Der Gutachter darf auch nicht den Beleihungswert festsetzen oder den Kredit bearbeiten. Die Sätze 1 bis 3 gelten auch für anerkannte Schätzer, Broker oder technische Sachverständige, auf deren Schätzung oder Besichtigungsbericht im Gutachten Bezug genommen wird.

(2) Gutachten von bei der Pfandbriefbank angestellten Gutachtern dürfen nur dann der Schiffsbeleihungswertermittlung zugrunde gelegt werden, wenn die betreffenden Gutachter im Rahmen der Aufbauorganisation der Pfandbriefbank nur der Geschäftsleitung verantwortlich sind oder ausschließlich Teil einer Gutachtereinheit sind, die unmittelbar der Geschäftsleitung unterstellt ist, oder Teil einer alle betreffenden Gutachter zusammenfassenden Einheit und auch im Übrigen bis einschließlich der Ebene der Geschäftsleitung nicht einem Bereich der Pfandbriefbank zugeordnet sind, in dem Schiffskreditgeschäfte entweder angebahnt oder zum Gegenstand des einzigen Votums gemacht werden.

Teil 3

Wertermittlungsverfahren

§ 9 Aktueller Marktwert

(1) Der aktuelle Marktwert ist der geschätzte Betrag, für welchen ein Schiff am Bewertungsstichtag zwischen einem verkaufsbereiten Verkäufer und einem kaufbereiten Erwerber, nach angemessenem Vermarktungszeitraum, in einer Transaktion im gewöhnlichen Geschäftsverkehr verkauft werden könnte, wobei jede Partei mit Sachkenntnis, Umsicht und ohne Zwang handelt.

(2) Für die Ermittlung des aktuellen Marktwerts ist von einem charterfreien Schiff auszugehen. Wenn aus den Verkäufen gleichartiger Schiffe ein Basispreis abgeleitet worden ist, ist dieser den Besonderheiten des zu bewertenden Schiffes anzupassen.

§ 10 Durchschnittlicher Marktwert

Der durchschnittliche Marktwert ist der Durchschnittsbetrag der Marktwerte eines gleichartigen Schiffes für die zugrunde zu legenden letzten Kalenderjahre vor dem Jahr der Wertermittlung.

§ 11 Neubaupreis

Der Neubaupreis ist der mit der Werft vertraglich vereinbarte Baupreis zuzüglich Nebenkosten wie Bauzeitenzinsen, Kosten der Bauaufsicht sowie der Erstausrüstung, sofern die Nebenkosten angemessen und üblich sind.

§ 12 Kaufpreis

Der Kaufpreis ist der vertraglich vereinbarte Preis für den Erwerb des zu bewertenden Schiffes. Kaufpreis ist auch der Preis, der für den Erwerb eines Bauvertrags über ein Schiffsbauwerk oder ein in Zukunft zu bauendes Schiff vereinbart wird.

§ 13 Wertermittlung bei Schiffsbauwerken

Bei Schiffsbauwerken ist als Schiffsbeleihungswert der Zustandswert zu ermitteln. Der Zustandswert entspricht dem Bautenstand, der durch einen technischen Sachverständigen oder die Werft schriftlich zu bestätigen ist. Im Rahmen der Beleihungswertermittlung sind die Baubeschreibungen, die Bauzeichnungen und die mit der Werft geschlossenen Verträge einzusehen.

Teil 4

Überprüfung der Schiffsbeleihungswertermittlung und Inkrafttreten

§ 14 Wertermittlung bei Schiffsbauwerken

Überprüfung der Grundlagen der Schiffsbeleihungswertermittlung

(1) Bestehen Anhaltspunkte, dass sich die Grundlagen der Schiffsbeleihungswertermittlung nicht nur unerheblich verschlechtert haben, sind diese zu überprüfen. Dies gilt insbesondere dann, wenn das allgemeine Preisniveau auf dem jeweiligen Schiffsmarkt in einem die Sicherheit der Beleihung gefährdenden Umfang gesunken ist. Der Schiffsbeleihungswert ist bei Bedarf zu mindern.

(2) Soweit nach anderen Vorschriften eine weitergehende Verpflichtung zur Überprüfung des Schiffsbeleihungswerts besteht, bleibt diese unberührt.

§ 15 Inkrafttreten

Diese Verordnung tritt am 1. Juli 2008 in Kraft.

Bonn, den 6. Mai 2008

Der Präsident der Bundesanstalt für Finanzdienstleistungsaufsicht
Sanio

4. Pfandbrief-Barwertverordnung

Verordnung über die Sicherstellung der jederzeitigen Deckung von Hypothekenpfandbriefen, Öffentlichen Pfandbriefen, Schiffspfandbriefen und Flugzeugpfandbriefen nach dem Barwert und dessen Berechnung bei Pfandbriefbanken (PfandBarwertV)

In der Fassung der Bekanntmachung vom: 14. Juli 2005 (BGBl. I S. 2165)
Zuletzt geändert durch: Artikel 4 des Gesetzes vom 19. November 2010 (BGBl. I S. 1592)

Auf Grund des § 4 Abs. 6 des Pfandbriefgesetzes vom 22. Mai 2005 (BGBl. I S. 1373) in Verbindung mit § 1 Nr. 4 der Verordnung zur Übertragung von Befugnissen zum Erlass von Rechtsverordnungen auf die Bundesanstalt für Finanzdienstleistungsaufsicht vom 13. Dezember 2002 (BGBl. 2003 I S. 3), der zuletzt durch Artikel 11 des Gesetzes vom 22. Mai 2005 (BGBl. I S. 1373) geändert worden ist, verordnet die Bundesanstalt für Finanzdienstleistungsaufsicht im Einvernehmen mit dem Bundesministerium der Justiz nach Anhörung der Spitzenverbände der Kreditwirtschaft:

§ 1 Begriffsbestimmungen

Im Sinne dieser Verordnung ist

1. „Barwert“ die Summe aller mittels jeweils marktüblicher Zinskurven auf den aktuellen Tag abgezinsten Zahlungsströme und

2. „Wechselkurs“ der Wert einer Fremdwährungseinheit, wie er sich auf der Grundlage der aktuellen, von der Europäischen Zentralbank täglich veröffentlichten Euro-Referenzkurse ergibt.

Bei der Umrechnung von Währungen, für die kein Euro-Referenzkurs veröffentlicht wird, sind die aktuellen Mittelkurse aus feststellbaren An- und Verkaufskursen zugrunde zu legen.

§ 2 Barwertdeckungsrechnung

Die Barwerte der im Umlauf befindlichen Hypothekenpfandbriefe, Öffentlichen Pfandbriefe, Schiffspfandbriefe und Flugzeugpfandbriefe (Pfandbriefe) und der zu ihrer Deckung verwendeten Werte sind für jede Pfandbriefgattung gesondert bankarbeitstäglich zu ermitteln und abzugleichen. Der Abgleich ist durch Abzug des Barwertes der im Umlauf befindlichen Pfandbriefe einer Gattung vom Barwert der zu ihrer Deckung verwendeten Werte vorzunehmen. Ergibt sich hieraus ein negativer Betrag, ist dieser unverzüglich in Form zusätzlicher Deckungswerte barwertig auszugleichen.

§ 3 Ermittlung der aktuellen Barwerte

(1) Für die Ermittlung der Barwerte ist die alleinige Verwendung der währungsspezifischen Zinskurve für Swapgeschäfte zulässig. Derivate sind abweichend von Satz 1 mit ihrem aktuellen Marktpreis zu berücksichtigen, der durch eine vom Handel weisungsunabhängige Stelle, welche alle zur Ermittlung des Marktpreises notwendigen organisatorischen, materiellen und fachlichen Voraussetzungen erfüllt, zu ermitteln ist.

(2) Die Barwerte von Fremdwährungspositionen sind zum jeweils aktuellen Wechselkurs in Euro umzurechnen.

§ 4 Stresstest

Die Pfandbriefbank hat sicherzustellen, dass die barwertige Deckung nach § 4 Abs. 1 Satz 1 des Pfandbriefgesetzes auch im Falle von Zins- und Währungskursveränderungen gegeben ist. Hierzu hat sie das der Berechnung nach § 3 Abs. 1 zugrunde liegende Portfolio mindestens wöchentlich einem Stresstest nach Maßgabe der §§ 5 und 6 zu unterziehen. Ergibt sich bei dem anschließenden betragsmäßigen Abgleich des Wertes der im Umlauf befindlichen Pfandbriefe und der zu ihrer Deckung verwendeten Werte auf der Grundlage der in dem jeweiligen Stresstest ermittelten Barwerte eine barwertige Unterdeckung, so ist der höchste aus der Gesamtheit der Simulationen resultierende barwertige Fehlbetrag unverzüglich zusätzlich in die Deckungsmasse einzustellen. Eine Verminderung der Deckungsmasse darf nur vorgenommen werden, falls das Ergebnis des Stresstests auch danach keine barwertige Unterdeckung ausweist.

§ 5 Simulation der Auswirkung von Zinsveränderungen auf die Barwerte

(1) Zur Abbildung der Auswirkung von Zinsveränderungen sind die zur Barwertberechnung verwendeten Zinskurven nach Maßgabe eines statischen oder eines dynamischen Ansatzes um jeweils eine bestimmte Anzahl von Basispunkten nach oben und unten zu verschieben; sich ergebende negative Zinssätze sind auf null zu setzen. Im Anschluss daran sind für alle Bestandteile des der Berechnung nach § 3 Abs. 1 zugrunde liegenden Portfolios mittels der sich ergebenden neuen Zinskurven neue Barwerte zu ermitteln. Auf Fremdwährungspositionen ist anschließend § 6 anzuwenden.

1. Für den statischen Ansatz beträgt die Anzahl der Basispunkte 250.

2. Für den dynamischen Ansatz ist auf der jeweiligen Zinskurve eine dem Umfang und der Struktur des Geschäftes der Pfandbriefbank angemessene Anzahl und Verteilung von Laufzeiten auszuwählen, wobei deren Anzahl mindestens sechs betragen und die Laufzeiten 1 Monat, 1 Jahr, 5 Jahre, 7 Jahre, 10 Jahre und 15 Jahre umfassen muss. Für den Zinssatz jeder gewählten Laufzeit ist die Standardabweichung der Tagesdifferenzen der logarithmierten Zinssätze auf Basis des historischen Beobachtungszeitraumes der vorherigen 250 Bankarbeitstage zu bestimmen. Die Standardabweichung der jeweiligen Laufzeit ist anschließend unter Zugrundelegung eines einseitigen Konfidenzniveaus von 99 Prozent und einer Haltedauer des Portfolios von 6 Monaten mit dem Faktor 2,33 und der Quadratwurzel aus 125 zu multiplizieren. Die sich ergebenden Werte sind danach mit dem aktuellen Zinssatz der jeweiligen Laufzeit und im Anschluss daran mit Faktor 100 zu multiplizieren. Um die so ermittelte Anzahl von Basispunkten, mindestens jedoch um 100 Basispunkte, ist an der dazugehörigen Laufzeit die zugrunde gelegte Zinskurve nach oben und unten zu verschieben. Zur Konstruktion der neuen Zinskurven werden die derart ermittelten neuen Zinssätze interpoliert.

(2) Abweichend von Absatz 1 darf auch ein Risikowert in Ansatz gebracht werden. Dieser ist mittels eines eigenen Risikomodells zu ermitteln, dessen Eignung die Bundesanstalt für Finanzdienstleistungsaufsicht (Bundesanstalt) auf Grundlage einer Prüfung nach § 44 Abs. 1 Satz 2 des Kreditwesengesetzes schriftlich bestätigt hat. § 313 Absatz 3 Satz 1 der Solvabilitätsverordnung gilt mit den folgenden Maßgaben entsprechend:

1. Zur Anpassung an die Anforderungen des dynamischen Ansatzes müssen die gewählten Laufzeiten mindestens die in Absatz 1 Nr. 2 genannten Laufzeiten beinhalten.

2. Der mittels des Risikomodells geschätzte Risikowert ist von einer Haltedauer von 10 Tagen auf 125 Tage durch Multiplikation mit Quadratwurzel 125 und Division mit Quadratwurzel 10 hochzuskalieren.

3. Währungsrisiken, die im Rahmen der Schätzung des Risikowertes nicht mindestens gemäß den Anforderungen des § 6 berücksichtigt werden, sind entsprechend den dort genannten Anforderungen zusätzlich einzubeziehen.

4. Der nach § 3 ermittelte Barwert der Deckungsmasse ist um den ermittelten Risikowert zu verringern.

(3) Das einmal gewählte Verfahren ist durchgehend für alle Berechnungen anzuwenden.

§ 6 Simulation der Auswirkung von Währungsveränderungen auf die Barwerte

(1) Für Fremdwährungspositionen gleicher Währung ist ein Nettobarwert zu bestimmen, der der Differenz der gemäß § 5 Abs. 1 ermittelten Barwerte der Fremdwährungsaktivpositionen und Fremdwährungspassivpositionen entspricht. Im Falle eines positiven Nettobarwertes sind Abschläge, im Falle eines negativen Nettobarwertes sind Aufschläge nach Maßgabe des Absatzes 2 zu berücksichtigen.

(2) Die Berechnung der nach Absatz 1 vorzunehmenden Abschläge oder Aufschläge muss nach einem statischen oder einem dynamischen Ansatz erfolgen. Das einmal gewählte Verfahren ist durchgehend für alle Berechnungen anzuwenden.

1. Für den statischen Ansatz sind auf die aktuellen Wechselkurse der jeweiligen Fremdwährungseinheit folgende prozentuale Abschläge oder Aufschläge vorzunehmen:

a) 10 Prozent bei Währungen anderer Mitgliedstaaten der Europäischen Union, anderer Vertragsstaaten des Abkommens über den Europäischen Wirtschaftsraum und der Schweiz,

b) 15 Prozent bei Währungen anderer europäischer Vollmitgliedstaaten der Organisation für wirtschaftliche Zusammenarbeit und Entwicklung

c) 20 Prozent bei den Währungen der Vereinigten Staaten von Amerika, Kanada und Japan,

d) mindestens 25 Prozent bei Währungen sonstiger Staaten.

1. Für den dynamischen Ansatz ist die Standardabweichung der Tagesdifferenzen der logarithmierten jeweiligen Wechselkurse auf Basis des historischen Beobachtungszeitraumes der vorherigen 250 Bankarbeitstage zu bestimmen. Die Standardabweichung des jeweiligen Wechselkurses ist anschließend unter Zugrundelegung eines einseitigen Konfidenzniveaus von 99 Prozent und einer Haltedauer des Portfolios von 6 Monaten mit dem Faktor 2,33 und der Quadratwurzel aus 125 zu multiplizieren. Der sich ergebende Wert ist mit dem aktuellen Wechselkurs der jeweiligen Fremdwährung zu multiplizieren. Das Ergebnis entspricht dem Abschlag oder Aufschlag, der auf den aktuellen Wechselkurs vorzunehmen ist.

§ 7 Dokumentationspflichten

(1) Jede Pfandbriefbank ist verpflichtet,

1. das Verfahren zur Bewertung von Derivaten nach § 3 Abs. 1 Satz 2 sowie spätere Veränderungen dieses Verfahrens,

2. das Verfahren zur Ermittlung der Standardabweichung sowie das Interpolationsverfahren nach § 5 Abs. 1 Nr. 2,

3. die Art und Weise der Berücksichtigung oder Einbeziehung der Währungsrisiken nach § 5 Abs. 2 Nr. 3 und

4. das Verfahren zur Ermittlung der Standardabweichung nach § 6 Abs. 2 Nr. 2 zu dokumentieren.

(2) Die Dokumentationen sind von der Pfandbriefbank dauerhaft aufzubewahren.

§ 8 Methodenwechsel

Die Pfandbriefbank darf das von ihr einmal gewählte Berechnungsverfahren nur mit Zustimmung der Bundesanstalt wechseln. Als Wechsel gilt dabei nicht nur die Wahl eines anderen vorgegebenen Berechnungsverfahrens, sondern ebenso der Wechsel von Parametern und Verfahren innerhalb des jeweils angewandten Berechnungsverfahrens. Bei Verwendung eigener Risikomodelle gilt Satz 2 zweiter

Halbsatz mit der Einschränkung, dass unbeschadet des § 313 der Solvabilitätsverordnung eine Zustimmung nur hinsichtlich des Wechsels der in § 5 Abs. 2 genannten Parameter erforderlich ist. Die Zustimmung kann nur erteilt werden, wenn die Pfandbriefbank nachvollziehbar darlegt, dass die geänderte Methode zu einer Verbesserung der Ergebnisqualität führt.

§ 9 Übergangsbestimmungen

(1) Pfandbriefbanken, die eine Anzeige nach § 51 des Pfandbriefgesetzes abgegeben haben, haben für die von dieser Anzeige erfassten Pfandbriefe und die zu deren Deckung verwendeten Werte die jeweiligen Vorschriften der Pfandbrief-Barwertverordnung vom 19. Dezember 2003 (BGBl. I S. 2815) oder der Hypothekenpfandbrief- Barwertverordnung vom 19. Dezember 2003 (BGBl. I S. 2818) weiter anzuwenden.

(2) Pfandbriefbanken, die bereits vor Inkrafttreten des Pfandbriefgesetzes Schiffspfandbriefe oder Kommunalschuldverschreibungen nach § 1 des Schiffsbankgesetzes begeben haben, dürfen die nach § 4 Abs. 2 Satz 1 des Pfandbriefgesetzes erforderliche Berechnung zur Sicherstellung der jederzeitigen Deckung dieser Pfandbriefe nach dem Barwert noch bis zum 30. November 2005 nach einem anderen geeigneten Verfahren durchführen.

§ 10 Inkrafttreten, Außerkrafttreten

Diese Verordnung tritt am Tag nach der Verkündung in Kraft. Gleichzeitig treten außer Kraft:

1. die Pfandbrief-Barwertverordnung vom 19. Dezember 2003 (BGBl. I S. 2815) und
2. die Hypothekenpfandbrief-Barwertverordnung vom 19. Dezember 2003 (BGBl. I S. 2818).

5. Deckungsregisterverordnung

Verordnung über die Form und den Inhalt der Deckungsregister nach dem Pfandbriefgesetz und die Aufzeichnung der Eintragungen (DeckRegV)

In der Fassung der Bekanntmachung vom: 25. August 2006 (BGBl. I S. 2074)
Zuletzt geändert durch: Artikel 7 des Gesetzes vom 20. März 2009 (BGBl. I S. 607)

Auf Grund des § 5 Abs. 3 des Pfandbriefgesetzes vom 22. Mai 2005 (BGBl. I S. 1373) in Verbindung mit § 1 Nr. 4 der Verordnung zur Übertragung von Befugnissen zum Erlass von Rechtsverordnungen auf die Bundesanstalt für Finanzdienstleistungsaufsicht vom 13. Dezember 2002 (BGBl. 2003 I S. 3), § 1 Nr. 4 zuletzt geändert durch Artikel 7 Nr. 1 des Gesetzes vom 22. Juni 2005 (BGBl. I S. 1698), verordnet die Bundesanstalt für Finanzdienstleistungsaufsicht im Einvernehmen mit dem Bundesministerium der Justiz nach Anhörung der Spitzenverbände der Kreditwirtschaft:

Teil 1
Anwendungsbereich; allgemeine Vorschriften

§ 1 Anwendungsbereich; Begriffsbestimmungen

(1) Diese Verordnung regelt die Anforderungen an Form und Inhalt der Deckungsregister nach § 5 Abs. 1 Satz 1 des Pfandbriefgesetzes, die Form der Aufzeichnungen und Bestätigungen nach § 5 Abs. 2 des Pfandbriefgesetzes, die Art und Weise der Übermittlung der Aufzeichnungen sowie die Aufbewahrung der Aufzeichnungen durch die Bundesanstalt für Finanzdienstleistungsaufsicht (Bundesanstalt).

(2) Eintragungen im Sinne dieser Verordnung sind auch Löschungsvermerke.

§ 2 Form der Deckungsregister; Eintragungen

(1) Deckungsregister können nach Maßgabe des Teils 3 in Papierform oder als elektronische Register geführt werden.

(2) Eintragungen dürfen nur durch von der Pfandbriefbank besonders ermächtigte Personen vorgenommen werden; die Ermächtigung und etwaige Veränderungen sind zu dokumentieren. Die Dokumentation ist für jede Person mindestens fünf Jahre nach Widerruf der Ermächtigung aufzubewahren.

§ 3 Schutz der Deckungsregister

Deckungsregister sind vor unberechtigtem Zugriff sowie vor Beschädigung oder Zerstörung durch äußere Einwirkungen wie Feuer oder Wasser besonders zu schützen.

§ 4 Haupt- und Unterregister

(1) Für jede Pfandbriefgattung im Sinne von § 1 Abs. 1 Satz 2 Nr. 1 bis 4 des Pfandbriefgesetzes ist ein gesondertes Deckungsregister zu führen. Macht die Pfandbriefbank von der Möglichkeit des § 51 des Pfandbriefgesetzes Gebrauch, ist das bisherige für die betroffene Pfandbriefgattung geführte Deckungsregister neben dem nach Satz 1 zu führenden Deckungsregister zu führen. Jedes Deckungsregister muss die Bezeichnung der Pfandbriefbank und die Überschrift „Deckungsregister“, verbunden mit der Angabe der Pfandbriefgattung, tragen.

(2) Neben dem jeweiligen Hauptregister ist für Ansprüche aus Derivategeschäften im Sinne des § 19 Abs. 1 Nr. 4 des Pfandbriefgesetzes ein Unterregister nach § 13 zu führen. Für Deckungswerte im Sinne des § 18 Abs. 1 zweiter Fall (ausländische Sicherungsrechte), des § 19 Abs. 1 Nr. 1 bis 3 und des § 20 Abs. 2 Nr. 1 und 2 des Pfandbriefgesetzes können weitere Unterregister geführt werden. Die Zugehörigkeit der Unterregister zum jeweiligen Deckungsregister ist durch die Überschrift „Unterregister zum Deckungsregister“ unter Zusatz der Pfandbriefgattung kenntlich zu machen. Im Hauptregister ist anzugeben, welche Unterregister als Bestandteile des Deckungsregisters geführt werden.

(3) Werden Unterregister nach § 5 Abs. 1 Satz 4 des Pfandbriefgesetzes angelegt, ist durch eine Eintragung im Deckungsregister auf das Unterregister hinzuweisen. Der Hinweis muss die Art der im Unterregister eingetragenen Deckungswerte bezeichnen. Die in das Unterregister eingetragenen Deckungswerte sind mit laufenden Nummern innerhalb des Unterregisters zu versehen. Die Eintragungen müssen die Informationen nach den §§ 9 bis 14 enthalten und sollen die in den Anlagen 1 bis 3 vorgesehenen Inhalte der Formulare DR 1, DR 2 und DR 3 in übersichtlicher Form wiedergeben.

§ 5 Vollständigkeit des Deckungsregisters

(1) Eintragungen dürfen, sofern es sich nicht um Schreibfehler, Rechnungsfehler oder ähnliche offenbare Unrichtigkeiten handelt, nicht nachträglich verändert werden.

(2) Eintragungen sind in der Weise dauerhaft vorzunehmen, dass etwaig vorgenommene spätere Änderungen jederzeit erkennbar sind. Durch technische und organisatorische Maßnahmen ist sicherzustellen, dass der ursprüngliche Inhalt weiterhin feststellbar bleibt.

Teil 2

Zusätzliche Anforderungen bei elektronischer Registerführung

§ 6 Allgemeine Anforderungen

(1) Der Inhalt eines elektronisch geführten Deckungsregisters muss auf Dauer unverändert in lesbarer Form wiedergabefähig sowie auf Dauer revisionssicher archiviert sein.

(2) Der Inhalt des elektronischen Deckungsregisters muss auf dem Bildschirm und in Ausdrucken in einer Weise sichtbar gemacht werden können, die die Eintragungen nach Form und Inhalt vollständig abbildet. Das elektronische Deckungsregister muss jederzeit vollständig ausgedruckt werden können.

§ 7 Technische und organisatorische Maßnahmen zur Gewährleistung von Datenschutz und Datensicherheit

(1) Die eingesetzten Datenverarbeitungssysteme müssen dem Stand der Technik und den Anforderungen der Anlage zu § 9 Satz 1 des Bundesdatenschutzgesetzes entsprechen. Insbesondere müssen sie gewährleisten, dass

1. ihre Funktionen nur genutzt werden können, wenn sich der Benutzer dem System gegenüber sicher ausweist (Identifikation und Authentisierung),

2. die eingeräumten Benutzungsrechte im System verwaltet werden (Berechtigungsverwaltung),

3. die eingeräumten Benutzungsrechte vom System geprüft werden (Berechtigungsprüfung),

4. sämtliche Zugriffe (Eingeben, Lesen, Kopieren, Ändern, Löschen, Sperren) revisionssicher protokolliert werden (Revisionsfähigkeit),

5. eingesetzte Systeme ohne Sicherheitsrisiken wiederhergestellt werden können (Wiederaufbereitung),

6. etwaige Verfälschungen der gespeicherten Daten durch technische Prüfmechanismen unverzüglich bemerkt werden können (Unverfälschtheit) und

7. auftretende Fehlfunktionen unverzüglich gemeldet werden (Verlässlichkeit).

(2) Die Pfandbriefbank hat mindestens eine vollständige Sicherungskopie jedes elektronisch geführten Deckungsregisters aufzubewahren. Die Sicherungskopie ist auf einem anderen Datenträger zu speichern als das Deckungsregister und mindestens am Ende eines jeden Arbeitstages auf den Stand zu bringen, den das Deckungsregister zu diesem Zeitpunkt hat.

Teil 3

Inhalt der Eintragungen

§ 8 Allgemeine Anforderungen

(1) Es ist sicherzustellen, dass Deckungswerte erst eingetragen werden, wenn sämtliche Voraussetzungen für deren Indeckungnahme vorliegen. Rückdatierte Eintragungen sind nicht zulässig.

(2) Jeder Deckungswert ist mit einer innerhalb des Deckungsregisters fortlaufenden Nummer einzutragen. Die Nummer darf nach Löschung des Deckungswerts nicht erneut vergeben werden.

(3) Eine Spalte der Haupt- und Unterregister ist jeweils für solche Bemerkungen vorzusehen, die zur eindeutigen rechtlichen Zuordnung des Deckungswerts neben den übrigen Angaben erforderlich sind oder die Zuordnung erheblich erleichtern können.

§ 9 Eintragung im Inland belegener Hypotheken und Grundschulden

Eintragungen im Inland belegener Hypotheken und Grundschulden sind entsprechend des in Anlage 1 dargestellten Formulars DR 1 in folgender Weise vorzunehmen:

1. Die Spalten 1 bis 4 sind mit „Bezeichnung des Deckungswerts" zu überschreiben. In Spalte 1 sind unter Buchstabe a die laufende Nummer innerhalb des Deckungsregisters, unter Buchstabe b das von der Pfandbriefbank vergebene Aktenzeichen und unter Buchstabe c das Eintragungsdatum anzugeben.

2. In Spalte 2a ist das belastete Grundstück oder grundstücksgleiche Recht einzutragen. Es kann entweder die Bezeichnung aus dem Bestandsverzeichnis des Grundbuchs übernommen oder auf das Grundbuchblatt verwiesen werden. In letzterem Falle ist zusätzlich die Anschrift des Grundstücks anzugeben. In Spalte 2b ist der bei der Indeckungnahme angenommene Beleihungswert einzutragen.

3. In Spalte 3 ist das Grundpfandrecht einzutragen. Anzugeben sind die laufende Nummer, unter der das Grundpfandrecht in das Grundbuch eingetragen ist, die Währung und der im Grundbuch eingetragene Nennbetrag.

4. Sofern es sich nicht um eine Hypothek handelt, ist in Spalte 4 zusätzlich die gesicherte persönliche Forderung einzutragen. Anzugeben sind der Schuldner, die Währung, der Nominalbetrag und, sofern abweichend vom Aktenzeichen in Spalte 1 Buchstabe b, die Darlehensnummer.

5. Löschungsvermerke sind in Spalte 5 einzutragen. Anzugeben sind die Spaltennummer und gegebenenfalls der Betrag der zu löschenden Eintragung sowie das Datum der Löschung. Sofern die Löschung an gesonderter Stelle im Register vermerkt wird, sind hierzu neben dem Löschungsvermerk in Spalte 5 zumindest auch die Angaben des zu löschenden Deckungswerts in den Spalten 1 und 2a zu wiederholen. Die Unterschrift des Treuhänders nach § 8 Abs. 4 Satz 2 Halbsatz 2 des Pfandbriefgesetzes muss dem jeweiligen Löschungsvermerk der Pfandbriefbank eindeutig zugeordnet sein. Bei eindeutiger Bezeichnung des zu löschenden Deckungswerts kann die Zustimmung des Treuhänders auch auf einem gesonderten Blatt, das nicht Bestandteil des Deckungsregisters ist, erfolgen.

6. Ist der Deckungswert in ein Refinanzierungsregister nach § 22a oder § 22b des Kreditwesengesetzes eingetragen, ist dies in Spalte 6 zu vermerken. Das registerführende Unternehmen und der Zeitpunkt der Eintragung in das Refinanzierungsregister sind anzugeben.

7. Sind eingetragene Werte nach § 5 Abs. 1a Satz 1 des Pfandbriefgesetzes nur teilweise zur Deckung der Pfandbriefe bestimmt, sind genaue Angaben über den Umfang des zur Deckung bestimmten Teils und seines Rangs gegenüber dem nicht zur Deckung bestimmten Teil in Spalte 6 zu vermerken.

8. Werden eingetragene Werte nach § 5 Abs. 1a Satz 4 des Pfandbriefgesetzes ganz oder teilweise von der Pfandbriefbank als Treuhänder verwaltet, sind genaue Angaben über den Gläubiger des Übertragungsanspruchs in Spalte 6 zu vermerken; bei teilweiser treuhänderischer Verwaltung gilt Nummer 7 entsprechend.

§ 10 Eintragung ausländischer Sicherungsrechte

(1) Eintragungen ausländischer Sicherungsrechte sind entsprechend den Eintragungen im Inland belegener Hypotheken und Grundschulden nach § 9 vorzunehmen.

(2) Soweit die Bezeichnungen der Grundstücke oder grundstücksgleichen Rechte oder die Bezeichnungen der ausländischen Sicherungsrechte in den jeweiligen öffentlichen Registern von den Bezeichnungen nach der Grundbuchordnung abweichen, sind die tatsächlich in den öffentlichen Registern verwendeten Bezeichnungen zu verwenden. Die Spalten 2a und 3 des Formulars DR 1 sind entsprechend anzupassen. Sofern die Spalten 2a und 3 für die danach erforderlichen Eintragungen aufgrund

der örtlichen Besonderheiten bei der Eintragung in die öffentlichen Register nicht ausreichen, können Beiblätter hinzugefügt werden, die Teil des Deckungsregisters werden. Die Beiblätter sind mit der laufenden Nummer aus Spalte 1 Buchstabe a zu kennzeichnen.

(3) Soweit im Ausland belegene Grundstücke nicht in öffentlichen Registern erfasst sind, sind die Anschrift, die Größe sowie diejenigen, innerhalb der jeweiligen Rechtsordnung gebräuchlichen Angaben einzutragen, die eine eindeutige Identifizierung des Grundstücks ermöglichen.

§ 11 Eintragung von Deckungswerten nach § 20 Abs. 1 des Pfandbriefgesetzes

Eintragungen von Deckungswerten nach § 20 Abs. 1 des Pfandbriefgesetzes sind entsprechend des in Anlage 2 dargestellten Formulars DR 2 in folgender Weise vorzunehmen:

1. Die Spalten 1 bis 3 sind mit „Bezeichnung des Deckungswerts" zu überschreiben. In Spalte 1 sind unter Buchstabe a die laufende Nummer der Eintragung im Deckungsregister, unter Buchstabe b das institutsinterne Aktenzeichen und unter Buchstabe c das Eintragungsdatum einzutragen.

2. In Spalte 2 ist der Schuldner unter Angabe der Darlehensnummer, im Fall von Wertpapieren der Wertpapierkennnummer, einzutragen.

3. In Spalte 3 sind die Währung und der Nennbetrag der Forderung sowie in Fällen der vollen Gewährleistung die Stelle, welche die Genehmigung oder Gewährleistung ausgesprochen hat, anzugeben.

4. Löschungsvermerke sind unter Angabe des Datums in Spalte 4 einzutragen. Sofern die Löschung an gesonderter Stelle im Register vermerkt wird, sind hierzu neben dem Löschungsvermerk in Spalte 4 zumindest auch die Angaben des zu löschenden Werts in den Spalten 1 und 2 zu wiederholen. § 9 Nr. 5 Satz 4 und 5 gilt entsprechend.

§ 12 Eintragung von Deckungswerten nach § 21 und § 26 Abs. 1 Nr. 1 des Pfandbriefgesetzes

(1) Eintragungen von Deckungswerten nach § 21 und § 26 Abs. 1 Nr. 1 des Pfandbriefgesetzes sind vorbehaltlich des Absatzes 2 entsprechend § 9 vorzunehmen.

(2) In Spalte 2a tritt an die Stelle der Bezeichnung des belasteten Grundstücks die Bezeichnung des beliehenen Schiffes oder Schiffsbauwerks im öffentlichen Register sowie die Bezeichnung des Registers und der Registerstelle. Im Fall von dinglichen Sicherungsrechten nach § 22 Abs. 5 des Pfandbriefgesetzes, die nicht zur Sicherung einer persönlichen Forderung dienen, sowie im Fall von abstrakten Schuldversprechen oder Schuldanerkenntnissen, die durch Schiffshypotheken gesichert sind, sind die zugrunde liegenden Darlehensforderungen in Spalte 4 einzutragen. § 9 Nr. 4 Satz 2 gilt entsprechend.

§ 12a Eintragung von Deckungswerten nach den §§ 26a und 26f Abs. 1 Nr. 1 des Pfandbriefgesetzes

(1) Die Eintragung von Deckungswerten nach den §§ 26a und 26f Abs. 1 Nr. 1 des Pfandbriefgesetzes ist vorbehaltlich Absatz 2 entsprechend § 9 vorzunehmen.

(2) In Spalte 2a tritt an die Stelle der Bezeichnung des belasteten Grundstücks die Bezeichnung des beliehenen Flugzeuges im öffentlichen Register sowie die Bezeichnung des Registers und der Registerstelle. Im Falle von dinglichen Rechten nach § 26b Abs. 5 des Pfandbriefgesetzes, die nicht zur Sicherung einer persönlichen Forderung dienen, sowie im Falle von abstrakten Schuldversprechen oder Schuldanerkenntnissen, die durch Registerpfandrechte nach § 1 des Gesetzes über Rechte an Luftfahrzeugen oder durch ausländische Flugzeughypotheken gesichert sind, sind die zugrunde liegenden Darlehensforderungen in Spalte 4 einzutragen. § 9 Nr. 4 Satz 2 gilt entsprechend.

§ 13 Eintragung von Ansprüchen aus Derivategeschäften

Die Eintragung der Ansprüche aus Derivategeschäften in das jeweilige Unterregister ist entsprechend des in Anlage 3 dargestellten Formulars DR 3 durch Eintragung der einbezogenen Derivate in folgender Weise vorzunehmen:

1. Die Spalten 1 bis 8 sind mit „Bezeichnung des Deckungswerts" zu überschreiben. Spalte 1 enthält unter Buchstabe a die laufende Nummer innerhalb des Deckungsregisters und unter Buchstabe b das Eintragungsdatum, Spalte 2 die Registrierungsnummer der Pfandbriefbank.
2. In Spalte 3 sind Name und Anschrift des Vertragspartners einzutragen.
3. Spalte 4 enthält die Bezeichnung des Produktes sowie produktspezifische Angaben wie die Beträge und Währungen des Kapitaltausches, Höhe der Zinssätze sowie gegebenenfalls weitere Angaben, die zur eindeutigen Identifizierung des Vertrages erforderlich sind.
4. In Spalte 5 wird die Registrierungsnummer des Vertragspartners eingetragen.
5. Spalte 6 enthält unter Buchstabe a das Datum des Einzelabschlusses, unter Buchstabe b die Laufzeit und unter Buchstabe c die Fälligkeit.
6. In Spalte 7 sind die Vermögenswerte einzutragen, die der Pfandbriefbank vom Vertragspartner als Sicherheit für Ansprüche aus dem Derivategeschäft gestellt worden sind.
7. In Spalte 8 kann der Treuhänder seine nach § 5 Abs. 1 Satz 2 des Pfandbriefgesetzes erforderliche Zustimmung durch Namensunterschrift erteilen. Bei eindeutiger Bezeichnung des Derivats kann die Zustimmung des Treuhänders auch auf einem gesonderten Blatt, das nicht Bestandteil des Deckungsregisters ist, erfolgen.
8. Löschungsvermerke sind unter Angabe des Datums in Spalte 9 einzutragen. Sofern die Löschung an gesonderter Stelle im Register vermerkt wird, sind hierzu neben dem Löschungsvermerk in Spalte 9 zumindest auch die Angaben des zu löschenden Werts in den Spalten 1 bis 3 und 6 zu wiederholen. § 9 Nr. 5 Satz 4 und 5 gilt entsprechend.

§ 14 Eintragung von Deckungswerten nach § 4 Abs. 1 Satz 2, § 19 Abs. 1 Nr. 1 und 2, § 20 Abs. 2 Nr. 2 sowie § 26f Abs. 1 Nr. 2 und 3 des Pfandbriefgesetzes

Eintragungen von Deckungswerten nach § 4 Abs. 1 Satz 2, § 19 Abs. 1 Nr. 1 und 2, § 20 Abs. 2 Nr. 2 sowie § 26f Abs. 1 Nr. 2 und 3 des Pfandbriefgesetzes sind grundsätzlich entsprechend § 11 vorzunehmen, soweit nicht die eindeutige Identifizierung der Deckungswerte anderweitige oder zusätzliche Angaben erfordert. Im Fall von Deckungswerten nach § 4 Abs. 1 Satz 2 Nr. 1 des Pfandbriefgesetzes ist zusätzlich die besondere Schuldform kenntlich zu machen. Im Fall des § 4 Abs. 1 Satz 2 Nr. 3 des Pfandbriefgesetzes sind anstelle des Schuldners die kontoführende Bank und die Kontonummer zu nennen.

Teil 4

Aufzeichnungen und Bestätigungen nach § 5 Abs. 2 des Pfandbriefgesetzes

§ 15 Form der Aufzeichnung und Übermittlung

(1) Die Aufzeichnung nach § 5 Abs. 2 des Pfandbriefgesetzes hat sämtliche Eintragungen, welche während des letzten Kalenderhalbjahres in den Deckungsregistern vorgenommen worden sind, vollständig wiederzugeben. Die einzelnen Seiten der Aufzeichnung sind fortlaufend zu nummerieren und in geeigneter Weise fest miteinander zu verbinden.

(2) Führt die Pfandbriefbank ein elektronisches Deckungsregister, kann die Aufzeichnung hergestellt werden, indem die Eintragungen des letzten Kalenderhalbjahres zusammenhängend ausgedruckt

werden. Der Ausdruck ist als solcher zu kennzeichnen und mit dem Datum des Datenabrufs zu versehen.

(3) Die Eintragungen können auch mittels geeigneter, nicht mehr als einmal beschreibbarer Datenträger übermittelt werden. Werden in diesem Fall die Deckungsregister vollständig übermittelt, sind die Eintragungen des letzten Kalenderhalbjahres besonders kenntlich zu machen.

§ 16 Treuhänderbestätigung

(1) Der Treuhänder hat zu bestätigen, dass die Aufzeichnung nach § 5 Abs. 2 des Pfandbriefgesetzes die Eintragungen des letzten Kalenderhalbjahres vollständig wiedergibt und mit ihnen inhaltlich übereinstimmt. Auch im Fall der Übermittlung der vollständigen Deckungsregister nach § 15 Abs. 3 Satz 2 bezieht sich die Bestätigung nur auf diese Eintragungen.

(2) Der Treuhänder kann sich von der Vollständigkeit und inhaltlichen Übereinstimmung auch mittels einer angemessenen Stichprobe überzeugen. Sofern er von dieser Möglichkeit Gebrauch macht, hat er dies im Rahmen seiner Bestätigung kenntlich zu machen. Die Stichprobe ist nachvollziehbar zu dokumentieren, die Angemessenheit ist zu begründen.

(3) Schreibfehler, Rechnungsfehler und ähnliche offenbare Unrichtigkeiten dürfen nur durch die Pfandbriefbank korrigiert werden.

(4) Die Bestätigung hat schriftlich zu erfolgen. Die §§ 126 und 126a des Bürgerlichen Gesetzbuchs finden entsprechende Anwendung. Im Fall der Übermittlung nach § 15 Abs. 3 hat der Treuhänder zusätzlich auf einem auf dem Datenträger anzubringenden Aufkleber, der so mit dem Datenträger dauerhaft verbunden sein muss, dass er sich nicht ohne erkennbare Beschädigungen wieder entfernen lässt, seine Namensunterschrift beizufügen.

§ 17 Aufbewahrung durch die Bundesanstalt

Die Bundesanstalt hat die Aufzeichnungen 50 Jahre aufzubewahren. Die Aufzeichnungen sind vor unberechtigtem Zugriff sowie vor Beschädigung oder Zerstörung durch äußere Einwirkungen besonders zu schützen. Die Befugnisse zum Zugriff auf die Aufzeichnungen sind auf bestimmte Mitarbeiter der Bundesanstalt zu beschränken.

Teil 5

Schlussbestimmungen

§ 18 Übergangsbestimmungen

(1) Deckungsregister, die die Institute bereits vor Inkrafttreten dieser Verordnung aufgrund gesetzlicher Vorschriften geführt haben und die eine eindeutige vermögensrechtliche Zuordnung der eingetragenen Deckungswerte ermöglichen, dürfen bis zum 31. Dezember 2006 in der bisherigen Weise fortgeführt werden. Danach gelten die Anforderungen dieser Verordnung nur für neu einzutragende Deckungswerte.

(2) Es ist zulässig, das elektronische Deckungsregister nur für die ab dem Zeitpunkt seiner Einführung hinzukommenden Deckungswerte zu führen. Der maßgebliche Zeitpunkt ist in dem in Papierform wie auch in dem elektronisch geführten Teil des Deckungsregisters anzugeben. Die Einheitlichkeit des Deckungsregisters ist durch deutliche Verweise auf die in Papierform fortgeführten Bestandteile herzustellen.

§ 19 Inkrafttreten

Diese Verordnung tritt am Tag nach Verkündung in Kraft.

Anlage 1
(zu § 9)

Formular DR 1
Deckungsregister (Hypotheken)

Bezeichnung des Deckungswerts											Löschungen			
1	2a	2b	3			4				5			6
a) lfd. Nr. b) AZ c) Datum	Bezeichnung des belasteten Grundstücks oder des grundstücksgleichen Rechts	Beleihungswert bei Indeckungnahme	Dingliche Sicherheit (Grundpfandrecht)			Gesicherte persönliche Forderung(en) (entbehrlich bei Hypothek) a), b) etc.				Spaltennummer der zu löschenden Eintragung	Betrag	Datum Unterschrift des Treuhänders	Bemerkungen
			lfd. Nr. in Abt. III	Währung	Nennbetrag	Schuldner	Währung	Betrag	ggf. Darl. Nr.				

Anlage 2
(zu § 11)

Formular DR 2
Deckungsregister (Kommunal)

Bezeichnung des Deckungswerts					Löschungen	
1	2	3			4	5
a) lfd. Nr. b) AZ c) Datum	Schuldner und Darlehensnummer bzw. Wertpapierkennnummer	Währung und Nennbetrag des Darlehens		ggf. Genehmigung bzw. Gewährleistung durch	a) gelöscht am b) Unterschrift des Treuhänders	Bemerkungen
		Währung	Betrag			

Anlage 3
(zu § 13)

Formular DR 3
Unterregister zum Deckungsregister (Hypotheken)/(Kommunal)/(Schiffshypotheken)
Unterregister für Ansprüche aus Derivategeschäften

Bezeichnung des Deckungswerts								Löschungen	
1	2	3	4	5	6	7	8	9	10
a) lfd. Nr. b) Datum	Registrierungsnummer der Pfandbriefbank	Name und Anschrift des Vertragspartners	Bezeichnung des Produktes Produktspezifische Angaben	Registrierungsnummer des Vertragspartners	a) Einzelabschluss vom b) Laufzeit c) Fälligkeit	Sicherheiten	Unterschrift des Treuhänders	Datum Unterschrift des Treuhänders	Bemerkungen
			• Beträge und Währungen des Kapitaltausches • Höhe der Zinssätze • ggf. weitere Angaben						

6. Kreditwesengesetz

Gesetz über das Kreditwesen (KWG)

Ausfertigungsdatum: 10.07.1961

Vollzitat: „Kreditwesengesetz in der Fassung der Bekanntmachung vom 9. September 1998 (BGBl. I S. 2776), das durch Artikel 2 des Gesetzes vom 9. Dezember 2010 (BGBl. I S. 1900) geändert worden ist"

Erster Abschnitt
Allgemeine Vorschriften

1. Kreditinstitute, Finanzdienstleistungsinstitute, Finanzholding-Gesellschaften, gemischte Finanzholding-Gesellschaften, Finanzkonglomerate, gemischte Unternehmen und Finanzunternehmen

§ 1 Begriffsbestimmungen

1) Kreditinstitute sind Unternehmen, die Bankgeschäfte gewerbsmäßig oder in einem Umfang betreiben, der einen in kaufmännischer Weise eingerichteten Geschäftsbetrieb erfordert. Bankgeschäfte sind

1. die Annahme fremder Gelder als Einlagen oder anderer unbedingt rückzahlbarer Gelder des Publikums, sofern der Rückzahlungsanspruch nicht in Inhaber- oder Orderschuldverschreibungen verbrieft wird, ohne Rücksicht darauf, ob Zinsen vergütet werden (Einlagengeschäft),

1a. die in § 1 Abs. 1 Satz 2 des Pfandbriefgesetzes bezeichneten Geschäfte (Pfandbriefgeschäft),

(...)

24) Refinanzierungsunternehmen sind Unternehmen, die zum Zwecke der eigenen Refinanzierung oder der Refinanzierung des Übertragungsberechtigten Gegenstände oder Ansprüche auf deren Übertragung aus ihrem Geschäftsbetrieb an Zweckgesellschaften, Refinanzierungsmittler, ein Kreditinstitut mit Sitz in einem Staat des Europäischen Wirtschaftsraums oder an eine in § 2 Abs. 1 Nr. 1 oder Nr. 3a genannte Einrichtung veräußern; unschädlich ist, wenn sie daneben wirtschaftliche Risiken weitergeben, ohne dass damit ein Rechtsübergang einhergeht.

25) Refinanzierungsmittler sind Kreditinstitute, die von Refinanzierungsunternehmen oder anderen Refinanzierungsmittlern Gegenstände aus dem Geschäftsbetrieb eines Refinanzierungsunternehmens oder Ansprüche auf deren Übertragung erwerben, um diese an Zweckgesellschaften oder Refinanzierungsmittler zu veräußern; unschädlich ist, wenn sie daneben wirtschaftliche Risiken weitergeben, ohne dass damit ein Rechtsübergang einhergeht.

26) Zweckgesellschaften sind Unternehmen, deren wesentlicher Zweck darin besteht, durch Emission von Finanzinstrumenten oder auf sonstige Weise Gelder aufzunehmen oder andere vermögenswerte Vorteile zu erlangen, um von Refinanzierungsunternehmen oder Refinanzierungsmittlern Gegenstände aus dem Geschäftsbetrieb eines Refinanzierungsunternehmens oder Ansprüche auf deren Übertragung zu erwerben; unschädlich ist, wenn sie daneben wirtschaftliche Risiken übernehmen, ohne dass damit ein Rechtsübergang einhergeht.

27) Multilaterale Entwicklungsbanken im Sinne dieses Gesetzes sind:

1. Internationale Bank für Wiederaufbau und Entwicklung,
2. Internationale Finanz-Corporation,
3. Multilaterale Investitionsgarantie-Agentur,
4. Interamerikanische Entwicklungsbank,

5. Afrikanische Entwicklungsbank,
6. Asiatische Entwicklungsbank,
7. Karibische Entwicklungsbank,
8. Nordische Investitionsbank,
9. Entwicklungsbank des Europarates,
10. Europäische Bank für Wiederaufbau und Entwicklung,
11. Europäische Investitionsbank,
12. Europäischer Investitionsfonds,
13. Interamerikanische Investitionsgesellschaft,
14. Schwarzmeer-Handels- und Entwicklungsbank,
15. Zentralamerikanische Bank für wirtschaftliche Integration,
16. Islamische Entwicklungsbank und
17. Internationale Finanzierungsfazilität für Impfungen.

28) Internationale Organisationen im Sinne dieses Gesetzes sind:

1. Europäische Gemeinschaft,
2. Internationaler Währungsfonds und
3. Bank für Internationalen Zahlungsausgleich.

§ 2 Ausnahmen

1) Als Kreditinstitut gelten vorbehaltlich der Absätze 2 und 3 nicht

1. die Deutsche Bundesbank;

2. die Kreditanstalt für Wiederaufbau;

3. die Sozialversicherungsträger und die Bundesagentur für Arbeit;

3a. die öffentliche Schuldenverwaltung des Bundes, eines seiner Sondervermögen, eines Landes oder eines anderen Staates des Europäischen Wirtschaftsraums und deren Zentralbanken, sofern diese nicht fremde Gelder als Einlagen oder andere rückzahlbare Gelder des Publikums annimmt oder das Kreditgeschäft betreibt;

3b. Kapitalanlagegesellschaften, selbst wenn sie Investmentanteile für andere nach Maßgabe des § 7 Abs. 2 Nr. 4 des Investmentgesetzes verwalten und verwahren und Investmentaktiengesellschaften;

4. private und öffentlich-rechtliche Versicherungsunternehmen;

5. Unternehmen des Pfandleihgewerbes, soweit sie dieses durch Gewährung von Darlehen gegen Faustpfand betreiben;

6. Unternehmen, die auf Grund des Gesetzes über Unternehmensbeteiligungsgesellschaften als Unternehmensbeteiligungsgesellschaften anerkannt sind;

6a. Unternehmen, die auf Grund des Gesetzes über Wagniskapitalbeteiligungen als Wagniskapitalbeteiligungsgesellschaften anerkannt sind;

7. Unternehmen, die Bankgeschäfte ausschließlich mit ihrem Mutterunternehmen oder ihren Tochter- oder Schwesterunternehmen betreiben;

8. Unternehmen, die, ohne grenzüberschreitend tätig zu werden, als Bankgeschäft ausschließlich das Finanzkommissionsgeschäft an inländischen Börsen oder in inländischen multilateralen Handelssystemen im Sinne des § 1 Absatz 1a Satz 2 Nummer 1b, an oder in denen Derivate gehandelt werden (Derivatemärkte), für andere Mitglieder dieser Märkte oder Handelssysteme betreiben, sofern für die Erfüllung der Verträge, die diese Unternehmen an diesen Märkten oder in diesen Handelssystemen schließen, Clearingmitglieder derselben Märkte oder Handelssysteme haften;

9. Unternehmen, die Finanzkommissionsgeschäfte nur im Bezug auf Derivate im Sinne des § 1 Abs. 11 Satz 4 Nr. 2 und 5 erbringen, sofern

a) sie nicht Teil einer Unternehmensgruppe sind, deren Haupttätigkeit in der Erbringung von Finanzdienstleistungen im Sinne des § 1 Abs. 1a Satz 2 Nr. 1 bis 4 oder Bankgeschäften im Sinne des § 1 Abs. 1 Satz 2 Nr. 1, 2, 8 oder 11 besteht,

b) Finanzkommissionsgeschäfte, Finanzdienstleistungen im Sinne des § 1 Abs. 1a Satz 2 Nr. 1 bis 4 in Bezug auf Derivate im Sinne des § 1 Abs. 11 Satz 4 Nr. 2 und 5 und Eigengeschäfte in Finanzinstrumenten auf Ebene der Unternehmensgruppe von untergeordneter Bedeutung im Verhältnis zur Haupttätigkeit sind und

c) die Finanzkommissionsgeschäfte nur für Kunden ihrer Haupttätigkeit im sachlichen Zusammenhang mit Geschäften der Haupttätigkeit erbracht werden.

(...)

Zweiter Abschnitt

Vorschriften für Institute, Institutsgruppen,Finanzholding-Gruppen, Finanzkonglomerate, gemischte Finanzholding-Gesellschaften und gemischte Unternehmen

2a Refinanzierungsregister

§ 22a Registerführendes Unternehmen

1) Ist das Refinanzierungsunternehmen ein Kreditinstitut oder eine in § 2 Abs. 1 Nr. 1 bis 3a genannte Einrichtung und hat eine Zweckgesellschaft, ein Refinanzierungsmittler, ein Kreditinstitut mit Sitz in einem Staat des Europäischen Wirtschaftsraums oder eine in § 2 Abs. 1 Nr. 1 oder Nr. 3a genannte Einrichtung einen Anspruch auf Übertragung einer Forderung des Refinanzierungsunternehmens oder eines Grundpfandrechts des Refinanzierungsunternehmens, das der Sicherung von Forderungen dient, können diese Gegenstände in ein vom Refinanzierungsunternehmen geführtes Refinanzierungsregister eingetragen werden; dies gilt entsprechend für Registerpfandrechte an einem Luftfahrzeug und für Schiffshypotheken. Für jede Refinanzierungstransaktion ist eine gesonderte Abteilung zu bilden.

2) Eine Pflicht des Refinanzierungsunternehmens oder des Refinanzierungsmittlers zur Führung eines Refinanzierungsregisters wird durch diesen Unterabschnitt nicht begründet. Die Registerführung kann nur unter den Voraussetzungen des § 22k beendet oder übertragen werden.

3) Eine Auslagerung der Registerführung ist nicht statthaft.

4) Die Absätze 1 bis 3 gelten sinngemäß für Refinanzierungsmittler, die Kreditinstitut oder eine in § 2 Abs. 1 Nr. 1 bis 3a genannte Einrichtung sind.

§ 22b Führung des Refinanzierungsregisters für Dritte

1) Ist das Refinanzierungsunternehmen weder ein Kreditinstitut noch eine in § 2 Abs. 1 Nr. 1 bis 3a genannte Einrichtung, können die in § 22a Abs. 1 Satz 1 genannten Gegenstände des Refinanzierungsunternehmens, auf deren Übertragung eine Zweckgesellschaft, ein Refinanzierungsmittler oder ein Kreditinstitut mit Sitz in einem Staat des Europäischen Wirtschaftsraums einen Anspruch hat, in ein von einem Kreditinstitut oder von der Kreditanstalt für Wiederaufbau geführtes Refinanzierungsregister eingetragen werden. Enthält das Refinanzierungsregister daneben Gegenstände, deren Übertragung das registerführende oder ein anderes Unternehmen schuldet, so ist für jeden zur Übertragung Verpflichteten innerhalb desselben Refinanzierungsregisters eine gesonderte Abteilung und innerhalb dieser für jede Refinanzierungstransaktion eine Unterabteilung zu bilden.

2) Ist das Refinanzierungsunternehmen ein Kreditinstitut, für welches die Führung eines eigenen Refinanzierungsregisters nach Art und Umfang seines Geschäftsbetriebs eine unangemessene Belastung darstellt, so soll die Bundesanstalt auf Antrag des Refinanzierungsunternehmens der Führung des Refinanzierungsregisters durch ein anderes Kreditinstitut zustimmen. Die Zustimmung der Bundesanstalt gilt als erteilt, wenn sie nicht binnen eines Monats nach Stellung des Antrages verweigert wird.

(3) Eintragungen, die für andere Kreditinstitute vorgenommen werden, ohne dass eine Zustimmung der Bundesanstalt nach Absatz 2 vorliegt, sind unwirksam.

4) § 22a Abs. 2 und 3, auch in Verbindung mit Abs. 4, findet entsprechende Anwendung.

§ 22c Refinanzierungsmittler

Die §§ 22d bis 22o gelten sinngemäß für Refinanzierungsregister, die gemäß § 22a Abs. 4 von einem Refinanzierungsmittler oder gemäß § 22b Abs. 4 für einen Refinanzierungsmittler geführt werden.

§ 22d Refinanzierungsregister

1) Eine elektronische Führung des Refinanzierungsregisters ist zulässig, sofern sichergestellt ist, dass hinreichende Vorkehrungen gegen einen Datenverlust getroffen worden sind. Das Bundesministerium der Finanzen hat durch Rechtsverordnung, die nicht der Zustimmung des Bundesrates bedarf, Einzelheiten über die Form des Refinanzierungsregisters sowie der Art und Weise der Aufzeichnung zu bestimmen. Das Bundesministerium der Finanzen kann diese Ermächtigung durch Rechtsverordnung auf die Bundesanstalt für Finanzdienstleistungsaufsicht übertragen.

2) In das Refinanzierungsregister sind von dem registerführenden Unternehmen einzutragen:

1. die Forderungen oder die Sicherheiten, auf deren Übertragung die im Register als übertragungsberechtigt eingetragenen Zweckgesellschaften, Refinanzierungsmittler, Kreditinstitute mit Sitz in einem Staat des Europäischen Wirtschaftsraums oder in § 2 Abs. 1 Nr. 1 oder Nr. 3a genannten Einrichtungen (Übertragungsberechtigte) einen Anspruch haben,
2. der Übertragungsberechtigte,
3. der Zeitpunkt der Eintragung,
4. falls ein Gegenstand als Sicherheit dient, den rechtlichen Grund, den Umfang, den Rang der Sicherheit und das Datum des Tages, an dem der den rechtlichen Grund für die Absicherung enthaltende Vertrag geschlossen wurde.

In den Fällen der Nummern 1 und 4 genügt es, wenn Dritten, insbesondere dem Verwalter, dem Sachwalter, der Bundesanstalt oder einem Insolvenzverwalter die eindeutige Bestimmung der einzutragenden Angaben möglich ist. Ist der Übertragungsberechtigte eine Pfandbriefbank, so ist diese sowie der gemäß § 7 Abs. 1 des Pfandbriefgesetzes bestellte Treuhänder von der Eintragung zu unterrichten.

3) Soweit nach Absatz 2 erforderliche Angaben fehlen oder Eintragungen unrichtig sind oder keine eindeutige Bestimmung einzutragender Angaben zulassen, sind die betroffenen Gegenstände nicht ordnungsgemäß eingetragen.

4) Forderungen sind auch dann eintragungsfähig und nach Eintragung an den Übertragungsberechtigten veräußerbar, wenn die Abtretung durch mündliche oder konkludente Vereinbarung mit dem Schuldner ausgeschlossen worden ist. § 354a des Handelsgesetzbuchs sowie gesetzliche Verfügungsverbote bleiben unberührt.

5) Eintragungen können nur mit Zustimmung des Übertragungsberechtigten sowie, sofern ein Übertragungsberechtigter eine Pfandbriefbank ist, mit Zustimmung des Treuhänders der Pfandbriefbank gelöscht werden, wobei der Zeitpunkt der Löschung einzutragen ist. Fehlerhafte Eintragungen können jedoch mit Zustimmung des Verwalters gelöscht werden; Absatz 2 Satz 3 gilt entsprechend. Die Korrektur, ihr Zeitpunkt und die Zustimmung des Verwalters sind im Refinanzierungsregister einzutragen. Die nochmalige Eintragung ohne Löschung der früheren Eintragung entfaltet keine Rechtswirkung.

§ 22e Bestellung des Verwalters

1) Bei jedem registerführenden Unternehmen ist eine natürliche Person als Verwalter des Refinanzierungsregisters (Verwalter) zu bestellen. Das Amt erlischt mit der Beendigung der Registerführung oder

der Bestellung eines personenverschiedenen Sachwalters des Refinanzierungsregisters nach § 22l Abs. 4 Satz 1.

2) Die Bestellung erfolgt durch die Bundesanstalt auf Vorschlag des registerführenden Unternehmens. Die Bundesanstalt soll die vorgeschlagene Person zum Verwalter bestellen, wenn deren Unabhängigkeit, Zuverlässigkeit und Sachkunde gewährleistet erscheint. Bei ihrer Entscheidung hat die Bundesanstalt die Interessen des im Refinanzierungsregister eingetragenen oder einzutragenden Übertragungsberechtigten angemessen zu berücksichtigen.

3) Die Bestellung kann befristet werden; die Bundesanstalt kann den Verwalter jederzeit aus sachlichem Grund abberufen. Absatz 2 Satz 3 gilt entsprechend. Steht der Verwalter zu einem an einer konkreten Refinanzierungstransaktion Beteiligten in einem Beschäftigungs- oder Mandatsverhältnis, so ruht sein Amt für diese Refinanzierungstransaktion.

4) Auf Antrag des registerführenden Unternehmens ist ein Stellvertreter des Verwalters zu bestellen. Der Antrag ist zu jeder Zeit zulässig. Auf die Bestellung und Abberufung des Stellvertreters finden die Absätze 2 und 3 entsprechende Anwendung. Wird der Verwalter nach Absatz 3 Satz 1 abberufen, ruht sein Amt oder ist er verhindert, so tritt der Stellvertreter an seine Stelle.

5) Ist ein Verwalter für einen nicht unerheblichen Zeitraum nicht vorhanden, an der Wahrnehmung seiner Aufgaben verhindert oder ruht sein Amt, ohne dass ein Stellvertreter an seine Stelle getreten ist, bestellt die Bundesanstalt ohne Anhörung des registerführenden Unternehmens einen geeigneten Verwalter. Absatz 2 Satz 3 gilt entsprechend. Das registerführende Unternehmen hat der Bundesanstalt unverzüglich mitzuteilen, wenn ein Umstand gemäß Satz 1 eingetreten ist.

6) Der Verwalter und sein Stellvertreter haften dem registerführenden Unternehmen sowie den Übertragungsberechtigten aus ihrer Tätigkeit nur im Falle von Vorsatz oder grober Fahrlässigkeit. Die Ersatzpflicht des Verwalters oder des Stellvertreters beschränkt sich im Falle grob fahrlässigen Handelns auf 1 Million Euro. Sie kann nicht durch Vertrag ausgeschlossen oder beschränkt werden. Wird die Haftung des Verwalters oder des Stellvertreters durch eine Versicherung abgedeckt, ist ein Selbstbehalt in Höhe des Eineinhalbfachen der nach § 22i Absatz 1 festgesetzten jährlichen Vergütung vorzusehen. Das registerführende Unternehmen darf den Versicherungsvertrag zugunsten des Verwalters und des Stellvertreters schließen und die Prämien zahlen.

§ 22f Verhältnis des Verwalters zur Bundesanstalt

1) Der Verwalter hat der Bundesanstalt Auskunft über die von ihm im Rahmen seiner Tätigkeit getroffenen Feststellungen und Beobachtungen zu erteilen und auch unaufgefordert Mitteilungen zu machen, wenn Umstände auf eine nicht ordnungsgemäße Registerführung hindeuten.

2) Der Verwalter ist an Weisungen der Bundesanstalt nicht gebunden.

§ 22g Aufgaben des Verwalters

1) Der Verwalter wacht darüber, dass das Refinanzierungsregister ordnungsgemäß geführt wird. Zu seinen Aufgaben gehört es jedoch nicht zu prüfen, ob es sich bei den eingetragenen Gegenständen um solche des Refinanzierungsunternehmens oder um nach § 22d Abs. 2 eintragungsfähige Gegenstände handelt.

2) Insbesondere hat der Verwalter des Refinanzierungsregisters darauf zu achten, dass

1. das Refinanzierungsregister die nach § 22d Abs. 2 erforderlichen Angaben enthält,
2. die im Refinanzierungsregister enthaltenen Zeitangaben der Richtigkeit entsprechen und
3. die Eintragungen nicht nachträglich verändert werden.

Im Übrigen hat der Verwalter des Refinanzierungsregisters die inhaltliche Richtigkeit des Refinanzierungsregisters nicht zu überprüfen.

3) Der Verwalter kann sich bei der Durchführung seiner Aufgaben anderer Personen und Einrichtungen bedienen.

§ 22h Verhältnis des Verwalters zum registerführenden Unternehmen und zum Refinanzierungsunternehmen

1) Der Verwalter ist befugt, jederzeit die Bücher und Papiere des registerführenden Unternehmens einzusehen, es sei denn, dass sie mit der Führung des Refinanzierungsregisters in keinem Zusammenhang stehen. In den Fällen des § 22b stehen dem Verwalter dieselben Befugnisse auch gegenüber dem Refinanzierungsunternehmen zu.

2) Der Verwalter ist zur Verschwiegenheit über alle Tatsachen verpflichtet, von denen er durch Einsicht in die Bücher und Papiere des registerführenden Unternehmens oder des davon abweichenden Refinanzierungsunternehmens Kenntnis erlangt. Der Bundesanstalt darf er nur über Tatsachen Auskunft geben oder Mitteilung machen, die mit der Überwachung des Refinanzierungsregisters im Zusammenhang stehen.

3) Streitigkeiten zwischen dem Verwalter und dem registerführenden Unternehmen oder dem davon abweichenden Refinanzierungsunternehmen entscheidet die Bundesanstalt.

§ 22i Vergütung des Verwalters

1) Der Verwalter sowie sein Stellvertreter erhalten von dem registerführenden Unternehmen eine angemessene Vergütung, deren Höhe von der Bundesanstalt festgesetzt wird, und Ersatz der notwendigen Auslagen.

2) (weggefallen)

3) Außer in Fällen des Absatzes 1 sind Leistungen des registerführenden Unternehmens, des Refinanzierungsunternehmens, für welches das Register geführt wird, und der Übertragungsberechtigten an den Verwalter des Refinanzierungsregisters und dessen Stellvertreter unzulässig.

§ 22j Wirkungen der Eintragung in das Refinanzierungsregister

1) Gegenstände des Refinanzierungsunternehmens, die ordnungsgemäß im Refinanzierungsregister eingetragen sind, können im Fall der Insolvenz des Refinanzierungsunternehmens vom Übertragungsberechtigten nach § 47 der Insolvenzordnung ausgesondert werden. Das Gleiche gilt für Gegenstände, die an die Stelle der ordnungsgemäß im Refinanzierungsregister eingetragenen Gegenstände treten. Gegen Verfügungen im Wege der Zwangsvollstreckung oder der Arrestvollziehung kann der Übertragungsberechtigte Widerspruch im Wege der Klage nach § 771 der Zivilprozessordnung erheben.

2) Die Eintragung in das Refinanzierungsregister schränkt Einwendungen und Einreden Dritter gegen die eingetragenen Forderungen und Rechte nicht ein. Werden die im Refinanzierungsregister eingetragenen Gegenstände ausgesondert oder an den Übertragungsberechtigten beziehungsweise von dem Übertragungsberechtigten an einen Dritten übertragen, können alle Einwendungen und Einreden wie bei einer Abtretung geltend gemacht werden. Die Vorschrift des § 1156 Satz 1 des Bürgerlichen Gesetzbuchs findet keine Anwendung. Dienen im Refinanzierungsregister eingetragene Gegenstände der Absicherung anderer Gegenstände, so kann der Sicherungsgeber gegenüber dem Übertragungsberechtigten alle Einwendungen und Einreden aus dem Vertrag geltend machen, der den rechtlichen Grund für die Absicherung enthält. Die Vorschrift des § 1157 Satz 2 des Bürgerlichen Gesetzbuchs findet keine Anwendung. § 22d Abs. 4 in Verbindung mit § 22j Abs. 1 Satz 1 und 2 bleibt jedoch unberührt.

3) Gegenüber den Ansprüchen des Übertragungsberechtigten auf Übertragung der ordnungsgemäß im Refinanzierungsregister eingetragenen Gegenstände kann das Refinanzierungsunternehmen nicht aufrechnen und keine Zurückbehaltungsrechte geltend machen. Anfechtungsrechte seiner Gläubiger nach dem Anfechtungsgesetz und den §§ 129 bis 147 der Insolvenzordnung bleiben unberührt.

§ 22k Beendigung und Übertragung der Registerführung

1) Willigen alle im Refinanzierungsregister eingetragenen Übertragungsberechtigten und deren Gläubiger ein, kann die Führung des Refinanzierungsregisters einen Monat nach Anzeige an die Bundesanstalt beendet werden. Willigen alle im Refinanzierungsregister eingetragenen Übertragungsberechtigten und deren Gläubiger ein, kann die Registerführung unter Aufsicht der Bundesanstalt auf ein geeignetes Kreditinstitut übertragen werden, sofern es sich bei den eingetragenen Gegenständen um solche des die Registerführung übernehmenden Kreditinstituts handelt oder die Voraussetzungen des § 22b über die Führung des Refinanzierungsregisters für Dritte vorliegen.

2) Die Registerführung endet außerdem, wenn das registerführende Unternehmen nach Einschätzung der Bundesanstalt zur Registerführung ungeeignet ist. In diesem Fall wird die Führung des Registers unter Aufsicht der Bundesanstalt auf ein nach Einschätzung der Bundesanstalt zur Registerführung geeignetes Kreditinstitut übertragen. Die Vorschriften des § 22b über die Führung des Refinanzierungsregisters für Dritte finden sinngemäße Anwendung.

3) Absatz 2 findet keine Anwendung, wenn über das Vermögen eines Unternehmens, das ein Refinanzierungsregister nicht nur für Dritte führt, das Insolvenzverfahren eröffnet wird.

§ 22l Bestellung des Sachwalters bei Eröffnung des Insolvenzverfahrens

1) Ist über das Vermögen eines Unternehmens, das ein Refinanzierungsregister nicht nur für Dritte führt, das Insolvenzverfahren eröffnet, bestellt das Insolvenzgericht auf Antrag der Bundesanstalt eine oder zwei von der Bundesanstalt vorgeschlagene natürliche Personen als Sachwalter des Refinanzierungsregisters (Sachwalter). Das Gericht kann vom Vorschlag der Bundesanstalt abweichen, wenn dies zur Sicherstellung einer sachgerechten Zusammenarbeit zwischen Insolvenzverwalter und Sachwalter erforderlich erscheint. Der Sachwalter erhält eine Urkunde über seine Ernennung, die er bei Beendigung seines Amtes dem Insolvenzgericht zurückzugeben hat.

2) Die Bundesanstalt stellt einen Antrag nach Absatz 1 Satz 1, wenn dies nach Anhörung der Übertragungsberechtigten zur ordnungsgemäßen Verwaltung der im Refinanzierungsregister eingetragenen Gegenstände erforderlich erscheint. Als Sachwalter des Refinanzierungsregisters soll die Bundesanstalt den Verwalter des Refinanzierungsregisters vorschlagen, bei Fehlen oder dauernder Verhinderung desselben seinen Stellvertreter oder eine andere geeignete natürliche Person. Der Sachwalter des Refinanzierungsregisters ist auf Antrag der Bundesanstalt abzuberufen, wenn ein wichtiger Grund vorliegt.

3) Erscheint die Bestellung eines zweiten Sachwalters des Refinanzierungsregisters zur ordnungsgemäßen Verwaltung der im Refinanzierungsregister eingetragenen Gegenstände erforderlich, kann die Bundesanstalt nach Anhörung der Übertragungsberechtigten einen weiteren Antrag nach Absatz 1 Satz 1 stellen. Stellt sie diesen Antrag, soll sie den Stellvertreter des Verwalters des Refinanzierungsregisters oder, wenn ein solcher fehlt, eine andere geeignete natürliche Person vorschlagen.

4) Mit der Bestellung einer anderen Person als der des Verwalters zum Sachwalter erlischt das Amt des Verwalters. Das Amt wird vom Sachwalter des Refinanzierungsregisters fortgeführt. Die Sätze 1 und 2 gelten entsprechend für den Stellvertreter des Verwalters.

§ 22m Bekanntmachung der Bestellung des Sachwalters

1) Das Insolvenzgericht hat die Ernennung und Abberufung des Sachwalters unverzüglich dem zuständigen Registergericht mitzuteilen und öffentlich bekannt zu machen. Die Ernennung und Abberufung des Sachwalters sind auf die Mitteilung von Amts wegen in das Handelsregister einzutragen. Die Eintragungen werden nicht bekannt gemacht. Die Vorschriften des § 15 des Handelsgesetzbuchs finden keine Anwendung.

2) Sind in das Refinanzierungsregister Rechte des registerführenden Unternehmens eingetragen, für die eine Eintragung im Grundbuch besteht, so ist die Bestellung des Sachwalters auf Ersuchen des Insolvenzgerichts oder des Sachwalters in das Grundbuch einzutragen, wenn nach der Art der Rechte

und den Umständen zu besorgen ist, dass ohne die Eintragung die Interessen der Übertragungsberechtigten gefährdet werden. Satz 1 gilt entsprechend für Rechte des registerführenden Unternehmens, die im Schiffsregister, Schiffsbauregister oder im Register für Pfandrechte an Luftfahrzeugen eingetragen sind.

§ 22n Rechtsstellung des Sachwalters

1) Der Sachwalter steht unter der Aufsicht des Insolvenzgerichts. Das Insolvenzgericht kann vom Sachwalter insbesondere jederzeit einzelne Auskünfte oder einen Bericht über den Sachstand und die Geschäftsführung verlangen. Daneben obliegen dem Sachwalter die Pflichten eines Verwalters. Der Sachwalter und der Insolvenzverwalter haben einander alle Informationen mitzuteilen, die für das Insolvenzverfahren über das Vermögen des registerführenden Unternehmens und für die Verwaltung der im Refinanzierungsregister eingetragenen Gegenstände von Bedeutung sein können.

2) Soweit das registerführende Unternehmen befugt war, die im Refinanzierungsregister eingetragenen Gegenstände zu verwalten und über sie zu verfügen, geht dieses Recht auf den Sachwalter über. In Abstimmung mit dem Insolvenzverwalter nutzt der Sachwalter alle Einrichtungen des registerführenden Unternehmens, die zur Verwaltung der eingetragenen Gegenstände erforderlich sind.

3) Hat das registerführende Unternehmen nach der Bestellung des Sachwalters über einen im Refinanzierungsregister eingetragenen Gegenstand verfügt, so ist diese Verfügung unwirksam. Die Vorschriften der §§ 892, 893 des Bürgerlichen Gesetzbuchs, der §§ 16, 17 des Gesetzes über Rechte an eingetragenen Schiffen und Schiffsbauwerken und der §§ 16, 17 des Gesetzes über Rechte an Luftfahrzeugen bleiben unberührt. Hat das registerführende Unternehmen am Tage der Bestellung des Sachwalters des Refinanzierungsregisters verfügt, so wird vermutet, dass es nach der Bestellung verfügt hat.

4) Der Sachwalter des Refinanzierungsregisters hat bei seiner Geschäftsführung die Sorgfalt eines ordentlichen und gewissenhaften Sachwalters anzuwenden. Verletzt der Sachwalter des Refinanzierungsregisters seine Pflichten, so können die Übertragungsberechtigten und das registerführende Unternehmen Ersatz des hierdurch entstehenden Schadens verlangen. Dies gilt nicht, wenn der Sachwalter des Refinanzierungsregisters die Pflichtverletzung nicht zu vertreten hat.

5) Der Sachwalter des Refinanzierungsregisters erhält von der Bundesanstalt eine angemessene Vergütung und Ersatz seiner Aufwendungen. Die gezahlten Beträge sind der Bundesanstalt von den Übertragungsberechtigten anteilig nach der Anzahl der für sie eingetragenen Gegenstände gesondert zu erstatten und auf Verlangen der Bundesanstalt vorzuschießen. Soweit das Refinanzierungsregister für Dritte geführt wird, sind diese neben den Übertragungsberechtigten als Gesamtschuldner zur Erstattung und zum Vorschuss verpflichtet. § 22i Abs. 2 und 3 Satz 1 gilt sinngemäß. § 22i Abs. 3 Satz 2 findet mit der Maßgabe entsprechende Anwendung, dass die Bundesanstalt beim Insolvenzgericht einen Antrag auf Abberufung stellen soll.

§ 22o Bestellung des Sachwalters bei Insolvenzgefahr

1) Unter den Voraussetzungen des § 46 bestellt das Gericht am Sitz des registerführenden Unternehmens auf Antrag der Bundesanstalt eine oder zwei Personen als Sachwalter. Die Bundesanstalt stellt einen Antrag nach Satz 1, wenn dies nach Anhörung der Übertragungsberechtigten zur ordnungsgemäßen Verwaltung der im Refinanzierungsregister eingetragenen Gegenstände erforderlich erscheint. Bei Gefahr im Verzuge ist auf die Anhörung zu verzichten. In diesem Fall ist die Anhörung unverzüglich nachzuholen.

2) Für die Bestellung und Abberufung sowie für die Rechtsstellung eines unter diesen Umständen bestellten Sachwalters gelten die Vorschriften der §§ 22l bis 22n mit der Maßgabe entsprechend, dass an die Stelle des Insolvenzgerichts das Gericht am Sitz des registerführenden Unternehmens tritt. Ein wichtiger Grund im Sinne des § 22l Abs. 2 Satz 3 liegt insbesondere dann vor, wenn die Voraussetzungen des § 46 wieder entfallen sind. In diesem Fall soll die Bundesanstalt aus dem Kreis der Sachwalter den Verwalter bestellen.

3) Wird das Insolvenzverfahren über das Vermögen des registerführenden Unternehmens nach Bestellung des Sachwalters nach Maßgabe der Absätze 1 und 2 eröffnet, so gilt der Sachwalter für die Zeit

nach Eröffnung des Insolvenzverfahrens als mit Eröffnung des Insolvenzverfahrens vom Insolvenzgericht bestellt. Das Insolvenzgericht tritt an die Stelle des Gerichts am Sitz des registerführenden Unternehmens. Das Gericht am Sitz des registerführenden Unternehmens hat dem Insolvenzgericht alle mit der Bestellung und Aufsicht des Sachwalters des Refinanzierungsregisters in Zusammenhang stehenden Unterlagen zu übergeben.

7. Refinanzierungsregisterverordnung

Verordnung über die Form des Refinanzierungsregisters nach dem Kreditwesengesetz sowie die Art und Weise der Aufzeichnung (RefiRegV)

Ausfertigungsdatum: 18.12.2006
Vollzitat: „Refinanzierungsregisterverordnung vom 18. Dezember 2006 (BGBl. I S. 3241)"

Eingangsformel

Auf Grund des § 22d Abs. 1 Satz 2 des Kreditwesengesetzes, der durch Artikel 4a Nr. 4 des Gesetzes vom 22. September 2005 (BGBl. I S. 2809) eingefügt worden ist, in Verbindung mit § 1 Nr. 5 der Verordnung zur Übertragung von Befugnissen zum Erlass von Rechtsverordnungen auf die Bundesanstalt für Finanzdienstleistungsaufsicht vom 13. Dezember 2002 (BGBl. 2003 I S. 3), § 1 Nr. 5 zuletzt geändert durch Artikel 1 der Verordnung vom 17. November 2005 (BGBl. I S. 3187), verordnet die Bundesanstalt für Finanzdienstleistungsaufsicht:

Teil 1

Anwendungsbereich; allgemeine Anforderungen

§ 1 Anwendungsbereich; Begriffsbestimmung

1) Diese Verordnung regelt die Anforderungen an die Form des Refinanzierungsregisters nach den §§ 22a bis 22o des Kreditwesengesetzes sowie die Art und Weise der Aufzeichnung.

2) Eintragungen im Sinne dieser Verordnung sind auch Löschungsvermerke.

§ 2 Form des Refinanzierungsregisters

1) Das Refinanzierungsregister kann in Papierform oder nach Maßgabe des Teils 2 als elektronisches Register geführt werden.

2) Stellt ein registerführendes Unternehmen die Registerführung von einem elektronischen Register auf ein Register in Papierform um, so sind die Registerdaten vollständig auszudrucken und das Register in Papierform weiterzuführen. Im Falle der Umstellung von einem in Papierform geführten Register auf ein elektronisches Register sind sämtliche Registerdaten in das elektronische Register zu übernehmen.

§ 3 Vollständigkeit und Richtigkeit des Refinanzierungsregisters

Eintragungen sind in der Weise dauerhaft aufzuzeichnen, dass etwaig vorgenommene spätere Änderungen und Löschungen jederzeit erkennbar sind. Durch technische und organisatorische Maßnahmen ist sicherzustellen, dass der ursprüngliche Inhalt weiterhin feststellbar bleibt.

§ 4 Bezeichnung des Refinanzierungsregisters sowie der Abteilungen und Unterabteilungen

1) Das Refinanzierungsregister muss die Überschrift „Refinanzierungsregister", die Bezeichnung des registerführenden Unternehmens und vorbehaltlich des Absatzes 3 die Bezeichnung des zur Übertragung Verpflichteten tragen.

2) Soweit nach § 22a Abs. 1 Satz 2 des Kreditwesengesetzes innerhalb des Refinanzierungsregisters gesonderte Abteilungen zu bilden sind, haben diese neben der Bezeichnung „Abteilung Nr. ... des Refinanzierungsregisters" die Bezeichnung der Refinanzierungstransaktion zu tragen, für die die Abteilung gebildet wird.

3) Soweit nach § 22b Abs. 1 Satz 2 des Kreditwesengesetzes für jeden zur Übertragung Verpflichteten innerhalb des Refinanzierungsregisters eine gesonderte Abteilung zu bilden ist, hat diese neben der Bezeichnung „Abteilung Nr.... des Refinanzierungsregisters" die Bezeichnung des zur Übertragung Verpflichteten zu tragen, für den die Abteilung gebildet wird. Sind innerhalb einer Abteilung Unterabteilungen zu bilden, haben diese neben der Bezeichnung „Unterabteilung Nr. ... zu Abteilung Nr.... des Refinanzierungsregisters" die Bezeichnung der Refinanzierungstransaktion zu tragen, für die die Unterabteilung gebildet wird.

4) Im Refinanzierungsregister ist aufzulisten, welche Abteilungen in dem Register geführt werden. Soweit in einer Abteilung Unterabteilungen gebildet werden, ist über diese in der jeweiligen Abteilung eine Liste zu führen.

§ 5 Art und Weise der Aufzeichnung

1) Jeder in das Refinanzierungsregister einzutragende Gegenstand ist mit einer innerhalb der einschlägigen Abteilung oder Unterabteilung fortlaufenden Nummer einzutragen. Die Nummer darf nach Löschung des Gegenstands nicht erneut vergeben werden. Rückdatierte Eintragungen sind nicht zulässig.

2) Eintragungen sind vorbehaltlich der Regelung in § 22d Abs. 2 Satz 2 des Kreditwesengesetzes entsprechend des in Anlage 1 dargestellten Formulars RR in folgender Weise vorzunehmen:

1. Die Spalten 1 bis 5 sind mit „Bezeichnung des Vermögensgegenstands" zu überschreiben. In Spalte 1 sind unter Buchstabe a die laufende Nummer gemäß Absatz 1 und unter Buchstabe b das von dem Refinanzierungsunternehmen vergebene Aktenzeichen anzugeben.

2. Sofern sich das Refinanzierungsgeschäft auf eine Forderung bezieht, ist diese in Spalte 2 zu bezeichnen (§ 22d Abs. 2 Nr. 1 Alternative 1 des Kreditwesengesetzes). Grundsätzlich sind in Unterspalte a der Forderungsschuldner, in Unterspalte b die Währung, in Unterspalte c der anfängliche Nominalbetrag und, sofern abweichend vom Aktenzeichen in Spalte 1 Buchstabe b, in Unterspalte d die Darlehens-/Vorgangsnummer anzugeben.

3. Handelt es sich bei dem einzutragenden Gegenstand um ein Grundpfandrecht, ein Pfandrecht an einem Luftfahrzeug oder eine Schiffshypothek, sind diese in Spalte 3 zu bezeichnen (§ 22d Abs. 2 Nr. 1 Alternative 2, Nr. 4 des Kreditwesengesetzes).

a) In Unterspalte a ist das beliehene Objekt einzutragen. Sofern es sich um ein Grundstück handelt, kann entweder die Bezeichnung im Bestandsverzeichnis des Grundbuchs (Gemarkung, Flur, Flurstück) übernommen oder auf das Grundbuchblatt verwiesen werden. In letzterem Fall ist zusätzlich die Anschrift anzugeben. Sofern es sich um ein Luftfahrzeug handelt, ist das einschlägige Luftfahrzeugregisterblatt einzutragen. Handelt es sich um ein Schiff, ist das einschlägige Schiffsregisterblatt anzugeben.

b) In Unterspalte b ist die Abteilung des Registers anzugeben, in der das Pfandrecht eingetragen ist.

c) In Unterspalte c ist die laufende Nummer des eingetragenen Rechts in der in Unterspalte b eingetragenen Abteilung anzugeben.

d) In Unterspalte d ist die Währung des Pfandrechts anzugeben.

e) In Unterspalte e ist der Betrag des Pfandrechts zu benennen.

f) In Unterspalte f ist der Umfang einzutragen, in dem die Sicherheit als Refinanzierungsgegenstand dient.

g) In Unterspalte g ist der rechtliche Grund der Sicherheit zu benennen.

h) In Unterspalte h ist das Datum des Tages anzugeben, an dem der den rechtlichen Grund für die Absicherung enthaltende Vertrag geschlossen wurde.

Anlage zu § 5 der Refinanzierungsregisterverordnung

Formular RR

Bezeichnung des Vermögensgegenstands															Löschungen			Sonstiges
1	2				3								4	5	6			7
	Persönliche Forderung(en)				Grundpfandrecht/Pfandrecht an einem Luftfahrzeug/Schiffshypothek								Übertragungs-berechtigter	Zeitpunkt der Eintragung	Löschungsvermerk			Bermerkungen zum Refinanzierungsgegenstand; ggf. Kürzel des Eintragenden
	a	b	c	d	a	b	c	d	e	f	g	h			a	b	c	
a) lfd. Nr. b) AZ	Schuldner	Währung	Betrag	ggf. Darl.-/ Vorgangsnr.	Objekt-bezeichnung	Abt. des GB/LuftReg/ SchReg	lfd. Nr.	Währung	Betrag	Umfang	Rechtlicher Grund	Datum	Name Adresse	Datum Uhrzeit	Nr. der Spalte	Betrag	Datum; Uhrzeit ggf. Unterschrift des Verwalters bei Korrektur	

4. In Spalte 4 ist der Übertragungsberechtigte mit Namen und Adresse einzutragen (§ 22d Abs. 2 Satz 1 Nr. 2 des Kreditwesengesetzes).

5. In Spalte 5 ist der Zeitpunkt (Datum und Uhrzeit) der Eintragung in das Refinanzierungsregister anzugeben (§ 22d Abs. 2 Satz 1 Nr. 3 des Kreditwesengesetzes).

6. Löschungsvermerke sind in Spalte 6 einzutragen. Anzugeben sind die Spaltennummer (Unterspalte a) und gegebenenfalls der Betrag der zu löschenden Eintragung (Unterspalte b) sowie das Datum einschließlich der Uhrzeit der Löschung (Unterspalte c). Sofern die Löschung an gesonderter Stelle im Register vermerkt wird, sind hierzu neben dem Löschungsvermerk in Spalte 6 zumindest auch die Angaben des zu löschenden Werts in den Spalten 1 und 2/3 zu wiederholen. Bei Löschung oder Korrektur einer fehlerhaften Eintragung muss die nach § 22d Abs. 5 Satz 2 und 3 des Kreditwesengesetzes erforderliche Zustimmung des Verwalters dem jeweiligen Löschungsvermerk des registerführenden Unternehmens eindeutig zugeordnet sein.

7. Spalte 7 ist für sonstige Bemerkungen vorzusehen, beispielsweise für Anmerkungen, die zur eindeutigen rechtlichen Zuordnung des Gegenstands neben den übrigen Angaben erforderlich sind oder die Zuordnung erleichtern. Bei Bedarf kann in Spalte 7 auch das Namenskürzel der eintragenden Person erfasst werden.

Anlage zu § 5 s. S. 233.

§ 6 Eintragung ausländischer Sicherungsrechte

Eintragungen ausländischer Sicherungsrechte sind entsprechend § 5 vorzunehmen. Soweit die Bezeichnung der ausländischen Sicherungsrechte oder der beliehenen Objekte in den jeweiligen öffentlichen Registern von den Vorgaben der Spalte 3 des Formulars RR abweicht, ist diese Bezeichnung zu verwenden. Die Unterspalten a bis c der Spalte 3 können gegebenenfalls angepasst werden. Sofern die Unterspalten a bis c der Spalte 3 für die nach Satz 2 erforderlichen Angaben nicht ausreichen, können Beiblätter hinzugefügt werden, die Teil des Refinanzierungsregisters werden. Die Beiblätter sind mit der laufenden Nummer der jeweiligen Eintragung aus Spalte 1 Buchstabe a des Formulars zu kennzeichnen. Im Ausland belegene Grundstücke, Luftfahrzeuge oder Schiffe, die nicht in öffentlichen Registern erfasst sind, sind mit den innerhalb der jeweiligen Rechtsordnung gebräuchlichen Angaben einzutragen, die eine eindeutige Identifizierung des jeweiligen Objekts ermöglichen.

§ 7 Schutz des Refinanzierungsregisters

Das Refinanzierungsregister ist vor unberechtigtem Zugriff sowie vor Beschädigung oder Zerstörung durch äußere Einwirkungen wie Feuer oder Wasser besonders zu schützen.

Teil 2

Zusätzliche Anforderungen bei elektronischer Registerführung

§ 8 Begriff und allgemeine Anforderungen

1) Der Inhalt des elektronisch geführten Refinanzierungsregisters muss auf Dauer unverändert in lesbarer Form wiedergabefähig sowie auf Dauer revisionssicher archiviert sein.

2) Der Inhalt des elektronischen Refinanzierungsregisters muss auf dem Bildschirm und in Ausdrucken in einer Weise sichtbar gemacht werden können, die die Eintragungen nach Form und Inhalt vollständig abbildet. Das elektronische Refinanzierungsregister muss jederzeit vollständig ausgedruckt werden können.

§ 9 Technische und organisatorische Maßnahmen zur Gewährleistung von Datenschutz und Datensicherheit

1) Die eingesetzten Datenverarbeitungssysteme müssen dem Stand der Technik und den Anforderungen der Anlage zu § 9 Satz 1 des Bundesdatenschutzgesetzes entsprechen. Insbesondere müssen sie gewährleisten, dass

1. ihre Funktionen nur genutzt werden können, wenn sich der Benutzer dem System gegenüber sicher ausweist (Identifikation und Authentisierung),
2. die eingeräumten Benutzungsrechte im System verwaltet werden (Berechtigungsverwaltung),
3. die eingeräumten Benutzungsrechte vom System geprüft werden (Berechtigungsprüfung),
4. sämtliche Zugriffe (Eingeben, Lesen, Kopieren, Ändern, Löschen, Sperren) revisionssicher protokolliert werden (Revisionsfähigkeit),
5. eingesetzte Systeme ohne Sicherheitsrisiken wiederhergestellt werden können (Wiederaufbereitung),
6. etwaige Verfälschungen der gespeicherten Daten durch technische Prüfmechanismen unverzüglich bemerkt werden können (Unverfälschtheit) und
7. auftretende Fehlfunktionen unverzüglich gemeldet werden (Verlässlichkeit).

(2) Das registerführende Unternehmen hat mindestens eine vollständige Sicherungskopie des elektronisch geführten Refinanzierungsregisters aufzubewahren. Die Sicherungskopie ist auf einem anderen Datenträger als das Refinanzierungsregister zu speichern und mindestens am Ende eines jeden Arbeitstages auf den Stand zu bringen, den das Refinanzierungsregister zu diesem Zeitpunkt hat.

Teil 3

Schlussbestimmungen

§ 10 Übergangsbestimmung

Refinanzierungsregister, die auf Grund der §§ 22a bis 22o des Kreditwesengesetzes bereits vor Inkrafttreten dieser Verordnung eingerichtet worden sind, dürfen bis zum 30. Juni 2007 in der bisherigen Art und Weise fortgeführt werden.

§ 11 Inkrafttreten

Diese Verordnung tritt am Tag nach der Verkündung in Kraft.

II. Bundestagsdrucksachen

1. Drucksache 15/4321

15. Wahlperiode 29.11.2004

Gesetzentwurf der Bundesregierung

Entwurf eines Gesetzes zur Neuordnung des Pfandbriefrechts

A. Problem und Ziel

Die Ausgabe von Hypothekenpfandbriefen und Kommunalschuldverschreibungen war bislang im Hypothekenbankgesetz (HBG) sowie im Gesetz über die Pfandbriefe und verwandten Schuldverschreibungen öffentlich-rechtlicher Kreditanstalten (ÖPG) geregelt. Berechtigt zur Pfandbriefausgabe waren danach die privatrechtlich organisierten Hypothekenbanken sowie die öffentlich-rechtlichen Kreditanstalten. Das Hypothekenbankgesetz beschränkt – im Interesse einer Risikobegrenzung – den Kreis der von Hypothekenbanken in zulässiger Weise zu betreibenden Geschäfte weitestgehend auf die ausdrücklich benannten Tätigkeiten und damit vornehmlich auf die Gewährung grundpfandrechtlich besicherter oder kommunaler Kredite. Die öffentlich-rechtlichen Kreditanstalten unterliegen einer solchen Geschäftskreisbeschränkung nicht; den Pfandbriefgläubigern sowie potenziellen Investoren gegenüber können diese Institute bisher auf Anstaltslast und Gewährträgerhaftung als zusätzliche Pfandbriefsicherheiten verweisen. Des Weiteren machen gegenwärtig drei Hypothekenbanken als bedeutende Marktteilnehmer von dem in § 46 HBG aus historischen Gründen eingeräumten Recht des „erweiterten Geschäftsbetriebes“ Gebrauch und unterliegen damit im Ergebnis ebenfalls nicht dem Spezialinstitutsprinzip des Hypothekenbankgesetzes. Das Gesetz über Schiffspfandbriefbanken (SchBkG) erlaubt den derzeit zwei Schiffspfandbriefbanken die Ausgabe von Schiffspfandbriefen und Kommunalschuldverschreibungen.

Der Wegfall der Gewährträgerhaftung und die Modifizierung der Anstaltslast zum 18. Juli 2005 gibt Anlass für eine grundlegende Neuregelung der rechtlichen Grundlagen zur Ausgabe von Pfandbriefen. Vor allem im Hinblick auf die Stärkung der Deckungsmasse durch die letzte Novelle des HBG und des ÖPG im April 2004 muss dabei nicht länger am Spezialbankprinzip festgehalten werden. Ziel des Gesetzes zur Neuordnung des Pfandbriefrechts ist daher bei Wahrung der hohen Qualität des Pfandbriefs die Ausdehnung der Befugnis zur Pfandbriefbegebung auf alle Kreditinstitute, die bestimmten Anforderungen zum Schutz des Pfandbriefgeschäfts genügen und von der Bundesanstalt für Finanzdienstleistungsaufsicht eine Erlaubnis zur Pfandbriefbegebung erhalten. Die Erweiterung der Geschäftsmöglichkeiten für die deutschen Kreditinstitute muss einhergehen mit der Bewahrung des hohen Standards des deutschen Pfandbriefs, dessen Ruf an den internationalen Kapitalmärkten den Emittenten günstige Refinanzierungsmöglichkeiten verschafft und daher von großer Bedeutung für den Standort Deutschland ist. Der deutsche Pfandbrief stellt das größte Marktsegment des europäischen Rentenmarktes dar und ist Vorbild für zahlreiche Produkte nach ausländischen Rechtsordnungen. Er steht im zunehmenden Wettbewerb, auch mit ausländischen gedeckten Schuldverschreibungen.

B. Lösung

Mit dem vorliegenden Gesetzesentwurf soll die Ausgabe von Pfandbriefen all denjenigen Kreditinstituten ermöglicht werden, die bereit und in der Lage sind, bestimmte gesetzlich festgelegte Qualitätsanforderungen an das Pfandbriefgeschäft zu erfüllen. Gleichzeitig soll das Gesetz die bisherige Qualität des Pfandbriefes und das darauf aufbauende außerordentliche Vertrauen der Investoren noch verbessern.

Zu diesem Zweck wird das Pfandbriefgeschäft als Bankgeschäft im Sinne des § 1 des Kreditwesengesetzes (KWG) definiert, dessen Betrieb eine entsprechende Erlaubnis der Bundesanstalt für Finanzdienstleistungsaufsicht nach § 32 KWG voraussetzt. Die Institute haben bereits im Rahmen des Erlaubnisverfahrens nachzuweisen, dass sie bestimmte, für das Pfandbriefgeschäft unabdingbare Mindestanforderungen erfüllen. Zugleich wird es der Aufsicht auf diese Weise ermöglicht, sämtliche pfandbriefemittierenden Institute und auch deren Emissionstätigkeit selbst in besonderer Weise zu beaufsichtigen.

Im Hinblick auf die spezifischen Anforderungen des Pfandbriefemissionsgeschäftes werden die Erlaubnisvoraussetzungen der §§ 32 ff. KWG im Pfandbriefgesetz teilweise strenger gefasst, teilweise aber auch genauer spezifiziert. Vorgeschrieben wird unter anderem ein Kernkapital von mindestens 25 Mio. Euro, ein Geschäftsplan aus dem hervorgeht, dass das Kreditinstitut das Pfandbriefgeschäft voraussichtlich nachhaltig betreiben wird und über einen für das Pfandbriefgeschäft erforderlichen organisatorischen Aufbau verfügt sowie der Nachweis geeigneter Regelungen und Instrumente zur Steuerung, Überwachung und Kontrolle der Risiken für die Deckungsmassen und des darauf gründende Emissionsgeschäfts verfügt. Um zu gewährleisten, dass die Institute das Pfandbriefemissionsgeschäft ausreichend nachhaltig betreiben, wird der Bundesanstalt in Absatz 2 des § 2 das Recht eingeräumt, die Erlaubnis zum Betreiben des Pfandbriefgeschäftes auch dann aufzuheben, wenn die Pfandbriefbank seit mehr als zwei Jahren keine Pfandbriefe begeben hat und nicht zu erwarten ist, dass das Pfandbriefgeschäft innerhalb der nächsten sechs Monate als regelmäßig und nachhaltig betriebenes Bankgeschäft wieder aufgenommen wird.

Diejenigen Elemente der Qualitätssicherung, die sich bewährt haben, die aber bislang nicht in allen Pfandbriefgesetzen einheitlich vorgeschrieben waren, sollen beibehalten und zukünftig auf sämtliche Pfandbriefemittenten angewendet werden. Aus HBG und ÖPG übernommen werden soll deshalb das Prinzip der sowohl nennwertigen als auch barwertigen Deckung der Ansprüche der Pfandbriefgläubiger zuzüglich einer 2%igen Überdeckung, welche in besonders liquiden Werten vorzuhalten ist. Ebenfalls beibehalten werden die in der letzten Novelle des Hypothekenbankgesetzes wie auch des ÖPG und Schiffsbankgesetzes eingeführten Vorschriften über die Insolvenz, die Figur des Sachwalters für die Deckungsmassen sowie die Möglichkeit der vollständigen oder teilweisen Übertragung der Pfandbriefverbindlichkeiten und Deckungsmassen auf andere Pfandbriefbanken. Für sämtliche Pfandbriefbanken wird es zudem verpflichtend, bei hypothekarischen Beleihungen einen an den dauerhaften Eigenschaften und am nachhaltig zu erzielenden Ertrag orientierten Beleihungswert zu ermitteln und lediglich 60 Prozent dieses Wertes als Deckungswerte zu verwenden. Dieses aus dem Hypothekenbankgesetz bekannte Vorsichtsprinzip hat sich besonders bewährt. Ebenso verhält es sich mit dem von der Bundesanstalt zu bestellenden Treuhänder, der die vorschriftsmäßige Deckung der Pfandbriefe zu kontrollieren hat; das Pfandbriefgesetz stellt daher weitere Anforderungen an den Treuhänder. Auch die bislang schon von der Bundesanstalt für Finanzdienstleistungsaufsicht in regelmäßigen Abständen bei Hypothekenbanken durchgeführten so genannten „Deckungsprüfungen" werden auf sämtliche Pfandbriefbanken ausgeweitet.

Als zusätzlichen Anreiz zur Qualitätssicherung sollen die Pfandbriefbanken dazu verpflichtet werden, weit reichende Informationen über die Qualität und Zusammensetzung der Deckungsmassen öffentlich bekannt zu geben.

[...]

B. Besonderer Teil

Zu Artikel 1 (Entwurf eines Pfandbriefgesetzes)

Zu § 1 (Begriffsbestimmungen)

§ 1 bestimmt den Inhalt der Begriffe „Pfandbriefbank", „Hypothekenpfandbrief", „Öffentlicher Pfandbrief" sowie „Schiffspfandbrief". Die Vorschrift ist im Zusammenhang mit der in Artikel 2 Nr. 1 des Gesetzentwurfs vorgesehenen Einführung des Pfandbriefgeschäftes als erlaubnispflichtiges Bankgeschäft zu sehen. § 1 Abs. 1 des Entwurfs enthält eine Definition des Pfandbriefgeschäftes und bestimmt somit die Reichweite der neu im Kreditwesengesetz eingeführten Erlaubnispflicht. Zugleich legt die Vorschrift den Anwendungsbereich des Pfandbriefgesetzes fest.

Die Nummern 1 bis 3 des Absatzes 1 Satz 2 knüpfen jeweils an dem Refinanzierungs- bzw. Passivgeschäft der Ausgabe gedeckter Schuldverschreibungen an. Während bisher nur die Ausgabe von Namenspfandbriefen als Einlagengeschäft nach § 1 Abs. 1 Satz 2 Nr. 1 KWG erlaubnispflichtig ist, wird nunmehr auch die Ausgabe von Pfandbriefen in der Form von Inhaberschuldverschreibungen als Bankgeschäft im Sinne des § 1 KWG erfasst. In der Bankpraxis herrscht diese Form der Pfandbriefe vor. Die Verweisungstechnik von § 1 Abs. 1 Satz 2 KWG auf die entsprechende Legaldefinition des erlaubnispflichtigen Bankgeschäftes im Rahmen des Spezialgesetzes selbst entspricht der Regelung des Investmentgeschäftes im Investmentgesetz vom 15. Dezember 2003 in Verbindung mit § 1 Abs. 1 Satz 2 Nr. 6 KWG.

Die Definition der bankgeschäftlichen Tätigkeiten stellt nicht auf die Aktivgeschäfte ab, welche für die Pfandbriefbanken erforderlich sind, um die zur Deckung der Pfandbriefe erforderlichen Werte überhaupt erst zu erwerben. Pfandbriefbanken könnten danach auch als reine Refinanzierungsvehikel tätig werden, welche die zur Deckung verwendeten Darlehen nicht selbst originär vergeben, sondern derartige Deckungswerte ausschließlich von anderen Kreditgebern erwerben. Um sicherzustellen, dass Pfandbriefbanken auch die Vergabe zur Deckung geeigneter Hypotheken- oder Kommunaldarlehen betreiben und mithin über die erforderliche Expertise zur Beurteilung der Werthaltigkeit entsprechender Sicherheiten verfügen, legt § 2 Abs. 1 Satz 3 fest, dass die Erlaubnis zum Betreiben des Pfandbriefgeschäftes u. a. auch dann zu versagen ist, wenn das Kreditinstitut nicht zugleich auch über eine Erlaubnis zum Betreiben des Kreditgeschäftes im Sinne des § 1 Abs. 1 Satz 2 Nr. 2 des Kreditwesengesetzes verfügt und dieses Geschäft voraussichtlich betreiben wird.

Absatz 2 soll klarstellen, dass der Begriff „Pfandbriefe“ im Rahmen dieses Gesetzes als Oberbegriff für sämtliche Pfandbriefgattungen verwendet wird.

Zu § 2 (Erlaubnis)

Die Definition des Pfandbriefgeschäftes als Kreditgeschäft in § 1 Abs. 1 Satz 2 KWG hat zur Folge, dass diese bankgeschäftliche Tätigkeit der Erlaubnispflicht nach § 32 KWG unterfällt. § 2 Abs. 1 Satz 1 soll dies noch einmal ausdrücklich klarstellen.

§ 2 Abs. 1 Satz 2 stellt für die Erlaubniserteilung für das Pfandbriefgeschäft zusätzliche, über die Anforderungen des Kreditwesengesetzes hinausgehende spezielle Voraussetzungen auf. Das Erfordernis eines Kernkapitals von mindestens 25 Mio. Euro in Nummer 1 ist durch die Langfristigkeit der Darlehensgewährungen und der Emissionszeiträume des Pfandbriefgeschäftes begründet. Das Eigenkapital, welches letztlich die Funktion hat, etwaig entstehende Verluste auszugleichen, muss dieser Langfristigkeit angemessen und entsprechend dimensioniert sein. Auch die Bundesanstalt für Finanzdienstleistungsaufsicht setzt für die Erteilung einer Erlaubnis für Hypothekenbanken stets eine erheblich über den nach dem KWG üblichen Mindesteigenkapitalanforderungen liegende Kapitalausstattung voraus. Im Übrigen müssen Pfandbriefbanken jederzeit in der Lage sein, sich bei Fälligwerden großvolumiger Pfandbriefemissionen kurzfristig die notwendige Liquidität zu beschaffen. Auch hierfür ist eine ausreichende Kapitalausstattung notwendig.

Nummer 3 trägt dem Umstand Rechnung, dass dem Pfandbrief besonderes Vertrauen der Anleger entgegengebracht wird. Um diesem Vertrauen gerecht werden zu können, bedarf Pfandbriefgeschäft besonderer Regelungen und Instrumente zur Steuerung und Kontrolle der damit verbundenen Zinsänderungs-, Währungs- sowie sonstigen Marktpreisrisiken. Erforderlich ist eine besonders genaue Steuerung und Kontrolle der entsprechenden Aktiv- und Passivgeschäfte.

Entsprechende Anforderungen ergeben sich für die Pfandbriefinstitute auch bislang schon aus § 25a Abs. 1 KWG. Ein Erlaubnisantrag muss einen tragfähigen Geschäftsplan mit Darstellung der nach § 25a Abs. 1 KWG erforderlichen „internen Kontrollverfahren“ enthalten; ohne entsprechende Angaben konnte die Bundesanstalt die Erlaubnis versagen, § 32 Abs. 1 Satz 2 Nr. 5, § 33 Abs. 3 Nr. 4 KWG. Weil der Geschäftskreis der Hypothekenbanken – mit Ausnahme der „gemischten Institute“ – im Wesentlichen auf die Ausgabe von Pfandbriefen und die entsprechenden Kreditvergaben beschränkt war, hatte § 25a Abs. 1 KWG für diese Institute im Wesentlichen die gleiche Bedeutung wie nunmehr § 2 Abs. 1 Satz 2 Nr. 3. Mit Wegfall der Geschäftskreisbeschränkung und der damit verbundenen möglichen Ausweitung der geschäftlichen Tätigkeiten wird sich die Bedeutung des § 25a Abs. 1 KWG für diese Institute hingegen ausweiten. Für die „gemischten Institute“ wie auch die öffentlich-rechtlichen Kreditanstalten hatte § 25a Abs. 1 KWG auch bislang schon eine allgemeinere, weil auf sämtliche geschäftliche Tätigkeiten und nicht spezifisch auf das Pfandbriefgeschäft bezogene Bedeutung. Die gesetzliche Klarstellung und Ausformulierung als eigenständige Erlaubnisvoraussetzung trägt der herausgehobenen Bedeutung dieser Anforderungen gerade für das Pfandbriefgeschäft Rechnung.

Als weitere Erlaubnisvoraussetzung fordert Nummer 4, dass der Geschäftsplan erkennen lässt, dass das Kreditinstitut das Pfandbriefgeschäft regelmäßig und nachhaltig betreiben wird. Auf diese Weise soll, auch in Verbindung mit Nummer 5, sichergestellt werden, dass nur solche Kreditinstitute eine Erlaubnis zur Ausgabe von Pfandbriefen erhalten, die auf Grund ihrer internen Planungen sowie der sächlichen und personellen Mittel erwarten lassen, dass sie das Pfandbriefgeschäft als ein für ihr Unternehmen bedeutsames Refinanzierungsgeschäft betreiben werden. Nachhaltigkeit ist insoweit gegeben, wenn sich das Pfandbriefgeschäft selbst dauerhaft trägt. Die Ergebnisse aus dieser geschäftlichen Tätigkeit müssen für sich genommen ausreichen, um die hohen Anforderungen dieses Gesetzes an die Qualität der Deckungsmassen – zum Beispiel durch den Erwerb zusätzlicher Deckungswerte – für die gesamte Laufzeit der ausstehenden Pfandbriefe sicherstellen zu können. Hierauf muss der Geschäftsplan gerichtet sein. Auch die von den Investoren erwartete Marktpflege durch die Pfandbriefbanken setzt ein entsprechend langfristiges Engagement voraus. Nicht erforderlich ist hingegen ein regelmäßiges Mindestemissionsvolumen innerhalb festgelegter Zeiträume. Die Entscheidung für eine Emission soll an der jeweiligen Marktsituation ausgerichtet bleiben. Mit den neuen Vorschriften werden Kriterien an die Hand gegeben, um dieses Engagement zu prüfen. Im Zusammenhang damit regelt § 2 Abs. 2 die Befugnis der Bundesanstalt, die Erlaubnis zum Betreiben des Pfandbriefgeschäftes auch dann aufzuheben, wenn die Pfandbriefbank die Ausgabe von Pfandbriefen seit mehr als 2 Jahren nicht mehr betreibt und nicht zu erwarten ist, dass das Pfandbriefgeschäft innerhalb der nächsten 6 Monate als regelmäßig und nachhaltig betriebenes Bankgeschäft wieder aufgenommen wird.

§ 2 Abs. 1 Satz 4 legt fest, dass die Erlaubnis auch auf die Ausgabe einzelner Pfandbriefgattungen beschränkt werden kann. Dies trägt den bisherigen tatsächlichen Marktgegebenheiten Rechnung. § 2 Abs. 1 Satz 5 stellt klar, dass sich die erforderlichen theoretischen und praktischen Kenntnisse der Geschäftsleiter auf das Hypothekar-, das Kommunal oder das Schiffskreditgeschäft und deren jeweilige Refinanzierung beziehen müssen. Dies stellt eine Erleichterung gegenüber der Regelung des § 33 Abs. 2 des Kreditwesengesetzes dar. Danach müssten die Geschäftsleiter theoretische und praktische Kenntnisse im Pfandbriefgeschäft aufweisen, d. h. auch in der Ausgabe von Pfandbriefen.

§ 2 Abs. 3 regelt das rechtliche Schicksal der Deckungsmassen in dem Falle, dass die Bundesanstalt die Erlaubnis für das Pfandbriefgeschäft aufhebt oder diese Erlaubnis aus anderen Gründen erlischt. Es wird vorgeschrieben, dass die Deckungsmassen abzuwickeln sind. Dies geschieht dadurch, dass die Pfandbriefbank die Deckungsmasse bis zur Fälligkeit der Pfandbriefe fortführt und die Pfandbriefe vertragsgemäß bedient. Soweit es für eine sachgerechte Abwicklung erforderlich ist, können auf Antrag der Bundesanstalt eine oder zwei geeignete natürliche Personen als Sachwalter durch das zuständige Gericht bestellt werden. Letzteres wird u. a. dann notwendig sein, wenn die sonst zur Abwicklung berufenen Personen keine Gewähr für eine ordnungsgemäße Abwicklung bieten. Werden nach Absatz 4 ein oder zwei Sachwalter bestellt, so erfolgt die Abwicklung der Deckungsmassen nach Satz 2 wie im Falle der Insolvenz der Pfandbriefbank entsprechend den Regelungen in den §§ 30 ff.

Zu § 3 (Aufsicht)

§ 3 Satz 1 und 2 entspricht den Regelungen im bisher für Pfandbriefinstitute geltenden Recht (§§ 3 und 4 HBG, §§ 3 und 4 SchBkG sowie § 11a ÖPG).

Satz 3 des § 3 weist der Bundesanstalt die Aufgabe zu, sog. Deckungsprüfungen durchzuführen. Die schon bisher bei Hypothekenbanken durchgeführten Prüfungen der Pfandbriefdeckung sollen zu regelmäßigen Pflichtprüfungen bei allen Pfandbriefemittenten erhoben werden. In Satz 4 wird ein Prüfungsturnus von in der Regel zwei Jahren vorgegeben. Weil sich Deckungsprüfungen ohnehin immer nur auf Stichproben stützen, erscheint diese enge aufsichtliche Begleitung im Interesse der Sicherheit der Pfandbriefe nicht unangemessen. Die Entscheidung, im Ausnahmefall von dieser engen zeitlichen Vorgabe abzuweichen, liegt im Ermessen der Bundesanstalt. Die berechtigten Interessen des Institutes sind zu berücksichtigen. Rechtsgrundlage für die Anordnung der Deckungsprüfung durch die Bundesanstalt ist die allgemeine Vorschrift des § 44 Abs. 1 Satz 2 KWG. Die Kosten, die der Bundesanstalt durch die Vornahme der Prüfung entstehen, sind nach § 15 Abs. 1 Nr. 1 des Gesetzes über die Bundesanstalt für Finanzdienstleistungsaufsicht von der Pfandbriefbank gesondert zu erstatten.

Zu § 4 (Deckungskongruenz)

§ 4 Abs. 1 fordert die jederzeitige nennwertige Deckung der Pfandbriefe jeder einzelnen Gattung durch Werte, die gemäß § 1 Abs. 1 jeweils „erworben" sein müssen. Nach geltendem Recht ist es nicht ausgeschlossen, dass die Erlangung eines insolvenzfesten Anspruchs des Pfandbriefemittenten gegen den treuhänderischen Verwalter auf Verschaffung eines Grundpfandrechts hinsichtlich der Deckungsfähigkeit dem Erwerb des Grundpfandrechts gleich gestellt wird. Dies ist bereits in der Gesetzesbegründung zur Änderung des § 40 Abs. 3 des Hypothekenbankgesetzes im Rahmen des Vierten Finanzmarktförderungsgesetzes (Bundestagsdrucksache 14/8017, S. 138) ausgeführt. Ob Insolvenz- und Zwangsvollstreckungsfestigkeit vorliegt, hängt allerdings von Regelungen in anderen Gesetzen ab.

Durch die Formulierung des § 4 Abs. 1 wird klargestellt, dass jede einzelne der in § 1 Abs. 1 Satz 2 Nr. 1 bis 3 genannten Pfandbriefgattungen für die Zwecke der Deckungsrechnung getrennt zu betrachten sind. Der Grundsatz nennwertiger Deckung entspricht der bisherigen Rechtslage in den drei Vorgängergesetzen, § 6 Abs. 1 Satz 1 HBG, § 2 Abs. 1 Satz 1 ÖPG, § 6 Abs. 1 Satz 1 SchBkG.

Satz 2 des § 4 Abs. 1 stellt klar, dass für die Deckungsrechnung nicht mehr auf den Nennwert abgestellt werden kann, wenn der Einlösungswert den Nennwert übersteigt. Die Vorschrift steht im Zusammenhang mit § 6 Abs. 3. Danach ist die Ausgabe von Pfandbriefen auch dann zulässig, wenn deren Einlösungswert den Nennwert zwar übersteigt, der Einlösungswert der Pfandbriefbank jedoch bei Ausgabe des Pfandbriefes schon bekannt ist.

§ 4 Abs. 2 Satz 1 legt den Grundsatz der jederzeitigen Deckung nach dem Barwert sowie der zweiprozentigen sichernden Überdeckung fest. Satz 2 der Vorschrift führt abschließend die besonders liquiden Deckungswerte auf, die für die zweiprozentige dauerhafte Überdeckung vorgehalten werden müssen. Diese Werte sollen jederzeit schnell veräußerbar sein, damit sie im Falle der Insolvenz des Institutes für die Kosten der Verwaltung und Übertragung der Deckungsmassen sowie zum Ausgleich möglicher Ausfälle verwendet werden können. § 4 Abs. 2 entspricht inhaltlich § 6 Abs. 1 Satz 2 und 3 und Abs. 4 Satz 1 HBG, § 2 Abs. 1 Satz 2 und 3 ÖPG. Im Schiffsbankgesetz bestanden bislang keine entsprechenden Regelungen.

Die in § 4 Abs. 2 Satz 2 enthaltene Liste der zur zweiprozentigen Überdeckung verwendbaren Titel entspricht weitestgehend der Auflistung der nach den bisherigen drei Pfandbriefgesetzen als so genannte Ersatzdeckung verwendbaren Werte, § 6 Abs. 4 HBG, § 2 Abs. 3 ÖPG und § 6 Abs. 3 SchBkG. In § 4 Abs. 2 Satz 2 Nr. 3 werden lediglich die Europäische Zentralbank sowie die übrigen Zentralbanken der Mitgliedstaaten der Europäischen Union neben der Deutschen Bundesbank zugelassen. Darüber hinaus wird klargestellt, dass der Pfandbriefbank beim Erwerb der Forderungen zumindest die Höhe des späteren Rückzahlungsanspruches bekannt sein muss. Die Vorschrift steht im Zusammenhang mit § 6 Abs. 3. Satz 3 entspricht § 6 Abs. 4 Satz 2 HBG, § 2 Abs. 3 Satz 2 ÖPG und § 6 Abs. 3 Satz 2 SchBkG.

§ 4 Abs. 3 stellt klar, dass auch etwaige Ansprüche der Vertragspartner von als Deckung verwendeten Derivaten in die Deckungsrechnung mit einzubeziehen sind. Im Zusammenhang damit regelt § 30 Abs. 8, dass Gläubiger von Ansprüchen aus Derivaten nach § 4 Abs. 3 den Pfandbriefgläubigern im Falle der Insolvenz der Pfandbriefbank gleich stehen und mithin ebenso privilegierten Zugriff auf die Deckungswerte haben. § 19 Nr. 3, § 20 Abs. 2 Nr. 3 sowie § 26 Nr. 4 legen für die jeweilige Pfandbriefgattung fest, welche Zins- und Währungsswaps sowie anderweitige Derivate als Deckungswerte in Frage kommen. § 4 Abs. 3 entspricht dem bisherigen Recht, § 6 Abs. 6 Satz 2 HBG, § 2 Abs. 5 Satz 2 ÖPG.

§ 4 Abs. 4 stellt klar, dass die Pfandbriefbank fortlaufend die ordnungsgemäße Deckungsrechnung mittels geeigneter Rechenwerke sicherzustellen hat.

§ 4 Abs. 5 entspricht bisherigem Recht, § 6 Abs. 1 Satz 5 HBG, § 6 Abs. 1 Satz 5 SchBkG. Die Verordnungsermächtigung des § 4 Abs. 6 entspricht § 6 Abs. 7 HBG, § 2 Abs. 6 ÖPG. Aus Sicht der Bundesregierung dürfte auf Grund der bisherigen Erfahrungen mit der auf Grund des Hypothekenbankgesetzes und des ÖPG in 2003 erlassenen Barwertverordnungen an deren Inhalt festzuhalten sein.

Die in § 4 Abs. 7 enthaltenen Verbotsnormen entsprechen dem Sinngehalt der geltenden §§ 37 und 38 des Hypothekenbankgesetzes.

Zu § 5 (Deckungsregister)

Die Regelungen zum Deckungsregister in § 5 entsprechen weitgehend dem bisherigen Recht. Es wird festgelegt, dass die Deckungswerte in das für die jeweilige Pfandbriefgattung geführte Register einzutragen sind. Durch die Wortwahl soll klargestellt werden, dass jede Pfandbriefgattung ein eigenes Deckungsregister erfordert. Absatz 1 entspricht im Wesentlichen § 22 Abs. 1 Satz 1, 2 und 4 HBG, § 3

Satz 1, 2 und 4 ÖPG sowie § 20 Abs. 1 und 2 SchBkG. Durch die Verwendung des Begriffes „Deckungswerte“ in Absatz 1 Satz 1 werden die in den vorgehenden Gesetzen üblichen Regelungen zur entsprechenden Anwendung auf die zur „Ersatzdeckung“ verwendeten Werte entbehrlich. Entsprechende Vorschriften enthielten § 3 ÖPG sowie § 20 Abs. 1 und 2 SchBkG. Abweichend vom geltenden Recht gibt der Entwurf in Absatz 2 – auch wenn die bisherige Form der Deckungsregisterführung in Papierform zunächst noch notwendig sein wird – keine bestimmte Form mehr vor. Im Interesse der notwendigen Flexibilität im Hinblick auf die angestrebte Zulassung einer Führung der Deckungsregister und der Einreichung der bisherigen „Abschriften“ bei der Bundesanstalt in rein elektronischer Form sieht der Entwurf in Absatz 3 vielmehr vor, dass entsprechende Einzelheiten hierzu durch Rechtsverordnung festzulegen sind.

§ 5 Abs. 1 Satz 3 legt fest, dass bei der Rückzahlung eines zur Deckung benutzten Wertes entsprechende Ersatzwerte in das betreffende Deckungsregister einzutragen sind, falls der ursprüngliche Deckungswert zur Deckung benötigt wurde. Ob diese Voraussetzung gegeben ist, ergibt sich aus der jeweiligen nennwertigen und barwertigen Deckungsrechnung nach § 4. Zwar begründet schon § 4 die grundsätzliche Verpflichtung der Pfandbriefbank, die Deckung dauerhaft sicherzustellen und aus der Deckung fallende Werte entsprechend zu ersetzen. Satz 3 enthält demgegenüber jedoch eine konkretisierte Verhaltenspflicht. Zuwiderhandlungen sind strafbar nach § 38 Abs. 2 Nr. 2.

§ 5 Abs. 3 sieht in Satz 1 erstmals vor, dass Einzelheiten über die Form und den notwendigen Inhalt des Deckungsregisters sowie der vorzunehmenden Eintragungen im Rahmen einer Rechtsverordnung zu bestimmen sind. Entsprechende verbindliche Festlegungen gab es bislang nicht. Eine weitgehende Übereinstimmung konnte die Bundesanstalt lediglich in Einzelgesprächen, vornehmlich im Rahmen von Deckungsprüfungen, sowie im Wege des Meinungsaustausches mit dem die Hypothekenbanken vertretenden Interessenverband durchsetzen. Bei der Festlegung der unabdingbar einzutragenden Inhalte hat sich die Bundesanstalt am Sinn und Zweck der Vorschrift orientiert, welcher darin besteht, die der Deckungsmasse zugehörigen Deckungswerte im Falle der Insolvenz des Institutes eindeutig vermögensrechtlich zuordnen zu können. Diese Form der Durchsetzung aufsichtlicher Standards im Rahmen einer fortlaufenden aufsichtlichen Praxis ist zukünftig nicht mehr gewährleistet. Die einheitliche Vorgabe im Rahmen einer Rechtsverordnung erscheint deshalb nicht zuletzt im Interesse der Sicherheit der Pfandbriefgläubiger unabdingbar.

§ 5 Abs. 3 Satz 2 nennt darüber hinaus die im Rahmen einer Führung und Übermittlung des Inhalts des Deckungsregisters regelungsbedürftigen Bereiche. Außerdem soll eine Aufbewahrungspflicht der Bundesanstalt begründet und konkretisiert werden.

Zu § 6 (Inhalt der Pfandbriefe)

§ 6 Abs. 1 und 2 entspricht § 8 HBG sowie § 8 Abs. 1 und 2 SchBkG. § 6 Abs. 3 entspricht § 9 Abs. 3 HBG und § 8 Abs. 3 SchBkG.

Zu § 7 (Treuhänder und Stellvertreter)

Die §§ 7 bis 11 übernehmen weitgehend unverändert die Regelungen über den Treuhänder der §§ 29 bis 34 HBG sowie 28 bis 33 SchBkG. Durch die gesetzliche Vermutung, dass bei Wirtschaftsprüfern oder als vereidigter Buchprüfer die für das Treuhänderamt notwendigen Kenntnisse gegeben sind, wird ein hoher Maßstab für die Qualifikation eines Treuhänders eingefügt. Dies trägt dazu bei, das Vertrauen der Pfandbriefgläubiger in die Werthaltigkeit der Deckungsmasse zu stärken. In § 7 Abs. 2 Satz 2 wird zusätzlich klargestellt, dass die Bestellung des Treuhänders nur aus sachlichem Grund widerrufen werden kann.

In der aufsichtlichen Praxis der Bundesanstalt wurden schon bisher als Treuhänder oder dessen Stellvertreter nur solche Personen bestellt, die über die notwendigen Kenntnisse und Erfahrungen verfügten und die nicht die Besorgnis der Befangenheit begründeten. § 7 Abs. 2 soll dies nunmehr ausdrücklich klarstellen. Im neuen Gesetz wird die Unabhängigkeit des Treuhänders verstärkt, um Interessenkonflikte auszuschließen.

Auch an den Verwahrungspflichten des Treuhänders nach geltendem Recht wird festgehalten. Wenngleich die Mitverwahrung von in § 9 genannten Verwahrungsgegenständen nicht immer die Sicherheit der Deckungsmasse erhöht, so ist dies doch vielfach der Fall und kommt somit den Pfandbriefgläubigern zugute.

Von den bisherigen Regelungen nicht in den Entwurf übernommen worden ist die Regelung des § 30 Abs. 5 HBG, da sie sich auf die ebenfalls entfallende Umlaufgrenze nach § 7 HBG bezog. Die Regelung in § 31 Abs. 2 Satz 2 zweiter Halbsatz HBG, dass im Falle der Rückzahlung der Hypothek die entsprechenden Ersatzdeckungswerte in das Hypothekenregister einzutragen sind, findet sich nunmehr in § 5 Abs. 1 Satz 4. § 29 Abs. 5 Schiffsbankgesetz bezieht sich ebenfalls auf die Umlaufgrenze und entfällt deshalb ebenso. § 30 Abs. 2 Satz 2 zweiter Halbsatz geht ebenfalls in § 5 Abs. 1 Satz 4 auf. § 34 Satz 1 Schiffsbankgesetz entfällt, weil § 7 Abs. 4 Satz 1 insoweit ausreichend klar formuliert ist. Nach dieser Vorschrift können im Deckungsregister eingetragene Werte nur mit Zustimmung des Treuhänders in dem Register gelöscht werden. Der Klarstellung in § 34 Satz 1 Schiffsbankgesetz, dass das Pfandbriefinstitut über einen im Register eingetragenen Deckungswert durch Veräußerung, Belastung oder Verzicht nur mit schriftlicher Zustimmung des Treuhänders verfügen kann, bedarf es daneben nicht. Die in § 34 Satz 2 SchBkG vorgesehene Eintragung der in Satz 1 des § 34 SchBkG genannten Verfügungsbeschränkungen in das Schiffs- oder Schiffsbauregister ist mangels praktischer Relevanz ebenfalls nicht in den Entwurf übernommen worden. Die Eintragung derartiger Beschränkungen in das Grundbuch ist hinsichtlich der Hypotheken weder im HBG noch im ÖPG vorgesehen.

Zu § 12 (Deckungswerte)

Die §§ 12 bis 19 legen fest, welche Werte unter welchen Voraussetzungen zur Deckung von Hypothekenpfandbriefen herangezogen werden dürfen. Inhaltlich handelt es sich um die nahezu unverändert aus dem Hypothekenbankgesetz und dem ÖPG übernommenen Vorschriften, welche der besseren Übersichtlichkeit halber innerhalb des Abschnittes 3 mit besonderen Vorschriften über die Deckungswerte zusammengefasst wurden.

§ 12 Abs. 1 legt fest, dass zur Deckung für Hypothekenpfandbriefe nur Hypotheken benutzt werden dürfen, die den Erfordernissen der nachfolgenden §§ 13 bis 17 entsprechen. Die Vorschrift entspricht § 10 HBG.

Absatz 2 beruht auf § 6 Abs. 3 HBG sowie § 2 Abs. 2 ÖPG. Während nach geltendem Recht jedoch in den hier geregelten Fällen der Rettungserwerbe ein hälftiger Abschlag in der Deckungsrechnung gefordert wird, sind die Pfandbriefbanken nunmehr stattdessen verpflichtet, eine neue Beleihungswertermittlung vorzunehmen. Dies wird den tatsächlichen Verhältnissen sehr viel stärker gerecht.

Zu § 13 (Belegenheit der Sicherheiten)

§ 13 Abs. 1 listet in Satz 2 die Staaten auf, in denen die deckungsfähigen Hypotheken belegen sein müssen. Inhaltlich entspricht die Regelung damit § 1 Nr. 1 sowie § 5 Abs. 1 Nr. 2a HBG.

Absatz 1 nennt neben Grundstücken auch grundstücksgleiche Rechte und solche Rechte einer ausländischen Rechtsordnung, die den grundstücksgleichen Rechten deutschen Rechts vergleichbar sind. Dies trägt dem Umstand Rechnung, dass in den anderen von § 13 erfassten Staaten teilweise Rechte an Grundstücken anerkannt und üblich sind, die zwar nicht mit dem Eigentumsrecht gleichzusetzen sind, die aber trotzdem gegenüber jedermann wirksam sind und mit Grundpfandrechten belastet werden können.

Die bislang in § 5 Abs. 1 Nr. 2a zweiter Halbsatz HBG geregelte 10%-Grenze für Beleihungen, bei denen das Vorrecht der Pfandbriefgläubiger nach § 30 Abs. 1 nicht sichergestellt ist, kann auf die Staaten beschränkt werden, die nicht der Europäischen Union angehören. Bei den in den Mitgliedstaaten der Europäischen Union belegenen Sicherheiten kann von der Sicherstellung des Vorrechts ausgegangen werden. Nach Artikel 9 der Richtlinie 2001/24/EG über die Sanierung und Liquidation von Kreditinstituten sind lediglich die Gerichte des Herkunftsstaates befugt, über die Eröffnung eines Liquidationsverfahrens über das Vermögen eines Kreditinstitutes einschließlich seiner Zweigstellen zu entscheiden. Das Verfahren wird also nach den Grundsätzen der Einheit und Universalität abgewickelt (Erwägungsgrund 16). Auf dieses einheitliche Verfahren findet das Recht des Herkunftmitgliedstaates Anwendung, Artikel 10 der genannten Richtlinie. Dies bedeutet, dass eine Pfandbriefbank stets nach deutschem Insolvenzrecht liquidiert würde. Damit ist auch sichergestellt, dass das Vorrecht der Pfandbriefgläubiger gewahrt ist, Artikel 10 Abs. 2 Buchstabe h.

§ 13 Abs. 2 übernimmt den Regelungsgehalt des § 21 Abs. 1 in Verbindung mit § 20 Abs. 1 Nr. 3 und 4 der Erbbaurechtsverordnung. Mit dieser Regelung wird der anerkannte Grundsatz, dass bei zeitlich begrenzten Rechtspositionen die Kreditlaufzeit in angemessenem Verhältnis zur Dauer der Rechtsposition stehen muss, auch auf die entsprechenden ausländischen Rechte erstreckt.

Zu § 14 (Beleihungsgrenze)

In § 14 Abs. 1 wird die Beleihungsgrenze von 60 % des Beleihungswertes festgeschrieben. Dies entspricht § 11 Abs. 2 HBG. Nach Absatz 2 gelten Hypotheken nur bis zur Höhe der Beleihungsgrenze nach Absatz 1 als eingetragene Deckungswerte. Die Regelung entspricht § 22 Abs. 2 HBG. Weil die von Absatz 2 ausgehende Rechtsfolge an die Beleihungsgrenze anknüpft, erscheint es sinnvoll, die Regelung in § 14 aufzunehmen.

Zu § 15 (Versicherungspflicht)

In § 15 wird die bisher nur im Schiffsbankgesetz geregelte Versicherungspflicht auf bebaute Grundstücke, auf denen die zur Deckung von Hypothekenpfandbriefen verwendeten Grundpfandrechte lasten, erstreckt. Weil die Versicherung des Beleihungsobjektes in der Praxis ohnehin Standard sein dürfte, dürfte die Vorschrift keine nennenswerten zusätzlichen Belastungen der Pfandbriefbanken begründen. Die gesetzliche Klarstellung setzt die Bundesanstalt oder den Treuhänder jedoch in die Lage, die Herausnahme solcher Grundpfandrechte aus der Deckung zu verlangen, die an nicht oder nicht ausreichend versicherten Objekten bestehen.

Zu § 16 (Beleihungswertermittlung)

§ 16 regelt die Grundlagen der Ermittlung und Festsetzung des für die Deckungsrechnung maßgeblichen Beleihungswertes. Vorbild der Regelung ist § 12 HBG.

In Absatz 1 sollen erstmals die Anforderungen an den Gutachter gesetzlich festgelegt werden. Es muss sich danach um eine von der Kreditentscheidung unabhängige Person handeln, die über die notwendige Berufserfahrung und entsprechende Fachkenntnisse für Beleihungswertermittlungen verfügt. Inhaltlich entspricht die Vorschrift der bisher bereits von der Bundesanstalt geübten Verwaltungspraxis und der Mehrzahl der Wertermittlungsanweisungen der Hypothekenbanken.

§ 16 Abs. 2 legt fest, welche Merkmale des Objektes bei der Beleihungswertermittlung Berücksichtigung finden dürfen. Inhaltlich stützt sich die Vorschrift auf die Regelung in § 12 Abs. 1 HBG. § 16 Abs. 2 kommt damit die Bedeutung einer Zentralnorm für die Grundstücksbeleihung zu. Wie bisher bereits im Hypothekenbankgesetz wird festgelegt, dass der Beleihungswert nur aus den dauernden Eigenschaften des Grundstücks und dem nachhaltig zu erzielenden Ertrag abzuleiten ist. Zusätzlich wird nunmehr ausdrücklich klargestellt, dass spekulative Elemente nicht berücksichtigt werden dürfen und dass der Beleihungswert den Marktwert nicht übersteigen darf. Die in den beteiligten Kreisen übliche und anerkannte Definition des Marktwertes wird zur Klarstellung in § 16 Abs. 2 Satz 4 aufgenommen.

§ 16 Abs. 3 entspricht inhaltlich weitgehend § 12 Abs. 3 HBG. Die Grenze des Anteils der Hypotheken an Bauplätzen in § 12 Abs. 3 Satz 1 zweiter Halbsatz HBG wurde der Praktikabilität halber mit 1 Prozent des Gesamtbetrages der zur Deckung der Hypothekenpfandbriefe benutzten Deckungswerte festgelegt.

Absatz 4 regelt die Ermächtigung, Einzelheiten der Methodik und Form der Beleihungswertermittlung sowie die Mindestanforderungen an die Qualifikation des Gutachters im Rahmen einer Rechtsverordnung zu bestimmen. Die Vorschrift tritt an die Stelle des § 13 HBG, der vorsah, dass jede Hypothekenbank eine Anweisung über die Wertermittlung zu erlassen hatte, welche von der Bundesanstalt zu genehmigen war. Die Vereinheitlichung der Anforderungen in einer öffentlich zugänglichen Rechtsverordnung erscheint notwendig, um bei sämtlichen zukünftigen Pfandbriefbanken eine grundsätzlich übereinstimmende Beleihungspraxis zu gewährleisten. Die öffentlich-rechtlichen Kreditanstalten waren einer vergleichbaren Verpflichtung nicht unterworfen. Die Rechtsform der öffentlich zugänglichen Verordnung erhöht zudem die Transparenz des Verfahrens der Bewertung der zur Deckung herangezogenen Werte. Dies liegt nicht zuletzt im Interesse der Anleger. Für die Bewertung von überwiegend zu Wohnzwecken genutzten Beleihungsobjekten kann die Rechtsverordnung Erleichterungen vorsehen. Im Übrigen entfällt für die Institute auch die für die Genehmigung der Wertermittlungsanweisungen in § 2 Abs. 1 Nr. 4 der Verordnung über die Erhebung von Gebühren und die Umlegung von Kosten nach dem Finanzdienstleistungsaufsichtsgesetz (FinDAGKostV) vorgesehene Verwaltungsgebühr.

Die neue Rechtsverordnung soll inhaltlich die bewährten Grundsätze der Beleihungswertermittlung fortschreiben, die Grundlage der von der Bundesanstalt den einzelnen Hypothekenbanken nach dem Hypothekenbankgesetz genehmigten und derzeit geltenden Wertermittlungsanweisungen sind.

Zu § 17 (Tilgungsbeginn)

§ 17 Abs. 1 entspricht § 20 Abs. 1 Satz 1 HBG. Absatz 2 entspricht § 20 Abs. 3 HBG.

Zu § 18 (Grundschulden und ausländische Sicherungsrechte)

§ 18 stellt klar, dass Grundschulden ebenso wie Hypotheken als Sicherungswerte in Betracht kommen. In der Beleihungspraxis der Kreditinstitute stellen Grundschulden gegenüber Hypotheken auf Grund ihrer mangelnden Akzessorietät zur Darlehensschuld den Regelfall dar.

Darüber hinaus werden den Hypotheken und Grundschulden nach deutschem Recht auch die im Wesentlichen vergleichbaren ausländischen Sicherungsrechte gleichgestellt. Damit wird dem Umstand Rechnung getragen, dass die in den ausländischen Rechtsordnungen vorgesehenen und in der Beleihungspraxis der Kreditinstitute auch tatsächlich verbreiteten Grundstückssicherheiten in der Regel nicht vollständig den deutschen Hypotheken und Grundschulden entsprechen. Um trotzdem die Beleihung entsprechender Werte zu ermöglichen, soll klargestellt werden, dass die entsprechenden Sicherungsinstrumente ebenfalls in Betracht kommen. Entscheidend kommt es darauf an, dass die ausländischen Grundstückssicherheiten eine im Wesentlichen vergleichbare Sicherheit bieten und den Gläubiger berechtigen, seine Forderung auch durch Verwertung des belasteten Grundstücks oder grundstücksgleichen Rechts zu befriedigen.

Aus der Vielzahl der nach § 13 zugelassenen Staaten, in denen eine Beleihung deckungsfähig ist, ergibt sich eine entsprechende Vielfalt der in den einzelnen Staaten verbreiteten Sicherungsinstrumente. Weder der Treuhänder noch interne und externe Prüfer oder die Bundesanstalt sind in der Lage, die Vergleichbarkeit einzelner Grundstückssicherheiten mit Hypothek oder Grundschuld in jedem Einzelfall zu beurteilen. Die Verantwortung für diese Entscheidung verbleibt bei der Geschäftsleitung des Institutes. Die genannten Voraussetzungen hat die Pfandbriefbank deshalb im Zweifel anhand einschlägiger Rechtsgutachten von mit den jeweiligen örtlichen rechtlichen und tatsächlichen Verhältnissen ausreichend vertrauten Personen darzulegen. Bei der Erschließung neuer ausländischer Immobilienmärkte hat die Pfandbriefbank außerdem die Anforderungen des § 27 Abs. 2 zu beachten. Sie muss dokumentieren, dass sie über ausreichende Expertise hinsichtlich der damit verbundenen Risiken verfügt.

Weil Grundschulden anders als Hypotheken nicht akzessorisch sind und damit nicht das rechtliche Schicksal der Hauptschuld teilen, stellt Absatz 2 ausdrücklich klar, dass Grundschulden, die auf Grund einer Zweckvereinbarung zwischen der Bank und dem jeweiligen Grundstückseigentümer der Sicherung einer Darlehensforderung dienen, immer nur zusammen mit der zugrunde liegenden Darlehensforderung an die Stelle der Hypotheken treten. Dies bedeutet, dass in einem solchen Fall die Grundschuld und die gesicherte Forderung gemeinsam den Deckungswert darstellen.

Zu § 19 (Weitere Deckungswerte)

§ 19 fasst die bisher in HBG und ÖPG an verschiedenen Stellen geregelten weiteren zulässigen Deckungswerte in einer Norm zusammen. § 19 Abs. 1 Nr. 1 entspricht § 6 Abs. 1 Satz 4 HBG, § 2 Abs. 1 Satz 4 ÖPG. Nummer 2 entspricht im Wesentlichen § 6 Abs. 4 und 5 HBG sowie § 2 Abs. 3 und 4 Satz 1 ÖPG. Die Regelung knüpft hinsichtlich der Höhe der als Deckung zugelassenen Werte ausschließlich an den Umlauf der Hypothekenpfandbriefe an und entspricht damit insoweit der Regelung, wie sie vor den Änderungen durch das Dritte Finanzmarktförderungsgesetz im Jahre 1998 bestand. Die Grenze in Höhe von 12 % berücksichtigt nunmehr die gemäß § 4 Abs. 2 Satz 1 vorzuhaltende sichernde Überdeckung in Höhe von 2 %, die nach bisherigem Recht (vgl. z. B. § 6 Abs. 1 Satz 3 in Verbindung mit Abs. 5 HBG) nicht auf die Ersatzdeckungsgrenze von 10 % anzurechnen war. Satz 2 der Nummer 2 legt die Einschränkung des § 4 Abs. 2 Satz 3 auch für die nach § 19 Nr. 2 zulässigen Deckungswerte fest.

In Nummer 3 wird der Kreis der als Deckung für Hypothekenpfandbriefe verwendbaren Schuldverschreibungen im Vergleich zu den bisher geltenden Regelungen im HBG und ÖPG auf sämtliche Adressen, die auch zur Deckung von Öffentlichen Pfandbriefen geeignet sind, erweitert. Die Grenze der nach Nummer 3 als weitere Deckung zugelassenen Werte wird dabei als Ausgleich für die Beschränkung auf den Gesamtbetrag der im Umlauf befindlichen Hypothekenpfandbriefe auf 20 % erweitert; allerdings sind hierauf die nach Nummer 2 zugelassenen Werte anzurechnen, so dass die Deckung insgesamt maximal in Höhe von 20 % der im Umlauf befindlichen Hypothekenpfandbriefe aus Werten der Nummern 2 und 3 bestehen darf.

Die Nummer 4 des § 19 Abs. 1 regelt die Zulässigkeit der Indeckungnahme von Derivaten. Die Regelung entspricht inhaltlich weitgehend § 6 Abs. 6 HBG sowie § 2 Abs. 5 ÖPG. Als mögliche Derivatepartner werden zusätzlich Versicherungsunternehmen, zentrale Gegenparteien bei Börsen sowie Bund und Länder zugelassen. Als Ausprägung des Spezialbankprinzips war bislang in § 5 Abs. 1 Nr. 4a HBG geregelt, in welcher Weise sich Hypothekenbanken im Derivategeschäft engagieren durften. Weil die Regelung im Zuge der Aufgabe des Spezialbankprinzips entfällt, konnte auf sie nicht mehr verwiesen werden. § 19 Nr. 3 Satz 2 übernimmt deshalb inhaltlich die Vorgaben, dass nur solche derivativen Geschäfte als Deckungswerte in Frage kommen, welche Risiken beinhalten oder nachbilden, die die Pfandbriefbank auch mit Geschäften über die übrigen nach diesem Gesetz zulässigen Deckungswerte eingehen kann und dass keine offenen Stillhalterpositionen eingegangen werden dürfen. Im Interesse der Begrenzung der Marktpreisrisiken innerhalb der Deckungsmassen erscheint dies unabdingbar.

§ 19 Abs. 2 sieht vor, dass bei Hypothekenpfandbriefen im Falle einer Abwicklung der Deckungsmasse nach § 2 Abs. 3 die Bundesanstalt Ausnahmen von den dort genannten Deckungsvorschriften zulassen kann. Es ist im Fall der Abwicklung nicht sachgerecht, stets an den Höchstgrenzen für die Deckung durch Schuldverschreibungen und anderen Geldforderungen festzuhalten. Es kann geboten sein, Ausnahmen zuzulassen. Die Entscheidung über solche Ausnahmen sollte im Interesse einer größtmöglichen Sicherheit der abzuwickelnden Deckungsmasse der Bundesanstalt vorbehalten bleiben.

Zu § 20 (Deckungswerte für Öffentliche Pfandbriefe)

§ 20 regelt die zur Deckung Öffentlicher Pfandbriefe zulässigen Werte. Inhaltlich entspricht die Vorschrift weitgehend dem bisherigen materiellen Recht nach HBG und ÖPG. Aufgegangen in § 20 sind damit die § 1 Nr. 2, § 5 Abs. 1 Nr. 1, Abs. 2, § 6 Abs. 1 Satz 3 und Abs. 6, § 41 Satz 2 HBG, § 2 Abs. 1 Satz 4, Abs. 4 Satz 2 in Verbindung mit § 8 Abs. 1 Satz 2, § 2 Abs. 5, § 8 Abs. 3 und 4 ÖPG.

Die bisherigen gesetzlichen Regelungen setzten als deckungsfähige Werte „Darlehen" bzw. „Kommunaldarlehen" voraus. Unklar blieb bei dieser Wortwahl, ob den Darlehen im Rechtssinne auch anderweitig begründete Forderungen gegen die öffentliche Hand gleichgestellt werden konnten. Von Bedeutung war diese Frage insbesondere im Bereich der immer wichtigeren Finanzierung öffentlicher Vorhaben im Wege des „Public-Private-Partnership", bei dem Forderungen der privaten Investoren oder Betreiber gegen die öffentliche Hand an die Pfandbriefinstitute abgetreten wurden. Lediglich die Begründung zu den Änderungen des Hypothekenbankgesetzes im Rahmen des Dritten Finanzmarktförderungsgesetzes führt insoweit aus, dass der Begriff des „Darlehens" über die Bestimmung des § 607 BGB (jetzt: § 489 BGB) hinaus im wirtschaftlichen Sinne weit zu interpretieren sei. Maßgeblich sei der Sicherheitsstandard. Wie bei Darlehen nach § 607 BGB müsse sichergestellt sein, dass ihrer Geltendmachung Mängel des zugrunde liegenden Rechtsverhältnisses oder Einwendungen oder Einreden daraus nicht entgegenstehen können. Um hier Rechtsklarheit zu schaffen, werden diese Voraussetzungen nunmehr in das Gesetz selbst aufgenommen. § 20 Abs. 1 Satz 1 lässt jede schriftlich als einredefrei anerkannte Forderung zu.

Gegenüber dem bisherigen materiellen Recht enthält § 20 Abs. 1 Nr. 1 Buchstabe a die Einschränkung, dass statt Körperschaften und Anstalten des öffentlichen Rechts nur noch Gebietskörperschaften und außerdem nur solche Körperschaften und Anstalten des öffentlichen Rechts kommunalkreditfähig sind, für die eine Anstaltslast oder eine auf Gesetz beruhende Gewährträgerhaftung oder eine Refinanzierungsgarantie gilt oder die das gesetzliche Recht zur Erhebung von Gebühren oder anderen Abgaben haben. Diese Einschränkung ist erforderlich, nachdem Gewährträgerhaftung und Anstaltslast zugunsten verschiedener Anstalten des öffentlichen Rechts aufgehoben bzw. modifiziert werden.

§ 20 Abs. 1 Nr. 1 Buchstabe c setzt für die genannten Regionalregierungen und örtlichen Gebietskörperschaften voraus, dass nach der Bankenrichtlinie 2000/12/EG eine Gewichtung von 20 % gilt und von der Bundesanstalt keine höhere Gewichtung festgelegt worden ist. Diese Fassung entspricht der Regelung in Artikel 43 Abs. 1 der genannten Richtlinie. Die bisherige Regelung in § 5 Abs. 1 Nr. 1 Buchstabe b HBG, § 8 Abs. 4 Buchstabe b ÖPG forderte demgegenüber, dass entweder die 20 %-Gewichtung nach der Richtlinie galt „oder diese Gewichtung von der zuständigen Aufsichtsbehörde in diesem Staat festgelegt worden" war. Dies konnte zu Unsicherheiten führen, wenn die Richtlinie, wie im Falle der Schweiz, eine Gewichtung von 20 % vorsah, die Heimataufsicht aber eine Gewichtung von 25 % festgelegt hatte.

In § 20 Abs. 1 Nr. 2 Satz 2 werden im Interesse der rechtlichen Bestimmtheit die Voraussetzungen einer „vollen Gewährleistung" benannt. Inhaltlich entspricht die Regelung der bisherigen aufsichtlichen Praxis.

Hinsichtlich der Einschränkung der 10%-Grenze in § 20 Abs. 1 Satz 2 auf Staaten außerhalb der Europäischen Union kann auf die Ausführungen zur entsprechenden Regelung in § 13 Abs. 1 Satz 2 zweiter Halbsatz verwiesen werden.

§ 20 Abs. 2 Nr. 2 entspricht der bisherigen Regelung der „Ersatzdeckung" für Öffentliche Pfandbriefe nach § 41 Satz 2 HBG, § 8 Abs. 1 Satz 2 ÖPG. Um sog. Klumpenrisiken zu vermeiden, wurde gegenüber der alten Regelung zusätzlich eine Grenze für den Anteil der Geldforderungen gegen ein einzelnes Kreditinstitut aufgenommen.

§ 20 Abs. 3 sieht vor, dass die Bundesanstalt im Fall der Abwicklung der Deckungsmasse Ausnahmen von den Deckungsvorschriften des Absatzes 2 zulassen kann. Hinsichtlich der Begründung kann auf die Begründung zu § 19 Abs. 2 verwiesen werden.

Zu § 21 (Deckungswerte)

Die §§ 21 bis 26 fassen die bisherigen Regelungen über Deckungswerte für Schiffspfandbriefe nach dem Schiffsbankgesetz zusammen, ohne das bisherige materielle Recht nennenswert zu verändern. § 21 entspricht § 9 SchBkG.

Zu § 22 (Beleihungsgrenze)

§ 22 nennt Voraussetzungen der Beleihung und enthält in Absatz 2 mit der Festlegung der Beleihungsgrenze eine ehemalige Zentralnorm des Schiffsbankgesetzes. § 22 Abs. 1 entspricht § 10 Abs. 1 SchBkG. Absatz 2 entspricht § 10 Abs. 2 SchBkG. Klarstellend wurde lediglich aufgenommen, dass die Vereinbarung sich ermäßigender Tilgungsraten bei Abzahlungsdarlehen unschädlich ist. Ferner ist nunmehr ausdrücklich geregelt, dass die Vereinbarung einer so genannten Schlussballonrate zulässig ist, wenn die Kreditrückführung dadurch gegenüber einem „normalen" Abzahlungsdarlehen bis zum fünfzehnten Lebensjahr des Schiffes nicht beeinträchtigt wird und es sich bei dem Darlehen im Übrigen, d.h. mit Ausnahme der Schlussballonrate, um ein Abzahlungsdarlehen handelt. Das Gesetz stellt dies sicher. Absatz 3 entspricht § 20 Abs. 3 SchBkG.

Absatz 4 des § 22 beruht auf § 10 Abs. 3 SchBkG. Dort ist festgelegt, dass die Darlehensdauer 12 Jahre und mit Genehmigung der Aufsichtsbehörde bis zu 15 Jahren betragen darf, wenn eine entsprechende Lebensdauer des zu beleihenden Schiffes oder Schiffsbauwerkes zu erwarten ist. Die Auslegung dieser Vorschrift ist mit Unklarheiten darüber verbunden, ob ein Schiff – worauf der Wortlaut der Vorschrift hindeutet – unabhängig von seinem Alter für 12 bzw. 15 Jahre beliehen werden darf oder ob die Vorschrift nicht dahin gehend zu verstehen ist, dass eine Beleihung nur höchstens bis zum 15. Lebensjahr des Schiffes erfolgen darf. In § 22 Abs. 4 Satz 1 des Entwurfs ist die Frage nunmehr im Sinne der zweiten Alternative dahin entschieden, dass, da Schiffe nur eine begrenzte Lebensdauer haben, die deckungsfähige Beleihung ein gewisses Lebensalter nicht überschreiten darf. Dabei wird jedoch der technischen (Fort-)Entwicklung der Schiffe insoweit Rechnung getragen, dass zukünftig Darlehen mit einer Laufzeit von höchstens fünfzehn Jahren auch ohne Genehmigung der Bundesanstalt deckungsfähig sind und das Schiff mit Genehmigung der Bundesanstalt bis zum zwanzigsten Lebensjahr beliehen werden darf. Andererseits wird durch die Änderung zum Schutz der Pfandbriefgläubiger ausdrücklich eine Begrenzung der Beleihung bis höchstens zum Ende des fünfzehnten bzw. zwanzigsten Lebensjahres des Schiffes festgeschrieben. Die Sätze 2 bis 4 entsprechen im Wesentlichen dem bisherigen § 10 Abs. 3 SchBkG.

Absatz 5 Satz 1 entspricht § 10 Abs. 4 Satz 1 SchBkG. In Satz 2 wird erstmals auch für die Deckung von Schiffspfandbriefen eine Begrenzung derjenigen Beleihungen festgelegt, bei denen nicht sichergestellt ist, dass sich das Vorrecht der Schiffspfandbriefgläubiger nach § 30 Abs. 1 auf die Forderungen der Pfandbriefbank aus diesen Beleihungen erstreckt. Die Grenze bezieht ebenfalls nur Beleihungen außerhalb der Europäischen Union ein. Es kann wiederum auf die Ausführungen zur entsprechenden Regelung in § 13 Abs. 1 Satz 2 zweiter Halbsatz verwiesen werden. Im Hinblick darauf, dass im Schiffsfinanzierungsgeschäft seit langem ein hoher Anteil an Beleihungen von außerhalb der Mitgliedstaaten der Europäischen Union registrierter Schiffe besteht, wird vorliegend – abweichend von der entsprechenden Regelung bezüglich der Deckungswerte für Hypothekenpfandbriefe (§ 13 Abs. 1 zweiter Halbsatz) – die Obergrenze auf 20 Prozent des Gesamtbetrages der Forderungen erweitert, bei denen das Vorrecht sichergestellt ist. § 22 Abs. 5 Satz 3 entspricht § 10 Abs. 4 Satz 2 und 3. Auf die Ausführungen zur Übergangsvorschrift des § 47 wird verwiesen.

Zu § 23 (Versicherung)

§ 23 entspricht inhaltlich § 11 SchBkG. In Absatz 1 Satz 1 wird nunmehr zusätzlich klargestellt, dass die Versicherung zumindest in Höhe des aktuellen Marktwertes bestehen muss.

Zu § 24 (Beleihungswertermittlung)

§ 24 legt Anforderungen an die Ermittlung des Beleihungswertes fest. Inhalt und Aufbau stimmen deshalb weitgehend mit der für hypothekarische Beleihungen einschlägigen Vorschrift des § 16 überein. In Absatz 1 wird – ebenso wie in § 16 Abs. 1 – erstmals festgelegt, dass die Wertermittlung von einem unabhängigen Gutachter vorzunehmen ist, der über die notwendige Berufserfahrung sowie die entsprechenden Fachkenntnisse für Schiffsbeleihungswertermittlungen verfügen muss. Inhaltlich wird damit die bisherige Praxis festgeschrieben.

Absatz 2 legt fest, dass dem Beleihungswert nur die dauernden Eigenschaften und die nachhaltig erzielbaren Erträge des Objektes zugrunde gelegt werden dürfen. Die Vorschrift entspricht materiellrechtlich der Regelung in § 12 Abs. 1 SchBkG und stellt damit eine Zentralnorm für den Bereich der Schiffsbeleihungen dar. Gegenüber § 12 Abs. 1 SchBkG wurden lediglich Klarstellungen vorgenommen. Es wird festgelegt, dass Anknüpfungspunkt die voraussichtliche zukünftige Verkäuflichkeit des Objektes sein muss. Zusätzlich wird festgelegt, dass spekulative Elemente keine Berücksichtigung finden dürfen und dass der Schiffsbeleihungswert einen auf transparente Weise und nach einem anerkannten Bewertungsverfahren ermittelten Marktwert nicht übersteigen darf. Absatz 3 bestimmt, dass die Anforderungen der Absätze 1 und 2 für die Bewertung eines Schiffsbauwerkes sinngemäße Anwendung finden. Die Vorschrift entspricht damit § 12 Abs. 2 SchBkG. Absatz 4 entspricht § 12 Abs. 3 SchBkG. In Absatz 5 wird die Ermächtigung geregelt, Einzelheiten der Methodik und Form der Schiffsbeleihungswertermittlung sowie die Mindestanforderungen an die Qualifikation des Gutachters im Rahmen einer Rechtsverordnung festzulegen. Im Interesse einheitlicher Mindeststandards der Beleihungswertermittlung soll diese Rechtsverordnung die bisher nach § 13 SchBkG bei jeder Schiffspfandbriefbank vorausgesetzte Wertermittlungsanweisung ersetzen. Damit entfällt auch hier die gebührenpflichtige Genehmigung der einzelnen Wertermittlungsanweisungen durch die Bundesanstalt.

Zu § 25 (Abzahlungsbeginn)

§ 25 entspricht § 18 Abs. 1 SchBkG. § 18 Abs. 2 SchBkG kann als Schuldnerschutzvorschrift entfallen.

Zu § 26 (Weitere Deckungswerte)

Die Vorschrift fasst im Wesentlichen sämtliche bislang nach dem Schiffsbankgesetz zulässigen weiteren Deckungswerte zusammen. Bisher war fraglich, ob auch solche Darlehensforderungen, die nur mittelbar durch eine Schiffshypothek gesichert sind, zur Deckung von Schiffspfandbriefen benutzt werden dürfen. In der Praxis lassen sich die Schiffsfinanzierer häufig neben der Darlehensforderung ein abstraktes Schuldversprechen oder Schuldanerkenntnis bestellen, das durch eine Schiffshypothek gesichert wird. Die Verbindung zwischen Darlehensforderung und abstraktem Schuldversprechen oder Schuldanerkenntnis und damit mittelbar der Schiffshypothek erfolgt durch entsprechende Zweckvereinbarungen zwischen den Parteien. Durch die beschriebene Konstruktion wird zum einen eine Beweislastumkehr hinsichtlich der Forderung zugunsten des Schiffsfinanziers und zum anderen wie bei einer Grundschuld – abstrakt gesehen – eine gegenseitige Unabhängigkeit von Darlehensforderung und Schiffshypothek erreicht, was auch eine gewisse Flexibilität mit sich bringt. In Nummer 1 wird die Frage nunmehr im vorgenannten Sinne dahin entschieden, dass die vorgeschriebene Deckung für der Schiffspfandbriefe auch durch Schuldversprechen oder Schuldanerkenntnisse im Sinne der §§ 780, 781 des Bürgerlichen Gesetzbuchs, die durch Schiffshypotheken gesichert sind, erfolgen kann, sofern ihnen Darlehensforderungen zugrunde liegen, die den in den §§ 22 bis 24 bezeichneten Erfordernissen entsprechen.

Nummer 2 entspricht § 6 Abs. 1 Satz 4 SchBkG. Nummer 3 entspricht § 6 Abs. 3 und 4 SchBkG. In Nummer 5 werden erstmalig auch Derivate als Werte zur Deckung von Schiffspfandbriefen zugelassen. Eine Anpassung des Schiffsbankgesetzes an die Vorschriften des ÖPG und HBG hat insoweit bislang nicht stattgefunden.

Zu § 27 (Risikomanagement)

Neu aufgenommen in das Pfandbriefgesetz wurde der § 27, der die Implementierung eines speziell auf das Pfandbriefgeschäft bezogenen Risikomanagementsystems fordert. Dies soll einen besonderen Schutz der Pfandbriefgläubiger gewährleisten. Zwar wurde in der bankaufsichtlichen Praxis unter Hinweis auf § 25a KWG auch bisher schon ein Risikomanagement gefordert, welches sämtlichen mit dem Pfandbriefgeschäft verbundenen Risiken gerecht wird. § 27 soll dies jedoch ausdrücklich klarstellen und zusätzlich die spezifischen Anforderungen im Interesse der Sicherheit der Anleger konkretisieren. Satz 1 erfordert nicht ein gesondertes Risikomanagementsystem, wenn ein für die Pfandbriefbank im Ganzen bestehendes Risikomanagementsystem eine gesonderte Abbildung der spezifischen Risiken des Pfandbriefgeschäfts und der Deckungsmassen sowie die Einhaltung der übrigen Vorschriften des Absatzes 1 ermöglicht.

Absatz 1 Satz 2 legt zunächst fest, dass das System in der Lage sein muss, alle relevanten Risiken zu erkennen und zu steuern. Diese Generalklausel wird durch Satz 3 Nr. 1 bis 5 nochmals präzisiert. Nummer 1 dient der Vorbeugung gegen die Gefahr von Klumpenrisiken. Jedes Institut muss für die Deckungsmassen ein Limitsystem einrichten, das die Konzentration auf bestimmte Einzelrisiken begrenzt. Nach Nummer 2 muss jedes Institut ein sog. Eskalationsverfahren einrichten, das beim Überschreiten von zuvor intern festgelegten Risikogrenzwerten konkrete Gegenmaßnahmen zwingend vorsieht. Die Rückführung des Risikos muss unverzüglich bewirkt werden. Die Vorschrift umfasst auch die frühzeitige Information der Entscheidungsträger, insbesondere des Vorstandes. Nummer 4 sieht die vierteljährliche Vorlage eines alle relevanten Informationen umfassenden Risikoreports beim Vorstand vor.

Absatz 2 regelt das Risikomanagement in Bezug auf für die Pfandbriefbank neue Geschäfte. Diese können für ein Institut besonders risikobehaftet sein, weil es insoweit möglicherweise noch nicht über eine ausreichende Expertise verfügt. Als neues Geschäft im Sinne der Vorschrift sind deshalb sämtliche Geschäfte anzusehen, die Risiken beinhalten, welche für das Institut neu sind. Dies können Adressen-, Marktpreis oder sonstige Risiken sein. Insbesondere bei der Erschließung ausländischer Immobilienmärkte ist auch das Rechtsrisiko von Bedeutung, welches mit der Darlehenssicherung mittels der dort vorherrschenden, den Hypotheken und Grundschulden im Sinne von § 18 Abs. 1 vergleichbaren Sicherungsrechten verbunden ist. Für solche Fälle wird der Pfandbriefbank die Erstellung und Dokumentation einer umfassenden Risikoanalyse der neuen Geschäfte vorgeschrieben. Die Analyse muss auch die Auswirkungen der Einbindung der neuen Geschäfte in das bisherige Risikomanagementsystem umfassen. Kommt die Analyse zu dem Ergebnis, dass die neuen Geschäfte durchgeführt werden können, sollen diese bis zum Erwerb einer gefestigten Expertise nur in angemessenem Rahmen in Deckung genommen werden. Der Nachweis des Erwerbs einer gefestigten Expertise ist vom Institut ebenfalls ausführlich schriftlich darzulegen. Dieses Verfahren stellt sicher, dass der Treuhänder, interne und externe Prüfer wie auch die Bundesanstalt den Entscheidungsprozess des Institutes jederzeit nachvollziehen können.

Zu § 28 (Transparenzvorschriften)

Spezielle Publikationsvorschriften galten bisher nur für die dem Hypothekenbankgesetz (§ 28 HBG) und dem Schiffsbankgesetz (§ 26 SchBkG) unterliegenden Institute. Die Anforderungen an die Transparenz der Deckungsmassen sollen einheitlich auf sämtliche Pfandbriefbanken angewendet und inhaltlich ausgeweitet werden. Dies dient der Transparenz und der Vergleichbarkeit, um den Investoren eine bestmögliche Einschätzung der Risiken zu geben.

Bisher mussten die Informationen nur einmal jährlich im Anhang des Jahresabschlusses enthalten sein. Dies wird dem Informationsbedürfnis der Anleger nicht mehr gerecht. Ausgesuchte Informationen über die Deckungsmassen allgemein (Absatz 1) sowie über die jeweiligen Deckungsmassen der einzelnen Pfandbriefgattungen (Absatz 2 Nr. 1, Absatz 3 sowie Absatz 4 Nr. 1) müssen deshalb zukünftig quartalsweise veröffentlicht werden. Einzelne Institute erfüllen derartige Anforderungen bereits gegenüber den Rating-Agenturen. Daneben wurden die bisherigen Vorschriften des § 28 Hypothekenbankgesetz und des § 26 Schiffsbankgesetz im Wesentlichen beibehalten.

Nach Absatz 1 müssen für alle Pfandbriefgattungen Informationen über die nennwertige und barwertige Deckung inklusive der Barwerte nach dem Stresstest veröffentlicht werden. Die Pfandbriefgläubiger werden so über das aktuelle Maß der Deckung sowie über das Ausmaß in Kenntnis gesetzt, in dem die Deckungsmasse dem Risiko etwaiger Zins- und Währungsschwankungen ausgesetzt ist. Aus dem gleichen Grunde zu veröffentlichen sind nach Nummer 2 die Laufzeitstrukturen der Deckungswerte und Pfandbriefe; dabei ist auf die Restlaufzeiten abzustellen. Ergänzt wird dies durch die Veröffentlichung des Anteils von Derivaten an den Deckungsmassen (Nummer 3).

Die Absätze 2 bis 4 betreffen die einzelnen Pfandbriefgattungen. Für die jeweiligen Anleger relevante Informationen, wie z. B. über die regionale Verteilung der Deckungswerte, über Größenklassen und Leistungsrückstände sind danach quartalsweise zu veröffentlichen. Die in der quartalsweisen Betrachtung nicht erfassten Informationen des bisherigen § 28 Hypothekenbankgesetz und § 26 Schiffsbankgesetz sind gemäß Absatz 2 Nr. 2 und Absatz 4 Nr. 2 weiterhin im Anhang des Jahresabschlusses aufzuführen.

Um eine Vergleichbarkeit der Ergebnisse zu gewährleisten, sind gemäß Absatz 5 für sämtliche Angaben nach den Absätzen 1 bis 4 auch die Vorjahreswerte mitzuteilen. Dieser Vergleich ist jedoch erst ab dem 1. Januar 2007 verpflichtend.

Zu den §§ 29 ff. (Vorschriften über Arreste, Zwangsvollstreckungen und Insolvenz)

Die §§ 29 bis 36 entsprechen inhaltlich den bisherigen Regelungen über Arreste, Zwangsvollstreckungen und Insolvenz in HBG, ÖPG und Schiffsbankgesetz in den §§ 34a bis 35g HBG, §§ 5 bis 6g ÖPG sowie §§ 35 bis 36g SchBkG. Da zum möglichen Kreis der Pfandbriefbanken auch eingetragene Genossenschaften gehören, tritt gemäß § 33 Abs. 5 in den dort genannten Fällen an die Stelle des Handelsregisters das Genossenschaftsregister.

Zu den §§ 37 bis 39 (Rechtsbehelfe und Zuwiderhandlungen)

§ 37 legt fest, dass Widerspruch und Anfechtungsklage gegen bestimmte Maßnahmen der Bundesanstalt keine aufschiebende Wirkung haben. Die dort genannten Fälle behördlicher Anordnungen sollen in der Regel auch das Vertrauen des Publikums in die Funktionsfähigkeit und Zuverlässigkeit des Finanzsystems und insbesondere in die Solidität des von den Kreditinstituten betriebenen Pfandbriefgeschäftes aufrechterhalten. Sie sind deshalb zumeist eilbedürftig. Es überwiegt daher zunächst das öffentliche Interesse am sofortigen Vollzug der Anordnung das Interesse der betroffenen Pfandbriefbank, die Rechtmäßigkeit der behördlichen Anordnung gerichtlich überprüfen lassen zu können, bevor die Rechtsfolgen der Anordnung wirksam werden. Für die nunmehr in § 32 Abs. 1, § 35 Abs. 1 Satz 1 geregelte schriftliche Zustimmung der Bundesanstalt zur Übertragung oder treuhänderischen Verwaltung von Deckungswerten auf bzw. durch eine andere Pfandbriefbank galt dies auch bisher schon, § 35g HBG, § 6g ÖPG und § 36g SchBkG.

Die §§ 38 und 39 entsprechen den §§ 37 und 38 HBG sowie den §§ 38 und 39 SchBkG. Die Erhöhung des Bußgeldrahmens von fünzigtausend Euro auf einhunderttausend Euro ist im Hinblick auf den Unrechtsgehalt der Tat einerseits und die wirtschaftlichen Leistungsfähigkeit eines Teils der Normadressaten andererseits gerechtfertigt.

Zu § 40 (Verwaltungsbehörde)

§ 40 entspricht § 39a HBG, § 41 Abs. 1 SchBkG.

Zu § 41 (Bezeichnungsschutz)

Die Vorschrift lehnt sich an vergleichbare Regelungen europäischer Nachbarstaaten an.

Zu § 42 (Erlaubnis für bestehende Pfandbriefinstitute)

Absatz 1 Satz 1 der Vorschrift soll klarstellen, dass Kreditinstitute, die bisher in zulässiger Weise Pfandbriefe nach den Vorschriften des Hypothekenbankgesetzes, des Gesetzes über die Pfandbriefe und verwandten Schuldverschreibungen öffentlich-rechtlicher Kreditanstalten oder des Schiffsbankgesetzes begeben haben, keine neue Erlaubnis für das Betreiben des Pfandbriefgeschäfts beantragen müssen. Die Regelung gewährt insoweit Bestandsschutz. Dies gilt jedoch lediglich hinsichtlich der von den Kreditinstituten bisher begebenen Pfandbriefgattungen, da nur insoweit von den erforderlichen Kenntnissen, einer angemessenen internen Organisation sowie der Absicht des Institutes ausgegangen werden kann, das Pfandbriefgeschäft regelmäßig und nachhaltig zu betreiben.

Satz 2 bestimmt, dass die Kreditinstitute, für die nach Satz 1 die Erlaubnis als erteilt gilt, eine Anzeige einzureichen haben, die den inhaltlichen Anforderungen eines Erlaubnisantrages entspricht. Anhand der eingereichten Unterlagen wird es der Bundesanstalt im Hinblick auf Absatz 2 ermöglicht zu prüfen, ob das Kreditinstitut die bankaufsichtlichen Anforderungen an den Betrieb des Pfandbriefgeschäfts erfüllt. Aus den Unterlagen muss sich daher ergeben, dass die in § 2 Abs. 1 aufgeführten Voraussetzungen erfüllt sind. Satz 3 sanktioniert das nicht fristgerechte Einreichen der Anzeige.

Absatz 2 der Vorschrift stellt klar, dass auch die Kreditinstitute mit einer nach Absatz 1 fingierten Erlaubnis die Anforderungen des § 2 Abs. 1 Satz 2 Nr. 1 bis 5 zu erfüllen haben. Auch die bereits vor In-Kraft-Treten dieses Gesetzes tätigen Pfandbriefinstitute sind danach u. a. verpflichtet, eine auf die regelmäßige und nachhaltige Pfandbriefausgabe ausgerichtete Organisation sowie Steuerungs- und Kontrollinstrumente im Sinne des § 27 vorzuhalten. Wird dem nicht entsprochen, so stellt dies einen sachlichen Grund zur Aufhebung der Erlaubnis dar. Zudem wird klargestellt, dass die Erlaubnis auch unter den Voraussetzungen des § 35 Abs. 2 KWG aufgehoben werden kann.

Befristet freigestellt werden diese Institute lediglich von dem Erfordernis, ein Kernkapital von mindestens 25 Mio. Euro vorzuhalten. Dies regelt Absatz 3 als Ausnahmeregelung zu Absatz 2. Die Vorschrift bestimmt, dass auf Kreditinstitute, für die nach Absatz 1 die Erlaubnis zum Betreiben des Pfandbriefgeschäfts als erteilt gilt, das in § 2 Abs. 1 Satz 2 Nr. 1 geregelte Erfordernis eines Mindestkernkapitals in Höhe von 25 Mio. Euro bis zum 31. Dezember 2008 keine Anwendung findet. Die vorübergehende Ausnahme ist gerechtfertigt. Wie in der Begründung zu § 2 Abs. 1 Satz 2 ausgeführt, ist eine ausreichende Kapitalausstattung im Hinblick auf die Langfristigkeit und die Struktur der mit dem Pfandbriefgeschäft verbundenen Verpflichtungen zwar grundsätzlich erforderlich. Es erscheint jedoch unverhältnismäßig, Emittenten, die vor dem Inkrafttreten des Gesetzes einen Pfandbrief begeben haben, eine kurzfristige Erhöhung des Kapitals abzuverlangen. Eine Übergangsfrist bis zum 31. Dezember 2008 ist jedenfalls ausreichend.

Zu § 43 (Erlaubnis für Hypothekenbanken)

Für die bei Inkrafttreten dieses Gesetzes bestehenden Hypothekenbanken wird eine umfassende Bankerlaubnis nach § 32 KWG fingiert. Ausgeschlossen bleiben lediglich das spezialgesetzlich geregelte Investmentgeschäft (§ 1 Abs. 1 Satz 2 Nr. 7 KWG) sowie das E-Geld-Geschäft (§ 1 Abs. 1 Satz 2 Nr. 11 KWG), sofern die Erlaubnis nicht nach § 64e Abs. 1 KWG als erteilt gilt. Diese faktische Erlaubniserweiterung kann gewährt werden, weil für die den Hypothekenbanken damit zusätzlich erlaubten Geschäfte keine Voraussetzungen gelten, die über die Voraussetzungen zum Betreiben der Geschäfte einer Hypothekenbank hinausgehen. Satz 2 der Vorschrift legt mit dem Verweis auf § 35 Abs. 1 KWG fest, dass die fingierte Erlaubnis ebenso wie eine tatsächlich erteilte Erlaubnis innerhalb eines Jahres erlischt, wenn die Bank keinen Gebrauch von ihr macht. Damit wird sichergestellt, dass die bisher schon zugelassenen Hypothekenbanken das Geschäft ebenso wenig ruhen lassen dürfen wie die übrigen Kreditinstitute. Die Frist beginnt mit dem Inkrafttreten dieses Gesetzes zu laufen.

Zu § 44 (Erlaubnis für Schiffspfandbriefbanken)

Es gelten die gleichen Überlegungen wie zu § 43. Auf dessen Begründung wird deshalb verwiesen.

Zu § 45 (Versicherungspflicht)

Eine gesetzliche Pflicht zur Versicherung der mit Hypotheken belasteten bebauten Grundstücke bestand bislang nicht. Hypotheken, die den Pfandbriefbanken im Zeitpunkt des Inkrafttretens dieses Gesetzes zustehen und nach den bisher für sie geltenden Vorschriften zur Deckung verwendet werden durften, sollen auch weiterhin ohne Rücksicht auf die Vorschrift des § 15 Abs. 1 zur Deckung verwendbar bleiben.

Zu § 46 (Beleihungsgrenze)

Das ÖPG enthält keine den §§ 11 und 12 HBG vergleichbare Verpflichtung zur Ermittlung des Beleihungswertes sowie Begrenzung des zur Deckung verwendbaren Teils der Hypothek auf 60 % desselben. Ebenso fehlt es an einer verbindlichen Regelung zum Beginn der Tilgung. Deshalb ist nicht generell sichergestellt, dass die bislang von den öffentlich-rechtlichen Kreditanstalten zur Deckung verwendeten Hypotheken diesen in den §§ 14, 16 Abs. 1 bis 3 und § 17 Abs. 1 übernommenen Anforderungen ausnahmslos gerecht werden.

Die Vorschrift stellt deshalb für alle Hypotheken, die die Pfandbriefbanken vor Inkrafttreten dieses Gesetzes erworben haben, klar, dass sie nur dann zur Deckung von Hypothekenpfandbriefen, die nach diesem Gesetz begeben werden, benutzt werden können, wenn sie den Erfordernissen der §§ 14 und 16 Abs. 1 bis 3 und des § 17 Abs. 1 dieses Gesetzes entsprechen. Dies bedeutet zunächst, dass jede Pfandbriefbank selbst feststellen muss, inwieweit ihre in der Vergangenheit zur Deckung verwendeten Hypotheken mit den vorbezeichneten Erfordernissen im Einklang stehen. Um im Falle der Begebung neuer Pfandbriefe das Vorhandensein der vorschriftsmäßigen Deckung gemäß § 8 Abs. 3 bescheinigen zu können, hat der Treuhänder dies nachzuvollziehen. Sofern die Umstände des Falles, insbesondere die Vergleichbarkeit der Hypotheken, dies rechtfertigen, kann der Treuhänder sich auf eine stichprobenartige Prüfung beschränken.

Sollten die Indeckungnahmen nicht auf der Grundlage des Beleihungswertes, sondern auf der Grundlage einer weniger konservativen Werteermittlung erfolgt sein, so folgt aus § 46 Satz 1 die Notwendigkeit, getrennte Deckungsmassen einerseits für das Altgeschäft, das nicht den Erfordernissen der §§ 14, 16 Abs. 1 bis 3, § 17 Abs. 1 entspricht, und andererseits für das Neugeschäft sowie das Altgeschäft, das den Erfordernissen der §§ 14, 16 Abs. 1 bis 3, § 17 Abs. 1 entspricht, einzurichten und zu führen. Dies wird in Satz 2 ausdrücklich klargestellt.

Zu § 47 (Vorrecht der Schiffspfandbriefgläubiger)

§ 22 Abs. 5 Satz 2 übernimmt für Schiffspfandbriefe eine dem § 5 Abs. 1 Nr. 2a HBG (§ 13 Abs. 1 zweiter Halbsatz dieses Gesetzes) entsprechende Beschränkung der Deckungswerte, bei denen nicht sichergestellt ist, dass sich das Vorrecht der Pfandbriefgläubiger nach § 30 Abs. 1 auf sie bezieht. Diese Forderungen werden nur im Umfang von 20 Prozent der Forderungen, bei denen das Vorrecht sichergestellt ist, zugelassen.

Anders als für Hypothekenpfandbriefe ist diese Regelung für Schiffspfandbriefe neu. Deshalb erscheint es notwendig, die betroffenen Institute für eine Übergangsfrist von der Einhaltung der zwanzigprozentigen Grenze zu befreien. Um den zugrunde liegenden Sicherheitsgedanken in der Übergangsphase zumindest teilweise zu berücksichtigen, wurde eine zweistufige Übergangsfrist gewählt. Dies soll sicherstellen, dass die erforderlichen Maßnahmen rechtzeitig von den Banken eingeleitet werden. Nach Ablauf der Übergangsfrist von 4 Jahren haben die betroffenen Pfandbriefbanken die Grenze des § 22 Abs. 5 Satz 2 vollumfänglich einzuhalten.

Zu § 48 (Schiffspfandbriefe in ausländischer Währung)

Die Regelung des § 37 des Gesetzes über Schiffspfandbriefbanken ist in den vorliegenden Entwurf nicht übernommen. Eine Pfandbriefbank ist deshalb nicht mehr verpflichtet, für die Deckung von Schiffspfandbriefen, deren Nennwert auf eine ausländische Währung lautet, Schiffshypotheken in ausländischer Währung gleicher Gattung vorzuhalten. Vielmehr ist zukünftig – wie bereits für die Deckungsmassen der Hypothekenbanken und der öffentlich-rechtlichen Kreditanstalten – generell ein einheitliches Deckungsregister je Pfandbriefgattung zu führen. Die bisher geführten besonderen Register für die zur Deckung von Pfandbriefen bestimmten Schiffshypotheken in ausländischer Währung sind jedoch weiterhin getrennt neben dem nach § 5 dieses Gesetzes zu führenden Register zu führen, bis sämtliche Schiffspfandbriefe in ausländischer Währung, die vor dem Inkrafttreten dieses Gesetzes begeben wurden, zurückgezahlt sind oder anderweitig endgültig aus dem Umlauf ausscheiden.

Zu § 49 (Fortgeltende Deckungsfähigkeit)

Die Vorschrift stellt sicher, dass die Forderungen gegen öffentlich-rechtliche Kreditinstitute, die nach dem Hypothekenbankgesetz, dem ÖPG und dem Schiffsbankgesetz deckungsfähig sind, insoweit deckungsfähig bleiben, als die Gewährträgerhaftung nach der Verständigung vom 18. Juli 2001 mit der EU-Kommission über Anstaltslast und Gewährträgerhaftung betreffend Landesbanken und Sparkassen weiter gilt. Die Regelung ist notwendig, da § 20 Abs. 1 Satz 1 Nr. 1 Buchstabe a nur für die öffentlichen Kreditinstitute gilt, für deren Verbindlichkeiten grundsätzlich eine Gewährträgerhaftung gilt.

Zu § 50 (Fortgeltung bisherigen Rechts)

Die Vorschrift betrifft diejenigen Institute, die das Pfandbriefgeschäft bis zum Inkrafttreten des Pfandbriefgesetzes zulässigerweise betrieben haben, dieses aber nach den neuen Regelungen des Pfandbriefgesetzes nicht fortführen, weil die Erlaubnis aufgehoben oder erloschen ist. Die Absätze 1 bis 3 legen insoweit fest, dass sich die Anforderungen an die Deckungsmassen für die nach dem Hypothekenbankgesetz, dem Gesetz über die Pfandbriefe und verwandten Schuldverschreibungen öffentlich-rechtlicher Kreditanstalten und dem Schiffsbankgesetz emittierten Pfandbriefe weiterhin nach den alten einschlägigen Vorschriften richten. Abweichend hiervon ist zu berücksichtigen, dass Forderungen gegen inländische öffentlich-rechtliche Kreditinstitute nur soweit zur ordentlichen Deckung geeignet sind, als für die Kreditinstitute eine unbeschränkte Anstaltslast oder als für die entsprechenden Verbindlichkeiten der Kreditinstitute eine Gewährträgerhaftung oder Refinanzierungsgarantie gilt. Dies entspricht der Verständigung vom 18. Juli 2001 mit der EU-Kommission über Anstaltslast und Gewährträgerhaftung betreffend Landesbanken und Sparkassen.

Zu § 51 (Fortgeltende Bestimmungen des Gesetzes zur Änderung und Ergänzung des Schiffsbankgesetzes)

Durch Artikel 18 Nr. 8 des vorliegenden Entwurfs wird das Gesetz zur Änderung und Ergänzung des Schiffsbankgesetzes aufgehoben. Dieses Gesetz enthielt in den Artikeln III und IV Regelungen, deren Aufhebung nicht ersatzlos möglich ist. Artikel III Abs. 1 regelte, dass bei im Schiffs- oder Schiffbauregister eingetragenen Schiffshypotheken der Geldbetrag auch in ausländischer Währung angegeben werden kann, wenn die dazugehörige Forderung in ausländischer Währung zu zahlen ist. Auf diese Weise stellte Artikel III Abs. 1 die in § 36 Schiffsregisterordnung vorgesehene Öffnung für andere Währungen als die im Geltungsbereich des Grundgesetzes geltende Währung dar. Weitere Vorschriften, die eine solche Öffnung für ausländische Währungen bewirken, sind nicht vorhanden. Auch kann mangels Verweisung nicht auf die im Grundbuchverfahren vorhandenen Vorschriften des § 28 Grundbuchordnung und der Verordnung über Grundpfandrechte in ausländischer Währung und in Euro vom 30. Oktober 1997 (BGBl. I S. 2683) zurückgegriffen werden, zumal diese nur eingeschränkt ausländische Währungen (Währungen von Mitgliedstaaten der Europäischen Union, der Schweizerischen Eidgenossenschaft und der Vereinigten Staaten von Amerika) zulassen. Der Regelungsinhalt des Artikels III Abs. 1 wird daher weiterhin benötigt und in § 49 Abs. 1 des vorliegenden Entwurfs übernommen.

Artikel IV Abs. 1 des Gesetzes zur Änderung und Ergänzung des Schiffsbankgesetzes ließ die aufgehobenen Vorschriften zur Eintragung von Grund- und Schiffspfandrechten in ausländischer Währung (insgesamt 10 Gesetze und Verordnungen) für Rechte weiter gelten, die vor dem Inkrafttreten des Gesetzes in ausländischer Währung eingetragen waren. § 3 Abs. 2 des Grundbuchbereinigungsgesetzes legt insoweit für den Grundbuchbereich fest, dass die Umstellung einer aus dem Grundstück zu zahlenden Geldsumme, die sich nach dem Gegenwert einer bestimmten Geldsumme in ausländischer Währung bestimmt, nach dem zum Zeitpunkt des Inkrafttretens des Grundbuchbereinigungsgesetzes an den deutschen Börsen notierten Mittelwert erfolgt. Für den Schiffspfandrechtsbereich fehlen entsprechende Übergangsvorschriften. Da nicht ausgeschlossen werden kann, dass noch Rechte bestehen, für die die Übergangsregelung des Artikels IV Abs. 1 von Bedeutung ist, wird der Regelungsinhalt des Artikels IV Abs. 1 in den § 49 Abs. 2 des vorliegenden Entwurfs überführt. Um dabei nicht sämtliche durch Artikel IV in Bezug genommenen Vorschriften erneut zitieren zu müssen, wird auf die von Artikel IV Abs. 1 aufgehobenen Vorschriften pauschal verwiesen.

Zu § 52 (Frühzeitige Bestellung des Treuhänders)

Um es den Treuhändern bei solchen Kreditinstituten, die das Pfandbriefgeschäft unter dem Pfandbriefgesetz betreiben wollen, bei denen bisher aber noch kein Treuhänder bestellt worden ist, zu ermöglichen, sich auf die Erfüllung ihrer ab dem 19. Juli 2005 ergebenden Aufgaben und Pflichten vorzubereiten, ist eine teilweise Anwendung der Vorschriften zum Treuhänder bereits vor dem 19. Juli 2005 vorgesehen.

2. Drucksache 16/11130
16. Wahlperiode 01.12.2008
Gesetzentwurf der Bundesregierung
Entwurf eines Gesetzes zur Fortentwicklung des Pfandbriefrechts

A. Problem und Ziel

Mit dem im Jahr 2005 in Kraft getretenen Gesetz zur Neuordnung des Pfandbriefrechts wurden die Geschäftsmöglichkeiten für deutsche Kreditinstitute im Hinblick auf die Begebung von Pfandbriefen erweitert. Die Erweiterung ging einher mit der Bewahrung des hohen Standards des deutschen Pfandbriefs. Die Neuordnung des Pfandbriefrechts war außerordentlich erfolgreich. So stellt der deutsche Pfandbrief noch immer das größte Segment des europäischen und globalen Marktes gedeckter Schuldverschreibungen dar und ist Vorbild für zahlreiche Produkte ausländischer Rechtsordnungen. Die Nachahmerprodukte reichen zwar hinsichtlich der Qualität der Deckungsmassen und der Insolvenzfestigkeit häufig nicht an den deutschen Pfandbrief heran. Trotzdem hat der Wettbewerb stark zugenommen und zu einem Abschmelzen des Renditeabstands dieser Nachahmerprodukte zum deutschen Pfandbrief geführt. Außerdem hat sich der Anteil dieser Produkte am Gesamtvolumen des Marktes für gedeckte Schuldverschreibungen stark erhöht. In diesem Zusammenhang darf nicht übersehen werden, dass sich insbesondere im europäischen Markt für Covered Bonds die Emissionen in einzelnen Ländern im Zeitraum von nur zwei Jahren (2005/2006) stark erhöht haben, z. B. in Frankreich von 28 auf rund 42 Mrd. Euro, in Spanien von 60 auf rund 75 Mrd. Euro und in Großbritannien von 11 auf rund 24 Mrd. Euro. Vor diesem Hintergrund ist es geboten, die Rahmenbedingungen für den Pfandbrief weiter zu verbessern, ohne die Qualität des Pfandbriefs zu beeinträchtigen, um die Spitzenstellung des deutschen Pfandbriefs zu erhalten.

Daneben haben sich die Kosten, die der Bundesanstalt für Finanzdienstleistungsaufsicht (BaFin) bei der Ausübung der ihr zugewiesenen Aufgaben entstehen, durch Änderung bestehender und Erlass neuer Aufsichtsgesetze sowie Änderungen in der Aufsichtspraxis in ihrer Struktur verändert. Die vorhandenen Regelwerke zur Umlageerhebung müssen daher an die aktuellen Aufsichtstätigkeiten der BaFin angepasst werden. Zudem soll die Kostenumlage verursachungsgerechter ausgestaltet werden.

B. Lösung

Mit dem vorliegenden Gesetzentwurf wird den sich ändernden Anforderungen an das Pfandbriefgeschäft ebenso Rechnung getragen wie dem Ziel, den deutschen Pfandbrief zu stärken und seine Spitzenstellung zu behaupten. Dazu dienen nicht nur die verschiedenen technischen Änderungen des Pfandbriefgesetzes, sondern auch die Erweiterung verschiedener Geschäftsfelder und die Verbesserung der Konsortialfinanzierung sowie die Einführung des Flugzeugpfandbriefs. Die Anpassung und verursachungsgerechtere Ausgestaltung der Umlageerhebung werden durch Änderung des § 16 des Finanzdienstleistungsaufsichtsgesetzes (FinDAG) und des Abschnitts 2 der Verordnung über die Erhebung von Gebühren und die Umlegung von Kosten nach dem Finanzdienstleistungsaufsichtsgesetz (FinDAGKostV) erreicht.

[...]

B. Besonderer Teil

Zu Artikel 1 (Änderung des Pfandbriefgesetzes)

Zu Nummer 1 (Inhaltsübersicht)

Aufgrund der für den Flugzeugpfandbrief einzufügenden Vorschriften ist eine Ergänzung der Inhaltsübersicht des Pfandbriefgesetzes erforderlich.

Zu Nummer 2 (§ 1 PfandBG)

Die Änderungen beruhen auf der Einführung eines Flugzeugpfandbriefs. Mit der Ergänzung der Begriffsbestimmungen wird klargestellt, dass dieses neue Produkt ein vollwertiger Pfandbrief im Sinne des Pfandbriefgesetzes ist.

Zu Nummer 3 (§ 2 PfandBG)

Die Änderungen sind Folgeänderungen zur Einführung des Flugzeugpfandbriefs.

Zu Nummer 4 (§ 4 PfandBG)

Zu Buchstabe a

Zu Doppelbuchstabe aa

Mit den Änderungen werden die nominale Zinsdeckung und Zinsdeckungsrechnung abgeschafft und durch eine moderne Liquiditätssteuerung ersetzt. Denn das Pfandbriefgesetz (PfandBG) kennt bislang keine konkreten Vorgaben zur nominalen Zinsdeckung und ihrer Berechnung. Die vorhandenen Vorschriften sind ungenau und werden uneinheitlich angewandt. Jede Pfandbriefbank hat ein eigenes Verfahren entwickelt. Um daraus entstehende Unsicherheiten zu beseitigen, müssten detaillierte Vorgaben erarbeitet werden. Dies wäre mit erheblichen Kosten bei den Pfandbriefbanken verbunden. Eine moderne Liquiditätssteuerung, die die jederzeitige barwertige Deckung einbezieht, beseitigt Schwächen des alten Nominalwertprinzips der Deckungsrechnung. Denn die jederzeitige Deckung kann nach dem alten Zinsdeckungsprinzip bei Schwankungen von Währungen und Zinsen nur durch vollständige Bindungskongruenz erreicht werden, sonst droht eine Unterdeckung. Einfacher ist die barwertige Berechnung, die ein vollständiger Ersatz ist, weil sich die jederzeitige Deckung auf Tilgungs- und Zinsverpflichtungen bezieht.

Zu Doppelbuchstabe bb

Mit der Ergänzung von § 4 Absatz 1 Satz 2 Nr. 1 und 3 werden der Gleichlauf zur neu gefassten Bankenrichtlinie 2006/48/EG vollzogen und die Deckungskongruenz von Forderungen gegen Drittstaaten außerhalb des EU-/EWR-Raumes gesichert. Für diese wird die Richtlinien-Konformität durch eine Anknüpfung an die Bonitätsstufe 1 sichergestellt. Anders als in der neu gefassten Bankenrichtlinie sollen nicht sämtliche Drittstaaten der Bonitätsstufe 1 erfasst werden, sondern nur die bislang erfassten Länder – USA, Kanada, Schweiz sowie Japan. Damit werden nicht nur die Regelungen der neu gefassten Bankenrichtlinie nachvollzogen, sondern auch die Qualität des Pfandbriefes erhalten und erhöht. Für die Prüfung der Gleichwertigkeit des Aufsichtssystems eines Drittstaates kann auf das Ergebnis der Prüfung durch die Bundesanstalt zurückgegriffen werden.

Zu Doppelbuchstabe cc

Die Nichtanrechung der sichernden Überdeckung auf die 10-Prozent-Grenzen in § 19 Abs. 1 Nr. 2, § 20 Abs. 2 Nr. 2 und § 26f Abs. 1 Nr. 3 sowie auf die 20-Prozent-Grenzen in § 19 Abs. 1 Nr. 3 und § 26f Abs. 1 Nr. 4 ist zurzeit nur für Hypothekenpfandbriefe geregelt. Die Ausdehnung auf Öffentliche Pfandbriefe, Flugzeug- und Schiffspfandbriefe ist angemessen, da die sichernde Überdeckung für alle Pfandbriefgattungen einheitlich geregelt ist. Daher wird künftig in allen Pfandbriefgattungen die sichernde Überdeckung von der 10-Prozent-Grenze und von der 20 Prozent-Grenze ausgenommen. Dazu ist die Anpassung von Absatz 1 Satz 3 erforderlich.

Zu Doppelbuchstabe dd

Keine Berücksichtigung bei der sichernden Überdeckung soll künftig der Börsenpreis finden. Betroffen ist die Behandlung börsennotierter Wertpapiere im Rahmen der sichernden Überdeckung und als weitere Deckungswerte zur Deckung von Hypotheken- und Schiffspfandbriefen. Die Berücksichtigung des Börsenpreises bei der sichernden Überdeckung ist systemfremd, da der Börsenpreis nicht in die Barwertermittlung eingeht. Bei der Überdeckung ist der pauschale Abschlag von 5 Prozent ungeeignet, tatsächliche Volatilitäten abzubilden. Diese Schwankungen werden schon durch die sichernde Überdeckung abgedeckt. Daher wird Absatz 1 Satz 4 aufgehoben.

Zu Buchstabe b

Mit der neuen Regelung, die in engem Zusammenhang mit den Änderungen zu Buchstabe a steht, wird eine Vorschrift zur Begrenzung des bisher nicht geregelten kurzfristigen Liquiditätsrisikos in der Deckungsmasse in das PfandBG eingefügt.

Zwar wird bereits in § 27 PfandBG der allgemeine Umgang mit den bekannten Risiken (Zinsänderungs-, Währungs- und Kreditrisiken) in den Deckungsmassen geregelt, aber nicht die Steuerung des Liquiditätsrisikos. Das Liquiditätsrisiko wird hier als das Risiko definiert, dass im Fall der Insolvenz der Pfandbriefbank die Deckungsmasse nicht in der Lage ist, ausreichend Liquidität zur Verfügung zu stellen, um die in den nächsten Monaten fällig werdenden Pfandbriefe zeitgerecht zu bedienen. Dies stellt eine Schwäche des PfandBG dar, die durch eine Überdeckung beseitigt werden kann. Dies wird durch die Begrenzung des kurzfristigen Liquiditätsrisikos erreicht. Danach ist der Liquiditätsbedarf der nächsten 90 Tage durch die sichernde Überdeckung und liquide Deckungswerte zu sichern. Dabei ist sicherzustellen, dass eine Doppelanrechnung ausgeschlossen ist. Als liquide gelten alle Deckungswerte nach § 4 Abs. 1 Satz 2 sowie alle im Deckungsregister eingetragenen Finanzinstrumente, die vom Europäischen System der Zentralbanken (ESZB) als notenbankfähig eingestuft werden. Mit dem Zeithorizont von 90 Tagen soll dem Sachwalter ein zusätzlicher Zeitpuffer verschafft werden, um ihm genügend Zeit bis zur Aufnahme seiner vollen Handlungsfähigkeit zu verschaffen. Eine Benachteiligung unbesicherter Gläubiger ist mit der neuen Vorschrift nicht verbunden. Denn die zur kurzfristigen Liquiditätssicherung dienenden Deckungswerte werden ausschließlich zur Schließung einer kurzfristigen Liquiditätslücke benötigt.

Im Ergebnis kommt es zu einer Stärkung des Pfandbriefs, denn die Regelung wird den Liquiditätsbedarf der nächsten 90 Tage durch sichernde Überdeckung und liquide Deckungswerte sichern.

Zu Buchstabe c

Folgeänderung zu Buchstabe b.

Zu Buchstabe d

Zu Doppelbuchstabe aa

Die Änderung des § 4 Abs. 3 Satz 1 stellt klar, dass der aus dem Rahmenvertrag bestehende Rückgewähranspruch des Derivatepartners zu decken ist. Sie beruht auf der Änderung des § 19 Abs. 1 Nr. 4, wonach künftig die Ansprüche aus Derivategeschäften als Deckungswerte verwendet werden können (vgl. Begründung zu Nummer 16 Buchstabe d Doppelbuchstabe aa).

Zu Doppelbuchstabe bb

In § 4 Abs. 3 Satz 2 wird die Begriffsbestimmung „Derivategeschäft“ eingeführt. Dabei handelt es sich um die Rahmenverträge, unter denen die einzelnen Derivate abgeschlossen werden. Aus derartigen standardisierten Rahmenverträgen entsteht jeweils nur ein einheitlicher Anspruch, mit dem die Forderungen, die aus den einzeln vereinbarten Derivaten und weiteren Vereinbarungen entstehen, saldiert werden („Netting“). In diese Saldierung fließen auch die Forderungen auf Übertragung und Rückübertragung von Sicherheiten, die sich aus den zu den Rahmenverträgen vereinbarten Besicherungsanhängen ergeben, mit ein; wenn die einzelnen Derivate nach § 19 Abs. 1 Nr. 4 in Deckung genommen wurden, steht dieser einheitliche Anspruch daher dem Sondervermögen zu oder richtet sich einschließlich des Anspruchs auf Rückgewähr der Sicherheiten gegen das Sondervermögen. Für die einzelnen Derivate wird auf die Definition von § 1 Abs. 11 Satz 4 Nr. 1 KWG verwiesen.

Zu Buchstabe e

Mit der Gesetzesänderung erfolgt eine Anpassung an die Praxis. Da Pfandbriefe nicht mehr körperlich weitergegeben werden, erfolgt eine vorübergehende Rücknahme bereits heute nicht durch Übergabe an den Treuhänder, sondern durch die Erklärung der Wertpapiersammelbank, nicht ohne die Zustimmung des Treuhänders zu verfügen. Dies ist immer dann sichergestellt, wenn die Verfügung gesetzlich oder rechtsgeschäftlich nicht ohne Zustimmung des Treuhänders ausgeführt werden kann. Den Pfandbriefbanken muss die Möglichkeit erhalten bleiben, Pfandbriefe aus dem Umlauf zu nehmen. Dies ist für die Pfandbriefbanken zur Steuerung der Deckungsmassen und zur Marktpflege wichtig.

Zu Buchstabe f

Damit erfolgen die Berichtigung eines Redaktionsversehens und eine Folgeänderung aufgrund der Einführung des Flugzeugpfandbriefs.

Zu Buchstabe g

Folgeänderung zu Buchstabe d.

Zu Nummer 5 (§ 5 PfandBG)

Zu Buchstabe a

Zu Doppelbuchstabe aa

Folgeänderung zu Nummer 4 Buchstabe d Doppelbuchstabe aa.

Zu Doppelbuchstabe bb

Neben der bisherigen Form der Eintragung, wonach alle Deckungswerte einzeln im Deckungsregister eingetragen werden müssen, soll es künftig möglich sein, eine Vielzahl von Deckungswerten gesammelt in einem oder mehreren gesonderten Unterregister(n) einzutragen. Zweck ist, eine vereinfachte Eintragung zu ermöglichen, wenn größere Darlehen an Wohnungsbaugesellschaften vergeben werden, die mit einer Vielzahl von Gebäuden und Grundstücken abgesichert werden, oder das Deckungsregister einer Pfandbriefbank vollständig auf eine andere Pfandbriefbank übertragen wird. Mit der neuen Regelung werden sowohl die Verwaltung der Deckungsmassen erleichtert als auch ein gewisses Potenzial für Portfolio-Transaktionen erschlossen. Die näheren Einzelheiten, unter welchen Voraussetzungen die Eintragungen in einem Unterregister erfolgen können, werden in der Deckungsregisterverordnung genauer beschrieben. Damit das Deckungsregister durch die Schaffung von Unterregistern nicht auf Dauer unübersichtlich wird, erhält die Bundesanstalt die Ermächtigung zu bestimmen, dass die Deckungswerte nach angemessener Frist aus dem oder den Unterregister(n) in das Hauptregister übertragen werden.

Zu Buchstabe b

Mit dem neuen Absatz 1a wird die Konsortialfinanzierung erleichtert. Denn die Konsorten erhalten so die Möglichkeit der vereinfachten Refinanzierung durch die Begebung von Pfandbriefen. Dies war bisher aufgrund eines Spannungverhältnisses zwischen Deckungsregister einerseits und Refinanzierungsregister andererseits nur eingeschränkt möglich. Denn die Regelungen zum Refinanzierungsregister in § 22a ff. KWG erlauben Pfandbriefbanken, Deckungswerte ganz oder teilweise treuhänderisch für andere Pfandbriefbanken zu halten, die ihrerseits ihre Übertragungsansprüche auf grundpfandrechtliche Deckungswerte als Deckungswerte registrieren können (§ 1 Abs. 2 PfandBG). Dabei können Unklarheiten entstehen, die die Registrierung im Deckungsregister und das Schicksal dieser Werte in der Insolvenz der treuhänderischen Pfandbriefbank betreffen. Diese Unklarheiten treten verstärkt auf, wenn nur Teile von Deckungswerten treuhänderisch gehalten werden.

Satz 1 trägt der Tatsache Rechnung, dass nicht jeder deckungsfähige Wert von der registrierenden Bank tatsächlich voll zur Deckung verwendet wird. Es kann sein, dass z. B. ein öffentliches Darlehen über 1 Mio. Euro nur bis 500 000 Euro der registrierenden Bank als Deckung dient, im Übrigen aber anderweitiger Verwendung zugeführt werden soll. Ähnlich liegt der Fall, wenn ein grundpfandrechtlich gesichertes Darlehen über 600 000 Euro bei einem Beleihungswert von 1 Mio. Euro nur bis 300 000 Euro Deckungswert im Sinne der Deckungskongruenz sein soll. Da es aber bei solcher Teilung, die sich im Insolvenzfall dann auch voll realisieren lassen muss, zu einer Konkurrenzlage zwischen den verschiedenen Teilgläubigern kommen kann, ist es zur Klarheit und Sicherheit notwendig, den genauen Umfang der Teilung und den Rang der einzelnen Forderungsteile bzw. Hypothekenteile festzulegen. Die neue Regelung des § 5 Abs. 1a soll der Pfandbriefbank und ihren Partnern Aufwand und Kosten des Vollzugs einer Teilung ersparen, solange der Vollzug nicht notwendig erscheint.

Mit Satz 2 wird das Problem grundpfandrechtlich gesicherter Darlehen gelöst, die voll eingetragen sind, aber über den eingetragenen ermittelten Beleihungswert des belasteten Grundstücks hinausreichen. Es ist z. B. bei einem Beleihungswert von 1 Mio. Euro ein Darlehen über 800 000 Euro eingetragen. Bisher regelt § 14 Abs. 2 den Status der „überschießenden" 200 000 Euro in der Weise, dass nur

600 000 Euro als „eingetragene Deckungswerte gelten". Diese Formulierung ist insoweit misslungen, als dann § 30 Abs. 3 wieder von einer Eintragung insoweit ausgeht, als es um die Verfügungsbefugnis des Sachwalters geht. Mit Satz 2 wird der eingetragene überschießende Teil hypothekarischer Darlehen den nicht zur Deckung bestimmten Teilen eingetragener Deckungswerte gleichgestellt und eine Rangregel zugunsten des zur Deckung bestimmten Teils aufgestellt. § 14 Abs. 2 wird dadurch überflüssig und wird aufgehoben (vgl. Nummer 12).

Insbesondere die Sätze 3 bis 5 tragen zur Erleichterung der Konsortialfinanzierung bei. Die Erleichterung besteht in der Beseitigung einer Kollision von Pfandbriefgesetz (Deckungsregistervorschriften) und Refinanzierungsregistervorschriften. Wird ein großes Darlehen von vornherein durch ein Konsortium vergeben oder teilweise auf andere Kreditinstitute übertragen, wird auch ein Teil des diese Forderung sichernden Grundpfandrechts übertragen oder für das andere Kreditinstitut teilweise treuhänderisch mitverwaltet. Problematisch wird dies dann, wenn der Konsortialführer eine Pfandbriefbank ist, die diese Forderung in Deckung genommen hat und das Refinanzierungsregister nutzt, um ein zum Deckungsteil der Forderung gehörendes Grundpfandrecht anteilig treuhänderisch für die andere Bank zu halten. Im Ergebnis entsteht ein Konflikt zwischen dem Deckungsregister des Konsortialführers und dem Refinanzierungsregister der Konsortialbank. Denn bei einer Insolvenz des Konsortialführers würde auch der in das Refinanzierungsregister der Konsortialbank eingetragene Teil des Grundpfandrechts in die Deckungsmasse des Pfandbriefs des Konsortialführers fallen und damit zum Sondervermögen der Pfandbriefgläubiger des Konsortialführers gehören. Es bestände die Gefahr, dass die Konsortialbank ihr Aussonderungsrecht dann möglicherweise nicht realisieren könnte und daher diesen Teil nicht in die Deckungsmasse für ihre Pfandbriefe nehmen dürfte. Zur Lösung dieses Konfliktes trägt die neue Regelung bei, indem sie die Rangfolge der eingetragenen Werte festlegt.

Dies wird im Einzelnen erreicht, indem der Status der treuhänderisch gehaltenen eingetragenen Werte geklärt wird. In erster Linie ist dabei an eingetragene Werte gedacht, für die eine andere Pfandbriefbank ganz oder teilweise einen Übertragungsanspruch hat, der in ihrem Deckungsregister als Deckungswert eingetragen ist. Dabei kann es sich um eine „gewöhnliche" Treuhand handeln, bei der die treugebende Bank diesen Wert ursprünglich der das Deckungsregister führenden Bank aus ihrem Vermögen zu treuen Händen übertragen hat; es kann sich aber auch um eine Treuhand im Sinne des § 22a ff. KWG handeln, bei der die das Deckungsregister führende Bank ursprünglich eigene Werte zum Treugut der treugebenden Bank durch Eintragung ins Refinanzierungsregister umwidmet. Eine solche Treuhand kann auch nur Teile registrierter Deckungswerte betreffen, was vor allem bei Konsortialfinanzierungen bedeutsam ist. Treugeber können nicht nur Pfandbriefbanken sein, sondern auch andere Banken oder Zweckgesellschaften, die vertragliche Deckungsmassen zur Verbriefung schaffen wollen. Die Vorschrift verlangt, dass im Deckungsregister genaue Angaben über den Treugeber erfolgen sowie über Umfang und Rang des Teils eines registrierten Wertes, der vom Übertragungsanspruch erfasst wird.

Mit dem neuen Absatz 1b wird die zulässige Weitergabe von Daten geregelt. Werden grundpfandrechtlich gesicherte Darlehensforderungen ohne Zustimmung des Darlehensnehmers oder ohne ein berechtigtes Interesse im Sinne von § 28 Abs. 1 Nr. 2 des Bundesdatenschutzgesetzes (BDSG) übertragen und die erforderlichen Daten dem Übertragungsberechtigten bekannt gegeben, liegt ein Verstoß gegen die Regelungen zum Datenschutz und gegen das Bankgeheimnis vor. Die Einholung der nachträglichen Zustimmung des Darlehensnehmers verursacht einen hohen Zeit- und Kostenaufwand. Bei neuen Kreditverträgen wird die Zustimmung zur Weitereitung der Daten schon bei Abschluss der Darlehensverträge eingeholt. Bei Altverträgen ist dies nicht mehr möglich, weil in den Verträgen eine entsprechende Einwilligung fehlte. Bei der Verwendung dieser Kredite zur Pfandbriefrefinanzierung bedarf es gegenwärtig stets einer nachträglichen Erteilung der Zustimmung seitens des Darlehensnehmers. Bei der einfachen Verbriefung ist diese zeit- und kostenintensive Maßnahme nicht erforderlich, da die Datenweitergabe durch die Einschaltung eines Datentreuhänders vermieden werden kann. Bei der Pfandbriefrefinanzierung ist die Pfandbriefbank verpflichtet, die Daten in das Deckungsregister einzutragen. Der Pfandbrief ist somit gegenüber der Verbriefung benachteiligt. Mit dem neuen Satz wird diese Benachteiligung aufgehoben.

Zu Buchstabe c

Angesichts der zeitlich ungewissen Haltbarkeitsdauer von elektronischen Datenträgern ist es angezeigt, dass die Deckungsregister im Falle der Übermittlung in elektronischer Form vollständig übermittelt werden, d. h. nicht nur die Eintragungen des letzten Kalenderhalbjahres enthalten. Ein zusätzlicher Aufwand für die Pfandbriefbanken ist mit der Änderung nicht verbunden, da die geführten elektronischen Deckungsregister ohnehin sämtliche Eintragungen enthalten.

Zu Nummer 6 (§ 6 PfandBG)

Mit der Änderung wird klargestellt, dass die Ausgabe von Pfandbriefen, deren Einlösungswert nicht bekannt ist, nicht generell untersagt wird, soweit der maximale Einlösungswert bekannt ist. Dieser Wert ist dann zu decken.

Zu Nummer 7 (§ 7 PfandBG)

Zu Buchstabe a

Zu Doppelbuchstabe aa

Hintergrund der vorgeschlagenen Änderung sind einzelne Fälle aus der Praxis, in denen aufgrund der zwingenden Regelung des Absatzes 1 bei der Pfandbriefbank ein Treuhänder und ein Stellvertreter zu bestellen waren, obwohl die Pfandbriefbank (noch) keinerlei Pfandbriefe ausgegeben und teilweise (noch) keine Werte ins Deckungsregister eingetragen hatte. Insbesondere in Fällen, in denen die erstmalige Begebung von Pfandbriefen einige Zeit in Anspruch nimmt, ist es auch im Hinblick auf den Schutz zukünftiger Pfandbriefgläubiger unnötig, von Amts wegen einen Treuhänder und Stellvertreter zu bestellen, insbesondere dann, wenn diese ihre Aufgaben noch gar nicht wahrnehmen können. Mit der Änderung ist auch eine Kostenentlastung für die Institute verbunden, die letztlich die den Treuhändern von der Bundesanstalt zu zahlende Vergütung zu erstatten haben. Zum Schutz der Pfandbriefgläubiger reicht es aus, dass eine Ausgabe von Pfandbriefen aufgrund der Vorgaben des § 8 Absatz 3 in Verbindung mit § 4 Absatz 7 Satz 3 vor der Bestellung des Treuhänders rechtlich nicht zulässig ist.

Zu den Doppelbuchstaben bb und cc

Nach der Verwaltungspraxis der Bundesanstalt erfolgen die erstmalige Treuhänderbestellung sowie etwaige Verlängerungen der Amtszeit in der Regel befristet auf jeweils drei Jahre und nicht über das Ende des 70. Lebensjahres hinaus. Mit der vorgeschlagenen Änderung sollen nunmehr sowohl die bisherige Amtspraxis der Befristung der Bestellung als auch eine Altersgrenze für die Treuhänder gesetzlich festgeschrieben werden. Sollte ein Treuhänder etwa aus gesundheitlichen Gründen nicht nur vorübergehend nicht in der Lage sein, seinen Aufgaben als Treuhänder nachzukommen, so besteht wie bisher die Möglichkeit, die Bestellung aus sachlichem Grund zu widerrufen.

Zu Buchstabe b

Mit der Regelung wird die Frage der Haftung des Treuhänders, die wiederholt an die Bundesanstalt herangetragen wurde, geklärt. Vor diesem Hintergrund ist es angesichts der gesamten Ausgestaltung des Treuhänderamtes als einer nebenberuflichen und – auch nach der Höhe der Vergütung – eher ehrenamtlichen Tätigkeit geboten, die Haftung des Treuhänders aus seiner Tätigkeit gegenüber der Pfandbriefbank und den Pfandbriefgläubigern auf Vorsatz und grobe Fahrlässigkeit zu beschränken.

Zu Nummer 8 (§ 8 PfandBG)

Zu den Buchstaben a und b Doppelbuchstabe aa

Es handelt sich um Folgeänderungen zu Nummer 4 Buchstabe d Doppelbuchstabe aa und um Folgeänderungen zur Einführung des Flugzeugpfandbriefs.

Zu Doppelbuchstabe bb

Im Rahmen der Zulassung der Indeckungnahme von Derivaten im Jahr 2002 wurde festgelegt, dass der Treuhänder die Eintragung eines Derivates unverzüglich dem Vertragspartner der Pfandbriefbank mitteilen muss. Das Verfahren hat sich in der Praxis als bürokratisch und schwer handhabbar erwiesen. Es handelt sich um den einzigen Fall, in dem der Treuhänder gegenüber Geschäftspartnern der Bank formelle Mitteilungen übermitteln muss. Für den Derivatepartner reicht es aus, wenn die Mitteilung von einer anderen Stelle der Bank erfolgt und der Treuhänder sich unverzüglich davon überzeugen muss, dass die Mitteilung erfolgt ist. Zum einen haben Pfandbriefbank und Derivatepartner das Derivat über den Anhang für Deckungsderivate unter einem separaten Rahmenvertrag für die Deckungsmasse abgeschlossen, so dass beiden Parteien von vornherein bekannt ist, dass das Derivat der Deckungsmasse zugeordnet sein wird. Damit sind eine klare Zuordnung des Derivats auch mit Blick auf das so genannte Netting möglich und eine Vermischung mit Derivaten aus dem freien Vermögen ausgeschlossen. Die Mitteilung dient daher nur der Information des Derivatepartners darüber, dass der Treuhänder diese Zuordnung akzeptiert und der Eintragung des Derivates nicht widersprochen hat. Zum anderen enthalten die standardisierten Rahmenverträge ein Kündigungsrecht des Derivatepartners bei ausbleibender Benachrichtigung über die erfolgte Eintragung in das Deckungsregister. Demzufolge verschlechtert sich die Risikoposition des Derivatepartners nicht. Vielmehr kann die Eintragung des Derivats in das jeweilige Deckungsregister schneller und flexibler erfolgen, da der Treuhänder nach wie vor nur an einzelnen Tagen in der Bank anwesend ist. Insofern profitieren die Derivatepartner von der geplanten Änderung.

Zu Nummer 9 (§ 9 PfandBG)

Der Treuhändermitverschluss hatte bei Briefhypotheken die Bedeutung, eine Verfügung über die Hypothekenforderung unmöglich zu machen, indem der Hypothekenbrief bei der Bank in einen Tresor unter Mitverschluss des Treuhänders gelegt wurde. Im Neugeschäft werden Briefhypotheken kaum noch verwendet; deutsche Buchgrundschulden und ausländische Buchhypotheken sind üblich. Es liegen dabei keine Urkunden vor, welche eine Verfügung über die Forderung verhindern könnten und damit in den Treuhändermitverschluss gegeben werden müssten. Entsprechendes gilt für Schiffshypotheken. Die Vorschrift kann daher aufgehoben werden.

Zu Nummer 10 (§ 10 PfandBG)

Folgeänderung zu Nummer 4 Buchstabe d Doppelbuchstabe aa.

Zu Nummer 11 (§ 12 PfandBG)

Die Sicherheit der Hypothekenpfandbriefe wird dadurch gewährleistet, dass die Grundpfandrechte in der Deckungsmasse den Zugriff auf die wirtschaftliche Substanz der Grundstücke sicherstellen. Die Pfandbriefbanken achten darauf, dass dies auch bei unerwarteten Entwicklungen gewährleistet bleibt. Für den wichtigsten Fall eines Schadens am Gebäude auf dem Grundstück, der wirtschaftliche Substanz entziehen kann, schreibt § 15 PfandBG ausdrücklich eine Gebäudeversicherung vor. Nach deutschem Recht wird der Anspruch gegen die Versicherung vom Grundpfandrecht erfasst und gehört damit zur Deckungsmasse. Für Sicherheiten, die vom Grundpfandrecht nicht erfasst werden, fehlt aber bisher eine klare und ausdrückliche Regelung über deren Zugehörigkeit zur Deckungsmasse.

So haben die Pfandbriefbanken zum Teil zusätzliche Ausfallversicherungen abgeschlossen. Auch lassen sich die Pfandbriefbanken häufig die aus dem finanzierten Objekt erzielbaren Mietforderungen abtreten. Insbesondere in Ländern, in denen der Umfang der Grundstückssicherheiten von denjenigen in Deutschland abweicht, wird das Grundpfandrecht, um die Substanz und die Erträge der Immobilie voll zu erfassen, regelmäßig mit Versicherungen und Abtretungen oder Verpfändungen von Miet- und Versicherungs- sowie Herausgabeansprüchen und mit Versicherungen des Grundbuchstandes oder Verpfändungen der Anteile an der Objektgesellschaft ergänzt. Auf diese Weise stellen die Pfandbriefbanken sicher, dass stets der Zugriff auf die wirtschaftliche Substanz gewährleistet ist. In manchen Ländern, so in vielen Bundesstaaten der USA und bei gewerblichen Immobilien in Japan, werden Grundstückssicherungsrechte auf der dogmatischen Basis einer gemeinsamen Dritttreuhand für Kreditinstitut und Eigentümer gestaltet, wobei das Grundstück formell einem gemeinsamen Treuhänder des Eigentümers und der Bank übertragen wird. In diesem Fall wird der Wert des Grundstücksicherungsrechtes durch den Anspruch auf Übertragung und/oder Auskehr eines Verwertungserlöses verwirklicht. Der Anspruch auf den Verwertungserlös ist in Ländern wichtig, in denen die Verwertung durch Dritte in privatrechtlichen Formen erfolgt.

Mit dem neuen Absatz 3 wird klargestellt, dass auch diese Sicherheiten zur Sicherung der Pfandbriefgläubiger dienen, ohne dass sie in das Deckungsregister eingetragen werden müssen. Wegen der vielfältigen rechtlichen Gestaltungen in anderen Rechtsordnungen ist neben der Bezugnahme auf die Regelungen zur Erstreckung des Grundpfandrechts im deutschen Bürgerlichen Gesetzbuch auch eine allgemeine Formulierung, die die wirtschaftliche Substanz des Grundstücks insgesamt erfasst, erforderlich.

Die oben angeführte beispielhafte Aufzählung von Zusatzsicherheiten sowie die Bezugnahme auf die Vorschriften des Bürgerlichen Gesetzbuchs bedeuten nicht, dass für die Indeckungnahme in jedem Einzelfall alle durch die Vorschrift erfassten zusätzlichen Sicherheiten vorliegen müssen. Vielmehr soll durch diese Bestimmung nur erreicht werden, dass im Einzelfall vorliegende zusätzliche Sicherheiten in die Deckungsmasse einbezogen werden können, ohne dass sie einzeln in das Deckungsregister eingetragen werden müssen.

Zu Nummer 12 (§ 14 PfandBG)

Folgeänderung zu Nummer 5 Buchstabe b.

Zu Nummer 13 (§ 16 PfandBG)

Die Regelung ist durch Zeitablauf gegenstandslos geworden und kann aufgehoben werden.

Zu Nummer 14 (§ 17 PfandBG)

Bei Deckungshypotheken muss spätestens nach zehn Jahren mit der Tilgung begonnen werden. Wenn sich nur ein Teil einer Hypothek in Deckung befindet, ist die gesamte Tilgung im Verhältnis der Anteile aufzuteilen. Damit soll erreicht werden, dass sich der in Deckung befindliche Betrag analog einem angenommenen Wertverlust der Immobilie im Laufe der Zeit vermindert. Diese Vorschrift, die sinngemäß aus dem Hypothekenbankgesetz übernommen wurde, hat sich unter den Bedingungen des PfandBG als nicht sinnvoll erwiesen und führt zu unverhältnismäßigem Aufwand.

Da die Banken seit der Aufgabe des Spezialbankprinzips darin frei sind, über die Deckung hinaus Darlehen mit verschiedenen Tilgungen oder ohne Tilgung oder auch in verschiedener Höhe zu gestalten, können die auf die Deckung entfallenden Anteile nur mit extrem aufwändigen Simulationsrechnungen ermittelt werden. Dabei wäre das Ergebnis zweifelhaft. Denn die Tilgung und der Anteil der Tilgung richten sich in der Regel nicht nach der Gebäudealterung, sondern nach dem für den Kunden und für die Bank wirtschaftlich sinnvollsten Verlauf. Zudem findet ein solcher Wertverlust einer Immobilie über die Zeit nicht statt. In der Regel wird der Wertverlust durch Erhaltungsaufwendungen kompensiert.

§ 17 PfandBG schafft somit keine zusätzliche Rechtssicherheit und verursacht unverhältnismäßig hohe Kosten. Mögliche Einzelfälle können durch die Vorschriften der Beleihungswertermittlungsverordnung und im Rahmen des Risikomanagements nach § 27 PfandBG erfasst werden.

Zu Nummer 15 (§ 18 PfandBG)

Folgeänderung zu Nummer 12 Buchstabe b.

Zu Nummer 16 (§ 19 PfandBG)

Zu Buchstabe a

Redaktionelle Korrektur.

Zu Buchstabe b

Die neu gefasste Bankenrichtlinie 2006/48/EG erlaubt in Anhang VI nur die Indeckungnahme von Forderungen gegen solche Kreditinstitute, die der Bonitätsstufe 1 zuzuordnen sind. In Übereinstimmung hiermit wird der Kreis der Kreditinstitute auf solche der Bonitätsstufe 1 beschränkt. Damit ist gewährleistet, dass alle nach dem PfandBG emittierten Pfandbriefe eine günstige Risikogewichtung genießen.

Zu Buchstabe c

Folgeänderungen zu Nummer 4 Buchstabe a Doppelbuchstabe aa und cc.

Zu Buchstabe d

Zu Doppelbuchstabe aa

Absatz 1 Nummer 4 erlaubt es der Pfandbriefbank, ihre Ansprüche aus Derivategeschäften als Deckungswerte für Pfandbriefe zu verwenden. Damit ist es möglich, die Absicherung von Zins- und

Währungsrisiken durch Derivate in die Deckungsmassen zu verlagern, wo sie dem Zugriff der nicht privilegierten Gläubiger entzogen sind und auch nach Eröffnung des Insolvenzverfahrens über das Vermögen der Pfandbriefbank fortbestehen. Im Hinblick auf mögliche Ansprüche der Pfandbriefbank gegen den Derivatepartner kann der Derivatepartner der Pfandbriefbank Sicherheiten im Wege einer Vollrechtsübertragung zur Verfügung stellen. Derivatepartner bezweifeln jedoch, dass auch Ansprüche aus dem zugrunde liegenden Rahmenvertrag und damit ein etwaiger Anspruch auf Rückgewähr der Sicherheiten privilegiert sind und der Derivatepartner insoweit dem Pfandbriefgläubiger gleichgestellt ist. Deshalb wird zum Teil angenommen, eine geleistete Sicherheit müsse in Deckung genommen werden, um einen privilegierten Rückgewähranspruch gegen die Deckungsmasse zu erhalten.

Entscheidend ist, dass bei der Stellung von Sicherheiten im Wege einer Vollrechtsübertragung die Rückgewähransprüche der Derivatepartner aus dem Rahmenvertrag den Ansprüchen der Pfandbriefgläubiger gleichgestellt sind und die Deckung insgesamt ausreichend ist. Mit der Neufassung von Absatz 1 Nummer 4 und § 4 Abs. 3 Satz 2 wird dieses Ziel erreicht. Denn es wird klargestellt, dass Derivate zusammen mit allen Ansprüchen in das Deckungsregister eingetragen werden, die unter dem Rahmenvertrag zu einer einheitlichen Ausgleichsforderung zusammengefasst werden, einschließlich etwaiger Besicherungsanhänge. Da die Einzelabschlüsse zusammen mit dem Rahmenvertrag einen einheitlichen Vertrag bilden und die Einzelansprüche durch Netting zu einer einheitlichen Ausgleichsforderung zusammengefasst werden, kann auch nur diese einheitliche rahmenvertragliche Forderung in die Deckungsmasse einbezogen werden. Im Insolvenzfall werden somit die gelieferten Sicherheiten bei der Bemessung der Ausgleichszahlung berücksichtigt.

Zu Doppelbuchstabe bb

Redaktionelle Korrektur.

Zu Doppelbuchstabe cc

Für Schiffspfandbriefe gilt nach § 26 Absatz 1 Nr. 5 Satz 2 die Begrenzung der Währungsderivate in Deckung auf 12 Prozent nicht (ebenso nicht für den künftigen Flugzeugpfandbrief, § 26f Absatz 1 Nr. 5), wohl aber gilt sie für Hypothekenpfandbriefe und für Öffentliche Pfandbriefe. Ohne diese Privilegierung der Schiffspfandbriefe und Flugzeugpfandbriefe würde die Finanzierung, die weitgehend in US-Dollar erfolgt, außerordentlich beeinträchtigt. Mittlerweile ist bei der Immobilienfinanzierung der Anteil der Auslandsfinanzierungen der Pfandbriefbanken, der in Deckung genommen wird, stark angestiegen. Da diese in Drittstaaten, aber auch in EU-Staaten, die nicht dem Euroraum angehören, in Fremdwährungen erfolgt, entsteht mit einer weiteren Zunahme die Gefahr, dass die 12 Prozent-Grenze die Pfandbriefbanken, die einen hohen Anteil von Immobilienfinanzierungen im Ausland aufweisen, bei der Absicherung der Währungsrisiken dieser Geschäfte mit Wirkung für die Deckungsmasse behindert. Dies gilt sinngemäß für die Finanzierung von ausländischen Gebietskörperschaften und öffentlichen Stellen im Sinne von § 20 Absatz 1. Es ist daher erforderlich, die Hypothekenpfandbriefe und die Öffentlichen Pfandbriefe den Schiffs- und Flugzeugpfandbriefen gleichzustellen.

Bei den hier in Frage stehenden Derivaten handelt es sich um reine Währungsderivate, die auf Einzelgeschäfts- oder Portfolioebene zur Absicherung von Währungsschwankungen genutzt werden. Da Währungsderivate, die rein spekulativen Zwecken dienen, ausgeschlossen sind, ist mit der Änderung keine Qualitätsverschlechterung verbunden. Vielmehr profitieren Pfandbriefinvestoren von der ausgeweiteten Möglichkeit, Währungsschwankungen innerhalb der Deckungsmasse abzusichern, so dass die Absicherung auch bei Insolvenz der Pfandbriefbank zugunsten des Sondervermögens bestehen bleibt. Sie sind einfach zu analysieren und können nicht zum Ersatz für andere Deckungswerte herangezogen werden, so dass die Sicherheit der Deckungsmasse nicht berührt wird und keine Beeinträchtigung der Sicherheit der betreffenden Pfandbriefe zu befürchten ist.

Dem bisherigen § 19 Abs. 1 Nr. 4 Satz 3 ist die Berechnung der 12-Prozent-Grenze nicht eindeutig zu entnehmen. Denn es kommt nicht zum Ausdruck, dass die verschiedenen gleichartigen Positionen von Ansprüchen und Verbindlichkeiten, die sich unter einem Rahmenvertrag gegen denselben Derivatepartner richten, nicht einzeln miteinander verrechnet werden müssen, sondern sich aus dem Rahmenvertrag – nach Ablauf einer bestimmten Zeit – ein Gesamtanspruch aus der Saldierung aller vom Rahmenvertrag erfassten Geschäfte ergibt (so genanntes Netting). Durch die Änderung wird klargestellt, dass es auf den Gesamtanspruch aus der Saldierung aller vom Rahmenvertrag erfassten Geschäfte ankommt.

Zu Nummer 17 (§ 20 PfandBG)

Zu Buchstabe a

Mit der Neufassung von § 20 Absatz 1 Satz 1 werden der Gleichlauf zur neu gefassten Bankenrichtlinie 2006/48/EG vollzogen und die Deckungsfähigkeit von Forderungen gegen Drittstaaten und deren unterstaatliche Stellen (insbesondere Regionen, Kantone, Länder, Gemeinden und Landkreise) mit Bonitätsstufe 1 sowie gegen Zentralbanken hergestellt. Die Investoren müssen dann nicht den tatsächlichen Stand der Deckungswerte der einzelnen Emittenten im Hinblick auf die Richtlinie prüfen. Bei einer Änderung der öffentlichen Deckungswerte einer Pfandbriefbank bleibt die privilegierte Risikogewichtung ihrer Öffentlichen Pfandbriefe dadurch erhalten. Der Markt für deutsche Öffentliche Pfandbriefe bleibt homogen.

Bei unterstaatlichen Stellen in EU-/EWR-Staaten hat die neu gefasste Bankenrichtlinie in Anhang VI Nr. 12 Rn. 68 die vormals bestehenden Beschränkungen (Deckungsfähigkeit nur bei Risikogewicht von maximal 20 Prozent) aufgehoben und stellt die unterstaatlichen Stellen beim Risikogewicht den Zentralstaaten gleich. Die Anpassung in § 20 Absatz 1 Satz 1 Nummer 1 Buchstabe c PfandBG folgt diesen Anforderungen.

Für Forderungen gegen Drittstaaten (außerhalb des EU-/ EWR-Raumes) wird die Richtlinien-Konformität durch eine Anknüpfung an die Bonitätsstufe 1 sichergestellt. Bei unterstaatlichen Stellen von Drittstaaten mit der Bonitätsstufe 1 ist – je nach Entscheidung des jeweiligen Drittstaates – entweder die Gleichstellung mit dem Zentralstaat oder die Einstufung wie Kreditinstitute der Bonitätsstufe 1 erforderlich. Anders als in der neu gefassten Bankenrichtlinie sollen nicht sämtliche Drittstaaten und deren unterstaatliche Stellen der Bonitätsstufe 1 für deckungsfähig erachtet werden, sondern lediglich die bislang deckungsfähigen Länder – USA, Kanada, Schweiz sowie Japan. Damit werden nicht nur die Regelungen der neu gefassten Bankenrichtlinie nachvollzogen, sondern auch die Qualität des Pfandbriefes erhalten und erhöht.

Die alte Fassung von § 20 Absatz 1 Satz 1 Nummer 1 Buchstabe d wird gestrichen. Die Vorschrift erlaubte die Indeckungnahme von Forderungen gegen europäische OECD-Staaten. Außerhalb der EU- und EWR-Staaten und der Schweiz gibt es derzeit keine europäischen OECD-Staaten, die die Anforderungen der neu gefassten Bankenrichtlinie im Hinblick auf ein Mindestrating erfüllen. Die Vorschrift kann daher gestrichen werden.

Mit der neuen Fassung von § 20 Absatz 1 Satz 1 Nummer 1 Buchstabe b und d wird die Deckungsfähigkeit von Forderungen gegen Zentralnotenbanken hergestellt. Denn nach der neu gefassten Bankenrichtlinie (Anhang VI Nr. 12 Rn. 68) erfolgt die Gleichstellung mit Blick auf die Risikogewichtung zum Zwecke der Eigenkapitalunterlegung mit den jeweiligen Zentralstaaten. Die bisherige 10-Prozent-Grenze entfällt. Folglich kann die zusätzliche Erwähnung in § 20 Absatz 2 Nummer 2 entfallen.

Die neue Fassung von § 20 Absatz 1 Satz 1 Nummer 1 Buchstabe f stellt die Deckungsfähigkeit von Forderungen gegen die Europäische Zentralbank (EZB), internationale Organ sationen und multilaterale Entwicklungsbanken her und schafft die 10-Prozent-Grenze für Forderungen gegen die EZB, internationale Organisationen sowie multilaterale Entwicklungsbanken ab. Denn in Anhang VI Nr. 12 Rn. 68 der neu gefassten Bankenrichtlinie werden Forderungen gegen die EZB als geeignete Deckungswerte für gedeckte Schuldverschreibungen angesehen. Die Beschränkung kann daher nicht mehr aufrechterhalten werden. Daneben enthält die neu gefasste Bankenrichtlinie in Anhang VI Nr. 4 eine Auflistung von Entwicklungsbanken, welche der Bonitätsstufe 1 zugeordnet sind. Diese Werte sind ebenfalls als Deckungswerte für gedeckte Schuldverschreibungen geeignet. Die Formulierung „internationale Organisationen" umfasst nach Anhang VI Nr. 5 der neu gefassten Bankenrichtlinie folgende Schuldner: die Europäische Gemeinschaft, den Internationalen Währungsfonds sowie die Bank für Internationalen Zahlungsausgleich. Diese Organisationen unterliegen einer Nullrisikogewichtung (Bonitätsstufe 1). Auch hier ist die Beschränkung aufzuheben.

Mit der Neufassung von § 20 Absatz 1 Satz 1 Nummer 1 Buchstabe g wird erstmals die Deckungsfähigkeit von Forderungen gegen öffentliche Stellen eines Mitgliedstaats der EU und des EWR hergestellt. Forderungen gegen „öffentliche Stellen" werden nach Anhang VI Nr. 12 Rn. 68 der neu gefassten Bankenrichtlinie als geeignete Deckungswerte für gedeckte Schuldverschreibungen angesehen. Nach der in Artikel 4 Nr. 18 der Richtlinie enthaltenen Definition umfasst die Fallgruppe der „öffentlichen Stellen" auch die „Verwaltungseinrichtungen ohne Erwerbszweck" (diese waren bislang in § 20

Absatz 1 Satz 1 Nummer 1 Buchstabe e erfasst). Da es im deutschen Recht keine allgemein anerkannte Definition von „öffentliche Stellen“ gibt, muss die Definition der Bankenrichtlinie herangezogen werden. Aufgrund von Buchstabe h gilt dies auch für Drittstaaten mit der Maßgabe, dass Mindestanforderungen an die Bonitätsstufe gestellt werden.

Aufgrund von Artikel 4 Nr. 18 der Richtlinie werden öffentliche Stellen definiert als nicht gewerbliche Verwaltungseinrichtungen, die von Zentralstaaten, Gebietskörperschaften oder von Behörden, die in den Augen der zuständigen Behörden die gleichen Aufgaben wie regionale und lokale Behörden wahrnehmen, getragen werden, oder im Besitz von Zentralstaaten befindliche Unternehmen ohne Erwerbszweck, für die eine einer ausdrücklichen Garantie gleichstehende Haftung gilt, einschließlich selbst verwalteter Einrichtungen des öffentlichen Rechts, die einer öffentlichen Beaufsichtigung unterliegen. Dies wird immer dann der Fall sein, wenn die Erledigung öffentlicher Aufgaben im Vordergrund steht und Erwerbsaussichten nicht bestehen. Wesentliches Unterscheidungsmerkmal für die Abgrenzung zwischen erwerbswirtschaftlicher und nicht erwerbswirtschaftlicher Tätigkeit ist die Frage, ob die betreffende Einrichtung oder das betreffende Unternehmen mit anderen Personen im Wettbewerb steht und Geschäfte wie diese betreibt. Diese Kriterien können als gegeben angesehen werden, wenn die Bankaufsichtsbehörden des jeweiligen Landes die öffentliche Stelle im Rahmen der Regeln der bankaufsichtlichen Eigenkapitalunterlegung mit einem Risikogewicht von 20 Prozent versehen hat (entspricht der Bonitätsstufe 1 der Tabelle 3 von Anhang VI der Richtlinie 2006/48/EG).

Zu solchen öffentlichen Stellen zählen insbesondere

- staatliche Verwaltungseinrichtungen, die keinen Erwerbszweck verfolgen, öffentliche Aufgaben wahrnehmen und nicht zu sonstigen öffentlichen Haushalten gehören, insbesondere Anstalten des öffentlichen Rechts, deren finanzielle Ausstattung durch die die Anstalt tragende öffentlich-rechtliche Körperschaft (Träger) sichergestellt ist (Anstaltslast) oder deren Träger für die Verbindlichkeiten der Anstalt eintritt (Gewährträgerhaftung),
- nicht erwerbswirtschaftliche Unternehmen im Besitz von Zentralstaaten, auch wenn sie privatrechtlich organisiert sind, aber der tragende Zentralstaat einen maßgeblichen rechtlichen und wirtschaftlichen Einfluss ausüben kann sowie das Unternehmen über die einer ausdrücklichen Garantie gleichstehende Haftung verfügt.

Da in Buchstabe h die Anknüpfung an die Bonitätsstufe 1 im Hinblick auf öffentliche Stellen eines Drittstaates denselben Anforderungen unterliegt wie mit Blick auf dessen Regionalverwaltungen und Gebietskörperschaften (Buchstabe e), kann in Buchstabe h auf die bereits in Buchstabe e aufgeführten Kriterien Bezug genommen werden.

Mit der Neufassung von § 20 Absatz 1 Satz 1 Nummer 2 werden die Wörter „volle“ und „unmittelbar“ zur Herstellung kohärenter Begrifflichkeiten von „Gewährleistung“ und „Anspruch gegen den Gewährleistenden“ gestrichen. Hierbei ist die Streichung des Wortes „volle“ vor Gewährleistung der neu gefassten Bankenrichtlinie geschuldet, da „volle“ nicht im Zusammenhang mit Gewährleistungen verwendet wird. Unter der Streichung des Wortes „volle“ ist nicht zu verstehen, dass die Höhe der Gewährleistung abgesenkt werden kann.

Forderungen, die durch öffentliche Exportkreditversicherungen gewährleistet sind, stellen ein wichtiges Geschäftsfeld der Pfandbriefbanken dar. Derartige Forderungen sind bislang nach § 20 dann deckungsfähig, wenn – wie bei den deutschen Hermes-Bürgschaften – zwar ein in privater Rechtsform, beispielsweise einer Aktiengesellschaft, organisierter Versicherer tätig wird, dieser jedoch auf Rechnung und im Auftrag des betreffenden Staates handelt. Die Deckungsfähigkeit entsprechender Forderungen ist zudem dann zu bejahen, wenn der Versicherer unmittelbar dem Staat zuzuordnen ist. Über diese beiden Fallgruppen hinaus sollen nunmehr mittels Aufnahme in § 20 Absatz 1 Satz 1 Nummer 2 auch Gewährleistungen der Exportkreditversicherer deckungsfähig sein, welche als „öffentliche Stelle“ im Sinne von Artikel 4 Nummer 18 der Richtlinie 2006/48/EG einzuordnen sind. Die Fallgruppe der als Gewährleistungsgeber tauglichen Exportkreditversicherer wird eingeschränkt durch die aus dem Begriff „öffentliche Stelle“ resultierenden Kriterien. Darüber hinaus erfolgt durch eine Bezugnahme auf § 20 Absatz 1 Satz 1 Nummer 1 Buchstabe g eine geographische Eingrenzung auf das EU-/EWR-Gebiet.

Das bislang in § 20 Absatz 1 Satz 1 Nummer 2 enthaltene Unmittelbarkeitskriterium setzt voraus, dass der Forderungsinhaber einen Zahlungsanspruch gegen den Gewährleistenden hat. Ein derartiger Zahlungsanspruch ist auch weiterhin als Gewährleistung im Sinne der Nummer 2 anzusehen. Daneben soll eine Gewährleistung auch dann vorliegen, wenn sich der Anspruch des Forderungsinhabers gegen den Gewährleistenden auf finanzielle Ausstattung des Schuldners bezieht. Der Gewährleistende muss verpflichtet sein sicherzustellen, dass der Schuldner seinen finanziellen Verpflichtungen gegenüber dem Forderungsinhaber nachkommt. Eine Gewährleistung im Sinne des § 20 Absatz 1 Satz 1 Nummer 2 liegt dann vor, wenn die konkrete Rechtskonstruktion dem Forderungsinhaber nach jeweils anwendbarem Recht einen gegenüber dem Gewährleistenden gerichtlich durchsetzbaren Anspruch auf finanzielle Ausstattung des Schuldners vermittelt. Durch die Rechtskonstruktion einer einklagbaren Ausstattungsverpflichtung wird die Einstandspflicht des Gewährleistenden ebenso wie beim Zahlungsanspruch abgesichert. Daher bedarf es keiner ausdrücklichen Erwähnung der Unmittelbarkeit.

Für den Fall einer Herabstufung der Bonität wird mit dem neuen Absatz 1 Satz 1 Nummer 3 eine Auffangregelung geschaffen. Die in der neu gefassten Bankenrichtlinie (Anhang VI Nr. 12 Rn. 68) aufgeführte 20-Prozent-Grenze für Forderungen gegen staatliche Schuldner der Bonitätsstufe 2 ist in § 20 übernommen worden, allerdings beschränkt auf den Fall, dass der Zentralstaat oder die betreffende unterstaatliche Stelle nach bereits erfolgter Indeckungnahme von Bonitätsstufe 1 auf Bonitätsstufe 2 herabgestuft wird. Mit der neuen Nummer 3 ist gewährleistet, dass die entsprechenden Deckungswerte bei einer Herabstufung des Zentralstaates nicht aus der Deckungsmasse entfernt werden müssen, um die günstige Risikogewichtung für Pfandbriefe aufrechtzuerhalten. Um die hohe Qualität der Deckungsmasse sicherzustellen, sind indes keine Forderungen gegen Staaten umfasst, die bereits zum Zeitpunkt der Indeckungnahme der Forderung durch die jeweilige Bank lediglich der Bonitätsstufe 2 zugeordnet sind. Dies gilt über die Verweisung in § 19 Abs. 1 Nr. 3, § 26 Abs. 1 Nr. 4, § 26f Abs. 1 Nr. 4 für die anderen Pfandbriefgattungen entsprechend.

Zu Buchstabe b

Folgeänderung zum neuen § 20 Absatz 1 Satz 1 Nummer 1 Buchstabe d und e.

Zu Nummer 18 (§ 21 PfandBG)

Das Darlehen kann damit teilweise zur Deckung verwendet werden, also in der Deckungsrechnung mit einem geringeren als dem Nominalbetrag als Gegenwert für die Emission von Schiffspfandbriefen berücksichtigt werden, und zwar in dem Umfang, wie die Beleihungsvorschriften erfüllt sind. Dieses Verfahren ist bisher auch üblich, wenn ein Darlehen die Beleihungsgrenze von 60 Prozent aus § 22 Absatz 2 Satz 1 überschreitet. Das Deckungsregister gibt damit weiterhin korrekt Auskunft über die zur Deckung dienenden Werte; diese werden lediglich – wie auch im Falle von Beleihungen über die Beleihungsgrenze von 60 Prozent hinaus üblich – nicht in vollem Umfang zur Deckung verwendet. Eine Beeinträchtigung der Rechte der Schiffspfandbriefgläubiger ist nicht ersichtlich.

Im Falle einer teilweisen Verwendung eines Darlehens zur Deckung hat die Pfandbriefbank den Vorgang zum Bestandteil der auch sonst nachvollziehbar zu führenden Darlehensdokumentation zu machen. Die Dokumentation der Pfandbriefbank kann von dem von der Bankaufsicht bestellten Treuhänder im Rahmen seiner Tätigkeit eingesehen werden. Die Dokumentation kann auch zum Gegenstand von Deckungsprüfungen werden und so von der Bundesanstalt nachvollzogen und erforderlichenfalls vorgegeben werden.

Zu Nummer 19 (§ 22 PfandBG)

Zu den Buchstaben a und c Dopelbuchstabe aa und cc

Im Gesetzgebungsverfahren zum PfandBG wurde die maximal zulässige Lebensdauer eines Schiffes für Beleihungen auf 20 Jahre festgesetzt. Dagegen verblieb es bei der Höchstdauer der Darlehenslaufzeit von 15 Jahren. Diese Unterscheidung des PfandBG führt zu Widersprüchen:

Neubauten können ab dem Zeitpunkt der Ablieferung nur bis zum 15. Lebensjahr durch Deckungsdarlehen finanziert werden.

Schiffe, die bei Finanzierungsbeginn bereits fünf Jahre alt sind, können über 15 Jahre Darlehenslaufzeit finanziert werden, also für eine Lebensdauer von insgesamt 20 Jahren. Damit werden Neubauten offenkundig benachteiligt. Die wirtschaftliche Lebensdauer der finanzierten Standardschiffe beträgt bei sachgerechter Unterhaltung in der Regel mehr als 25 Jahre. Die Schiffsbanken lassen sich den ordnungsgemäßen Zustand der Schiffe durch Zertifikate der Klassifikationsgesellschaften regelmäßig nachweisen. Den Schiffsbanken vorliegende Aufstellungen international anerkannter Beratergesellschaften über Verschrottungen von Tankern, Bulkern und Containerschiffen in 2007 bestätigen: Das Lebensalter verschrotteter Schiffe lag nahezu durchgängig bei mindestens 25 Jahren, teilweise deutlich darüber. Schiffe sind demnach nicht nur 15 Jahre wirtschaftlich einsetzbar, sondern deutlich länger. Die mit den Änderungen vorgenommene Verlängerung der Darlehenslaufzeit ist somit angemessen und benachteiligt die Pfandbriefgläubiger nicht.

Zu Buchstabe b

Folgeänderung von Nummer 5 Buchstabe b.

Zu Buchstabe c

Zu Doppelbuchstabe bb

Die Sätze 3 und 4 werden gestrichen, weil die Darlehenslaufzeit die zu erwartende Lebensdauer eines Schiffes abdeckt. Die besondere Bestimmung auf den Auszahlungszeitpunkt ist entbehrlich, da das Lebensalter der Schiffe sich aufgrund des Zeitpunkts der Ablieferung durch die Werft bestimmt. Bei einer zu erwartenden Lebensdauer von 20 Jahren und der entsprechenden zugelassenen Darlehenslaufzeit ist der Ablieferungszeitpunkt daher regelmäßig auch der Zeitpunkt, in dem die Darlehenslaufzeit beginnt.

Zu Doppelbuchstabe dd

Mit der Einfügung von Satz 4 wird die Flottenfinanzierung, also die gleichzeitige Beleihung mehrerer Schiffe, zugelassen, auch wenn ein Schiff die zugelassene Beleihungsdauer überschritten hat. Die Neuregelung lässt die Aufteilung der Darlehensforderung auf die einzelnen Schiffe und Schiffsbauwerke unter der Voraussetzung zu, dass die Darlehensforderungen für sich allein jeweils zur Deckung geeignet sind. Damit wird verhindert, dass eine überalterte Flotte finanziert wird. Ob die auf die einzelnen Schiffe entfallenden Darlehensteile die Deckungsvoraussetzungen erfüllen, kann durch eine schriftliche Dokumentation der Aufteilung (zum Beispiel durch einen exakten Tilgungsplan unter Zuordnung auf die einzelnen Schiffe einer Flotte) gegenüber dem Treuhänder überwacht werden. Dadurch sind jederzeit die Nachvollziehbarkeit und die Transparenz der Deckungsmasse und der Deckungsrechnung gegeben. Die Dokumentation der Pfandbriefbank kann von dem von der Bankaufsicht bestellten Treuhänder im Rahmen seiner Tätigkeit eingesehen werden; sie kann auch zum Gegenstand von Deckungsprüfungen werden.

Zu Buchstabe d

Mit dem neuen Absatz 6 werden künftig alle Forderungen, deren Inhaber die Schiffspfandbriefbank ist und die auf die wirtschaftliche Substanz des Schiffs gerichtet sind, zu den eingetragenen Deckungswerten gehören. Ausdrücklich erfasst sind bisher nur Ansprüche aus Schiffsversicherungen (§ 23 PfandBG), nicht hingegen die Erträge aus den Schiffen und Anteile an Objektgesellschaften sowie Pfandrechte. Diese Ansprüche erhöhen die Sicherheit im Hinblick auf die wirtschaftliche Substanz des Schiffs und helfen, unvorhergesehene Entwicklungen abzudecken. Mit der Änderung wird die Sicherheit des Schiffspfandbriefs erhöht.

Zu Nummer 20 (§ 23 PfandBG)

Schiffsfinanzierungspraxis, wie sie im Geschäft mit inländischen Schifffahrtsunternehmen zur Zeit des Gesetzgebungsverfahrens im Jahr 2004 in vielen Fällen, aber bereits schon damals nicht durchgehend üblich war. Im internationalen Schiffskreditgeschäft wird hingegen – wie in der Flugzeugfinanzierung – häufig ein Satz von 110 Prozent verwendet und ist deshalb im Wettbewerb auch nur in dieser Höhe durchsetzbar. Der 10-prozentige Sicherheitszuschlag auf die ausstehende Darlehensforderung genügt den Banken, um gegebenenfalls rückständige Zinsen und Nebenkosten abdecken zu können. Außerdem ist darauf hinzuweisen, dass das versicherte Risiko eines Totalverlustes unwahrscheinlich ist. Totalverluste wurden in den letzten Jahren nicht mehr festgestellt; das Risiko ist daher wirtschaftlich als sehr gering zu bewerten.

Zu Nummer 21 (§ 24 PfandBG)

Die Regelung ist durch Zeitablauf gegenstandslos geworden und wird daher aufgehoben.

Zu Nummer 22 (§ 25 PfandBG)

Folgeänderung von Nummer 19 Buchstabe a und c Doppelbuchstabe aa.

Zu Nummer 23 (§ 26 PfandBG)

Zu Buchstabe a

Folgeänderung zu Nummer 18. Durch die Ergänzung wird die Änderung des § 21 auch auf durch Schiffshypotheken gesicherte Schuldversprechen oder Schuldanerkenntnisse übertragen. Diese dürfen zukünftig ebenfalls in dem Umfang zur Deckung verwendet werden, in dem die zugrunde liegenden Darlehensforderungen den Erfordernissen der §§ 22 bis 24 entsprechen.

Zu Buchstabe b

Folgeänderung zu Nummer 16 Buchstabe b und Nummer 4 Buchstabe a.

Zu Buchstabe c

Folgeänderung zu Nummer 16 Buchstabe c.

Zu Buchstabe d

Folgeänderung zu Nummer 16 Buchstabe d.

Zu Nummer 24 (Unterabschnitt 4 – Flugzeugpfandbriefe)

Der Finanzausschuss des Deutschen Bundestages hatte die Bundesregierung im Rahmen des Gesetzgebungsverfahrens zum Gesetz zur Neuordnung des Pfandbriefrechts vom 19. Juli 2005 (PfandBG) gebeten zu prüfen, ob ein Flugzeugpfandbrief geschaffen werden soll. Im Rahmen dieser Prüfung hat sich die Umsetzbarkeit eines solchen Produktes herausgestellt. Die neuen Regelungen (§§ 26a bis 26f) sind im Wesentlichen den Regelungen zu den Schiffspfandbriefen nachgebildet. Bereits dadurch wird allgemein ersichtlich, dass die Flugzeugpfandbriefe von ihrer Struktur her denselben Qualitätsanforderungen unterworfen werden. Zusätzlich zu diesen gesetzlichen Regelungen ist eine Flugzeugbeleihungswertermittlungsverordnung zu schaffen.

Der Markt für Flugzeugfinanzierungen wird in den kommenden fünf Jahren voraussichtlich ein jährliches Neugeschäftsvolumen von rund 44 Mrd. Euro haben. Zusammen mit den im Bestand befindlichen Finanzierungen besteht eine ausreichende Basis für nachhaltige Volumina von zu emittierenden Flugzeugpfandbriefen. Da unter den internationalen Teilnehmern im Markt der Flugzeugfinanzierung ein intensiver Wettbewerb herrscht, kann die Refinanzierungsmöglichkeit über einen Flugzeugpfandbrief die Wettbewerbsfähigkeit der in Deutschland tätigen Kreditinstitute stärken.

Durch Pfandrechte an Flugzeugen abgesicherte Darlehensforderungen sind in gleicher Weise wie durch Pfandrechte an Schiffen abgesicherte Forderungen geeignet, die Deckungsmasse eines Pfandbriefs zu bilden. Bei Flugzeugen sind ebenso wie bei Schiffen die für einen Pfandbrief notwendigen rechtlichen Sicherungsinstrumente vorhanden. Das Registerpfandrecht an einem Flugzeug ist ein ebenso qualitativ hochwertiges und verlässliches Sicherungsrecht wie die Schiffshypothek. Aus Gründen der Transparenz und Klarheit werden für Flugzeugpfandbriefe eigene Deckungsmassen gebildet.

In Deutschland registrierte Flugzeuge können zur Sicherung von Forderungen mit einem „Registerpfandrecht" nach dem Gesetz über Rechte an Luftfahrzeugen (LuftfzRG) belastet werden. Das LuftfzRG beruht weitgehend auf den Regelungen des Gesetzes über Rechte an eingetragenen Schiffen und Schiffsbauwerken (SchiffsRG) und stimmt zum Teil wörtlich damit überein. Daher sind die Rechtspositionen eines Schiffshypothekengläubigers und eines Registerpfandrechtsgläubigers von Flugzeugen weitgehend gleich.

Beim Registerpfandrecht handelt es sich um ein besitzloses Pfandrecht, das zu seiner Wirksamkeit der Eintragung in das Register für Pfandrechte an Luftfahrzeugen bedarf. Das Pfandrechtsregister wird beim Amtsgericht Braunschweig als Registergericht geführt. Es können nur solche Flugzeuge mit einem Registerpfandrecht belastet werden, die in der vom Luftfahrt-Bundesamt geführten Luftfahrzeugrolle geführt werden. Dieses Register führt im Wesentlichen die Luftverkehrszulassungen.

Zu den einzelnen Rechtsvorschriften

Zu § 26a PfandBG (neu)

Forderungen aus einer Flugzeugfinanzierung können nach deutschem Recht durch Eintragung eines Registerpfandrechts nach § 1 LuftfzRG dinglich an einem Flugzeug besichert werden. Es handelt sich um ein besitzloses Pfandrecht und gewährt einem Gläubiger eine vergleichbare Rechtsposition zu der eines Schiffshypothekengläubigers. Alle Luftfahrzeuge, die als „Flugzeuge" i.S.v. § 1 Absatz 2 Nr. 1 des Luftverkehrsgesetzes zu qualifizieren sind, sind gemäß § 14 Absatz 1 der Luftverkehrs-Zulassungs-Ordnung (LuftVZO) von Amts wegen bei der Verkehrszulassung in die Luftfahrzeugrolle einzutragen. Die Verkehrszulassung wird gemäß § 8 Absatz 2 LuftVZO unter anderem nur dann erteilt, wenn das Luftfahrt-Bundesamt die Lufttüchtigkeit bestätigt hat, und kann gemäß § 9 LuftVZO jederzeit zurückgenommen oder widerrufen werden. Durch die Anforderung des § 1 LuftfzRG, nach der nur in der Luftfahrzeugrolle eingetragene Flugzeuge Gegenstand eines Registerpfandrechts werden können, ist somit eine Überwachung der Einhaltung der Verkehrsstandards bei mit Registerpfandrechten belasteten Flugzeugen gewährleistet. Aufgrund der unterschiedlichen Typen- und Zulassungsnummern sind die Luftfahrzeuge individualisierbar und ihr Standort jederzeit ausfindig zu machen.

Zur Bestellung eines Registerpfandrechts bedarf es einer formlosen Einigung sowie der Eintragung in das Pfandrechtsregister. Die Eintragungsbewilligung des Betroffenen ist in öffentlich beglaubigter Form nachzuweisen. Das Registerpfandrecht ist als streng akzessorisches Sicherungsrecht ausgestaltet, d. h. es kann nicht ohne die Forderung übertragen werden und es geht mit der Forderung unter. Voraussetzung für die rechtsgeschäftliche Übertragung der Forderung sind die Einigung des bisherigen und des neuen Gläubigers sowie die Eintragung in das Pfandrechtsregister. Die Einigung vor Eintragung ist nur bei notarieller Beurkundung bindend. Der Haftungsverband des Registerpfandrechts erfasst vertraglich vereinbarte und gesetzliche Zinsen, die Kosten der Kündigung des Pfandrechts und die Kosten der Rechtsverfolgung. Registerpfandrechte werden im Wege der Zwangsvollstreckung mittels Zwangsversteigerung nach den Bestimmungen der §§ 171 bis 171n des Gesetzes über die Zwangsversteigerung und Zwangsverwaltung (ZVG) verwertet. Gemäß § 171c Absatz 3 ZVG kann das Luftfahrzeug auch über einen Treuhänder bis zur Versteigerung genutzt werden, um Erträge zu erwirtschaften.

Die internationale Anerkennung von Registerpfandrechten an Flugzeugen und von Flugzeughypotheken erfolgt nach dem jeweiligen nationalen Recht. Maßgeblich für das entstandene Sicherungsrecht sind die Regelungen des internationalen Privatrechts des Staates, in dem die Sicherungsrechte entweder durch den Sicherungsgläubiger selbst durchgesetzt werden sollen oder in dem ein Drittgläubiger Verwertungsmaßnahmen in Bezug auf das zu Gunsten eines Sicherungsgläubigers besicherte Flugzeug anstrengt. Nach den deutschen Regelungen des internationalen Privatrechts ist das anwendbare Recht bezüglich der Rechte an Flugzeugen nach den Gesetzen des Staates zu bestimmen, dessen Staatszugehörigkeit das Flugzeug hat (Artikel 45 Absatz 1 Satz 2 Nr. 1 des Einführungsgesetzes zum Bürgerlichen Gesetzbuche – EGBGB). Beispielsweise würden bei einer Verwertung eines in England registrierten Flugzeuges deutsche Gerichte die Frage, ob eine englische Flugzeughypothek wirksam entstanden ist, aufgrund von Artikel 45 EGBGB nach englischem Recht beantworten.

Neben den nationalen Regelungen über die Bestellung des Pfandrechts und der möglichen Verwertung gibt es mehrere internationale Übereinkommen, die für die Anerkennung der Bestellung von Pfandrechten an Flugzeugen und deren Ausrüstung relevant sind:

a) Chicago-Abkommen

Das Prinzip der Gültigkeit des Rechts des Eintragungsorts (Lex-registri-Prinzip) ist in Bezug auf Rechte an Flugzeugen (wie auch bei Schiffen) weltweit anerkannt und stützt sich auf das „Abkommen über die internationale Zivilluftfahrt" von 1944 (Chicago-Abkommen), das von über 190 Staaten ratifiziert worden ist. Nach Artikel 17 des Chicago-Abkommens haben Flugzeuge die Staatszugehörigkeit ihres Registrierungsstaates.

b) Das Genfer Pfandrechtsabkommen

Der grundsätzlichen Regelung des Artikels 45 EGBGB gehen im deutschen Recht nach Artikel 3 Absatz 2 Satz 1 EGBGB staatsvertragliche Regelungen vor, soweit sie unmittelbar anwendbares innerstaatliches Recht geworden sind. Eine solche völkerrechtliche Vereinbarung ist das „Abkommen über die internationale Anerkennung von Rechten an Luftfahrzeugen" vom 19. Juni 1948 (Genfer Pfandrechtsabkommen). Dem Abkommen sind mittlerweile 89 Staaten (Deutschland bereits im Jahr 1959) beigetreten. Die Mitgliedstaaten verpflichten sich zur gegenseitigen Anerkennung der jeweiligen nach nationalem Recht begründeten besitzlosen Pfandrechte, Hypotheken und ähnlichen Rechte an einem Luftfahrzeug, die vertraglich als Sicherheit für die Erfüllung einer Schuld begründet sind. Allerdings enthält das Genfer Pfandrechtsabkommen keine materiellen Vorgaben hinsichtlich der Ausgestaltung von Pfandrechten an Luftfahrzeugen. Diese bestimmt sich ausschließlich nach nationalem Recht.

Nach Artikel I Absatz 1 Satz 1 Buchstabe d des Genfer Pfandrechtsabkommens müssen Vertragsstaaten besitzlose Pfandrechte, Hypotheken und ähnliche Rechte an einem Luftfahrzeug anderer Vertragsstaaten anerkennen, sofern diese nach dem Recht des Staates, in dem das betreffende Flugzeug zum Zeitpunkt der Begründung der Flugzeughypothek registriert war, wirksam entstanden sind und ordnungsgemäß in einem öffentlichen Register des jeweiligen Eintragungsstaates des Flugzeuges registriert wurden. In Bezug auf die Rangfolge wird auf das Recht des Registrierungsstaates des Luftfahrzeugs im Zeitpunkt der Entstehung des Sicherungsrechts verwiesen.

Nach Artikel I Absatz 2 Satz 2 des Genfer Pfandrechtsabkommens dürfen sonstige Rechte an Luftfahrzeugen den in Artikel I Absatz 1 Satz 1 des Genfer Pfandrechtsabkommens genannten, insbesondere auch den besitzlosen Pfandrechten, Hypotheken und ähnlichen Rechten an einem Luftfahrzeug gemäß Artikel I Absatz 1 Satz 1 Buchstabe d des Genfer Pfandrechtsabkommens, nicht vorgehen. Einzige Ausnahme hierzu bilden nach Artikel IV Absatz 1 des Genfer Pfandrechtsabkommens Ansprüche, die nach dem Recht eines Vertragsstaats, in dem Bergungs- oder Erhaltungsmaßnahmen an einem Luftfahrzeug zum Abschluss gekommen sind, wegen Entschädigung für die Bergung des Luftfahrzeugs oder wegen außerordentlicher, zur Erhaltung des Luftfahrzeugs unumgänglich erforderlicher Aufwendungen entstanden sind, und ein mit Vorrang ausgestattetes dingliches Recht an einem Luftfahrzeug begründen.

Ein weiterer wichtiger Aspekt des Abkommens ist die zwingende Anwendung des Verwertungsrechts des Staates, in dem die Zwangsvollstreckung in das Luftfahrzeug erfolgen soll. Dies kann neben dem Registrierungsstaat der Staat sein, in dem die Beschlagnahme erfolgt ist. Dies ermöglicht vor dem Hintergrund des mobilen Einsatzes von Flugzeugen eine vorteilhafte Planbarkeit der Verwertung: Der Gläubiger kann zur Beschlagnahme einen Staat mit einem verlässlichen Verwertungsrecht aussuchen, da in jedem Fall dieses Verwertungsrecht zur Anwendung kommen muss.

Das Pfandrechtsabkommen hat mit 89 Ratifizierungen einen hohen Verbreitungsgrad erreicht. Viele aus Sicht der Flugzeugfinanzierung wichtige Staaten sind dem Pfandrechtsabkommen beigetreten. Nennenswerte Ausnahmen ist z.B. das Vereinigte Königreich, Kanada oder Australien. In diesen Fällen sind die Prinzipien, die durch das Pfandrechtsabkommen im Fall eines Vertragsstaates gewährleistet sind, gesondert zu klären, um die erforderlichen Ansprüche in Bezug auf Rangstellung, Rangsicherung und Verwertung sicherzustellen.

c) Die Kapstadt-Konvention

Am 1. März 2006 sind das „Übereinkommen über internationale Sicherungsrechte an beweglicher Ausrüstung" sowie das dazugehörige Protokoll betreffend die Besonderheiten der Luftfahrtausrüstung in Kraft getreten (Kapstadt-Konvention). Die beiden zentralen Elemente der Kapstadt-Konvention sind das „internationale Sicherungsrecht" und das „internationale Register". Gläubiger können internationale Sicherungsrechte an Flugzeugzellen, Flugzeugtriebwerken und Hubschraubern im internationalen Register eintragen lassen. Das Abkommen nebst Protokoll verfolgt das Ziel, mit einem internationalen Einheitsrecht die Finanzierung hochwertiger beweglicher Güter umfassend zu erleichtern und den Anforderungen an die verlässliche Besicherung von Kreditoren gerecht zu werden.

Bei dem internationalen Sicherungsrecht handelt es sich um ein auf dem Objekt lastendes Sicherungsrecht, das mit Eintragung in das internationale Register Vorrang wahrende Drittwirkung im Sicherungs- und Insolvenzfall entfaltet. Bei mehreren eingetragenen Sicherungsrechten enthält die Kapstadtkonvention entsprechende Anerkennungs- und Vorrangrechte: Danach hat grundsätzlich ein eingetragenes Recht Vorrang vor jedem später eingetragenen Recht sowie vor einem nicht eingetragenen Recht; nähere Einzelheiten, auch im Hinblick auf Rechte an Bestandteilen und Zubehör, finden sich in Artikel 29 des Übereinkommens über internationale Sicherungsrechte an beweglicher Ausrüstung in Verbindung mit Artikel XIV des Protokolls betreffend die Besonderheiten der Luftfahrtausrüstung. Die Kapstadt-Konvention sieht überdies detaillierte Regelungen zur Verwertung des internationalen Sicherungsrechts für den Eintritt des Sicherungsfalls beziehungsweise der Insolvenz des Schuldners vor.

Im Ergebnis ist von der Kapstadt-Konvention eine Verbesserung der Vollstreckungsmaßnahmen zu erwarten: Das Regelwerk ist auf die branchenspezifischen Besonderheiten ausgerichtet. Es basiert zu einem erheblichen Teil auf den speziell auf die Flugzeugfinanzierung zugeschnittenen und in zahlreichen Insolvenzen amerikanischer Fluglinien getesteten Regelungen des US-Insolvenzrechts.

Deutschland hat das Kapstadt-Abkommen zwar unterzeichnet, aber (wie die EU selbst und alle EU-Staaten außer Irland und Luxemburg) noch nicht ratifiziert. Voraussetzung für eine Anwendbarkeit der Kapstadt-Konvention ist jedoch nur, dass sich der Schuldner (nicht auch der Gläubiger bzw. Sicherungsnehmer) zum Zeitpunkt des Abschlusses der Vereinbarung, mit der das internationale Sicherungsrecht eingeräumt oder seine Einräumung vereinbart wird, in einem Vertragsstaat befindet. Die Registrierung von internationalen Sicherungsrechten gehört seit zwei Jahren insbesondere bei Finanzierungen mit US- oder Irland-Bezug zum Standardprozedere vieler Flugzeugfinanzierungstransaktionen.

Zu § 26b PfandBG (neu)

Die Regelung ist grundsätzlich an § 22 angelehnt, da die dort gesetzten Standards auch für Flugzeugpfandbriefe bestimmend sind und die Sicherheit eines Flugzeugpfandbriefes fördern.

Mit Absatz 1 wird durch Verweisung auf § 1 Absatz 2 Nr. 1 LuftVG klargestellt, dass für den Flugzeugpfandbrief ausschließlich Flugzeuge (und nicht beispielsweise Luftschiffe oder Segelflugzeuge i.S.d. § 1 Absatz 2 Nr. 3 und 4 LuftVG) in Frage kommen.

Mit Absatz 2 Satz 2 wird den Besonderheiten im Hinblick auf Flugzeugtriebwerke Rechnung getragen. Nach den §§ 31, 32 LuftfzRG erstreckt sich das Registerpfandrecht an einem Luftfahrzeug wie das Grundpfandrecht und die Schiffshypothek auch auf das Zubehör, die Bestandteile und die Versicherungsforderung. Von erheblicher praktischer und wirtschaftlicher Bedeutung ist die Eigenschaft der Triebwerke als Bestandteile der Gesamtsache Flugzeug. Während bei Rumpf (Zelle), Tragflächen und Leitwerk angenommen wird, dass sie wesentliche Bestandteile des Flugzeugs sind und deshalb nicht Gegenstand besonderer Rechte sein können, ist dies für die Triebwerke nicht höchstrichterlich entschieden. Die überwiegende Meinung im Schrifttum qualifiziert die Triebwerke als einfache Bestandteile. Dies hat zur Folge, dass die Triebwerke aus der Pfandhaftung herausfallen, wenn sie, wie zum Beispiel im Zuge der Wartung der Flugzeuge nicht unüblich, zu einem nicht nur vorübergehenden Zweck vom Flugzeug getrennt und entfernt werden, um sie durch andere, bereits überholte Triebwerke gleicher Art zu ersetzen. Auch die Kapstadt-Konvention geht von der Sonderrechtsfähigkeit von Flugzeugtriebwerken aus und ermöglicht die Begründung eines eigenständigen internationalen Sicherungsrechts an Triebwerken. Praktische Probleme im Zusammenhang mit der Sonderrechtsfähigkeit von Flugzeugtriebwerken sind nicht bekannt. Triebwerke haben ebenso wie das Flugzeug selbst eine eindeutige Kennung, über die ihr Verbleib jederzeit nachvollzogen werden kann. Soweit es in der Vergangenheit zu wirtschaftlichen Schwierigkeiten bei Kreditnehmern aus dem Luftfahrtbereich kam, wurde beobachtet, dass selbst bei Insolvenzen alle Beteiligten dafür gesorgt haben, die ursprüngliche Verbindung von Flugzeug und Triebwerken wieder herzustellen. Im Übrigen sind in der Praxis schuldrechtliche Vereinbarungen üblich, die zum Ziel haben, die Risiken des Auseinanderfallens der sachenrechtlichen Zuordnung von Flugzeug und Triebwerken zu vermeiden.

Absatz 2 Satz 3 trägt einer Besonderheit bei der Umregistrierung von Flugzeugen Rechnung. Flugzeuge werden – anders als Schiffe – grundsätzlich in ein anderes nationales Flugzeugregister umregistriert, wenn bei einem Halterwechsel der neue Halter in einem anderen Staat beheimatet ist (z. B. im Zusammenhang mit einer Untervermietung). Eine Umregistrierung wird jedoch bei einem solchen Halterwechsel dann nicht vorgenommen, wenn zwischen den betreffenden Staaten ein Verwaltungsabkommen nach § 3a Absatz 2 LuftVG in Verbindung mit Artikel 83ff. des Chicago-Abkommens abgeschlossen worden ist. In diesen Fällen erfolgt dann lediglich eine Übertragung der Aufsichtsbefugnisse über die jeweiligen Luftfahrzeuge auf den anderen Staat; die Luftfahrzeuge bleiben jedoch in der deutschen Luftfahrzeugrolle eingetragen. Bei einer Umregistrierung wechselt auch die Staatszugehörigkeit des Flugzeuges. Dies hat zur Folge, dass eine neue Flugzeughypothek nach den Gesetzen des neuen Registrierungsstaates bestellt werden muss. Zur Sicherstellung der Anforderungen an die Vergleichbarkeit nach § 26b Absatz 4 wurde Satz 3 in die Vorschrift aufgenommen.

Im Übrigen sind die Regelungen der Absätze 2 bis 4 in Bezug auf die Grenzen des Flugzeugbeleihungswerts bis auf den Terminus Flugzeug identisch mit den Regelungen des § 22 zu Schiffspfandbriefen. Dies gilt auch für die Anforderungen an die Vergleichbarkeit des Registerpfandrechts mit ausländischen Flugzeughypotheken nach § 26b Absatz 4, der § 22 Absatz 4 entspricht.

Eine besondere Bestimmung des Auszahlungszeitpunkts in Absatz 3 ist entbehrlich, da das Lebensalter der Flugzeuge sich aufgrund des Zeitpunkts der Ablieferung durch den Hersteller bestimmt. Bei einer zu erwartenden Lebensdauer von 20 Jahren und der entsprechenden zugelassenen Darlehenslaufzeit ist der Ablieferungszeitpunkt daher regelmäßig auch der Zeitpunkt, in dem die Darlehenslaufzeit beginnt.

Absatz 5 stellt klar, dass alle Forderungen, deren Inhaber die Pfandbriefbank ist und die auf die wirtschaftliche Substanz des Flugzeugs gerichtet sind, zu den eingetragenen Deckungswerten gehören. Neben den ausdrücklich erfassten Ansprüchen aus Flugzeugversicherungen (§ 26c PfandBG) treten damit die Erträge aus den Flugzeugen, Anteile an Objektgesellschaften sowie Pfandrechte daran. Diese Ansprüche erhöhen die Sicherheit im Hinblick auf die wirtschaftliche Substanz des Flugzeugs und helfen, unvorhergesehene Entwicklungen abzudecken.

Zu § 26c PfandBG (neu)

Die Regelung ist an § 23 angelehnt. Die Höhe der Versicherung des Flugzeugs im Markt liegt im Regelfall bei 110 Prozent. Dieser Wert hat sich durchgesetzt, da auf Grund der Erfahrungen bei der Verwertung von Flugzeugen keine 20-prozentige Überdeckung benötigt wird, um die Verwertungskosten abzusichern.

Nach Absatz 1 Satz 2 ist eine weitgehende Verzichtserklärung der Versicherer in Bezug auf die Einreden nach § 36 Satz 1 LuftfzRG hinsichtlich des unsachgemäßen Betriebes des Flugzeugs erforderlich. Nach § 36 Satz 1 LuftfzRG bleibt der Versicherer trotz eines Verstoßes des Versicherungsnehmers oder des Versicherten gegen die Versicherungsbedingungen zur Leistung dem Registerpfandrechtsgläubiger gegenüber verpflichtet, sofern das Fehlverhalten nicht den Betrieb des Flugzeuges betrifft. Diese Regelung des LuftfzRG ist im Vergleich zur Parallelvorschrift aus dem Schiffsregistergesetz (SchiffsRG) deutlich strenger.

Zu § 26d PfandBG (neu)

Die Regelung ist grundsätzlich an § 24 angelehnt. Im Gegensatz zu Schiffen und Immobilien können Flugzeuge in der Regel wenigen bekannten Typen zugeordnet werden. Dies erleichtert die Wertermittlung.

Die derzeit im Bereich der Flugzeugfinanzierung relevanten Objekte lassen sich in vier Klassen einteilen: Erstens gibt es die so genannten narrow bodies (d. h. Flugzeuge mit nur einem Gang in der Mitte). Diese Flugzeuge werden im Bereich der Kurz-Mittelstrecken (2 000 bis 5 000 km) verwendet und bieten ca. 110 bis 220 Passagieren Platz. In diesem Bereich sind die Airbusse A 319, A 320 und A 321 sowie die Boeing-Flugzeuge der B-737 und B-757-Familie zu nennen. Zweitens die so genannten wide bodies (d. h. Großraumflugzeuge mit zwei Gängen): Diese Flugzeuge werden auf den Mittel- und Langstrecken eingesetzt (5 500 bis 15 000 km) und haben eine Kapazität von 250 bis ca. 550 Sitzplätzen; relevante Modelle sind die Airbusse A 330, A 340, A 350 und A 380 sowie die Boeing-Modelle B 747, B 767, B 777 und B 787. Die dritte Gruppe bilden so genannte Regional Jets (CRJ) und Turboprops, die auf der Kurzstrecke (800 bis 2 500 km) eingesetzt werden. Die Hersteller in diesem Bereich sind der kanadische Hersteller Bombardier (CRJ 100, 200, 700 und 800 und Dash Q 8), der brasilianische Flugzeugbauer Embraer (E 145, E 170, E 190) sowie das französisch-italienische Unternehmen ATR. Viertens sind im Frachtsegment die Modelle der beiden Hersteller Airbus und Boeing zu nennen (A 300-600F, A 330F und A 380F, B 747-400F, B 747-8F und B 777F).

Die näheren Ausführungen werden mit der Flugzeugwertermittlungsverordnung geschaffen.

Zu § 26e PfandBG (neu)

Die Vorschrift stimmt wortgleich mit § 25 überein.

Zu § 26f PfandBG (neu)

Die Vorschrift stimmt wortgleich mit § 26 überein.

Zu Nummer 25 (§ 28 PfandBG)

Zu Buchstabe a

Zu den Doppelbuchstaben aa und bb

Es handelt sich um Folgeänderungen zur Einführung des Flugzeugpfandbriefs.

Zu Doppelbuchstabe cc

Für eine umfassende Berichterstattung über Derivate in der Deckungsmasse ist es erforderlich, nicht nur den positiven Gesamtbetrag der Derivate auf der Aktivseite (Deckungsmassen), sondern auch einen negativen Gesamtbetrag auf der Passivseite (Pfandbriefumlauf) auszuweisen. Der entstehende Mehraufwand ist vernachlässigbar, da die Daten in den Pfandbriefbanken vorhanden und in der Regel bereits in die IT-Systeme integriert sind und das Gesetz bereits heute die Angabe vorschreibt, nur eben nicht ausdrücklich bei Vorliegen eines negativen Wertes. Der Aufwand beschränkt sich daher auf die Einfügung einer vorhandenen Zahl in die Veröffentlichung in wenigen Fällen.

Darüber hinaus wird ein Redaktionsversehen aus dem Erlass des Pfandbriefgesetzes beseitigt. Erst im Laufe des damaligen Gesetzgebungsverfahrens wurde in § 26 vor der jetzigen Nummer 5 eine weitere Nummer eingeschoben. Es wurde übersehen, den Verweis in § 28 Absatz 1 Nummer 3 anzupassen.

Zu Doppelbuchstabe dd

§ 28 verlangt eine umfassende Darstellung der ordentlichen Deckungswerte einschließlich der Derivate. Dies dient der Transparenz und der Vergleichbarkeit, um den Investoren eine bestmögliche Einschätzung der Risiken zu geben. Zu diesem Zweck ist auch eine Bezifferung der weiteren Deckungswerte nach den §§ 19, 20 Absatz 2 und den §§ 26, 26f erforderlich, da nur dann die in § 28 Absatz 1 Nummer 1 genannten Werte für die Deckungsmassen verständlich erläutert werden können. Der entstehende Mehraufwand ist vernachlässigbar, da die Daten in den Pfandbriefbanken vorhanden und in der Regel bereits in die IT-Systeme integriert sind.

Zu den Buchstaben b und c

Bei den gestrichenen Anforderungen handelt es sich um eine aus dem Hypothekenbankgesetz (HBG) in das Pfandbriefgesetz übernommene Regelung. Dem hohen bürokratischen Aufwand zur Ermittlung dieser Zahlen steht in der Praxis kein relevanter Informationsgehalt gegenüber. Investoren haben davon keinen Nutzen; ein Nutzen für die Aufsicht ist ebenfalls nicht erkennbar. Die übrigen Änderungen sind Folgeänderungen zur Einführung des Flugzeugpfandbriefs.

Zu Nummer 26 (§ 29 PfandBG)

Siehe Begründung zu Nummer 27.

Zu Nummer 27 (§ 30 PfandBG)

Zu den Buchstaben a, b Doppelbuchstabe aa sowie den Buchstaben d und e

Die §§ 29 und 30 gehen von einer Vermögenstrennung im Falle von Insolvenz und Zwangsvollstreckung aus. Die Pfandbriefbank unterliegt mit ihrem gewöhnlichen Vermögen den allgemeinen Regeln der Einzel- und Gesamtvollstreckung nach der Zivilprozessordnung und der Insolvenzordnung. Mit ihrer Deckungsmasse haftet die Pfandbriefbank dagegen nur den Pfandbriefgläubigern und bleibt solventer Rechtsträger, solange die Deckungsmasse für die Pfandbriefgläubiger ausreicht. Der Vollstreckungsfall verlangt zur Rechtssicherheit und Rechtsklarheit eine Formalisierung. Die Trennung zwischen den Vermögensmassen bestimmt sich deshalb nach dem formalen Kriterium der Registrierung, nicht nach materiellen Kriterien tatsächlicher Deckungsbestimmung oder Deckungsfähigkeit. Nur so steht sofort und ohne weiteren Klärungsbedarf eindeutig fest, wo im Ernstfall die Grenze zwischen der Verfügungsbefugnis des Sachwalters und des Insolvenzverwalters verläuft. In § 30 Abs. 3

ist dies zweifelsfrei formuliert. Um auch in den §§ 29 und 30 Absatz 1 und 2 jeden Zweifel zu vermeiden, wird mit der Änderung der volle Gleichlauf der Vorschriften klargestellt.

Zu Buchstabe b Doppelbuchstabe bb, cc und dd

Im Fall einer Insolvenz der Pfandbriefbank kann der Liquiditätsbedarf unter anderem durch den Verkauf von einzelnen Deckungswerten aus der Deckungsmasse gedeckt werden. Dies wird erleichtert, wenn die Deckungsmassen als Sondervermögen einer Bank geeignet sind, eigene Refinanzierungsregister zu führen. Dazu gibt es zurzeit keine rechtliche Grundlage. Mit der neuen Regelung wird dem Sachwalter die Möglichkeit eingeräumt, ein bereits bestehendes Refinanzierungsregister der Pfandbriefbank für das Sondervermögen zu führen oder ein neues Refinanzierungsregister für die Pfandbriefbank einzurichten, so dass einzelne Deckungswerte mit Hilfe des Refinanzierungsregisters veräußert werden können. Keinesfalls darf es dabei zu einer Duplizierung eines schon vorhandenen Refinanzierungsregisters kommen. Bei einer Übertragung mit Hilfe des Refinanzierungsregisters können die grundpfandrechtlich gesicherten Forderungen jetzt auch unabhängig von der aufwändigen Übertragung der Grundpfandrechte schnell veräußert werden. Die Möglichkeit zur Nutzung des Refinanzierungsregisters verschafft dem Sachwalter die notwendige Flexibilität bei der Liquiditätssteuerung des Sondervermögens und vereinfacht dadurch die termingerechte Bedienung der Pfandbriefe. In diesem Zusammenhang wird die Pfandbriefbank zu einem das Refinanzierungsregister führenden Unternehmen. Die Bundesanstalt hat folglich auch für dieses Refinanzierungsregister einen Sachwalter zu bestellen. Eine weitere Möglichkeit des Sachwalters, den Liquiditätsbedarf zu decken, kann auch im Abschluss von Refinanzierungsgeschäften mit der Deutschen Bundesbank liegen.

Bei Buchstabe b Doppelbuchstabe bb und dd handelt es sich um Folgeänderungen aufgrund der Einführung des Flugzeugpfandbriefs.

Zu Buchstabe c

Die neue Fassung von Absatz 3 geht wie bisher von der Vorstellung aus, dass die Pfandbriefbank trotz der Insolvenz über ihr allgemeines Vermögen Rechtsträger von solventen Sondervermögen in Gestalt der Deckungsmassen bleibt und insoweit allgemeinen Rechtsregeln folgt, wie sie für solvente rechtsfähige Personen gelten. Es besteht nur die Besonderheit, dass Vertretungs- und Geschäftsführungsorgan der Bank insoweit nicht mehr der Vorstand, sondern der Sachwalter ist. Im Übrigen bleibt die Pfandbriefbank mit ihren Sondervermögen und den zugehörigen Schuldverschreibungen dem Pfandbriefrecht sowie dem allgemeinen Zivilrecht unterworfen; sie steht insoweit nicht unter dem rechtlichen Regime des Insolvenzrechts.

Mit Absatz 3 wird das Verhältnis des anhand des formalen Kriteriums der Registrierung definierten Ist-Sondervermögens zum Soll-Sondervermögen geregelt, das nur die zur Deckung materiell bestimmten Werte einschließlich sichernder Überdeckung umfasst. Übertragungsansprüche haben insoweit Treugeber, deren Werte zwar mitregistriert, aber im Deckungsregister als Treuhandwerte bezeichnet sind (vgl. Artikel 1 Nummer 5 Buchstabe b dieses Gesetzes); dabei kann es sich um Treuhandwerte des Refinanzierungsregisters nach § 22a ff. KWG handeln oder um klassische Treuhandwerte, die unmittelbar dem Vermögen des Treugebers entstammen. Diese Übertragungsansprüche treffen die insoweit solvente Pfandbriefbank, vertreten durch den Sachwalter als Schuldnerin. Übertragungsansprüche hat aber auch die durch den Insolvenzverwalter der Pfandbriefbank repräsentierte Insolvenzmasse, deren Rechtsträger die Pfandbriefbank ist; diese Ansprüche betreffen die nicht deckungsfähigen „überschießenden“ Hypothekendarlehen und andere nicht zur Deckung bestimmte Werte.

Im Rahmen des Vollzugs der Teilung können die Teilungsberechtigten die Eintragung der Teilung mit entsprechendem Rang im Grundbuch verlangen. Die zunächst interne Rangbestimmung des neuen § 5 Abs. 2 (vgl. Artikel 1 Nummer 5 Buchstabe b dieses Gesetzes) wird zum Inhalt der aufgeteilten Forderungen und Grundpfandrechte.

Zu Buchstabe f

Folgeänderung von Nummer 4 Buchstabe d Doppelbuchstabe aa.

Zu Nummer 28 (§ 32 PfandBG)

Mit der Neufassung wird klargestellt, dass auch bei Übertragung der Deckungsmassen unabhängig von der Übertragungsart sich der Umfang des übertragenen Sondervermögens genau gleich bestimmt wie bei der Verfügungsbefugnis des Sachwalters, nämlich nach dem formalen Kriterium der Registrierung.

Zu Nummer 29 (§ 33 PfandBG)

Redaktionelle Korrektur.

Zu Nummer 30 (§ 35 PfandBG)

Es handelt sich um redaktionelle Folgeänderungen aufgrund von Nummer 5 Buchstabe b.

Zu Nummer 31 (§ 41 PfandBG)

Folgeänderungen aufgrund der Einführung des Flugzeugpfandbriefs.

Zu Nummer 32 (§ 49 PfandBG)

Zu Buchstabe a

Folgeänderung aufgrund von Buchstabe b.

Zu Buchstabe b

Es ist eine Bestandsschutzregelung für Forderungen notwendig, die bis zum Inkrafttreten dieser Bestimmung in das Deckungsregister für Öffentliche Pfandbriefe eingetragen worden sind und gegenüber öffentlichen Schuldnern bestehen, die der Bonitätsstufe 2 zuzuordnen sind. Die Bestandsschutzregelung darf lediglich von derjenigen Pfandbriefbank genutzt werden, die die betreffende Forderung in ihr Deckungsregister eingetragen hat. Die Bestandsschutzregelung gilt über die Verweisung in § 19 Abs. 1 Nr. 3 und § 26 Abs. 1 Nr. 4 entsprechend für weitere Deckungswerte in den Deckungsregistern für Hypothekenpfandbriefe und Schiffspfandbriefe.

Zu Nummer 33 (§ 51 PfandBG)

Die Änderung berichtigt ein Redaktionsversehen; eine zusätzliche Nummer 1 des § 5 Abs. 1 Satz 1 gibt es nicht.

Zu Nummer 34 (§ 53 PfandBG)

Die Regelung ist durch Zeitablauf gegenstandslos geworden und kann daher aufgehoben werden.

Zu Artikel 2 (Änderung des Kreditwesengesetzes)

Zu Nummer 1 (Inhaltsübersicht)

Aufgrund der für die Erlaubnis zur Anlageverwaltung einzufügenden Übergangsvorschrift ist eine Ergänzung der Inhaltsübersicht des Kreditwesengesetzes erforderlich.

Hilfe des Refinanzierungsregisters veräußert werden können. Keinesfalls darf es dabei zu einer Duplizierung eines schon vorhandenen Refinanzierungsregisters kommen. Bei einer Übertragung mit Hilfe des Refinanzierungsregisters können die grundpfandrechtlich gesicherten Forderungen jetzt auch unabhängig von der aufwändigen Übertragung der Grundpfandrechte schnell veräußert werden. Die Möglichkeit zur Nutzung des Refinanzierungsregisters verschafft dem Sachwalter die notwendige Flexibilität bei der Liquiditätssteuerung des Sondervermögens und vereinfacht dadurch die termingerechte Bedienung der Pfandbriefe. In diesem Zusammenhang wird die Pfandbriefbank zu einem das Refinanzierungsregister führenden Unternehmen. Die Bundesanstalt hat folglich auch für dieses Refinanzierungsregister einen Sachwalter zu bestellen. Eine weitere Möglichkeit des Sachwalters, den Liquiditätsbedarf zu decken, kann auch im Abschluss von Refinanzierungsgeschäften mit der Deutschen Bundesbank liegen.

Bei Buchstabe b Doppelbuchstabe bb und dd handelt es sich um Folgeänderungen aufgrund der Einführung des Flugzeugpfandbriefs.

Zu Buchstabe c

Die neue Fassung von Absatz 3 geht wie bisher von der Vorstellung aus, dass die Pfandbriefbank trotz der Insolvenz über ihr allgemeines Vermögen Rechtsträger von solventen Sondervermögen in Gestalt der Deckungsmassen bleibt und insoweit allgemeinen Rechtsregeln folgt, wie sie für solvente rechtsfähige Personen gelten. Es besteht nur die Besonderheit, dass Vertretungs- und Geschäftsführungsorgan der Bank insoweit nicht mehr der Vorstand, sondern der Sachwalter ist. Im Übrigen bleibt die Pfandbriefbank mit ihren Sondervermögen und den zugehörigen Schuldverschreibungen dem Pfandbriefrecht sowie dem allgemeinen Zivilrecht unterworfen; sie steht insoweit nicht unter dem rechtlichen Regime des Insolvenzrechts.

Mit Absatz 3 wird das Verhältnis des anhand des formalen Kriteriums der Registrierung definierten Ist-Sondervermögens zum Soll-Sondervermögen geregelt, das nur die zur Deckung materiell bestimmten Werte einschließlich sichernder Überdeckung umfasst. Übertragungsansprüche haben insoweit Treugeber, deren Werte zwar mitregistriert, aber im Deckungsregister als Treuhandwerte bezeichnet sind (vgl. Artikel 1 Nummer 5 Buchstabe b dieses Gesetzes); dabei kann es sich um Treuhandwerte des Refinanzierungsregisters nach § 22a ff. KWG handeln oder um klassische Treuhandwerte, die unmittelbar dem Vermögen des Treugebers entstammen. Diese Übertragungsansprüche treffen die insoweit solvente Pfandbriefbank, vertreten durch den Sachwalter als Schuldnerin. Übertragungsansprüche hat aber auch die durch den Insolvenzverwalter der Pfandbriefbank repräsentierte Insolvenzmasse, deren Rechtsträger die Pfandbriefbank ist; diese Ansprüche betreffen die nicht deckungsfähigen „überschießenden" Hypothekendarlehen und andere nicht zur Deckung bestimmte Werte.

Im Rahmen des Vollzugs der Teilung können die Teilungsb rechtigten die Eintragung der Teilung mit entsprechendem Rang im Grundbuch verlangen. Die zunächst interne Rangbestimmung des neuen § 5 Abs. 2 (vgl. Artikel 1 Nummer 5 Buchstabe b dieses Gesetzes) wird zum Inhalt der aufgeteilten Forderungen und Grundpfandrechte.

Zu Buchstabe f

Folgeänderung von Nummer 4 Buchstabe d Doppelbuchstabe aa.

Zu Nummer 28 (§ 32 PfandBG)

Mit der Neufassung wird klargestellt, dass auch bei Übertragung der Deckungsmassen unabhängig von der Übertragungsart sich der Umfang des übertragenen Sondervermögens genau gleich bestimmt wie bei der Verfügungsbefugnis des Sachwalters, nämlich nach dem formalen Kriterium der Registrierung.

Zu Nummer 29 (§ 33 PfandBG)

Redaktionelle Korrektur.

Zu Nummer 30 (§ 35 PfandBG)

Es handelt sich um redaktionelle Folgeänderungen aufgrund von Nummer 5 Buchstabe b.

Zu Nummer 31 (§ 41 PfandBG)

Folgeänderungen aufgrund der Einführung des Flugzeugpfandbriefs.

Zu Nummer 32 (§ 49 PfandBG)

Zu Buchstabe a

Folgeänderung aufgrund von Buchstabe b.

Zu Buchstabe b

Es ist eine Bestandsschutzregelung für Forderungen notwendig, die bis zum Inkrafttreten dieser Bestimmung in das Deckungsregister für Öffentliche Pfandbriefe eingetragen worden sind und gegenüber öffentlichen Schuldnern bestehen, die der Bonitätsstufe 2 zuzuordnen sind. Die Bestandsschutzregelung darf lediglich von derjenigen Pfandbriefbank genutzt werden, die die betreffende Forderung in ihr Deckungsregister eingetragen hat. Die Bestandsschutzregelung gilt über die Verweisung in § 19 Abs. 1 Nr. 3 und § 26 Abs. 1 Nr. 4 entsprechend für weitere Deckungswerte in den Deckungsregistern für Hypothekenpfandbriefe und Schiffspfandbriefe.

Zu Nummer 33 (§ 51 PfandBG)

Die Änderung berichtigt ein Redaktionsversehen; eine zusätzliche Nummer 1 des § 5 Abs. 1 Satz 1 gibt es nicht.

Zu Nummer 34 (§ 53 PfandBG)

Die Regelung ist durch Zeitablauf gegenstandslos geworden und kann daher aufgehoben werden.

3. Drucksache 17/1720

17.05.2010

Gesetzentwurf der Bundesregierung

Entwurf eines Gesetzes zur Umsetzung der geänderten Bankenrichtlinie und der geänderten Kapitaladäquanzrichtlinie

A. Problem und Ziel

Die Finanzmarktkrise hat eine Reihe von Schwachstellen in den Regeln zur Beaufsichtigung von Kreditinstituten offengelegt, die dazu geführt haben, dass Risiken nicht richtig erkannt, gemessen und beurteilt worden sind. Im Bereich der Verbriefungen fehlte es häufig an der zutreffenden Einschätzung der mit einer Verbriefung verbundenen Risiken. Die in der Finanzkrise zu Tage getretene Anfälligkeit vieler Institute auf der Refinanzierungsseite hat gezeigt, dass Liquiditätsrisiken bislang unterschätzt wurden und die Regeln für ein solides Liquiditätsmanagement unterentwickelt waren. Die Krise hat zudem deutlich gemacht, dass die Zusammenarbeit der Bankenaufseher bei der Aufsicht über Banken und Finanzholdinggruppen verbessert werden muss, um sowohl in Normal- wie auch Krisenzeiten richtig reagieren zu können.

Auf internationaler und nationaler Ebene hat es zahlreiche Vorschläge für eine bessere Regulierung des Finanzmarktes und eine Stärkung der Widerstandsfähigkeit des Finanzsystems gegeben. Die Vorschläge sollen die Aufsichtsbehörden in die Lage versetzen, künftig Fehlentwicklungen im Bankensektor zu verhindern und die Widerstandsfähigkeit des Finanzsystems gegenüber Marktverwerfungen zu erhöhen. In diesem Rahmen wurden von den Organen der Europäischen Union im Jahr 2009 als erste Schritte drei Richtlinien zur Änderung der im Jahr 2006 umgesetzten Bankenrichtlinie und der Kapitaladäquanzrichtlinie veröffentlicht, die neben den neuen Regelungen in Bezug auf die Finanzmarktkrise auch technische Anpassungen der bankaufsichtlichen Vorgaben beinhalten. Die Änderungsrichtlinien sind vor dem 31. Dezember 2010 in nationales Recht umzusetzen.

Zudem ist auch die Richtlinie 2009/44/EG des Europäischen Parlaments und des Rates vom 6. Mai 2009 zur Änderung der Richtlinie 98/26/EG über die Wirksamkeit von Abrechnungen in Zahlungs- sowie Wertpapierliefer- und -abrechnungssystemen und der Richtlinie 2002/47/EG über Finanzsicherheiten im Hinblick auf verbundene Systeme und Kreditforderungen bis zum 30. Dezember 2010 in das deutsche Recht umzusetzen. Die Änderungsrichtlinie dient der Anpassung der beiden genannten Richtlinien an jüngste Marktentwicklungen sowie regulatorische Entwicklungen. Bei der Änderung der Richtlinie 98/26/EG geht es um die Ausweitung des Schutzes der Richtlinie auf die Nachtabrechnung und die Abwicklung zwischen verbundenen Systemen; bei der Änderung der Richtlinie 2002/47/EG geht es um die Einbeziehung von Kreditforderungen in die Richtlinie zur Ermöglichung einer formlosen Abtretung oder Verpfändung von Bankkrediten für Sicherungszwecke an die Zentralbanken.

B. Lösung

Zur Umsetzung der genannten Richtlinien zur Änderung der im Jahr 2006 umgesetzten Bankenrichtlinie und der Kapitaladäquanzrichtlinie muss das Kreditwesengesetz angepasst werden. Die neuen Regelungen sehen insbesondere vor:

- einheitliche Prinzipien für die Anerkennung von hybriden Kapitalbestandteilen als Kernkapital,
- Regelungen für Verbriefungen und Wiederverbriefungen sowie eine Verschärfung der Offenlegungsanforderungen,
- eine Änderung der Großkreditvorschriften zur besseren Erfassung von Konzentrationsrisiken und
- eine Stärkung der Zusammenarbeit der nationalen Aufsichtsbehörden im Europäischen Wirtschaftsraum.

Zur Umsetzung der Richtlinie 2009/44/EG sind punktuelle Änderungen des Kreditwesengesetzes und der Insolvenzordnung erforderlich.

Unabhängig davon wird das Pfandbriefgesetz weiter modernisiert, insbesondere die Stellung des Sachwalters durch die Möglichkeit gestärkt, sich im Fall der Insolvenz der Pfandbriefbank zur Beschaffung von Liquidität bei der Deutschen Bundesbank refinanzieren zu können.

[...]

B. Besonderer Teil

Zu Artikel 3 (Änderung des Pfandbriefgesetzes)

Zu Nummer 1 „Inhaltsübersicht“

Zu den Buchstaben a bis c

Die Neufassung der Überschriften soll insbesondere für die Zwecke der Inhaltsübersicht den Inhalt der Vorschrift stichwortartig besser umschreiben und verdeutlichen, dass die Deckungsmassen von der Insolvenz der Pfandbriefbank gerade nicht erfasst sind.

Zu Buchstabe d

Folgeänderung zu Nummer 16

Zu Nummer 2 (§ 1)

Zu Buchstabe a

Die in der bisherigen Fassung des § 1 Absatz 2 Satz 1 formulierte Gleichstellung treuhänderisch gehaltener Hypothekenforderungen mit dem Erwerb der Hypothek ist damit begründet, dass in beiden Fällen die Insolvenzfestigkeit der betreffenden Forderung sichergestellt sein muss. Daneben wird dem Schutz der Pfandbriefgläubiger dadurch Rechnung getragen, dass die treuhänderische Verwaltung durch ein geeignetes Kreditinstitut zu erfolgen hat. Bereits in der bisherigen Fassung des § 1 Absatz 2 Satz 2 wurde diese Gleichstellung von Forderungserwerb und Treuhandverwaltung mit Hilfe einer Entsprechungsklausel auf andere Deckungswerte erstreckt, wobei bislang öffentliche Deckungswerte im Sinne des § 1 Absatz 1 Satz 2 Nummer 2 in Verbindung mit § 20 PfandBG dem Wortlaut nach nicht umfasst waren. Auch im Bereich der Staatsfinanzierung werden indes insolvenzfeste Treuhandkonstruktionen verwendet. Da die Gleichstellung von Forderungserwerb und Treuhandverwaltung in jedem Fall an die oben genannten Sicherungsmechanismen geknüpft ist, ist eine Ausdehnung des § 1 Absatz 2 auf die Forderungen im Sinne des § 1 Absatz 1 Satz 2 Nummer 2 auch mit Blick auf den Schutz der Pfandbriefgläubiger angemessen. Die Regelung gilt auch für die in § 4 Absatz 1 Nummer 1 und 2 genannten Werte.

Zu Buchstabe b

Da insbesondere bei Schuldverschreibungen öffentlicher Emittenten die Benutzung von indirekten Verwahr -oder Verrechnungssystemen vor allem für auslandsbelegene Werte sehr üblich ist, wird dies im neuen § 1 Absatz 2 Satz 3 für öffentliche Deckungswerte nunmehr auch den Pfandbriefbanken ausdrücklich gestattet. Die gewählten Systeme müssen allerdings insolvenzfest sein. Dies bedeutet, dass das Treugut bei jedem Intermediär dem Zugriff seiner übrigen Gläubiger in Zwangsvollstreckung und Insolvenz entzogen sein muss. Sind diese Voraussetzungen erfüllt, sind die Anforderungen an eine Unmittelbarkeit im Sinne des § 20 als gewahrt anzusehen. Anders als in § 4 Absatz 1 Satz 2 Nummer 3 wird der Kreis der geeigneten Kreditinstitute aber nicht auf solche der Bonitätsstufe 1 eingeschränkt, da es bei der Verwahrung nicht um Zahlungsansprüche geht, sondern um Herausgabeansprüche; daher kommt es nicht auf die Finanzstärke des Verwahrers, sondern auf seine Zuverlässigkeit und darauf an, dass es sich um Kreditinstitute oder Wertpapierverwahrer handelt, die unter öffentlicher Aufsicht stehen. Die Regelung gilt auch für die in § 4 Absatz 1 Nummer 1 und 2 genannten Werte.

Zu Nummer 3 (§ 2)

Zu Buchstabe a

Bislang ist nach Absatz 3z und dem bisherigen Absatz 4 die Abwicklung der Deckungsmassen für die Fälle vorgesehen, in denen die Bundesanstalt die Erlaubnis für das Pfandbriefgeschäft aufhebt oder diese Erlaubnis aus anderen Gründen erlischt. Mit dem neuen Absatz 4 wird auch der weitergehende Fall geregelt, dass nämlich die Erlaubnis nach § 32 des Kreditwesengesetzes (KWG) zum Betreiben von Bankgeschäften und zur Erbringung von Finanzdienstleistungen insgesamt aufgehoben wird.

Die Abwicklung kann im Fall des § 2 Absatz 3 PfandBG dadurch erfolgen, dass die Pfandbriefbank die Deckungsmassen bis zur Fälligkeit der Pfandbriefe fortführt und die Pfandbriefe vertragsgemäß bedient. Dafür kann auch ein Sachwalter bestellt werden.

Wird die Erlaubnis zum Betreiben von Bankgeschäften und zur Erbringung von Finanzdienstleistungen vollständig aufgehoben, so hat die Fortführung der Deckungsmassen bis zur Fälligkeit der Pfandbriefe im Regelfall durch einen nach Absatz 5 (neu) auf Antrag der Bundesanstalt vom Gericht zu ernennenden oder den bereits nach § 30 Absatz 2 oder Absatz 5 PfandBG ernannten Sachwalter zu erfolgen. Hierbei ist anzunehmen, dass verschiedene Rechtsgeschäfte, deren Vornahme für eine sachgerechte Verwaltung der Deckungsmasse im Interesse einer vollständigen Befriedigung der Pfandbriefgläubiger zwingend erforderlich sind, erlaubnispflichtige Bankgeschäfte oder Finanzdienstleistungen darstellen; daneben bedingen auch gewisse dem erleichterten Forderungseinzug oder der Liquiditätsbeschaffung dienende Tätigkeiten das Vorhandensein einer entsprechenden Erlaubnis nach § 32 KWG.

So wird es sich für die Pfandbriefbank, spätestens für den Sachwalter u. a. anbieten, auf Deckungswerte eingehende Zins- und Tilgungsleistungen auf ein speziell für die entsprechende Deckungsmasse eingerichtetes (Sonder-)Konto mit eigener Bankleitzahl einzuziehen und im Vorfeld die Zuteilung einer eigenen Bankleitzahl für die jeweilige Deckungsmasse zu beantragen. Hierdurch wird eine rechtzeitige Trennung der Cash Flows aus den Deckungswerten von solchen aus dem sonstigen Vermögen der Pfandbriefbank erreicht.

In diesem Rahmen vertritt der Sachwalter bei den von ihm getätigten Rechtsgeschäften, wenn auch mit Wirkung für die Deckungsmassen, die Pfandbriefbank als juristische Person, da die Deckungsmassen keine eigenständige Rechtspersönlichkeit haben.

Damit der Sachwalter in die Lage versetzt wird, die oben genannten Geschäfte mit Wirkung für die künftig in § 30 Absatz 1 PfandBG definierten Pfandbriefbanken mit beschränkter Geschäftstätigkeit vornehmen zu können, wird das Fortbestehen der bisherigen Erlaubnis nach § 32 KWG angeordnet, sofern und soweit nicht die Bundesanstalt die Aufhebung der Erlaubnis ausdrücklich auf die einzelnen Deckungsmassen erstreckt. Die insoweit zugelassene Fortführung der Pfandbriefbank ist gerechtfertigt, solange die Deckungsmasse der jeweiligen Pfandbriefe über die notwendige eigene substanzielle Stärke verfügt, wovon aufgrund der besonderen Schutzmechanismen des Pfandbriefgesetzes auszugehen ist. Der Sachwalter übernimmt während der insoweit zugelassenen Fortführung der Pfandbriefbank die besondere Funktion eines Geschäftsführers für die jeweilige Deckungsmasse. Da der Zweck der Fortführung der Pfandbriefbank auf die an der pünktlichen Bedienung der Pfandbriefe ausgerichteten Abwicklung einer solventen Deckungsmasse gerichtet ist, ist die Fortführung auch ohne Beachtung der Eigenkapitalanforderungen nach dem Kreditwesengesetz vertretbar.

Das Fortbestehen der Erlaubnis zum Betreiben von Bankgeschäften umfasst auch die Erlaubnis für das Pfandbriefgeschäft (§ 1 Absatz 1 Satz 2 Nummer 1a KWG). Da die in § 30 Absatz 2 PfandBG geregelte Kompetenz des Sachwalters, Rechtsgeschäfte zu tätigen, in ihrem Umfang grundsätzlich nicht beschränkt ist, kann der Sachwalter zu Refinanzierungszwecken, insbesondere zum Ausgleich von vorübergehenden Liquiditätslücken, auch Darlehen aufnehmen und Schuldverschreibungen emittieren. Mangels einer Rangregelung hätten solche Schuldverschreibungen bereits nach den bisherigen Bestimmungen den gleichen Rang wie bereits vor einer Sachwalterernennung emittierte Pfandbriefe, so dass diese neuen Schuldverschreibungen der Sache nach gedeckte Schuldverschreibungen mit Pfandbriefqualität darstellen. Da nunmehr das Fortbestehen der Erlaubnis zum Betreiben von Bankgeschäften einschließlich des Pfandbriefgeschäfts ausdrücklich angeordnet wird, kann der Sachwalter diese Schuldverschreibungen künftig unter der Bezeichnung „Pfandbriefe“ emittieren.

Zu Buchstabe b

Durch die Neufassung des Satzes 1 wird klargestellt, dass die Ernennung eines Sachwalters durch das Gericht bei Aufhebung der Erlaubnis für das Pfandbriefgeschäft dann nicht (erneut) erfolgt, wenn ein solcher bereits zuvor nach § 30 Absatz 2 oder 5 PfandBG ernannt worden ist. Der neue Satz 2 stellt klar, dass eine Ernennung des Sachwalters auch dann erfolgen kann, wenn diese zwar nicht erforderlich ist, das Gericht diese im Hinblick auf die Erfüllung der Pfandbriefverbindlichkeiten aber für dienlich hält; in diesem Fall ist die Zustimmung der Geschäftsleiter der Pfandbriefbank erforderlich.

Zu Nummer 4 (§ 5)

Nach § 7 Absatz 3 Satz 1, 2. Halbsatz findet vor der erstmaligen Ausgabe von Pfandbriefen eine Bestellung des Treuhänders nur auf Antrag der Pfandbriefbank statt. Gleichwohl können bereits zuvor über einen Zeitraum, der mehr als das letzte Kalenderhalbjahr umfasst, von der Pfandbriefbank Eintragungen in den Deckungsregistern vorgenommen worden sein; diese Eintragungen würden von der Bestätigung des Treuhänders nach § 5 Absatz 1 Satz 1 nicht umfasst. Durch den neu eingefügten Satz 2 wird sichergestellt, dass sich die Bestätigung des Treuhänders auch in den Fällen des § 7 Absatz 3 Satz 1, 2. Halbsatz auf sämtliche Eintragungen in den Deckungsregistern erstreckt.

Zu Nummer 5 (§ 7)

Zu Buchstabe a

Aufgabe des Treuhänders ist es, darauf zu achten, dass während der laufenden Geschäftstätigkeit einer Pfandbriefbank jederzeit die vorschriftsmäßige Deckung für die Pfandbriefe vorhanden ist, damit aus ihr auch im Falle einer Insolvenz der Pfandbriefbank die Pfandbriefgläubiger vollständig befriedigt werden können. Mit der Ernennung des Sachwalters entfällt die Aufgabe des Treuhänders. Denn mit seiner Ernennung geht die Aufgabe, die Deckung zur Befriedigung der Pfandbriefgläubiger zu nutzen, auf den Sachwalter über. Der Erhalt der Deckungsmasse ist vom Sachwalter nur noch soweit zu betreiben, als Mittel für später fällig werdende Forderungen zurückzuhalten und zu sichern sind. Im Fall der Insolvenz erfüllt das Deckungsregister seine Funktion, den Bestand der nicht in die Insolvenzmasse fallenden Vermögensgegenstände nach § 30 Absatz 1 Satz 1 PfandBG zu bestimmen. Darüber hinaus hat das Deckungsregister dann keine weitere Bedeutung mehr. Die Überwachungsaufgabe des Treuhänders kann daher ruhen, solange ein Sachwalter bestellt ist. Die Kenntnisse und das Wissen des Treuhänders sollen dem Sachwalter jedoch zur Verfügung stehen, um ihm gerade in der Anfangszeit bei seiner Amtsausübung die Verwaltung der Deckungswerte zu erleichtern. Sollte die Insolvenz der Pfandbriefbank beendet werden können und die Pfandbriefbank wieder werbend tätig werden, lebt das Treuhänderamt mit dem Wegfall des Sachwalteramtes wieder auf. Für die Dauer des Ruhens des Amtes erhält der Treuhänder grundsätzlich keine Vergütung.

Zu Buchstabe b

Dem Treuhänder ist in Anbetracht dessen, dass sich seine Aufgaben im Wesentlichen auf Überwachungspflichten beschränken und diese Überwachungstätigkeit nur im engen Rahmen vergütet wird, eine unbeschränkte Haftung auch im Falle der Fahrlässigkeit nicht zuzumuten. Ihm muss es zumindest ermöglicht werden, eine Versicherung für seine Haftungspflichten abzuschließen, die aber nur zur erlangen ist, wenn der Haftungsbetrag begrenzt ist. Die Regelung sieht daher eine Begrenzung der Haftung bei grober Fahrlässigkeit auf 1 Mio. Euro vor und orientiert sich damit an den für Wirtschaftsprüfer geltenden Regelungen des § 323 HGB. Insoweit ist die Betrachtungsweise wie bei Wirtschaftsprüfern sachgerecht, da eine vergleichbare Gefahren- und Haftungslage besteht. Die vorgesehene Regelung erlaubt es, dass die Pfandbriefbank eine Versicherung zugunsten des Treuhänders übernimmt. Bei einer Versicherung ist jedoch ein Selbstbehalt vorzusehen, so dass ein schwerwiegender Verstoß gegen die ordnungsmäßige Sorgfalt weiterhin mit einer materiellen Sanktion versehen ist. Die Höhe des Selbstbehaltes orientiert sich an der Vergütung des Treuhänders und ist daher angemessen. Die Regelung ist § 93 Absatz 2 Satz 3 des Aktiengesetzes nachgebildet.

Zu Nummer 6 (§ 11)

Die bisherige Regelung über die Vergütung des Treuhänders, nach der er seine Vergütung von der Bundesanstalt erhält, dieser der Betrag von der Pfandbriefbank erstattet wird, hat sich als umständlich erwiesen. Denn bei diesem doppelten Zahlungsweg müssen die entsprechenden Beträge im Haushalt der Bundesanstalt veranschlagt werden, obwohl dort ein entsprechender wirtschaftlicher Aufwand im Ergebnis nicht entsteht. Die vorgesehene Neuregelung sieht nunmehr vor, dass sich der Vergütungsanspruch der Treuhänder unmittelbar gegen die Pfandbriefbank richtet.

Zu beachten ist dabei, dass der Treuhänder ein unabhängiges Amt ausübt und mit der Pfandbriefbank nicht in vertraglichen Beziehungen steht. Daher wird weiterhin vorgesehen, dass allein die Bundesanstalt die Vergütung festsetzt. Die Pfandbriefbank hat über die festgesetzte Vergütung hinaus die notwendigen Auslagen zu erstatten. Damit wird die bisher offene Frage, ob eine solche Erstattung zulässig ist, geklärt. Zu den notwendigen Auslagen gehören insbesondere die dem Treuhänder entstehenden Fahrt-, Aufenthalts -und Fortbildungskosten im Zusammenhang mit seiner Tätigkeit. Die Bundesanstalt hat die Möglichkeit, im Rahmen ihrer Verwaltungspraxis Einzelheiten festzulegen und dies durch Rundschreiben bekannt zu machen. Dabei kann sie die soziale Üblichkeit von Aufwendungen berücksichtigen und zur Vereinfachung auch die Zahlung von Pauschalen ermöglichen.

Zu Nummer 7 (§ 12)

Die Änderung trägt der Tatsache Rechnung, dass Grundpfandrechte, die dem Grunde nach in Deckung genommen werden könnten, und die Grundstücke, auf denen sie lasten, nicht selten die strengen Anforderungen an Deckungswerte bei einem untergeordneten Teil oder Teilbetrag nicht erfüllen, obwohl sie zum größten Teil zur Deckung geeignet sind. Das ist beispielsweise der Fall, wenn eine Gebäudeversicherung durch einen erheblichen Selbstbehalt eingeschränkt wird. Die Regelung ermöglicht es, auch diese Deckungswerte zu verwenden, aber dabei nur den zur Deckung geeigneten Teilbetrag anzusetzen. Dies ist für die Qualität der Deckung unschädlich, erschließt aber weitere Deckungswerte für den Pfandbrief. Dabei wird die Regelung für die Deckungswerte für Hypothekenpfandbriefe an die für Schiffspfandbriefe (§ 21) und Flugzeugpfandbriefe (§ 26a) angeglichen.

Zu Nummer 8 (§ 26)

Die besondere Regelung für Schiffspfandbriefe kann entfallen, da § 19 Absatz 1 Nummer 4 Satz 3 letzter Teilsatz bereits eine generelle Regelung trifft und § 26 Absatz 1 Nummer 5 Satz 1 diese Regelung einschließt.

Zu Nummer 9 (§ 26b)

Die Änderung trägt der Tatsache Rechnung, dass der Begriff „Registerpfandrechtsgläubiger" die Gläubiger des Pfandrechtes an dem Luftfahrzeug und somit die Pfandbriefbank bezeichnet. Aus dem Verweis auf § 30 Absatz 1 ergibt sich aber, dass § 26b Absatz 4 Satz 2 den Schutz der Forderungen der Pfandbriefgläubiger zum Ziel hat.

Zu Nummer 10 (§ 26f)

Die besondere Regelung für Flugzeugpfandbriefe kann entfallen, da § 19 Absatz 1 Nummer 4 Satz 3 letzter Teilsatz bereits eine generelle Regelung trifft und § 26f Absatz 1 Nummer 5 Satz 1 diese Regelung einschließt.

Zu Nummer 11 (§ 28)

Ziel der Einfügung spezieller Publikationsvorschriften in das Pfandbriefgesetz war eine für sämtliche Pfandbriefe emittierenden Banken einheitliche Anforderung an die Transparenz der Deckungsmassen. Die nach § 28 PfandBG zu veröffentlichenden Informationen werden auf den Internetseiten der Banken zur Verfügung gestellt. Hinsichtlich der Dauer der Veröffentlichung wurde die bisherige Regelung in § 28 Absatz 1 PfandBG jedoch unterschiedlich umgesetzt. Um für Pfandbriefgläubiger im Hinblick auf die Entwicklung der Transparenzangaben für einen angemessenen Vergleichzeitraum eine einheitliche Informationstiefe zu gewährleisten, wird nunmehr angeordnet, dass die Angaben für die Dauer von jeweils zwei Jahren zugänglich zu belassen sind. Um den Pfandbriefinvestoren einen zeitnahen Einblick in die Deckungsmassen zu ermöglichen, wird für die Veröffentlichung eine Frist von einem Monat eingeführt. Für das vierte Quartal eines Geschäftsjahres wird mit Blick auf zu erstellende Jahresabschlüsse eine verlängerte Frist von zwei Monaten eingeräumt.

Die Neufassung des Absatzes 5 trägt dem Umstand Rechnung, dass der Übergangszeitraum für den Beginn seiner Anwendung (1. Januar 2007) abgelaufen ist.

Die Änderung führt über einen vernachlässigbaren Aufwand für den informationstechnisch darzustellenden Datenumfang auf der Internetseite nicht zu einem Mehraufwand bei den Pfandbriefbanken, da keine zusätzlichen Angaben zu veröffentlichen sind.

Zu den Nummern 12 und 13 (Überschriften)

Siehe Begründung zu Nummer 1 Buchstabe a und b.

Zu Nummer 14 (§ 30)

Zu Buchstabe a

Siehe Begründung zu Nummer 1 Buchstabe c

Zu Buchstabe b

Nach § 30 ff. PfandBG fallen die Deckungsmassen im Fall der Insolvenz einer Pfandbriefbank nicht in die Insolvenzmasse, sondern unterstehen dem Sachwalter, der für die pünktliche Bedienung der Pfandbriefe Sorge zu tragen hat. Diese Vermögensmassen bleiben in der Folge getrennt von der Insolvenzmasse und voneinander erhalten und verändern sich dynamisch durch die vom Sachwalter vorgenommenen Geschäfte. Sie bilden jedoch nicht neue juristische Personen, sondern bleiben besondere Teile der Pfandbriefbank (Pfandbriefbanken mit beschränkter Geschäftstätigkeit). Die Sätze 3 und 4 sollen klarstellen, dass im Falle der Insolvenz der Pfandbriefbank die zur geordneten Befriedigung der Pfandbriefgläubiger notwendigen Bankgeschäfte fortgeführt werden können und auf diese Weise – für jede Pfandbriefgattung gesondert – eine Pfandbriefbank mit beschränkter Geschäftstätigkeit bestehen bleibt, die vom Sachwalter geführt wird. Insoweit wird auf die Begründung zu § 2 Absatz 4 verwiesen.

Bereits in der Begründung zum Gesetz zur Fortentwicklung des Pfandbriefrechts (Bundestagsdrucksache 16/11130 vom 1. Dezember 2008, S. 42) wurde klargestellt, dass der Sachwalter Refinanzierungsgeschäfte mit der Bundesbank tätigen darf. Daher muss er auch die zentralbankrechtlichen Anforderungen erfüllen können. Dazu gehört die Erfüllung etwaiger Mindestreserveverpflichtungen in Gestalt der Unterhaltung einer Mindestreserve für Pfandbriefe, deren Ursprungslaufzeit kürzer als zwei Jahre ist. Die von der Pfandbriefbank vor ihrer Insolvenz bei der Bundesbank im Hinblick auf Pfandbriefverbindlichkeiten unterhaltene Mindestreserve darf nicht in die Insolvenzmasse fallen und nicht dem Insolvenzverwalter zustehen. Mit der neuen Regelung wird klargestellt, dass das Guthaben der Pfandbriefbank bei der Bundesbank (oder einer anderen Zentralbank des Eurosystems) zur Erfüllung der auf die Pfandbriefverbindlichkeiten entfallenden Mindestreservepflicht nicht in die Insolvenzmasse und damit nicht in den Zugriff des Insolvenzverwalters fällt. Vielmehr steht das Guthaben der Deckungsmasse zu und unterliegt daher dem Zugriff des Sachwalters. Mit der neuen Regelung wird somit verhindert, dass die Erfüllung der Mindestreservepflicht durch den Sachwalter zu einer Verminderung der Deckungsmasse führt.

Zu Buchstabe c

Zu Doppelbuchstabe aa

Die Sätze 3 und 4 knüpfen an eine Bestellung des Sachwalters an, während die Sätze 1 und 2 eine Ernennung des oder der Sachwalter vorsehen. Die Änderungen dienen der Korrektur dieses Redaktionsversehens.

Zu Doppelbuchstabe bb

Folgeänderung zu Buchstabe b.

Zu Doppelbuchstabe cc

Die Änderung stellt ergänzend zu der Regelung in Satz 5 klar, dass der Sachwalter unter den dort genannten Voraussetzungen nicht nur Rechtsgeschäfte tätigen, sondern darüber hinaus auch sonstige, d. h. nicht rechtsgeschäftliche Handlungen mit Wirkung für die Deckungsmasse vornehmen darf. Die bereits im bisherigen Satz 7 ausdrücklich genannten Handlungen stellen insoweit nur Beispielsfälle dar.

Zu Doppelbuchstabe dd

Im Interesse einer pünktlichen und vollständigen Bedienung ausstehender Pfandbriefe wird klargestellt, dass die Begrenzungen für weitere Deckungswerte nach Ernennung des Sachwalters auch für

Derivate nicht mehr gelten. Damit erhält der Sachwalter die Möglichkeit, Schaden von der Deckungsmasse abzuwenden. Während eine solvente Pfandbriefbank die Einhaltung der 12 Prozentgrenze durch Zuführung ordentlicher Deckungswerte sicherstellen kann, bleibt dem Sachwalter diese Möglichkeit verwehrt. Er müsste entweder Derivate beenden oder neue Derivate abschließen. In beiden Fällen stünde nicht mehr die Absicherung von Risiken in der Deckungsmasse im Vordergrund, sondern einzig die Einhaltung der 12 Prozentgrenze. Eine solche Begrenzung ist daher nicht mehr erforderlich. Denn der Sachwalter darf nur Derivategeschäfte tätigen, soweit sie für die geordnete Abwicklung der Deckungsmasse erforderlich sind.

Zu Buchstabe d

Der Sachwalter wird ermächtigt, die aufschiebend bedingten Ausfallforderungen der Pfandbriefgläubiger in dem Insolvenzverfahren über das Vermögen der Pfandbriefbank anzumelden. Hat der Sachwalter von dieser Befugnis keinen Gebrauch gemacht und wird ein selbstständiges Insolvenzverfahren über die Deckungsmasse eröffnet, so steht das Recht zur Sammelanmeldung dem Insolvenzverwalter der Deckungsmasse zu. Vergleichbare Regelungen für eine Sammelanmeldung bestehen bereits im Internationalen Insolvenzrecht (vgl. § 341 Absatz 2 der Insolvenzordnung – InsO, Artikel 32 Absatz 2 der Verordnung (EG) Nummer 1346/2000 des Rates vom 29. Mai 2000 über Insolvenzverfahren).

Da es in einem Insolvenzverfahren dem jeweiligen Gläubiger überlassen bleiben muss, ob er sich an dem Verfahren beteiligen will, kann der Pfandbriefgläubiger dem Sachwalter oder dem Insolvenzverwalter über das Vermögen der Deckungsmasse mitteilen, dass seine Forderung nicht angemeldet werden soll. Ist die Anmeldung bereits erfolgt, so kann er seine Anmeldung bis zur Feststellung des Anspruchs zurücknehmen.

Zu Nummer 15 (§ 31)

Zu Buchstabe a

Folgeänderung zu Nummer 5 Buchstabe a. Dort wird bestimmt, dass das Treuhänderamt für die Dauer des Sachwalteramtes ruht. Folglich kann es keine Pflichten mehr geben, die der Sachwalter gegenüber dem Treuhänder hat.

Zu Buchstabe b

Diese Bestimmung dient der Vereinheitlichung der Begrifflichkeit.

Zu Buchstabe c

Die bisherige Regelung, wonach der Sachwalter zu Beginn seiner Tätigkeit für jede Deckungsmasse eine Eröffnungsbilanz und einen erläuternden Bericht sowie für den Schluss eines jeden Jahres einen Jahresabschluss und einen Lagebericht zu erstellen hat, kann entfallen. Die Regelung war angelehnt an die Buchführungsvorschriften des Abwicklers einer Aktiengesellschaft nach § 270 des Aktiengesetzes (vgl. Bundestagsdrucksache 15/1853 vom 29. Oktober 2003, S. 21, rechte Spalte). Der Sachwalter muss sich jedoch ohnehin zu Beginn seiner Tätigkeit einen Überblick über die vorhandenen Werte der Deckungsmasse verschaffen. Der Sachwalter muss die Werthaltigkeit der Deckungsmasse auch kontinuierlich beobachten, da § 30 Absatz 6 PfandBG im Fall der Zahlungsunfähigkeit oder Überschuldung der Deckungsmasse ein gesondertes Insolvenzverfahren vorsieht. Diese kontinuierliche Überwachungspflicht wird im neuen Satz 1 ausdrücklich klargestellt. Eine Eröffnungsbilanz und entsprechende Jahresabschlüsse müssen daher nicht mehr zusätzlich vorgeschrieben werden. In entsprechender Anwendung von § 155 Absatz 1 Satz 2 InsO und § 31 Absatz 7 PfandBG hat der Sachwalter aber die allgemeinen Buchführungs -und Bilanzierungspflichten der Pfandbriefbank bezüglich der Deckungsmasse zu erfüllen und die entsprechenden Angaben für den Jahresabschluss der Pfandbriefbank zu liefern.

Zu Nummer 16

Der Übergangszeitraum des § 53 ist abgelaufen. § 4 Absatz 1a ist seit dem 1. November 2009 von allen Pfandbriefbanken anzuwenden. Die Übergangsvorschrift kann daher entfallen.

4. Drucksache 16/13823
21.07.2009
Antwort der Bundesregierung

auf die Kleine Anfrage der Abgeordneten Leo Dautzenberg, Otto Bernhardt, Klaus-Peter Flosbach, weiterer Abgeordneter und der Fraktion der CDU/CSU sowie der Abgeordneten Bernd Scheelen, Ingrid Arndt-Brauer, Lothar Binding (Heidelberg), weiterer Abgeordneter und der Fraktion der SPD – Drucksache 16/13713

Sicherheit der Pfandbriefe in der Insolvenz einer Pfandbriefbank

Vorbemerkung der Fragesteller

Im Verlauf der Finanzkrise, insbesondere im Zusammenhang mit den Problemen der Hypo Real Estate Gruppe, ist öfter die Frage nach der Sicherheit des Pfandbriefes aufgeworfen worden. Dabei ist in der Öffentlichkeit mehrfach die Behauptung aufgestellt worden, die Insolvenz einer Pfandbriefbank berge Risiken für die Inhaber von Pfandbriefen. Obwohl bislang jeder Pfandbrief eingelöst worden ist, wird mitunter die Sicherheit von Pfandbriefen angezweifelt. Vor allem Ratingagenturen stellen in letzter Zeit vertieft Fragen zu dieser Thematik und verunsichern damit den Markt.

1. Welche Rechtsfolge hat die Eröffnung der Insolvenz über eine Pfandbriefbank für die von ihr ausgegebenen Pfandbriefe und die dazu gehörenden Deckungswerte?

Wird über das Vermögen einer Pfandbriefbank ein Insolvenzverfahren eröffnet, so fallen die Deckungswerte nicht in die Insolvenzmasse. § 30 Absatz 1 des Pfandbriefgesetzes (PfandBG) bestimmt, dass die Vorschriften der Insolvenzordnung weder für die Deckungswerte noch für die Pfandbriefe gelten. Die Pfandbriefe werden – trotz der Insolvenz der Pfandbriefbank – nicht fällig. Der Insolvenzverwalter hat keine Verfügungsmacht über die Deckungswerte; diese kommt dem auf Antrag der Bundesanstalt für Finanzdienstleistungsaufsicht (BaFin) durch das zuständige Gericht ernannten Sachwalter zu, der für die ordnungsgemäße Bedienung der Pfandbriefe verantwortlich ist. Aus der Sicht der Gläubiger der Pfandbriefe und der Schuldner der Deckungswerte besteht also die Auswirkung der Insolvenz der Pfandbriefbank allein darin, dass nunmehr die Verwaltungs- und Verfügungsbefugnis über die Deckungswerte beim Sachwalter und nicht mehr beim Vorstand der Bank liegt. Damit ist der Pfandbrief auf Grund der gesetzlichen Vorgaben das sicherste Wertpapier am Kapitalmarkt, denn die Bedienung ist auch in der Krise der begebenden Pfandbriefbank gewährleistet.

2. Welche Rechtsnatur haben die Deckungsmassen nach Eröffnung der Insolvenz über eine Pfandbriefbank?

Deckungswerte und Pfandbriefe bilden nach Eröffnung der Insolvenz über eine Pfandbriefbank einen einheitlichen Vermögensteil, der nicht in das Insolvenzverfahren einbezogen ist. Dieser Vermögensteil kann – wie in den Fragen 3, 7 und 8 geschehen – durchaus als „besonderer Teil der Pfandbriefbank" bezeichnet werden. Dies wird z. B. deutlich durch die Regelung des § 30 Absatz 2 Satz 5 und 6 PfandBG, wonach der Sachwalter im Hinblick auf die Pfandbriefe und die Deckungswerte die Pfandbriefbank vertritt. Dies gilt für jede Pfandbriefgattung und ihre zugehörige Deckungsmasse gesondert.

Häufig werden Deckungswerte und Pfandbriefe in der Insolvenz der Pfandbriefbank als „Sondervermögen" bezeichnet. Das PfandBG verwendet diesen Begriff nicht. Der Begriff ist unpassend, weil der besondere Teil der Pfandbriefbank keine von der Pfandbriefbank losgelöste und eigenständige Rechtspersönlichkeit darstellt.

3. Wie gehen die Deckungswerte auf den besonderen Teil der Pfandbriefbank über?

Da der besondere Teil der Pfandbriefbank keine eigenständige juristische Persondarstellt, erfolgt kein „Übergang" auf eine andere juristische Person; Rechtsträger für die Deckungsmassen und Pfandbriefe bleibt weiterhin die Pfandbriefbank. Mit Eröffnung des Insolvenzverfahrens findet eine automatische Trennung der Vermögensmasse in einen dem Insolvenzverfahren (und dem Insolvenzverwalter der Pfandbriefbank) unterstehenden Teil und einen den Sondervorschriften der §§ 30 ff. PfandBG (und dem Sachwalter der Pfandbriefbank) unterliegenden Teil statt. Eine Übertragung der Deckungswerte ist folglich nicht erforderlich.

4. Welche Geschäfte darf der Sachwalter tätigen?

Nach § 30 Absatz 2 PfandBG wird ein Sachwalter ernannt, der den besonderen Teil der Pfandbriefbank führt und alle Rechtsgeschäfte mit Wirkung für die Deckungsmassen tätigen darf, soweit diese für eine geordnete Abwicklung im Interesse der vollständigen Befriedigung der Pfandbriefgläubiger erforderlich sind.

Diese Generalklausel ist umfassend zu verstehen und zielt vorrangig darauf ab, die Pfandbriefverbindlichkeiten ordnungsgemäß, d. h. bei Fälligkeit pünktlich zu bedienen. Um dies zu erreichen, hat der Sachwalter mehrere Handlungsmöglichkeiten, insbesondere die Folgenden:

Er zieht die Deckungsforderungen ein und bedient hieraus die Pfandbriefe, § 30 Absatz 3 Satz 2 PfandBG.

Er darf Deckungswerte nach den allgemeinen Übertragungsvorschriften ganz oder teilweise, einzeln oder in Portfolien veräußern und sich dadurch Liquidität beschaffen. Das PfandBG enthält hierzu keine Beschränkungen im Hinblick auf den Kreis möglicher Erwerber der Deckungswerte. Die Erlöse aus der Veräußerung ersetzen die veräußerten Deckungswerte und gehören zum besonderen Teil der Pfandbriefbank, unterfallen somit der Verfügungsmacht des Sachwalters, ohne dass sie im Deckungsregister eingetragen werden müssen.

Mit dem Gesetz zur Fortentwicklung des Pfandbriefrechts vom 20. März 2009 (BGBl. I S. 607), im folgenden Novelle 2009 genannt, wurde in § 30 Absatz 2 Satz 5, Halbsatz 2 PfandBG ausdrücklich klargestellt, dass der Sachwalter ein Refinanzierungsdarlehen aufnehmen darf, um Liquidität zu beschaffen.

Die Gesetzesbegründung zur Novelle 2009 stellt klar, dass der Sachwalter Refinanzierungsgeschäfte mit der Deutschen Bundesbank tätigen darf (Bundestagsdrucksache 16/11130 vom 1. Dezember 2008, S. 42).

Da er Deckungswerte veräußern darf, darf er folglich auch Sicherheiten für diese Refinanzierungsdarlehen und -geschäfte stellen.

Der Sachwalter darf auch Konditionenanpassungen von zur Deckung dienen den Krediten vornehmen sowie Derivatgeschäfte abschließen. Dies wurde bereits durch die Gesetzesbegründung zur Änderung des Hypothekenbankgesetzes aus dem Jahr 2004 klargestellt (Bundestagsdrucksache 15/1853 vom 29. Oktober 2003, S. 19).

Der Sachwalter kann eine Deckungsmasse und die Verbindlichkeiten aus Pfandbriefen der entsprechenden Gattung als Gesamtheit auf eine andere Pfandbriefbank übertragen, §§ 32 ff. PfandBG.

5. Wie ist die Handlungsfähigkeit des Sachwalters sichergestellt?

Der Verfügungsbefugnis des Sachwalters unterstehen alle Werte, die bei der Eröffnung der Insolvenz über die Pfandbriefbank – oder im Fall des § 30 Absatz 5 PfandBG bei der Bestellung des Sachwalters vor der Insolvenzeröffnung – im Deckungsregister eingetragen sind.

Die Regelungen der §§ 30 ff. PfandBG stellen sicher, dass der Sachwalter handlungsfähig ist. Hierzu zählen insbesondere die folgenden Bestimmungen:

Mit der Novelle 2009 wurde in § 4 Absatz 1a PfandBG die Schaffung einer Liquiditätsreserve für die jeweils nächsten 180 Tage eingeführt. Dadurch hat ein Sachwalter einen langen Zeitraum zur Verfügung, sich einen Überblick über die finanzielle Situation des besonderen Teils der Pfandbriefbank zu verschaffen und geeignete Rechtsgeschäfte zur Sicherstellung der Liquiditätsversorgung für die pünktliche Bedienung der Pfandbriefe zu tätigen.

Durch die Novelle 2009 wurde mit § 31 Absatz 8 PfandBG klargestellt, dass der Sachwalter auf die personellen und sachlichen Mittel der Pfandbriefbank zugreifen kann und der Insolvenzmasse nur die dabei tatsächlich anfallenden Kosten erstatten muss.

Der Sachwalter zieht alle Forderungen, die auf Deckungswerte zu leisten sind, ein (§ 30 Absatz 3 Satz 2 PfandBG). Dies gilt auch für Beträge oder Teilbeträge, die bei teilweisen Indeckungnahmen von Werten auf die so genannten Außerdeckungsteile entfallen; dies sind diejenigen Darlehensteile, die bei einheitlichen Darlehensverträgen oberhalb der Beleihungsgrenze des § 5 Absatz 1a PfandBG (60 Prozent, sofern nicht darunter festgesetzt) liegen und daher nicht Bestandteile der Deckungsmasse sind; sollten die Zahlungen eines Darlehensnehmers nicht zur vollständigen Bedienung sowohl des Deckungsteils als auch des Außerdeckungsteils genügen, hat der Deckungsteil Vorrang, § 30 Absatz 3 i. V. m. § 5 Absatz 1a PfandBG. Der Sachwalter zieht auch die Forderungen auf die Darlehensteile ein, die die Pfandbriefbank nach § 5 Absatz 1a Satz 4 und 5 PfandBG treuhänderisch für eine andere Bank hält.

Der Sachwalter kann bereits vor der Eröffnung eines Insolvenzverfahrens über die Pfandbriefbank ernannt werden, § 30 Absatz 5 PfandBG.

Durch die Novelle 2009 wurde in § 30 Absatz 2 Satz 7 PfandBG aufgenommen, dass der Sachwalter für Übertragungen nach den allgemeinen Vorschriften ein neues Refinanzierungsregister im Sinne der §§ 22a ff. des Kreditwesengesetzes (KWG) einrichten und ein bereits in der Pfandbriefbank bestehendes Refinanzierungsregister nutzen darf.

Die §§ 32 ff. PfandBG enthalten Spezialregelungen zur Übertragung von Deckungswerten und Pfandbriefen als Gesamtheit. § 35 PfandBG regelt hierzu eine spezielle und ausdrücklich insolvenzfeste Treuhand-Lösung, die eine sehr schnelle und effiziente Übertragungsmöglichkeit bietet.

6. Hat der Sachwalter auch Zugriff auf die Überdeckung?

Die in § 4 Absatz 1 PfandBG angeordnete, nach Barwerten zu berechnende „sichernde Überdeckung" inklusive der diesbezüglichen Stress-Tests ist Teil der gesetzlichen Deckung. Bezüglich der Werte, die eine Pfandbriefbank über das gesetzlich zur Erfüllung der Deckungspflicht geforderte Maß, also „freiwillig" in der Deckungsmasse vorhält, gilt Folgendes:

Nach § 30 Absatz 4 PfandBG kann der Insolvenzverwalter nur verlangen, dass Deckungswerte der Insolvenzmasse zugeführt werden, wenn diese Deckungswerte „offensichtlich nicht notwendig sein werden", um die Pfandbriefgläubiger pünktlich zu bedienen.

Das Herausgabeverlangen gilt jedoch nur für eine unverhältmäßig hohe Überdeckung, da es „offensichtlich" sein muss, dass die Werte zur Bedienung der Pfandbriefe nicht benötigt werden.

Die Formulierung „sein werden" bedeutet, dass diese Einschätzung nicht stichtagsbezogen nach Barwerten zu erfolgen hat, sondern auch künftige Risiken über die gesamten Laufzeiten aller ausstehenden Pfandbriefe der jeweiligen Pfandbriefgattung angemessen berücksichtigt werden müssen. Die damit verbundene Prognoseentscheidung müsste letztlich das Gericht treffen.

Die Darlegungs- und Beweislast für das Vorliegen dieser Voraussetzungen liegt beim Insolvenzverwalter (Bundestagsdrucksache 15/1853 vom 29. Oktober 2003, S. 20).

Die von den Ratingagenturen angewendeten Stress-Tests für die pünktliche Bedienung der Pfandbriefe haben regelmäßig zur Folge, dass eine Pfandbriefbank eine freiwillige Überdeckung vorhalten muss, die über die gesetzlich angeordnete zwei Prozent sichernde Überdeckung hinausgeht. Wenn in diesem Zusammenhang die Frage der Insolvenzfestigkeit dieser „Überdeckung" aufgeworfen wird, so wird außer Acht gelassen, dass diese bei Zugrundelegung der unterstellten Stress-Tests – wie eingangs bereits ausgeführt – zwangsläufig Teil der gesetzlichen Deckung wäre. Wenn eine Ratingagentur an die vollständige Werthaltigkeit der Deckungsmasse und die Absicherung der Deckungsmassen vor anderen Risiken nicht glaubt und deswegen ein Überdeckungserfordernis errechnet, dann stellen in logischer Konsequenz aus der Sicht der Ratingagentur diese Überdeckungswerte keine „freiwillige Überdeckung" dar; vielmehr sind sie Teil der (normalen) Deckung, da sie (aus der Sicht der Ratingagentur) für die pünktliche Bedienung der Pfandbriefe benötigt werden. Folglich könnten sie schon gar nicht unter den Anwendungsbereich des § 30 Absatz 4 PfandBG fallen.

7. Wie ist sichergestellt, dass Zins- und Währungsswaps dem Sachwalter im besonderen Teil der Pfandbriefbank erhalten bleiben?

§ 19 Absatz 1 Nummer 4 PfandBG erlaubt die Indeckungnahme von Derivaten. Die in Deckung genommenen Derivate sind damit vor dem Zugriff des Insolvenzverwalters geschützt. Darüber hinaus verlangt das Gesetz, dass nur solche Derivate in Deckung genommen werden können, die im Falle der Insolvenz der Pfandbriefbank nicht beeinträchtigt werden können; dies bedeutet insbesondere, dass eine Kündigungsmöglichkeit für diesen Insolvenzfall ausgeschlossen werden muss. Dies kann auch in einem Rahmenvertrag geregelt werden, § 4 Absatz 3 PfandBG. Pfandbriefbanken verwenden standardisierte Rahmenverträge, die diesen Anforderungen gerecht werden.

8. Gehören zum besonderen Teil der Pfandbriefbank nach § 30 Absatz 1 des Pfandbriefgesetzes (PfandBG) bei Darlehensforderungen neben den Ansprüchen auf die Rückzahlung und die vertraglich vereinbarten Zinsen auch Ansprüche auf vertraglichen Schadenersatz und auf Zinsersatz bei Vertragsänderungen wie z. B. Ansprüche auf eine Vorfälligkeitsentschädigung oder ein Vorfälligkeitsentgelt?

Sobald die Rechtswirkungen der §§ 30 ff. PfandBG eingetreten sind, gehören alle danach entstehenden Forderungen, die mit Deckungswerten verbunden sind oder an deren Stelle treten, automatisch zum besonderen Teil der Pfandbriefbank und unterfallen damit der Verwaltungs- und Verfügungsbefugnis des Sachwalters. Dies gilt auch für die damit verbundenen Ansprüche, wie z. B. Schadenersatzansprüche und Vorfälligkeitsentschädigungen sowie Vorfälligkeitsentgelte.

Soweit solche Ersatzforderungen bereits entstanden sind, bevor die Rechtswirkungen der §§ 30 ff. PfandBG eingetreten sind, werden sie über § 12 Absatz 3 PfandBG (und die gleichlautenden Bestimmungen für die anderen Pfandbriefarten) in die Deckung einbezogen.

Ersatzforderungen auf Werte, die nur anteilig in Deckung sind, sind auch nur anteilig Bestandteil der Deckungsmasse. Hierbei gilt jedoch der Grundsatz des § 5 Absatz 1a Satz 1, Halbsatz 2 PfandBG, dass im Zweifel der Deckungsteil Vorrang hat.

Stichwortverzeichnis